SV

Axel Honneth

DER ARBEITENDE SOUVERÄN

Eine normative Theorie der Arbeit

Suhrkamp

Walter Benjamin Lectures 2021
veranstaltet vom
Centre for Social Critique Berlin

Centre for Social Critique at Humboldt-Universität zu Berlin

Klimaneutral
Druckprodukt
ClimatePartner.com/14438-2110-1001

Erste Auflage 2023
Originalausgabe

Umschlaggestaltung: Hermann Michels und Regina Göllner
Satz: Satz-Offizin Hümmer GmbH, Waldbüttelbrunn
Druck: Pustet, Regensburg
Printed in Germany
ISBN 978-3-518-58797-3

www.suhrkamp.de

Inhalt

Vorbemerkung 9

I. Normativer Auftakt: Die Arbeit in demokratischen Gesellschaften 13

1. Drei Quellen der Kritik 20
2. Eine verschüttete Tradition 62
3. Demokratie und faire Arbeitsteilung 77

Exkurs I: Zum Begriff der gesellschaftlichen Arbeit 111

II. Historisches Zwischenspiel: Die Wirklichkeit der gesellschaftlichen Arbeit 149

4. Ein Schlaglicht auf das 19. Jahrhundert 156
5. Von 1900 bis an die Schwelle zur Gegenwart . 187
6. Die kapitalistische Arbeitswelt der Gegenwart 211

Exkurs II: Zum Begriff der gesellschaftlichen Arbeitsteilung 254

III. Politischer Ausblick: Der Kampf um die gesellschaftliche Arbeit 287

7. Politiken der Arbeit 294
8. Alternativen jenseits des Arbeitsmarktes 323
9. Perspektiven innerhalb des Arbeitsmarktes . . 346

Namenregister 391

Georg Lohmann (1948-2021)
und
Lothar Fichte (1946-2022),
den zu früh verstorbenen Freunden

Vorbemerkung

Es gehört zu den größten Mängeln fast aller Theorien der Demokratie, mit großer Hartnäckigkeit immer wieder zu vergessen, dass die meisten Mitglieder des von ihnen lauthals beschworenen Souveräns stets auch arbeitende Subjekte sind.[1] So gerne man sich auch vorstellt, die Bürgerinnen und Bürger seien vor allem damit beschäftigt, sich engagiert an politischen Auseinandersetzungen zu beteiligen: Die soziale Realität sieht anders aus. Tagtäglich und über viele Stunden hinweg gehen nämlich die meisten, von denen da die Rede ist, einer bezahlten oder unbezahlten Arbeit nach, was es ihnen aufgrund der damit verbundenen Unterordnung, Unterbezahlung oder Überforderung nahezu unmöglich macht, sich in die Rolle einer autonomen Teilnehmerin an der demokratischen Willensbildung auch nur hineinzuversetzen. Deshalb ist der blinde Fleck der Demokratietheorie dasjenige, was

1 So schon Karl Marx, »Zur Judenfrage«, in: Karl Marx, Friedrich Engels, *Werke* (*MEW*), Bd. 1, Berlin 1970, S. 347-377, hier: S. 354f. Marx spricht in diesem Zusammenhang mehrfach vom »weltlichen Widerspruch zwischen politischem Staat und bürgerlicher Gesellschaft«, wobei mit Letzterem im Anschluss an Hegel die kapitalistischen Arbeits- und Produktionsverhältnisse gemeint sind. Zur Behauptung eines solchen »Widerspruchs« gelangt heute unter gänzlich anderen theoretischen Voraussetzungen auch Elizabeth Anderson, in: *Private Regierung. Wie Arbeitgeber über unser Leben herrschen (und warum wir nicht darüber reden)*, übers. von Karin Wördemann, Berlin 2019, S. 83f.

ihrem Gegenstand stets vorausliegt und ihn doch bis in seine feinsten Kapillaren hinein durchdringt: eine soziale Arbeitsteilung, die auf dem Boden des modernen Kapitalismus entstanden ist und aufgrund ihrer höchst unterschiedlich ausgestatteten Positionen darüber entscheidet, wer welche Einflussmöglichkeiten auf den Prozess der demokratischen Willensbildung besitzt. Die Vernachlässigung dieser gesamten Sphäre ist für eine Theorie der Demokratie umso fataler, weil ihr damit einer der ganz wenigen Hebel aus dem Blick gerät, mit dessen Hilfe der demokratische Rechtsstaat auf seine eigenen Bestandsvoraussetzungen einwirken kann; denn neben der schulischen Erziehung stellt nur noch die gesellschaftliche Arbeitswelt eine institutionelle Sphäre dar, in die die meisten Bürgerinnen und Bürger gemeinsam derart einbezogen sind, dass all das, was dort erlernt und erfahren wird, von entscheidender Bedeutung dafür ist, welche sozialmoralischen Haltungen und Einstellungen im politischen Gemeinwesen vorherrschen. Wie ansonsten nur durch seine Schulpolitik, so kann der demokratische Staat durch die Gestaltung der Arbeitsbedingungen darauf einwirken, ob ihm zuträgliche, das heißt kooperative oder ihm zuwiderlaufende, das heißt egozentrische Verhaltensmuster innerhalb seiner Grenzen die Oberhand gewinnen.[2]

2 Damit soll auch dem berühmten Diktum von Ernst-Wolfgang Böckenförde widersprochen werden, demzufolge der moderne, »freiheitliche, säkularisierte Staat [...] von Voraussetzungen [lebt], die er selbst nicht garantieren kann« (Ernst-Wolfgang Böckenförde, »Die Entstehung des Staates als Vorgang der Säkularisation«, in: ders., *Recht, Staat, Freiheit. Erweiterte Ausgabe*, Frankfurt/M. 2006, S. 92-114, hier: S. 112). In seiner Schul- und Arbeitspolitik verfügt der demokratische Rechtsstaat nach meiner Überzeu-

Dieser Zusammenhang zwischen Demokratie und sozialer Arbeitsteilung ist das Thema dieses Buches. Die ersten Vorarbeiten dazu gehen zurück auf das akademische Jahr 2018/19, als ich als Gastprofessor an der School of Social Science des Institute for Advanced Study in Princeton tätig war, wo ich dank der Entlastung von Lehrverpflichtungen beginnen konnte, mich mit der ausufernden Literatur zum Thema vertraut zu machen; ich bin meinem Freund und Kollegen Didier Fassin überaus dankbar dafür, dass er mir durch seine Einladung an die damals von ihm allein geleitete School of Social Science des IAS die Möglichkeit gegeben hat, den Plan zu dem vorliegenden Buch in Angriff zu nehmen. Eine erste Fassung habe ich dann als Manuskriptvorlage für die Walter-Benjamin-Lectures verfasst, die ich im Juni 2021 – und coronabedingt unter freiem Himmel – an drei aufeinander folgenden Abenden in der Berliner Hasenheide vorgetragen habe. Mein Dank gilt der Direktorin und dem Direktor des Centre for Social Critique an der Berliner Humboldt-Universität, Rahel Jaeggi und Robin Celikates, die mich durch ihre Einladung zu diesen Vorlesungen überhaupt erst dazu bewogen haben, meine weit zurückreichenden Überlegungen zur Rolle der Arbeit in modernen Gesellschaften noch einmal zu überdenken und in einen neuen Theorierahmen einzubetten;[3] die drei Abende in der Hasenheide

gung durchaus über zwei Instrumente, mit denen er seine eigenen kulturellen und mentalen Voraussetzungen zwar sicherlich nicht direkt garantieren, durch die er aber die Wahrscheinlichkeit ihrer Herausbildung gezielt erhöhen kann.

3 Axel Honneth, »Arbeit und instrumentales Handeln«, in: ders., Urs Jaeggi (Hg.), *Arbeit, Handlung, Normativität*, Frankfurt/M. 1980, S. 185-233; Axel Honneth, »Arbeit und Anerkennung – Ver-

werden mir nicht zuletzt aufgrund der großzügigen und herzlichen Gastfreundschaft von Rahel, Robin und ihrem Team (sowie des wundersam mitspielenden Wetters) in bester Erinnerung bleiben. Bei der schwierigen Aufgabe, das Vortragsmanuskript nachträglich in Buchform zu bringen, hat mir Eva Gilmer kaum zu überschätzende Hilfe geleistet; ihr feines Sprachgefühl und ihr Sinn für Textökonomie haben dazu beigetragen, dass die vorliegende Monographie gegenüber der ursprünglichen Fassung schlanker, prägnanter und übersichtlicher geworden ist. Dafür bin ich ihr einmal mehr zu allergrößtem Dank verpflichtet. Wertvolle Hinweise auf Schwächen und Lücken in meiner Argumentation habe ich zudem entweder bereits während der Zeit meiner Gastprofessur am Centre oder in den Monaten danach von Rüdiger Dannemann, Timo Jütten, Andrea Komlosy, Bernd Ladwig, Christoph Menke, Fred Neuhouser, Emmanuel Renault, Ruth Yeoman, Christine Wimbauer sowie von Rahel Jaeggi und Robin Celikates erhalten. Ihnen allen danke ich für ihre Ratschläge, Einwände und Mithilfe herzlich. Allerdings mag einigen von ihnen das, was sie nun lesen können, nicht radikal oder entschieden genug erscheinen. Die in dieser Vorsicht zum Ausdruck kommende Geisteshaltung mögen sie meinem neuen akademischen Umfeld am Department of Philosophy der Columbia University zur Last legen, an dem einst John Dewey, pragmatistischer Sozialreformer und »Meliorist« ersten Ranges, fast drei Jahrzehnte gelehrt hat.

such einer theoretischen Neubestimmung« in: ders., *Das Ich im Wir. Studien zur Anerkennungstheorie*, Frankfurt/M. 2010, S. 78-103.

I.
NORMATIVER AUFTAKT: DIE ARBEIT IN DEMOKRATISCHEN GESELLSCHAFTEN

Im Liberalismus ist die Rede von Rechten, Freiheiten und Gemeinschaftlichkeit. Außerdem diskutieren wir über selbstbestimmte Formen der Subjektivität oder Handlungsmacht sowie über die Bandbreite der Verhandlungs-, Urteils-, Diskussions- und Handlungsfähigkeiten, die in der Praxis für die Ausübung von Rechten, Freiheiten und Gemeinschaftlichkeit erforderlich sind. Aber bei der Überprüfung unserer Arbeitspraktiken stellen wir fest, dass deren Organisationsweise und damit auch die Formen der Subjektivität und die Arten von Fähigkeiten, die sie begünstigt, genau jene Handlungsmacht und Fähigkeiten untergraben, die notwendig sind, um sich an den liberalen Rechts-, Freiheits- und Gemeinschaftspraktiken zu beteiligen.

– *James Tully*[1]

Im Laufe des 18. Jahrhunderts bildete sich in der westlichen Welt gemeinsam mit einem neuen Gesellschaftsverständnis zugleich auch eine vollkommen veränderte Vorstellung über den Wert der menschlichen Arbeit

1 James Tully, *An Approach to Political Philosophy. Locke in Contexts*, Cambridge 1993, S. 260. (Alle Übersetzungen von Zitaten, bei denen keine deutschsprachigen Quellen angegeben sind, stammen von mir, A. H.). Den Hinweis auf diese Stelle verdanke ich Robin Celikates.

aus. Im Zuge der Aufklärung hatte man begonnen, Gesellschaften nicht mehr als hierarchische Ordnungen zu verstehen, in denen eine kleine Minderheit kraft einer festgefügten, vorgeblich gottgegebenen Standesordnung politische Herrschaft über die große Mehrheit ausübt; stattdessen ging man dazu über, sie als freiwillige Vereinigungen gleichberechtigter Bürger zu verstehen, in denen dem Prinzip nach allein die Mitgliedschaft schon ein Recht zur politischen Mitbestimmung verleiht. Mit dieser revolutionären Umdeutung der Legitimität gesellschaftlicher Ordnungen musste auch die Arbeit, die jemand zur Existenzsicherung verrichtet, anders und vollkommen neuartig begriffen werden. Sie konnte nun nicht mehr als pure Pflicht oder Bürde aufgefasst werden, die man den politischen Herrschern schuldet, sondern hatte als Ausweis der Bereitschaft zu gelten, durch aktive Tätigkeit zum gemeinsamen Wohl und Gedeih der politischen Gemeinschaft beizutragen. Hand in Hand mit der sich allmählich entfaltenden Idee der demokratischen Souveränität des Volkes war somit die bis heute leitende Vorstellung entstanden, die Gesellschaft stelle einen Kooperationszusammenhang dar, in dem jeder dazu angehalten ist, durch seine Arbeit so weit wie möglich zur Subsistenz aller anderen beizutragen und sich dadurch seiner Mitgliedschaft im politischen Verbund als würdig zu erweisen. Gedanklich war also nichts Geringeres geschehen, als dass zwischen politischer Demokratie und fairer Arbeitsteilung ein festes Band gestiftet worden war.[2]

2 Der politische Philosoph, der diesen Zusammenhang heute am stärksten betont, ist zweifellos John Rawls: vgl. etwa ders., *Gerechtigkeit als Fairneß. Ein Neuentwurf*, übers. von Joachim Schulte,

Damit war die alte, bis auf die Antike zurückgehende Geringschätzung der Arbeit als Zeichen von individueller Not und politischer Unreife zumindest auf dem Papier endgültig überwunden: Galt vor der bürgerlichen Revolution die Arbeit der Einzelnen mehr oder weniger nur als Bürde, die standesmäßige Unselbstständigkeit, alltägliche Mühe und persönliche Abhängigkeit verriet, so wird sie jetzt, in der »neuen Zeit«, als Bedingung von freier Existenz und als Voraussetzung gesellschaftlicher Vollwertigkeit gedeutet; was zuvor purer Zwang zum Broterwerb war, ist nun plötzlich Ausweis sozialer Emanzipation und Freiheit. Kaum einer hat diesen Zusammenhang von politischer Gleichheit und sozialer Kooperation besser auf den Begriff gebracht als Hegel, der in seiner 1821 veröffentlichten Rechtsphilosophie der neuen Bedeutung der Arbeit als Bedingung der Mitgliedschaft im rechtsstaatlichen Verbund ein ganzes Kapitel gewidmet hat; darin heißt es, dass jedes (männliche) Mitglied der bürgerlichen Gesellschaft durch »seine Tüchtigkeit« und »sein ordentliches Aus- und Fortkommen« »etwas ist«, also einen sozialen Status als vollwertiger Bürger besitzt, und in diesem anerkannten Dasein als Betreiber eines Gewerbes »seine Ehre« finden wird.[3]

Frankfurt/M. 2003, § 2. Vgl. zusätzlich: Amy Gutmann, Dennis Thompson, *Democracy and Disagreement*, Cambridge (Mass.) 1996, Kap. 8; Russell Muirhead, *Just Work*, Cambridge (Mass.) 2004, Kap. 1. Rawls hat allerdings nie erörtert, welche Konsequenzen sich aus dieser für ihn zentralen These für die gesellschaftlichen Arbeitsverhältnisse selbst ergeben. Darauf komme ich in Kap. 3 zurück.

3 G.W.F. Hegel, *Grundlinien der Philosophie des Rechts* (= *Theorie-Werkausgabe*, Bd. 7), Frankfurt/M. 1970, § 253. Zum Verspechen »freier«, sozialen Status verleihenden Arbeit vgl. u.a.: Robert J. Steinfeld, *The Invention of Free Labor. The Employment Relation*

Was Hegel in diesen Sätzen vollmundig behauptet, besaß allerdings in der sozialen Wirklichkeit des frühen Kapitalismus noch keinerlei Realität, wie wir wissen. Geprägt war der Arbeitsalltag des allergrößten Teils der Bevölkerung in den westeuropäischen Gesellschaften um 1800 entweder von beginnender, erdrückender, alles andere als frei bestimmter Fabrikarbeit, von abhängiger, der Willkür ausgesetzter Dienstleistung in den Häusern reicher Bürger- und Adelsfamilien oder von durch Not gezeichnetem Tagelöhnertum in der Landwirtschaft.[4] Die Spannung zwischen dieser schäbigen Wirklichkeit und dem Hegelschen Versprechen, von nun an sei die Erwerbsarbeit frei von Zwang und im Gegenteil Ausweis sozialer Kooperationsbereitschaft und individueller Ehre, liegt ganz offen zu Tage: auf der einen Seite die Plackerei, die hemmungslose Ausbeutung, die Subordination und die aufgenötigten Arbeitsverträge, weshalb nicht nur Marx einige Jahrzehnte später von einer wiederauferstandenen »Sklaverei« sprechen wird;[5] auf der anderen Seite das neue, moderne Ideal der »freien«, selbstbestimmten und einen gesicherten Status verbürgenden Arbeit. Es ist dieser Widerspruch zwischen sozialer Realität und normativer Idee, zwischen Faktizität

in English and American Law and Culture 1350-1870, Chapel Hill 1991.

4 Jürgen Osterhammel, *Die Verwandlung der Welt. Eine Geschichte des 19. Jahrhunderts*, München 2009, Kap. XIII. Für die Situation der frühen Industriearbeit reicht allerdings auch ein Blick in: Friedrich Engels, *Die Lage der arbeitenden Klasse in England* (1845), in: Karl Marx, Friedrich Engels Werke (*MEW*), Bd. 2, Berlin 1970, S. 225-506.

5 Karl Marx, »Lohnarbeit und Kapital«, in: *MEW*, Bd. 6, Berlin 1968, S. 397-423, hier: S. 398.

und Geltung, der mich in diesem Buch beschäftigen wird. Konkret interessiert mich, wie das Ideal der freien, nicht mehr aufgenötigten Arbeit in normativer Hinsicht verstanden werden sollte, um uns heute als eine Richtschnur für politische Veränderungen dienen zu können (Teil I); wie es um die Arbeitsverhältnisse in der kapitalistischen Vergangenheit faktisch bestellt war und wie es heute um sie bestellt ist (Teil II); und es interessiert mich, was unter den gegebenen Umständen getan werden könnte, um die eklatante Kluft zwischen Anspruch und Wirklichkeit zu verkleinern oder ganz zu beseitigen (Teil III). In zwei Exkursen werde ich darüber hinaus zwei Begriffe zu klären versuchen, die für die hier verfochtene These einer wechselseitigen Abhängigkeit von demokratischer Partizipation und hinreichend guten Arbeitsbedingungen von entscheidender Bedeutung sind: Im ersten Exkurs möchte ich klären, was unter gesellschaftlicher Arbeit verstanden werden muss, wenn damit alle Verrichtungen in einer Gesellschaft gemeint sein sollen, die als notwendig betrachtet werden und die daher einer öffentlich rechtfertigungsfähigen Regelung bedürfen; in einem zweiten Exkurs will ich darlegen, mit welcher Vorstellung über die Genese und die Funktionsweise der gesellschaftliche Arbeitsteilung wir operieren sollten, wenn wir diese als den primären Hebel verstehen wollen, an dem Verbesserungen der Arbeitsbedingungen in Richtung einer breiteren Befähigung zur demokratischen Partizipation anzusetzen hätten.

1. Drei Quellen der Kritik

In diesem einleitenden Kapitel werde ich mich zunächst der Frage zuwenden, welche Deutung der mit der modernen Gesellschaft entstandenen Idee der freien, statusverbürgenden Arbeit verliehen werden sollte, um sie als Maßstab einer Kritik an den gegenwärtigen Arbeitsverhältnissen verwenden zu können. Schon das ist allerdings keine leichte Aufgabe, weil seit langem eine ganze Reihe von konkurrierenden Vorstellungen darüber existiert, was unter normativen Gesichtspunkten als eine »gute« oder angemessene Organisation der gesellschaftlichen Arbeit zu gelten hat; so vielfältig die Möglichkeiten sind, in der Arbeit über ihren bedürfnisbefriedigenden und unterhaltssichernden Aspekt hinaus ein Gut für das Individuum oder die Gesellschaft zu sehen, so unterschiedlich sind auch die Traditionen, die mit Vorschlägen aufwarten, wie die gegebenen Arbeitsbedingungen verbessert, umgestaltet, ja revolutioniert werden könnten. Beginnen werde ich daher in diesem Kapitel mit dem Versuch, drei moderne Denkströmungen zu unterscheiden und dann vergleichend zu bewerten, in denen trotz ihrer gemeinsamen Kritik an den kapitalistischen Arbeitsbedingungen sehr unterschiedliche Vorstellungen darüber entwickelt wurden, wie eine gute oder richtige Einrichtung der gesellschaftlichen Arbeit beschaffen sein sollte. In Kapitel 2 werde ich dann diejenige unter ihnen ein wenig genauer ins Auge fassen, die sich zuvor als die vielversprechendste und überzeugendste erwiesen hat. Damit will ich an ein Denkmotiv erinnern, das für einige Vertreter der modernen Gesellschaftstheorie einmal eine große Selbstverständlichkeit besessen hat, heute aber leider nahezu in Vergessenheit geraten ist. Im Anschluss daran werde ich in Kapitel 3 den systematischen Versuch unternehmen, den normativen Gesichtspunkt zu rechtfertigen, unter dem ich mich in meinen weiteren Ausführungen mit der Gegenwart und Zukunft der gesellschaftlichen Arbeit beschäftigen möchte; hier wird dann hoffentlich verständlich werden, warum sich meine gesamte Argumentation um das notwendige Ergänzungsverhältnis von fairer Arbeitsteilung und politischer Demokratie drehen wird.

Vor der großen Umbruchphase der Jahrzehnte zwischen 1750 und 1850 dürfte es Visionen gelingender Arbeitsverhältnisse nur in ganz geringem Umfang gegeben haben; man wird in den Schriften der vormodernen Klassiker kaum Betrachtungen darüber finden, wie die Qualität der täglich zu leistenden Verrichtungen im Handwerk, im Haushalt oder in der Landwirtschaft auch nur leicht verbessert werden könnte. Dieser Mangel an utopischer Vorstellungskraft mit Blick auf die Arbeit hing mit der bereits erwähnten Geringschätzung zusammen, die ihr entgegengebracht wurde: Von der Antike bis in die frühe Neuzeit wurden alle Tätigkeiten, die als Arbeit gelten konnten, gedanklich so stark mit schierer Notwendigkeit, demütigender Anstrengung und niedrigem sozialen Status verknüpft, dass eine Kritik daran ebenso überflüssig schien wie das Nachdenken über Möglichkeiten zu deren gezielter Verbesserung – ja, es gab, wie der Historiker Moses Finley berichtet hat, weder »im Griechischen noch im Lateinischen« auch nur »ein

Wort«, »mit dem man die allgemeine Bedeutung von ›Arbeit‹ oder die Vorstellung von ›Arbeit‹ als einer anerkannten sozialen Funktion« hätte ausdrücken können.[6] Als sich dann aber diese abwertende Haltung im Gefolge der protestantischen Arbeitsethik, der bürgerlichen Emanzipation und der rechtlichen Durchsetzung der »freien Arbeit« zu wandeln begann[7] und der von Hegel artikulierten Idee wich, Arbeit sei ein Ausweis von individueller Selbstständigkeit, sozialer Geltung und ehrenhaftem Tun,[8] entstanden in den Ländern des beginnenden Kapitalismus mit der Kritik an den existierenden Arbeitsverhältnissen alsbald auch Ideale einer vollkommen veränderten Arbeitswelt; erst jetzt, nachdem die

6 Moses I. Finley, *Die antike Wirtschaft*. München 1991, S. 81. Siehe auch: Hannah Arendt, *The Human Condition*, Chicago 1998, S. 81-85; Herbert Applebaum, *The Concept of Work. Ancient, Medieval, and Modern*, Albany 1992, S. 167-175.

7 Vgl. v.a. Werner Conze, »Arbeit«, in: *Geschichtliche Grundbegriffe. Historisches Lexikon zur politisch-sozialen Sprache in Deutschland*, hg. von Otto Brunner, Werner Conze und Reinhart Koselleck, Bd. 1, Stuttgart 1972, S. 154-215. Eine Fundgrube zur sich wandelnden Bedeutung von »Arbeit« im Laufe der »Sattelzeit« ist auch: Jörn Leonhard, Willibald Steinmetz (Hg.), *Semantiken von Arbeit. Diachrone und vergleichende Perspektiven*, Köln, Weimar, Wien 2016.

8 Nun gilt als »Gegensatz zur Arbeit«, wie Richard van Dülmen pointiert sagt, »nicht mehr die Armut, sondern die Arbeitslosigkeit, ein Zustand, der es dem Menschen verwehrt, ganz Mensch zu sein und am Gemeinwohl teilzunehmen«. Richard van Dülmen, »›Arbeit‹ in der frühneuzeitlichen Gesellschaft«, in: Jürgen Kocka, Claus Offe (Hg.), *Geschichte und Zukunft der Arbeit*, Frankfurt/M. 1999, S. 82. Einen knappen, aber guten Überblick über diesen Wertewandel geben auch: Michael S. Aßländer, Bernd Wagner, »Einführung: Philosophie und Arbeit«, in: dies. (Hg.), *Philosophie der Arbeit. Texte von der Antike bis zur Gegenwart*, Berlin 2017, S. 11-26.

Arbeit in dem Sinn »frei« geworden war, dass sie nicht länger als abhängig von persönlicher Bevormundung und standesbedingter Zuweisung galt,[9] wurde sie auch »frei« dazu, mit Wünschen und Hoffnungen auf ein Besser und Angenehmer, auf ein Mehr an Gerechtigkeit oder ein unserer Natur stärker Entsprechendes, kurz: mit normativen Vorstellungen einer »befreiten« Arbeit, belegt zu werden. Angefeuert wurden solche Visionen einer besseren Zukunft der gesellschaftlichen Arbeit entweder von zeitbedingten Idealbildern bestimmter Tätigkeitsweisen, die als tatsächlich frei und selbstbestimmt galten, oder von der Erfahrung des Kontrasts zum Versprechen demokratischer Freiheiten: Die einen glaubten, die gesamte Arbeit ließe sich generell so kooperativ oder so erfüllend organisieren wie die Tätigkeit im Handwerk oder im künstlerischen Schaffen, die anderen waren der Überzeugung, auch die Arbeitsverhältnisse müssten nach dem Muster des inzwischen verkündeten Ideals der demokratischen Mitbestimmung eingerichtet werden. So ist dann die erste Hälfte des 19. Jahrhunderts, als die Einsicht der Beschäftigten in das Elend der neuen, kapitalistischen Arbeitsbedingungen massiv zu wachsen begann, zugleich zu einer Epoche geworden, in der

9 Eindrücklich schildert Georg Simmel diesen Prozess der allmählichen Befreiung der Arbeit von persönlicher Bevormundung und Abhängigkeit in: Georg Simmel, *Philosophie des Geldes* (= Georg Simmel Gesamtausgabe [GSG], Bd. 6, hg. von Otthein Rammstedt), Frankfurt/M. 1989, Kap. 4 (S. 375-481). Ganz anders, nämlich unzweideutig negativ, stellt Marx denselben Prozess unter dem Begriff der »ursprünglichen Akkumulation« dar: Karl Marx, *Das Kapital*, Bd. 1, in: *MEW*, Bd. 23, Berlin 1971, S. 741-791. Eine exzellente rechtshistorische Untersuchung der Herausbildung der »freien Arbeit« liefert für den angelsächsischen Raum: Steinfeld, *The Invention of Free Labor*, a. a. O.

immer neue Ideale der befreiten oder menschengerecht organisierten Arbeit aus dem Boden schossen; ob in Frankreich, auf der britischen Insel, in den deutschen Ländern oder in Nordamerika, überall entstanden Arbeiterassoziationen und Handwerkervereinigungen, die ihre Kritik an den existierenden Arbeitsbedingungen mit Vorstellungen und Visionen besserer Arbeitsverhältnisse zu verknüpfen begannen. Um in diese Gemengelage von sozialer Empörung, moralischer Kritik und utopischen Entwürfen eine normative Ordnung zu bringen, bietet es sich an, zunächst danach zu fragen, was an der bestehenden Organisation der gesellschaftlichen Arbeit jeweils als vordringlich falsch, verwerflich oder unmoralisch empfunden wurde; im Ausgang von solchen negativen Bestandsaufnahmen lässt sich dann erschließen, welche normativen Begründungen den unterschiedlichen Forderungen nach einer Neuorganisation der gesellschaftlichen Arbeit letztlich zugrunde lagen. Drei Strömungen einer Kritik an den kapitalistischen Arbeitsverhältnissen kristallisieren sich auf diesem Wege heraus, und was diese jeweils an der gegebenen Organisation der Arbeit für falsch, unmoralisch oder ethisch bedenklich hielten, wird uns indirekt Auskunft darüber geben können, mit welchen Argumenten sie eine andere, bessere oder gerechtere Einrichtung der Arbeitssphäre einforderten. Mittels einer solchen historischen Rekonstruktion lassen sich dann die drei normativen Paradigmen identifizieren, die uns nach meinem Eindruck heute bei einer Kritik der gegenwärtigen Arbeitsverhältnisse im Prinzip zur Verfügung stehen.

(a) Entfremdung

Die erste der drei Strömungen, die hier unterschieden werden sollen, entsteht bereits zwei Jahrzehnte nach der Französischen Revolution und somit zeitgleich mit der ersten Veröffentlichung der Hegelschen »Rechtsphilosophie«. Schon damals beginnen einige Vertreter des Frühsozialismus damit, die Arbeitsbedingungen in den von kapitalistischen Privateigentümern betriebenen Fabriken nicht nur deswegen zu kritisieren, weil sie die Arbeitenden bis zur vollkommenen Erschöpfung ausnutzen, ihnen keinerlei Sicherheit bieten und sie der härtesten Disziplin unterwerfen; im Vordergrund steht vielmehr der Vorwurf, unter dem neuen Arbeitsregime der Lohnarbeit werde den Arbeitenden jede Möglichkeit genommen, das, was sie tun, noch als ihr Eigenes, als Ausfluss der ihnen gehörenden Persönlichkeit zu erfahren.[10] Der junge Karl Marx greift dieses Motiv in seinen »Ökonomisch-Philosophischen Manuskripten« auf,[11] um es unter Aufnahme Hegelscher Gedanken in seiner Lehre von der entfremdeten Arbeit stilbildend zu verdichten; danach ist das eigentlich Skandalöse an den kapitalistischen Produktionsverhältnissen, dass sie verlangen, die doch eigentlich gemeinschaftlich geleistete Arbeit in quantifizierbare Partikel zu zergliedern, welche dann als individuell zurechenbare Waren auf einem Markt ge-

10 Vgl. die Textauszüge von Auguste Blanqui, Charles Fourier und Louis Blanc in der von Michael Vester zusammengestellten Textsammlung: *Die Frühsozialisten 1789-1848*, 2 Bde., Reinbek bei Hamburg 1970, hier Bd. I.

11 Karl Marx, *Ökonomisch-Philosophische Manuskripte von 1844*, in: *MEW*, Bd. 40, Ergänzungsband 1, Berlin 1968, S. 456-588; zur »entfremdeten Arbeit«: S. 510-522.

handelt werden können. In ein derartig warenförmiges Ding verwandelt, so ist Marx überzeugt, hat die Arbeit all die Eigenschaften verloren, die sie für uns wertvoll machen, weil es nicht länger möglich ist, sie als eine produktive Betätigung der eigenen, gattungsspezifischen Kräfte und Fähigkeiten zum Wohle der sozialen Gemeinschaft zu erleben. Allerdings enthält diese Idee der entfremdeten Arbeit, so wie sie von Marx in seinen Frühschriften entwickelt wird, noch eine Reihe von Unstimmigkeiten und fragwürdigen Voraussetzungen, die sie extrem interpretationsbedürftig und nur schwer anwendbar machen; unklar ist beispielsweise, ob er sagen wollte, die Arbeit erlaube in ihrer originären, noch unverstellten Form stets eine Vergegenständlichung eigener Absichten und Vermögen in einem wahrnehmbaren Produkt, was nicht nur eine höchst problematische Bindung allein an die Fertigung von materiellen Produkten, sondern wohl auch einige kaum haltbare idealistische Prämissen voraussetzten würde. Ebenso im Vagen bleibt bei Marx, ob die produktive, ja lustvolle Verausgabung gattungsspezifischer Fähigkeiten in der Arbeit nur im Kollektiv oder auch als einzelnes Subjekt möglich ist, so dass eine Auslegung sowohl in die Richtung eines Ideals der individuellen Selbstverwirklichung als auch in die eines Ideals der ungezwungenen Kooperation gleichermaßen vertretbar scheint.[12] Ungeachtet all dieser internen

12 Die Auseinandersetzung mit Marx' Konzeption der entfremdeten Arbeit umfasst so viele unterschiedliche Gesichtspunkte (Essentialismus, Arbeit als Vergegenständlichung, das Erbe der Lockeschen Eigentumstheorie usw.), dass ich nur jeweils einen zentralen Text benennen möchte. Zur Frage, ob Marx Arbeit in problematischer Weise als »Vergegenständlichung« begreift: Ernst Michael Lange, *Das Prinzip Arbeit. Drei metakritische Kapitel über Grundbegriffe,*

Schwierigkeiten findet jedoch der Kern der von Marx umrissenen Idee, demzufolge die Arbeit unter kapitalistischen Bedingungen deswegen entfremdet sei, weil sie nicht mehr als produktive Verausgabung von gattungsspezifischen Fähigkeiten erlebt werden könne, nicht nur in der sich formierenden Arbeiterbewegung schnell großen Anklang; auch in der britischen Arts-and-Crafts-Bewegung und anderen lebensreformerischen Strömungen nimmt man alsbald den Gedanken auf, man müsse gegen die herrschenden Produktionsbedingungen ankämpfen, um der Arbeitstätigkeit ihre ursprüngliche, in der handwerklichen Produktion noch sichtbare Gestalt der kooperativen beziehungsweise individuellen Ausübung spezifisch menschlicher Vermögen zurückzugeben.[13]

Struktur und Darstellung der Kritik der politischen Ökonomie von Karl Marx, Berlin 1980; zur Frage, ob Marx in seiner Idee, der Arbeiter sei von seinem Produkt entfremdet, in problematischer Weise Prämissen der Lockeschen Eigentumstheorie übernimmt: Gerald A. Cohen, »Marxism and Contemporary Political Philosophy, or: Why Nozick Exercises some Marxists more than he does any Egalitarian Liberals«, in: *Canadian Journal of Philosophy* 16 (1990), S. 363-387; zur Frage, ob Marx in seiner Konzeption essentialistischen Vorstellungen bezüglich der menschlichen Gattung folgt, kurz und prägnant: Will Kymlicka, *Politische Philosophie heute. Eine Einführung*, übers. von Hermann Vetter, Frankfurt/M. 1996, S. 159-165. Ein interessanter Vorschlag, die Marxsche Vorstellung im Sinn einer These über die originäre Form des menschlichen Arbeitens als Für-einander-Tätigsein zu verstehen, stammt von Daniel Brudney: »Two Marxian Themes: The Alienation of Labour and the Linkage Thesis«, in: Jan Kandiyali (Hg.), *Reassessing Marx' Social and Political Philosophy. Freedom, Capitalism, and Human Flourishing*, London 2018, S. 211-238. Vgl. auch die summarische Kritik an Marx' Idee einer entfremdungslosen Arbeit von Raymond Geuss: *A Philosopher Looks at Work*, Cambridge 2021, S. 121-128.

13 Vgl. William Morris, *News from Nowhere and Other Writings* (1890), London 1993; John Ruskin, *The Stones of Venice*, London

Auch wenn die philosophischen Hintergründe der Marxschen These auf diesem Weg allmählich verblassten, ist doch ihr intuitiv zugänglicher Kern, wonach die kapitalistische Wirtschaftsform die Arbeit »entfremde« und zu etwas den Arbeitenden Äußerliches und »Dingliches« mache, zu einem der einflussreichsten Paradigmen der Kritik an den existierenden Arbeitsverhältnissen geworden.[14] Für falsch oder schlecht werden diese Bedingungen dabei vor allem deswegen gehalten, weil sie den Arbeitenden nicht die Möglichkeit geben, sich mit ihrer Tätigkeit zu identifizieren und sie als Ausdruck oder Ausübung von spezifisch menschlichen Fähigkeiten zu erfahren – etwas, was Marx in den *Ökonomisch-Philosophischen Manuskripten* mit dem Hegelschen Begriff bezeichnet, der »Arbeiter« sei in seiner nun als Ware gehandelten Arbeit nicht mehr »zu Hause« und könne sie demnach nicht mehr als Selbstzweck, als produktives, vergegenständlichendes Tun um seiner selbst willen, sondern nur noch als »Mittel der physischen Subsistenz« erleben.[15] Nicht unbedingt in Gestalt solcher Formulierungen, die sich der Gedankenwelt Hegels verdanken, sondern in einer vom damaligen Idealis-

1906, Bd. 2, S. 150f. Vgl. zu dieser Tradition, die aus eher handwerklich-romantischem Geist die Entfremdung der Arbeit unter modernen Bedingungen kritisiert: David A. Spencer, *The Political Economy of Work*, New York 2009, S. 39-46.

14 Zur Popularisierung der Marxschen Vorstellung der entfremdeten Arbeit haben zahlreiche Veröffentlichungen beigetragen. Erwähnt sei hier stellvertretend nur: Erich Fromm, *Das Menschenbild bei Marx* (1961), übers. von Renate Müller-Isenburg und C. Barry Hyams, überarbeitet von Rainer Funk, Gießen 2018.

15 »Zu Hause ist er [der Arbeiter], wenn er nicht arbeitet, und wenn er arbeitet, ist er nicht zu Hause«, in: Marx, *Ökonomisch-Philosophische Manuskripte von 1844*, a. a. O., S. 514.

mus befreiten Sprache hat die Marxsche Diagnose bis heute überlebt; um die als unhaltbar empfundene Unterstellung einer feststehenden, im ungezwungenen, genüsslichen Arbeiten bestehenden Natur des Menschen zu vermeiden, spricht man inzwischen eher von der »Sinnlosigkeit« der unter den gegebenen Bedingungen zu verrichtenden Arbeit als von »Entfremdung«. Gemeint ist aber bei aller Herabstimmung des Tons und der Emphase in etwa dasselbe, was Marx mit der ihm eigenen Begrifflichkeit beschrieben hat: Ein Arbeiten, das in seinem Vollzug fremdbestimmt ist und als eine profitable Ware behandelt wird, kann nicht als erfüllend und sinnvoll erfahren werden, sondern stets nur als entfremdend. Aber was genau ist mit einem sinnerfüllten oder entfremdungslosen Arbeiten gemeint? Und wie wird die Forderung danach normativ begründet?

Die erste in diese Redeweise eingelassene These besagt, dass die Arbeit einen intrinsischen Wert besitzt, der nur ihr als einer Form des menschlichen Tuns zukommt. Demnach gilt die Arbeit nicht nur deswegen als prinzipiell wertvoll, weil sich durch sie einige ihr externe Güter erreichen lassen, seien es gesellschaftlich definierte Ziele oder soziale Anerkennung; dafür würde es nämlich genügen, ihr bestimmte, als sinnvoll erachtete Zwecke aufzuerlegen oder sie in höherem Maße durch bessere Bezahlung und größere Aufmerksamkeit zu würdigen, wohingegen es überflüssig wäre, ihren Vollzug selbst so zu gestalten, dass er als sinnvoll oder erfüllend beschrieben werden kann.[16] Um dies zu gewährleisten

16 Diesen Punkt verdanke ich Diskussionen mit Joseph Hamilton im Anschluss an mein Seminar zum philosophischen Begriff der Arbeit an der Columbia University.

und Forderungen danach zu rechtfertigen, muss davon ausgegangen werden, dass die Arbeit intrinsische Qualitäten besitzt, die nach angemessener Realisierung durch eine entsprechende Gestaltung der arbeitenden Tätigkeit verlangen. Ohne den Bezug auf solche intrinsischen Werte von Arbeit gäbe es keinerlei Kriterien, mittels deren sich entscheiden ließe, ob Bedingungen der Entfremdungslosigkeit oder Sinnerfüllung im Arbeitsprozess wirklich gegeben sind. Es reicht nämlich nicht aus, sich an dieser Stelle auf bloß subjektive Einstellungen zu berufen, weil dann der individuellen Willkür bei der Beurteilung der Sinnhaftigkeit von Arbeit Tür und Tor geöffnet wären.[17] Die Rede von der entfremdeten oder sinnlosen Arbeit macht es also erforderlich, die der Arbeit objektiv zukommenden intrinsischen Qualitäten zu benennen, weil sich ansonsten gar nicht bestimmen ließe, ob beziehungsweise ab wann die gewünschten Bedingungen in der sozialen Realität tatsächlich vorliegen.[18]

Es ist aber alles andere als leicht, in der Menge von Vorstellungen über die intrinsischen Werte der Arbeit diejenigen zu identifizieren, die sie objektiv, also unabhängig

17 Vgl. zu diesem naheliegenden Einwand: Richard J. Arneson, »Meaningful Work and Market Socialism«, in: *Ethics* 97:3 (1987), S. 517-545. Kurz und knapp dazu mit Blick auf Marx auch Raymond Geuss: »For Marx, however, alienation is not in the first instance a concept of individual psychology. It refers to a real state of affairs, an ontological condition – that is, the worker is alienated not because she *experiences* a loss of meaning or *feels* as if her work life is out of her control or *views* herself as separated from her product. Rather, she is alienated because she actually *is* separated from her product [...].« (Geuss, *Work*, a.a.O., S. 123.) Ganz ähnlich ebenfalls: Allen Wood, *Karl Marx*, London 1981, S. 23.

18 Andrea Veltman, *Meaningful Work*, Oxford 2016, Kap. 4.

von persönlichen oder kollektiven Präferenzen, besitzen soll; die jüngere Geistesgeschichte kennt viele ethische Vorzüge, die der Arbeit als solche zugeschrieben wurden, angefangen von ihrer disziplinierenden Wirkung bis hin zu ihrer gemeinschaftsbildenden Funktion.[19] Aber die auf Marx zurückgehende Tradition ist sich weitgehend einig darüber, wie dieser intrinsische Wert objektiv gefasst werden kann; er soll darin bestehen, uns Fähigkeiten und Vermögen ausüben zu lassen, die charakteristisch für uns Menschen sind und die wir auf keine andere Weise als durch die Arbeit realisieren können. Gewiss, Marx hat diese Bestimmung, wie wir gesehen haben, noch um einige weitere Elemente anreichern wollen. In seinen Anfängen ist er Hegel in der Auffassung gefolgt, wahres Arbeiten bedeute, seine Intentionen und Begabungen in einem Objekt zu vergegenständlichen, so dass man derer darin ansichtig werden kann.[20] Sieht

19 Einen guten Überblick über diese ethischen Alternativen, die Arbeit intrinsisch wertzuschätzen, geben: Anca Gheaus, Lisa Herzog, »The Goods of Work (other than Money)«, in: *Journal of Social Philosophy* 47:1 (2016), S. 70-89.

20 Vgl. dazu spezifisch: Lange, *Das Prinzip Arbeit*, a.a.O., Kap. 1. Eine ebenso kritische wie bedenkenswerte Auseinandersetzung mit der These Langes, Marx folge in seinem Arbeitsbegriff dem »Entäußerungsmodell« Hegels und setze damit unhaltbare metaphysische Prämissen voraus, bietet: Hans-Christoph Schmidt am Busch, *Hegels Begriff der Arbeit*, Berlin 2002, S. 40-46. Auch Beate Rössler ist der Überzeugung, dass sich das Entfremdungstheorem von Marx unabhängig von dem Bezug auf die »Vergegenständlichung« eigener Talente und Fähigkeiten in einem »gegenständlichen« Produkt wiedergeben lässt: »Obschon viele Kommentare an der Idee handwerklichen Könnens als der letztlich einzig befriedigenden und sinnvollen Arbeit festhalten, scheint es sehr viel plausibler, die Idee der Vergegenständlichung nicht auf tatsächlich hergestellte Objekte [...] zu beziehen, sondern sie so zu interpre-

man jedoch von dieser Zusatzthese ab, die zudem in Marx' späterem Werk kaum mehr eine Rolle spielt, so lautet seine Auskunft ebenfalls, der intrinsische Wert der Arbeit läge objektiv darin, ungezwungen und im Miteinander Kräfte betätigen zu können, die nur der menschlichen Gattung eigentümlich sind. Auch in dem, was diese menschlichen »Kräfte« oder »Fähigkeiten« ausmacht, stimmen die Verfechter des ersten normativen Paradigmas weitgehend überein: Es sollen Vermögen wie das konstruktive Planen, die Gestaltungsgabe oder die kreative Zwecksetzung sein, die im Vollzug des Arbeitens – und nur darin – zur Verwirklichung gelangen können. Fragt man nun weiter, wie normativ begründet wird, warum die Arbeit stets eine gesellschaftliche Form annehmen soll, in der sich ihr intrinsischer Wert auch angemessen realisieren lässt, so weichen die Antworten allerdings voneinander ab: Marx argumentiert an dieser Stelle nahezu aristotelisch, indem er behauptet, es gehöre zum Wesen des Menschen und mache daher eine zentrale Voraussetzung des Gelingens seiner Lebensform aus, die eigene Fähigkeit zur zweckgerichteten und kreativen Bearbeitung der Natur in der Arbeit tatsächlich auch ausüben zu können; diejenigen hingegen, die heute von einem moralischen Gebot sprechen, die Arbeit sinnvoll zu gestalten oder sie mit Sinn zu füllen, operieren an dieser Stelle vorsichtiger, indem

tieren, dass die Fähigkeiten, Ideen und Talente der Arbeiter, ihre ›Individualität‹ in der Interaktion mit der externen Welt auf verschiedene, auch abstrakte Weise vergegenständlicht werden können.« (Beate Rössler, »Sinnvolle Arbeit und Autonomie«, übers. von Daniel Loick, in: *Deutsche Zeitschrift für Philosophie* 60:4 [2012], S. 513-534, hier: S. 529.)

sie etwa darauf verweisen, der Mensch besitze ein tiefsitzendes Bedürfnis nach der Bedeutsamkeit seines Tuns, das auch in der Arbeitswelt befriedigt werden müsse.[21] Ungeachtet solcher Differenzen lässt sich jedoch festhalten, dass die verschiedenen Varianten des ersten hier unterschiedenen Paradigmas einhellig davon ausgehen, die gesellschaftliche Arbeit sei erst dann richtig und gut eingerichtet, wenn alle Beschäftigten die Möglichkeit besitzen, in ihrer Tätigkeit solche nur uns Menschen zukommende Fähigkeiten wie das rationale Setzen von Zwecken, das kooperative Handeln und das kreative Gestalten zu realisieren.

(b) Autonomie

Das zweite normative Paradigma einer Kritik an den bestehenden Arbeitsverhältnissen, das historisch von großer Bedeutung war und bis heute verfochten wird, nimmt keinerlei Annahmen über den intrinsischen Wert der Arbeit in Anspruch; es interessiert sich nicht dafür, ob die Arbeit in Zukunft ohne Entfremdung von der Hand gehen wird oder als sinnvoll erlebt werden kann, sondern fragt, was zu tun sei, um das Arbeiten von jeglicher Bevormundung und willkürlicher Herrschaft zu befreien. Die soziale Bewegung, in der dieses Ziel zum ersten Mal zum Programm erhoben wird, entsteht etwa zeitgleich mit dem europäischen Frühsozialismus erstaunlicherweise an der Ostküste der Vereinigten Staaten – einem Staat also, von dem es bald und nicht ohne

21 Vgl. z.B. Ruth Yeoman, *Meaningful Work and Workplace Democracy*, a.a.O., Kap. 1.

Herablassung in Europa heißen wird, eine organisierte, sozialistisch orientierte Arbeiterbewegung könne sich aus soziokulturellen Gründen dort gar nicht entwickeln.[22] Die Handwerker, Arbeiter und kleinen Selbstständigen, die sich in Philadelphia, New York und Boston zusammentun, um gegen die neuen, kapitalistischen Beschäftigungsformen der Lohnarbeit aufzubegehren, zehren gedanklich von den normativen Versprechen des gerade in der Verfassung zur Staatsform erhobenen Republikanismus; hatte man nur wenige Jahrzehnte zuvor noch erfolgreich dafür gekämpft, dass der Staat keine Herrschaft mehr über die politische Meinungsbildung der Bürgerinnen und Bürger ausüben dürfe, so beginnt man sich jetzt zu fragen, wie es um die erstrittenen Freiheiten in den Werkshallen und Fabriken bestellt war, die auch an der amerikanischen Ostküste im Zuge der Industrialisierung allmählich entstehen.[23] Zwar lautet die offizielle Idee, dass die dort Beschäftigten insofern frei wären, als es ihnen *frei*stünde, die ihnen vom Fabrikbesitzer angebotenen Verträge ohne jeglichen Zwang anzunehmen oder zurückzuweisen;[24] aber die Lohnarbeiter:innen müssen schon bald erfahren, dass es mit dieser versprochenen Freiheit des Vertragsabschlusses nicht weit her ist, da sie in verschiedenen Hinsichten von den Unternehmern abhängig bleiben: Die Arbeitsverträge,

22 Vgl. etwa: Werner Sombart, *Warum gibt es in den Vereinigten Staaten keinen Sozialismus*, Tübingen 1906. Ähnlich äußert sich immer wieder auch Max Weber.

23 Alex Gourevitch, *From Slavery to the Cooperative Commonwealth. Labor and Republican Liberty in the Nineteenth Century*, Cambridge 2015, Kap. 3.

24 Vgl. Steinfeld, *The Invention of Free Labor*, a.a.O.; Osterhammel, *Die Verwandlung der Welt*, a.a.O.

die ihnen unterbreitet werden, kann man aufgrund von Alternativlosigkeit und mangelnder Rücklagen kaum ablehnen, nach Vertragsschluss besitzt der Fabrikherr ein nahezu unbegrenztes Recht, die Bedingungen und Abläufe der Arbeit festzulegen, und schließlich gibt es keinerlei Handhabe, um gegen aus beliebigen Gründen ausgesprochene Kündigungen Einspruch zu erheben. Für die Summe dieser Abhängigkeiten erfindet man in den Zirkeln der revoltierenden Gruppen schnell den Begriff der Lohnsklaverei und nimmt damit Marx vorweg, der ja später auch immer wieder die Lohnarbeit mit einer neuen Form der Sklaverei vergleichen wird.[25] Nicht, dass man damals die eigenen Arbeitsbedingungen auf dieselbe Stufe mit denen der weiterhin bestehenden Sklaverei der afroamerikanischen Bevölkerung stellen will; man ist sich bewusst, dass der Sklavenhalter rechtlich über die gesamte Person des versklavten Individuums verfügen darf, während der Kapitalbesitzer de jure nur ein verbürgtes Anrecht am Arbeitsertrag des Lohnarbeiters besitzt. Aber all das, was de facto an realen Abhängigkeiten bestehen bleibt, angefangen vom aufoktroyierten Vertrag bis hin zur einseitigen Regelung der Arbeitsbedingungen, genügt den amerikanischen Arbeitervertretern in den 1820er und 1830er Jahren, um von einer neuen Gestalt der Sklaverei zu sprechen. Das Argument, mit dem man die Massen gewinnen will, lautet daher, dass eine demokratische Republik keinerlei Lohnarbeit dulden könne, weil diese die Beschäftigten in einer Weise der Willkür der Unternehmer ausliefere, die mit dem neuen Prinzip der in-

25 Gourevitch, *From Slavery to the Cooperative Commonwealth*, a. a. O., S. 68 f.

dividuellen Unabhängigkeit und Freiheit unvereinbar sei.[26]

Allerdings ist man sich unter den Repräsentanten der Bewegung wesentlich stärker darüber einig, was man nicht will, als darüber, was man will. Dass die Bedingungen der Lohnarbeit dem Grundsatz der Unabhängigkeit von willkürlicher Herrschaft widersprachen, ist mehr oder weniger Konsens. Anders sieht es mit Blick auf die möglichen Alternativen zum kapitalistischen Arbeitsmarkt aus. Den Plänen von Robert Owen, der in den 1820er Jahren die USA bereist, um für sein Programm der Gründung von ländlichen Kooperativen zu werben, steht man skeptisch gegenüber, weil die positiven Effekte für die Mehrheit der Lohnarbeiter zu gering und die Angewiesenheit auf philanthropisch gesinnte Mäzene zu groß scheinen.[27] Demgegenüber schlagen einige Wortführer der Bewegung vor, das Eigentum an produktivem Kapital in der Bevölkerung breiter zu streuen, um dadurch den Lohnabhängigen ein stärkeres Mitspracherecht bei den Vertragsbedingungen und Arbeitsverhältnissen zu sichern; wiederum andere glauben, dem Übel der Lohnarbeit sei überhaupt nur dadurch beizukommen, dass die Fabriken vollständig in den Besitz der Beschäftigten übergehen und von ihnen in kooperativer Verantwortung gemeinsam betrieben werden.[28] Aber keiner dieser Vorschläge reift zu einem klaren, die Mehrheit der Bevölkerung überzeugenden Programm heran; die Hoffnungen, schnelle Verbesserungen bewirken zu können, erlöschen endgültig, als mit dem Anfang des

26 Ebd., S. 77-81.
27 Ebd., S. 86-88.
28 Vgl. zu diesen Diskussionen: Ebd., S. 88-96.

Bürgerkriegs die Frage nach der Legitimität der ursprünglichen Sklaverei alle öffentliche Aufmerksamkeit auf sich zu ziehen beginnt.

Kurz nach dem amerikanischen Bürgerkrieg, also rund dreißig Jahre später, flammt der Kampf der amerikanischen Arbeiteraktivisten gegen die Bedingungen der Lohnarbeit noch einmal auf. Das Argument hat sich nicht verändert, weiterhin beharrt man darauf, dass die Abhängigkeit der Arbeiter:innen vom Gutdünken der Kapitalbesitzer mit dem republikanischen Freiheitsversprechen unvereinbar sei. Aber die Vorstellungen bezüglich der wirtschaftlichen Ordnung, die dieser Unfreiheit ein Ende bereiten könnte, haben inzwischen wesentlich schärfere Konturen angenommen. Die neue Losung lautet nun »Cooperative Commonwealth«, womit das Ziel bezeichnet werden soll, das gesamte System der industriellen Produktion in die Hände von Arbeiterkooperativen zu legen, die untereinander in friedlicher Konkurrenz um Gewinne auf dem Markt ringen würden.[29] Über zwei Jahrzehnte hinweg finden solche radikalen Forderungen sogar einen gewissen Rückhalt in der organisierten Arbeiterschaft der USA; selbst politische Intellektuelle wie John Dewey lassen sich davon so beeindrucken, dass sie, wenn auch auf der Basis eines anderen Freiheitsbegriffs,[30] das Projekt einer demokratischen Re-

29 Ebd., S. 118-126.

30 Deweys Freiheitsbegriff ist weniger individualistisch als der der republikanischen Tradition; er zielt stärker auf die kommunikative Vorstellung ab, die individuelle Freiheit sei an das ungezwungene Zusammenwirken mit allen anderen Mitgliedern eines sozialen Gemeinwesens gebunden. Siehe John Dewey, *The Public and Its Problems*, in: ders. *The Later Works, 1925-1953*, Bd. 2, Carbondale 1988, S. 235-372; zur Definition von Freiheit: ebd., S. 155.

publik für unvollendet halten, solange es nicht um beherzte Maßnahmen zu einer Demokratisierung der Wirtschaft ergänzt ist. Allerdings erlahmen auch diese Impulse bald, als mit der Gründung einer nationalen Gewerkschaftsvereinigung in den USA im Jahr 1886 die radikaleren Flügel der Arbeiterbewegung massiv an Einfluss zu verlieren beginnen.

Heute jedoch lebt dieses republikanische Paradigma einer Kritik der bestehenden Arbeitsverhältnisse wieder auf; mehrere Autorinnen und Autoren, darunter Elizabeth Anderson,[31] berufen sich auf das Erbe der frühen »Labor Republicans« (Alex Gourevitch) in ihren Versuchen, Argumente gegen die privatkapitalistische Verfügung über die Arbeitskraft zu mobilisieren. Wie gesagt: Die Kritik zielt nicht auf die Qualität der Arbeit ab, ob sie sinnstiftend ist oder vielmehr entfremdend, und schon gar nicht auf irgendwelche intrinsischen Eigenschaften, die ihr potenziell zukommen. Vielmehr richtet sie sich allein auf den Umstand, dass die Arbeiterinnen und Arbeiter der willkürlichen Herrschaft privater Unternehmer ausgeliefert sind, solange sie nicht über die Bedingungen ihres Arbeitsvertrages und ihrer Tätigkeiten autonom bestimmen oder jedenfalls mitbestimmen können. Die zuletzt genannte Alternative macht bereits deutlich, dass es verschieden radikale Versionen dieses republikanischen Arguments gibt: Einige Repräsentanten des Paradigmas sind überzeugt, dass eine effektive Befreiung von willkürlicher Herrschaft in der Sphäre gesellschaftlicher Arbeit nur möglich ist, wenn jegliche

31 Elizabeth Anderson, *Private Regierung. Wie Arbeitgeber über unser Leben herrschen (und warum wir nicht darüber reden)*, übers. von Karin Wördemann, Berlin 2019.

Lohnarbeit abgeschafft wäre und die Arbeitenden die Betriebe selbst vollständig verwalten könnten; andere wiederum glauben, dass dem Prinzip der republikanischen Freiheit schon Genüge getan wäre, wenn die Lohnabhängigen über verbürgte Rechte auf die Mitbestimmung ihrer Vertrags- und Arbeitsbedingungen verfügen.[32] Die Differenzen zwischen den beiden Auffassungen ergeben sich offensichtlich aus unterschiedlichen Einschätzungen der wirtschaftlichen Effektivität von selbstverwalteten Betrieben; je nachdem, für wie überlebensfähig man eine Wirtschaft ohne private Investoren und ohne den Anreiz marktwirtschaftlicher Konkurrenz hält, wird man entweder der einen oder der anderen Seite der republikanischen Position zuneigen.

Hinsichtlich der Frage, wie die Forderung begründet werden soll, dass auch in der Sphäre der gesellschaftlichen Arbeit vollkommene Freiheit von willkürlicher Bevormundung und Herrschaft garantiert sein müsse, gibt es innerhalb dieses Paradigmas ebenfalls zwei Antworten. Eine solche Begründung ist erforderlich, weil von marktliberaler Seite leicht eingewendet werden kann, dass es aufgrund seines privaten Risikos allein im Ermessen des Unternehmers zu liegen habe, wie die Bedingungen der Arbeit geregelt und welche betrieblichen Ziele verfolgt werden. Das eine Gegenargument der republikanischen Seite lautet, dass das Recht eines jeden Menschen, frei von der Willkür einer anderen Person oder Instanz zu sein, nicht an der Stechuhr erlöschen

32 Zur ersten Alternative vgl. etwa: Alex Gourevitch, »Labor Republicanism and the Transformation of Work«, in: *Political Theory* 41:4 (2013), S. 591-617; zur zweiten Alternative: Anderson, »Erwiderung auf meine Kommentatoren«, in: dies., *Private Regierung*, a.a.O., S. 183-217.

darf; auch innerhalb eines Betriebes oder Dienstleistungsunternehmens muss gelten, dass man »keinem willkürlichen, rechenschaftsfreien Willen eines anderen unterworfen« ist,[33] weil dies ein universelles Recht einer jeden Person darstellt – und weil es sich bei der »Ausübung von Autonomie«, wie Elizabeth Anderson diesem menschenrechtlichen Argument noch hinzufügt, um »ein elementares menschliches Bedürfnis« handelt.[34] Das andere Gegenargument besitzt eher immanenten Charakter und besagt, dass es widersprüchlich sei, das innerhalb der politischen Sphäre längst etablierte Prinzip der Freiheit von Bevormundung und willkürlicher Herrschaft nicht auch im Bereich der gesellschaftlichen Arbeit wirksam werden zu lassen; ist eine solche Autonomie dort rechtlich garantiert, so kann es keine Rechtfertigung dafür geben, warum es sich hier anders verhalten soll. Aber ungeachtet solcher Unterschiede in der normativen Begründung lautet der normative Grundsatz des zweiten Paradigmas stets, dass die gesellschaftliche Arbeit erst dann gut, fair oder gerechtfertigt eingerichtet wäre, wenn die Beschäftigten nicht länger der willkürlichen Herrschaft von Unternehmern und Dienstherren ausgesetzt sind.

(c) Demokratie

Das dritte Paradigma der Kritik an den bestehenden Arbeitsverhältnissen, unterscheidet sich von den beiden anderen in jeweils einer entscheidenden Hinsicht. In

33 Ebd., S. 90.
34 Ebd., S. 194.

Differenz zur republikanischen Tradition, in der kein Gedanken darauf verwendet wird, ob und gegebenenfalls inwiefern der gesellschaftlichen Arbeit ein ethischer Wert zukomme oder ob sie intrinsische Qualitäten besitze, nimmt man sie innerhalb der dritten Strömung durchaus als ein Gut von großer sozialer Bedeutung wahr; aber im Unterschied zum ersten, auf Marx zurückgehenden Paradigma wird dieses Gut hier nicht als selbstzweckhaft, als intrinsisch wertvoll begriffen, sondern gesellschaftliche Arbeit wird als etwas verstanden, das um eines anderen, höherrangingen Zweckes willen als wertvoll gelten muss. Die Eigenart des dritten Paradigmas besteht also darin, die Arbeit zwar als eine soziale Praxis zu begreifen, die wertvoll ist, aber nur um der Erlangung eines übergeordneten Gutes willen, so dass sie insgesamt als ein Gut von zuträglichem Wert für ein höherstufiges Gut aufgefasst wird. Wie im zweiten Paradigma wird hier nicht die Frage gestellt, ob der Arbeit irgendwelche intrinsischen Qualitäten innewohnen, im Unterschied zu diesem aber wird ihr durchaus ein Wert zugeschrieben, aber eben ein nur zuträglicher oder mittelbarer.

Als derjenige Zweck, um dessentwillen die Arbeit in unserem dritten Paradigma als ein solches instrumentelles Gut verstanden wird, gilt die politische Willensbildung aller Bürgerinnen und Bürger eines Gemeinwesens. Es ist das intrinsische Gut einer möglichst vollständigen und wirksamen Einbeziehung aller Gesellschaftsmitglieder in die Praktiken der demokratischen Selbstbestimmung, das die Beantwortung der Frage bestimmt, in welcher Weise die gesellschaftliche Arbeit organisiert sein soll. Die Arbeit gilt so lange als schlecht, falsch oder unangemessen eingerichtet, wie sie nicht dem Zweck förderlich ist, allen Bürgerinnen und Bürgern die aktive Teilnahme an der politischen Willensbildung zu erlauben. Allerdings werden wir noch sehen, dass die gesellschaftliche Arbeitsteilung in dieser Tradition nicht nur als ein beliebiges Gut von instrumenteller Bedeutung für das Gelingen und Gedeihen der demokratischen Willensbildung angesehen wird; es gibt fraglos viele solche Bedingungen, die überhaupt erst die Einbeziehung aller Bürgerinnen und Bürger in die Prozesse der demokratischen Deliberation ermöglichen – man denke nur ganz elementar an ein allgemeines Wahlrecht oder auch an eine funktionierende Öffentlichkeit.[35] Diese Voraussetzungen besitzen nicht bloß einen instrumentellen Wert für die Ermöglichung von demokratischer Partizipation und Mitbestimmung, sie sind vielmehr deren Lebensgrundlage und bilden daher eine wesentliche, konstitutive Bedingung für ihr Gelingen. Das Besondere des dritten normativen Paradigmas besteht nun darin, dasselbe auch für eine wohlorganisierte und fair eingerichtete Arbeitsteilung zu behaupten: Wie das allgemeine Wahlrecht oder eine intakte politische Öffentlichkeit gilt eine hinreichend gute Organisation der gesellschaftlichen Arbeit diesem Paradigma als eine konstitutive, nicht ersetzbare Voraussetzung für die Inklusion aller Staatsbürger:innen in die demokratische Willensbildung. Die gesellschaftliche Arbeit fair zu verteilen und gut einzurichten, ist ihm zufolge von konstitutivem, nicht bloß instrumentellem Wert für den demokratischen Prozess.[36]

35 Vgl. Axel Honneth, *Das Recht der Freiheit. Grundriß einer demokratischen Sittlichkeit*, Berlin 2011, S. 474-566.

36 Diese Klarstellung verdanke ich Diskussionen mit Robin Celikates im Anschluss an meine Benjamin-Vorlesungen.

Schon bei Adam Smith finden sich überraschenderweise erste Bedenken dahingehend, dass die fortschreitende Mechanisierung und Zerstückelung der Arbeit dem politischen Klima in einem Gemeinwesen abträglich sein könnten. In seinem Buch *An Inquiry into the Nature and Causes of the Wealth of Nations* äußert Smith ganz am Rande die Befürchtung, dass die mit der wachsenden Arbeitsteilung einhergehende Vereinseitigung und Sinnentleerung der individuellen Verrichtungen zu einer seelischen und geistigen Verarmung der Werktätigen derart führen könnte, dass sie zu einer hinreichend informierten Teilnahme am politischen Leben nicht mehr in der Lage sein würden.[37] Diese periphere Beobachtung von Smith wird knapp fünfzig Jahre später zum Schlüssel von Hegels Analyse der modernen Marktwirtschaft. Hegel geht in dem der Arbeit gewidmeten Kapitel seiner »Rechtsphilosophie« davon aus, dass die arbeitenden Stände nur dann zu einem »allgemeinen Leben« und damit einer aktiven Teilnahme am »vernünftigen Ganzen« der Gesellschaft imstande sein würden, wenn ihre beruflichen Tätigkeiten hinreichend komplex, genügend abgesichert und zudem in branchenspezifischen, das jeweilige Berufsethos zelebrierenden Korporationen aufgehoben seien.[38] Damit ist das Leitmotiv des dritten Paradigmas einer Kritik der Arbeitsverhältnisse gesetzt: Die arbeitsteilig aufeinander bezogenen Verrichtungen der Masse der Bevölkerung müssen der normativen Auflage genügen, alle Beschäf-

37 Adam Smith, *Untersuchung über Wesen und Ursachen des Reichtums der Völker*, übers. von Monika Streissler, Tübingen 2005, S. 747-749.

38 Hegel, *Grundlinien der Philosophie des Rechts*, a. a. O., §§ 196-198, §§ 250-256.

tigten mit dem Maß an Selbstvertrauen, Wissen und Ehrgefühl auszustatten, das erforderlich ist, um ohne Scham und Angst an der gesamtgesellschaftlichen Meinungsbildung teilnehmen zu können. Nach Hegel wird die damit umrissene Vorstellung zum Grundstein einer ganzen, allerdings eher untergründig wirkenden Tradition; in Frankreich wird sie durch Emile Durkheims Solidarismus und dessen Anhänger begründet, auf der britischen Insel durch den Zunftsozialismus eines George Douglas Howard Cole, der von Oxford aus Einfluss auf die englische Arbeiterbewegung nimmt.[39] Beide Flügel eint der Gedanke, dass eine lebendige Demokratie an die Voraussetzung einer fairen, inklusiven und ständig bewusst gehaltenen Arbeitsteilung gebunden ist; gerade dass mittels verschiedener Vorkehrungen ein gemeinsames Bewusstsein für die wechselseitigen Abhängigkeiten in der Arbeitsteilung wachgehalten wird, ist beiden Strängen der Bewegung besonders wichtig, weil nur dadurch ein Geist des demokratischen Miteinanders kultiviert werden kann. Das normative Argument, mit dem in dieser Tradition das notwendige Ergänzungsverhältnis von Demokratie und fairer Arbeitsteilung gerechtfertigt wird, findet sich der Sache nach bereits bei Hegel: Nur wer über einen anerkennungswürdigen und sozial auch tatsächlich anerkannten Beruf verfügt, kann die kognitiven Fähigkeiten und das psychische Selbstvertrauen besitzen, sich an der gesellschaftlichen Wil-

39 Emile Durkheim, *Über soziale Arbeitsteilung*, übers. von Ludwig Schmidts, durchgesehen von Michael Schmid, Frankfurt/M. 1992. Zu Durkheim und die Tradition des französischen Solidarismus vgl. Christian Gülich, *Die Durkheim-Schule und der französische Solidarismus*, Wiesbaden 1991. Zu Cole: G. D. H. Cole, *Labour in the Commonwealth*, London 1918.

lensbildung so wirksam zu beteiligen, wie es die Idee der aktiven Bürgerschaft verlangt. Als angemessen oder »gut« genug organisiert gelten hier die gesellschaftlich geforderten Arbeiten nur dann, wenn sie es jedem Beschäftigten ermöglichen, ungezwungen am demokratischen Leben der Gesellschaft mitzuwirken. Was das im Einzelnen heißt, wie also die gesellschaftliche Arbeit in der Fülle ihrer Verrichtungen konkret einzurichten ist, ergibt sich natürlich jeweils aus empirischen Annahmen darüber, was an den existierenden Arbeitsbedingungen als besonders abträglich hinsichtlich der Fähigkeit zur Teilnahme an der politischen Willensbildung angesehen wird. Daher geben die Repräsentanten dieser dritten Position nicht selten ganz unterschiedliche Handlungsempfehlungen zur Veränderung der Situation. Einig ist man sich jedoch in der Kritik, die gegen die herrschenden Arbeitsverhältnisse vorgebracht wird: Jedes Mal gilt sie Zuständen, die es aufgrund von physischer und/oder psychischer Überbelastung, von zu starker Arbeitszergliederung, von mangelnder Anerkennung oder von fehlender Verankerung in der sozialen Arbeitsteilung der arbeitenden Mehrheit der Bevölkerung nicht erlauben, vollumfänglich am deliberativen Austausch innerhalb von demokratischen Gesellschaften teilzunehmen.

Damit sind die drei wichtigsten Varianten einer normativen Kritik an den Arbeitsverhältnissen im Kapitalismus umrissen. Je nachdem, welcher normative Standpunkt eingenommen wird, kritisiert man an den existierenden Arbeitsverhältnissen entweder, dass sie die arbeitenden Menschen zu sinnlosen, objektiv unbefriedigenden Tätigkeiten zwingen, dass sie sie der willkürlichen Herrschaft von privaten Akteuren aussetzen oder ihnen nicht die zur gleichberechtigten Mitwirkung an der demokratischen Willensbildung erforderlichen Fähigkeiten und Voraussetzungen vermitteln. Um den Weg zur normativen Beschäftigung mit den heute herrschenden Arbeitsbedingungen zu bahnen, werde ich nun die drei Varianten einem kritischen Vergleich unterziehen. Ich beginne erneut mit dem auf Marx zurückgehenden und im Folgenden als »Entfremdungskritik« bezeichneten Paradigma, wonach wir uns nur dann nichtentfremdet auf unsere arbeitende Tätigkeit beziehen können, wenn wir in der Lage sind, sie als Ausdruck oder Abbild unserer eigenen gattungsspezifischen Anlagen und Fähigkeiten zu verstehen.

Die offensichtliche Stärke dieses ersten Paradigmas, die suggestive Plausibilität und Anschaulichkeit, die es ausstrahlt, ist zugleich seine empfindlichste Schwäche. Lassen wir die metaphysischen Konnotationen beiseite, die der Entfremdungskritik bei Marx gelegentlich noch anhaften,[40] so besticht die Vorstellung, alles Arbeiten solle in Zukunft spezifisch menschliche Fähigkeiten und Potenziale zum Ausdruck bringen können, zunächst durch ihre nicht von der Hand zu weisende Anziehungskraft. Jede Tätigkeit, in der es gelingt, sich als selbstwirksam in der gegenständlichen Umwelt zu erfahren, indem man in ihr eigene Absichten gestaltend verwirklicht, mag als Inbegriff eines selbstzweckhaften, in sich befriedigenden Handelns angesehen werden; und selbst wenn man die Voraussetzungen für ein solches nichtentfremdetes Tun ein wenig herabmildert und die Bedingung der Umgestaltung eines Gegenstandes fallenlässt, so

40 Dazu noch einmal Lange, *Das Prinzip Arbeit*, a.a.O., Kap. 1.

dass nur die tätige Ausübung von spezifisch menschlichen Vermögen übrig bleibt, verliert dieses Paradigma zunächst nicht viel von seiner anfänglichen Attraktivität; auch ein Arbeiten, das nicht gegenstandsformierend ist, wie etwa das Zustellen von Postsendungen, das Unterrichten von jungen oder das Betreuen von älteren Menschen, wird einer damit befassten Person wohl umso attraktiver und zufriedenstellender erscheinen, je stärker sie dabei ihre eigenen Fähigkeiten und Talente ungezwungen zum Ausdruck bringen kann.

Allerdings muss man berücksichtigen, dass hier nicht von subjektiven Empfindungen oder Eindrücken, der sogenannten Arbeitszufriedenheit, die Rede sein soll, sondern von der Erfüllung eines »objektiven« Standards. Es genügt nicht, die eigene Tätigkeit als sinnerfüllt in der Bedeutung der Verausgabung von spezifisch menschlichen Fähigkeiten zu erleben, vielmehr muss eine solche Aktivität tatsächlich – oder »objektiv« – eine oder mehrere dieser Fähigkeiten verwirklichen können.[41] Man erkennt dann aber sofort, dass es extrem schwierig ist, ein derartiges Kriterium auf konkrete Fälle aus

41 Der Tendenz, das Kriterium der »Entfremdungslosigkeit« bloß subjektiv zu verstehen, entgeht nach meinem Eindruck auch nicht Beate Rössler, die in ihrem eigenen Ansatz den Gesichtspunkt der Entfremdungskritik (Marx) mit dem der Autonomie (bei ihr: Kant) zu verschränken versucht: »Entfremdete Arbeit ist also entfremdet, weil sie Arbeit ist, die vom Subjekt weder als eine mögliche Selbstverwirklichung eigener Fähigkeiten und Talente noch als Umsetzung und Veräußerung jener Talente und Interessen gesehen werden kann. Sinnlose, monotone Arbeit schließt für das Subjekt die Möglichkeit aus, die eigene Arbeit zu billigen und wertzuschätzen« (Rössler, »Sinnvolle Arbeit und Autonomie«, a. a. O., S. 529). Ob eine Arbeit sinnvoll oder nichtentfremdet ist, wird damit in das Ermessen des arbeitenden Subjekts gestellt.

der riesigen Menge unterschiedlichster Arbeitsverrichtungen anzuwenden; nahezu alles hängt hier nämlich davon ab, was im engeren Sinn als eine spezifisch menschliche Fähigkeit begriffen wird. Ist etwa das Beherrschen der vier Grundrechenarten bereits ein solches spezifisches Vermögen, so dass die monotone sowie physisch und psychisch belastende Tätigkeit an der Supermarktkasse bereits als ein entfremdungsloses Arbeiten verstanden werden kann? Da hier Beliebigkeit droht, bedarf es einer möglichst genauen Einkreisung der Fähigkeiten, die als spezifisch »menschlich« gelten dürfen oder die, um Marx zu paraphrasieren, unsere besonderen »Gattungskräfte« repräsentieren könnten. Je enger nun aber dieser Kreis gezogen wird, je geringer also die Zahl der Fähigkeiten ausfällt, die man im eminenten Sinn als typisch menschlich begreift, desto kleiner wird der Bereich der Arbeitstätigkeiten, die überhaupt noch als potenzielle Kandidaten für ein entfremdungsloses Arbeiten angesehen werden dürfen. Am Ende läuft die Einengung auf nur wenige humanspezifische Fähigkeiten, die man in der entfremdungslosen Arbeit realisiert sehen möchte, Gefahr, in einen ethischen Perfektionismus zu schlittern, der die normativen Ansprüche so hochgeschraubt hat, dass sie auf die Mehrzahl der auch in Zukunft zu verrichtenden Tätigkeiten keine Anwendung mehr finden können. Es spielt dann überhaupt keine Rolle mehr, ob die Arbeit einer Baustoffprüferin, eines Fahrzeuglackierers oder einer Textilreinigerin fair bezahlt ist, ob ihre Arbeitsplätze sicher eingerichtet sind oder ob sie das, was sie tun, subjektiv als befriedigend erfahren: Ihre Tätigkeiten müssen unabhängig davon so lange als entfremdet gelten, wie sie nicht dem Kriterium genügen, die wenigen menschlichen Potenziale zu verwirklichen, die uns wahrlich als Menschen auszeichnen sollen: das Schmieden komplexer Pläne, die Gestaltungsgabe, die kreative Zwecksetzung, die Fähigkeit zu kooperativem Handeln. Die Entfremdungskritik scheint also insofern in einer Falle zu stecken, als sie die Ansprüche an ein entfremdungsloses Arbeiten entweder zu niedrig oder zu hoch veranschlagen muss. Setzt sie diese zu niedrig an, muss nahezu jede Arbeitsverrichtung als nichtentfremdet gelten, weil dabei stets trivialerweise irgendwelche rudimentär menschlichen Fähigkeiten ausgeübt werden; setzt sie sie zu hoch an, können nur noch die wenigsten Verrichtungen als potenziell entfremdungslos gelten, weil nur sie dem hohen Anspruch der Realisierung wahrlich menschlicher Fähigkeiten genügen. Dieses zweite, perfektionistische Extrem, bei der die normativen Bedingungen für ein sinnvolles oder nichtentfremdetes Arbeiten derart hochgeschraubt werden, dass sie kaum mehr Anwendung sowohl auf die gegenwärtigen als auch auf die in der Zukunft erforderlichen Tätigkeiten finden können, lässt sich auch anders formulieren: Man neigt dazu, die Plastizität und Veränderbarkeit der gesellschaftlich erforderlichen Arbeitstätigkeiten massiv zu überschätzen, wenn man von ihnen für alle Zeiten verlangt, in dem Sinn um ihrer selbst willen verrichtet zu werden, dass sie »objektiv« unsere höchsten Fähigkeiten zum Ausdruck bringen können.[42]

Die Zwickmühle einer entweder zu trivialen oder zu perfektionistischen Vorstellung davon, was ein nichtentfremdetes oder ein sinnerfülltes Arbeiten beinhalten

42 Das räumt etwa Ruth Yeoman an einer unscheinbaren Stelle ihres Buches auch freimütig ein: Yeoman, *Meaningful Work and Workplace Democracy*, a. a. O., S. 206.

soll, ist nicht die einzige Schwierigkeit, die mit der Entfremdungskritik einhergeht. Schon beim jungen Marx ist nicht ganz klar, ob er seine Bestimmungen der nichtentfremdeten Arbeit allein auf die Verrichtungen eines einzelnen Subjekts oder auf die gemeinsamen Tätigkeiten einer sozialen Gruppe bezieht. Die entsprechenden Passagen aus den *Ökonomisch-Philosophischen Manuskripten* handeln mal von der Tätigkeit eines individuellen Subjekts, mal vom Zusammenarbeiten in der Gruppe, ohne dass so recht deutlich wird, ob vom zukünftigen Wohlergehen des Einzelnen oder einer ganzen Gemeinschaft als Resultat eines entfremdungslosen Arbeitens die Rede ist.[43] Diese Unentschiedenheit ist nach meiner Überzeugung charakteristisch für das gesamte Paradigma der Entfremdungskritik; man lässt es im Allgemeinen offen, ob die geforderte Transformation der Arbeitswelt in Richtung von Sinnerfüllung und Entfremdungslosigkeit eher dem guten Leben des individuellen Subjekts oder dem der Gemeinschaft als ganzer zugutekommen soll. Für die erste Alternative spricht, dass wenig Mühe darauf verwendet wird, einen soliden Zusammenhang zwischen der nichtentfremdeten Arbeit des Einzelnen und dem Wohlergehen der sozialen Gemeinschaft herzustellen; gewiss, solche Effekte mag es umso eher geben, je deutlicher hervorgehoben wird, dass Sinnhaftigkeit und Entfremdungslosigkeit nur kraft

43 Diese Schwierigkeit umgeht man nur, wenn man, wie etwa Daniel Brudney, das »Füreinander-Tätigsein« als die »eigentliche« (»proper«) Form des Arbeitens versteht (siehe Brudney, »Two Marxian Themes«, a.a.O., S. 216f.). Allerdings lädt man sich dadurch das Problem auf, den konstitutiven Wesenszug allen Arbeitens unabhängig von allen es vielleicht noch charakterisierenden Absichten in einer einzigen Zweckbestimmung angelegt sehen zu müssen.

Kooperation möglich sein sollen, aber diese These wird nur selten ausdrücklich vertreten und spielt meistens eine nur sehr untergeordnete Rolle. Die zweite Schwierigkeit, die dem Paradigma der Entfremdungskritik anhaftet, ist daher die Tendenz, einem ethischen Individualismus das Wort zu reden: Die primäre Aufmerksamkeit gilt der Frage, welche Form des Arbeitens dem Wohlergehen des Einzelnen zukünftig dienlich sein kann, während der Bedeutung guter oder gerechter Arbeitsverhältnisse für das gesamtgesellschaftliche Wohl nur wenig Beachtung geschenkt wird. Ob die herrschenden Arbeitsbedingungen auch deswegen kritisierbar sein könnten, weil sie das Familienleben, das bürgerschaftliche Engagement oder die Teilnahme am öffentlichen Meinungsaustausch bedrohen, scheint hier so gut wie keine Rolle zu spielen. Die unvermeidliche Falle, entweder für ein zu schwaches oder für ein zu starkes, perfektionistisches Kriterium votieren zu müssen, sowie das Kleben am individuellen Wohlergehen lassen das Paradigma der Entfremdungskritik als ungeeignet erscheinen, um daran heute mit Blick auf die Verbesserung unserer Arbeitsverhältnisse anzuknüpfen.

Auch das zweite, das republikanische Paradigma weist einige Probleme auf, die aber sehr anders gelagert sind. Hier droht nicht die Gefahr, die Erwartungen an die Umgestaltbarkeit von Arbeitsverrichtungen perfektionistisch zu überspannen, weil dem Gehalt, dem Umfang und dem Aufwand der einzelnen Tätigkeiten nur ein äußerst geringes Interesse entgegengebracht wird. Die Kritik gilt, wie oben dargestellt, in diesem Paradigma fast ausschließlich dem Umstand, dass den Beschäftigten unter Bedingungen von privater Unternehmenskontrolle und Lohnarbeit innerhalb der Arbeitssphäre nicht dieselbe Freiheit von willkürlicher Herrschaft garantiert wird, die ihnen im politischen Raum demokratischer Gesellschaften mit großer Selbstverständlichkeit zuerkannt wird. Man mag gegen diese normative Forderung von republikanischer Freiheit in allen wirtschaftlichen Unternehmungen direkt einwenden, dass es einer zusätzlichen Begründung dafür bedürfe, warum im ökonomischen Bereich der Güterversorgung und der Dienstleistungen dieselben moralischen Prinzipien herrschen sollten wie in der Sphäre politisch-demokratischen Handelns; zumindest müsste man sich stärker gegen den Einwand wappnen, dass für wirtschaftlichen Wohlstand und Effizienz der Preis zu zahlen sei, die Kontrolle von betrieblichen Abläufen und Investitionen privaten Akteuren zu überlassen, weil diese aufgrund ihrer finanziellen Einlagen ein natürliches Interesse an der Gewinnmaximierung und damit am Gedeihen ihres Unternehmens haben.[44] Natürlich ließe sich gegen diese These – ein Bollwerk der Marktliberalismus – eine Reihe von überzeugenden Einwänden vorbringen; aber eine solche Widerlegung der Auffassung, wonach die politische und die wirtschaftliche Sphäre zwei gänzlich getrennte, funktional auf unterschiedliche Regeln angewiesene Subsysteme bilden, müsste eben erst geliefert werden, bevor man darangeht, die Prinzipien der republikanischen Freiheit normativ vom politischen Raum auf den Produktions- und Dienstleistungssektor zu übertragen.

Schwerer wiegt aber ein anderer Einwand gegen das republikanische Paradigma, der schon kurz Erwähnung

44 Vgl. z. B. den Kommentar von Tyler Cowen, »Arbeit ist eigentlich gar nicht so schlecht«, in: Anderson, *Private Regierung*, a. a. O., S. 171-182.

gefunden hat. Auf die Frage hin, mittels welcher Maßnahmen die existierenden Arbeitsverhältnisse zu verbessern wären, kann die Antwort des Republikanismus eigentlich immer nur lauten, nach Möglichkeit alle Beschäftigten von der willkürlichen Bevormundung und Herrschaft durch private Unternehmer zu befreien; je nach politischer Orientierung soll dies dann entweder beinhalten, den Beschäftigten umfangreiche Mitbestimmungs- und Schutzrechte einzuräumen, oder aber, ihnen die Betriebe und Unternehmungen zu übereignen, damit sie diese in Selbstverwaltung und damit ohne Fremdbestimmung weiterbetreiben können. Aber von beiden Positionen, einerlei, wie man ihre Differenzen beurteilt, erfährt man wenig bis gar nichts darüber, wie die Arbeitstätigkeiten selber verbessert, die Belastungen verringert und die Verrichtungen insgesamt komplexer gestaltet werden könnten. Es hat den Anschein, als würde der Republikanismus ausschließlich die private Machtausübung am Arbeitsplatz als gravierenden Missstand in der Arbeitswelt unserer Gegenwart betrachten und vor der immer weiter fortschreitenden Mechanisierung, Vereinseitigung und Isolierung dessen, was die Menschen an ihren Arbeitsplätzen tun, die Augen verschließen. Das erste Problem betrifft die Organisationsform der gesellschaftlichen Arbeit, das zweite Problem aber deren konkrete Ausgestaltung und jeweiligen Aufgabenumfang; und zwischen beiden Dimensionen besteht kein Verhältnis der wechselseitigen Rückkopplung, weil selbst bei einem Wandel der sozialen Organisationsform die Tätigkeitsweisen und Arbeitsinhalte dieselben bleiben können wie umgekehrt bei erheblichen Veränderungen im Zuschnitt und Gehalt der jeweiligen Verrichtungen die Form ihrer sozialen Organisation im Prinzip unverändert fortbestehen kann.[45] Der Republikanismus aber scheint zu unterstellen, dass mit einer Befreiung der Lohnarbeit von willkürlicher Bevormundung und Herrschaft automatisch auch alle anderen Übel der gegenwärtigen Arbeitsverhältnisse beseitigt wären; daher stellt er sich erst gar nicht die Frage, ob nicht jenseits eines Wandels in der Organisationsform auch die Struktur der gesellschaftlichen Arbeitsteilung und damit die Umgrenzungen und Inhalte der einzelnen Tätigkeitsfelder signifikant verändert werden müssten, wenn das normative Ziel verfolgt wird, die Lage der Beschäftigten zu verbessern.[46] Mithin besteht das entscheidende Manko der republikanischen Tradition darin, die Aufmerksamkeit so exklusiv auf die Abhängigkeit der Beschäftigten von privater Herrschaft zu richten, dass darüber die qualitative Seite der Arbeitsverhältnisse vollkommen aus

45 Zu der These, dass die Gestaltung der Arbeitsinhalte und Fertigungsweisen von der kapitalistischen Organisationsform der Arbeit relativ unabhängig und daher Resultat politischer Kämpfe und Aushandlungen ist, vgl. Michael J. Piore, Charles F. Sabel, *Das Ende der Massenproduktion. Studie über die Requalifizierung der Arbeit und die Rückkehr der Ökonomie in die Gesellschaft*, übers. von Jürgen Behrens, Frankfurt/M. 1989. Auf diese Studie werde ich noch ausführlich zurückkommen, siehe unten, »Exkurs II: Zum Begriff der gesellschaftlichen Arbeitsteilung«.

46 Vgl. zu diesem Einwand auch das Gedankenexperiment von Richard Arneson: »To illustrate the point, imagine a market economy whose firms are labor-managed in the sense that ultimate decision-making power is vested in a majority vote of the enterprise work-force. Within each firm, workers decide by majority vote to eschew participation in managerial tasks. Jobs for the most part are dirty, exhausting, subject to close supervision, devoid of challenge or interest. High wages are the compensation that firm members accept as a trade-off for these disamenities.« (Arneson, »Meaningful Work and Market Socialism«, a.a.O., S. 518).

dem Blick geraten muss; um die Ungerechtigkeiten und Benachteiligungen thematisieren zu können, die sich aus hochgradig vereinseitigten, ermüdenden und auszehrenden Tätigkeitsformen ergeben können, bräuchte dieser Ansatz ein umfangreicheres moralisches Vokabulars, als ihm mit der Unterscheidung von Freiheit und Unfreiheit zur Verfügung steht.

Beiden Paradigmen, die ich bislang diskutiert habe, ist gemeinsam, dass sie sich jeweils nur auf ein einziges normatives Prinzip kaprizieren, um von dort aus alle notwendigen Veränderungen an den existierenden Arbeitsbedingungen in den Blick zu nehmen; im ersten Fall ist es das Prinzip, den individuellen Arbeitsprozess von jeglicher Entfremdung und Sinnlosigkeit zu befreien, im zweiten Fall, alle Formen von Herrschaft und Bevormundung im Beschäftigungssektor zu beseitigen, die keine demokratische Legitimation für sich in Anspruch nehmen können.[47] Demgegenüber lässt das dritte, das »demokratische« Paradigma die Fixierung auf nur ein einziges Prinzip der Verbesserung der Arbeitsverhältnisse insgesamt fallen und macht die Entscheidung über die notwendigen Neuregelungen davon abhängig, was unter den gegebenen Bedingungen jeweils nötig ist, um die Chancen der Beschäftigten zur gleich-

47 Die Besonderheit des Ansatzes von Beate Rössler, aber auch von Adina Schwartz (dies., »Meaningful Work«, in: *Ethics* 92:4 [1982], S. 634-646), besteht hingegen darin, beide Gesichtspunkte miteinander verschränken zu wollen; das aber scheint mir nur – wie bereits gesagt, siehe Fn. 41 oben – um den Preis möglich, das Kriterium für »sinnvolles« Arbeiten rein subjektiv zu verstehen, also das Urteil darüber, ob eine Arbeit sinnvoll oder sinnentleert ist, nur den mit der jeweiligen Arbeit befassten Subjekten zu überlassen.

berechtigten Mitwirkung an der demokratischen Willensbildung zu erhöhen. Dieser gravierende Unterschied zwischen den beiden ersten Paradigmen auf der einen und dem dritten auf der anderen Seite ergibt sich daraus, dass im demokratischen Paradigma eine Veränderung der Arbeitsverhältnisse nur als ein – allerdings konstitutives – Mittel zur Erreichung eines übergeordneten Zweckes begriffen wird: einer möglichst umfassenden Inklusion aller Gesellschaftsmitglieder in den demokratischen Prozess. Daher muss als sein normativer Fluchtpunkt die übergeordnete Idee der demokratischen Partizipation gelten, aus der dann jeweils erst abzuleiten ist, was sich angesichts der historischen Gegebenheiten als geeignet für eine Verbesserung der Arbeitsverhältnisse erweist.[48] Es ist die Konsequenz dieser Konstruktion aus höherstufigem Prinzip und untergeordneten Normen, die sich als Resultate einer reflexiven Anwendung des Prinzips auf eine sich geschichtlich wandelnde Arbeitswelt verstehen lassen, dass keinerlei Festlegung auf nur einen Hebel der Neuregelung von Beschäftigungs-

48 Das normative Paradigma, das sich damit herauszuschälen beginnt, ist daher konzeptuell enger als solche Ansätze, die die Arbeitswelt unter dem normativen Gesichtspunkt betrachten, ob sie in einem ausreichenden Maße die Inklusion der Beschäftigten in all diejenigen sozialen Praktiken gewährleisten, die zur geteilten Kultur eines Gemeinwesens gehören; demgegenüber geht der hier entwickelte Ansatz davon aus, dass diejenige Inklusion, die die Arbeitswelt mindestens garantieren können muss, die der Teilhabe an der einen Praxis der demokratischen Willensbildung ist. Einen hochinteressanten Vorschlag, im Hinblick auf die Arbeitswelt mit einem weiteren Begriff der sozialen Inklusion zu operieren, hat Hauke Behrendt vorgelegt: *Das Ideal einer inklusiven Arbeitswelt. Teilhabegerechtigkeit im Zeitalter der Digitalisierung*, Frankfurt/M., New York 2018, v. a. Kap. 5.

verhältnissen und Arbeitsbedingungen zu erfolgen hat; vielmehr müssen alle Maßnahmen, die unter den je gegebenen Umständen die Chancen der abhängig Beschäftigten erhöhen, aktiv an der demokratischen Willensbildung mitzuwirken, als angemessene Mittel zur Verwirklichung des übergeordneten Prinzips verstanden werden. Je nachdem, was zu einem bestimmten Zeitpunkt als besonders schwerwiegende Beeinträchtigung der Fähigkeit zur demokratischen Partizipation aufgefasst werden kann, müssen die ins Auge gefassten Reformmaßnahmen primär entweder die Qualität der Arbeitsinhalte, die mangelnde Mitbestimmung, die geringe Entlohnung, die fehlende Anerkennung oder auch nur die Länge des Arbeitstages betreffen.

Es sind zwei erhebliche Vorteile, die das dritte Paradigma aufgrund dieser spezifischen normativen Architektonik gegenüber den beiden anderen Ansätzen mit sich bringt. Der Umstand, dass das leitende Prinzip hier zunächst offenlässt, welche Normen auf der unteren Ebene der Arbeitsverhältnisse jeweils zur Anwendung kommen sollen, hat erstens den großen Vorzug, dass alle Zustände innerhalb der kapitalistischen Arbeitswelt in den Blick kommen können, die einer aktiven Beteiligung der Beschäftigten am demokratischen Prozess irgendwie im Wege stehen, gleichviel, ob es intellektuell zermürbende Verrichtungen, quälende Ängste vor Arbeitslosigkeit, Erfahrungen der Machtlosigkeit am Arbeitsplatz oder mangelnde Anerkennung der eigenen Leistungen sind: Solange sich derartige Befindlichkeiten als Beeinträchtigungen der Fähigkeit zur demokratischen Mitwirkung deuten lassen, müssen sie vom demokratischen Paradigma als ein zu beseitigendes Übel betrachtet werden. Das bedeutet auch, dass man sich hier nicht auf nur ein Bündel an Maßnahmen konzentrieren darf, um die Missstände in den existierenden Arbeitsverhältnissen zu überwinden, vielmehr muss man aus der Menge denkbarer Maßnahmen jeweils diejenige auswählen, die sich im historischen Augenblick als geeignet erweist, den konkret ins Auge gefassten Missstand zu überwinden. Ja, diese erforderliche Flexibilität erlaubt es dem demokratischen Ansatz sogar, dort, wo es die Art der Beeinträchtigung verlangt, auf die Traditionsbestände entweder der Entfremdungskritik oder des Arbeitsrepublikanismus zurückzugreifen, um den inkriminierten Sachverhalt normativ weiter einzukreisen und nach zweckdienlichen Mitteln zu seiner Beseitigung zu suchen. Liegt beispielsweise die Ursache dafür, dass die gegebenen Arbeitsverhältnisse die Ausübung demokratischer Rechte vereiteln, eher auf der qualitativen Ebene des Umfangs und der Vollzugsweise der Tätigkeiten selber, so kann man zur Diagnose und Therapie getrost auf das normative Vokabular der Entfremdungskritik zurückgreifen; liegt sie hingegen eher auf der organisatorischen Ebene der Unternehmensform und der mit ihr verknüpften Herrschaftspraktiken, so besteht kein Grund, sich nicht des normativen Vokabulars der republikanischen Tradition zu bedienen. Wichtig ist nur, die beiden Beschreibungsweisen nicht gegeneinander auszuspielen und dadurch eine von ihnen zu verselbstständigen, weil das dazu führen könnte, andere, ferner liegende Quellen der arbeitsbedingten Beeinträchtigung demokratischer Mitsprache und Mitwirkung aus den Augen zu verlieren.

Neben diesem ersten Vorzug, der daraus resultiert, dass als Missstand innerhalb der Sphäre der gesellschaftlichen Arbeit alles gelten muss, was darin je nach den historischen Gegebenheiten einer Verwirklichung des höherstufigen Prinzips der demokratischen Partizipation im Wege steht, besitzt das demokratische Paradigma aber noch einen zweiten Vorteil gegenüber seinen beiden Konkurrenten. Während die Entfremdungskritik ebenso wie der Republikanismus nicht über die theoretischen Mittel verfügen, Übergangsstufen zwischen den als »schlecht« oder »ungerecht« und den als »gut« oder »fair« bewerteten Arbeitsverhältnissen ins Auge zu fassen, weil sie normativ nur Alles-oder-nichts-Zustände kennen, orientiert sich die »demokratisch« genannte Strömung bewusst an einem anderen Vorstellungsmodell: Ihr zufolge kann das Prinzip der demokratischen Partizipation innerhalb der Arbeitssphäre allein in Graden und daher stets nur annäherungsweise verwirklicht werden, da es kein Kriterium dafür gibt, mit dessen Hilfe sich bestimmen lässt, wodurch das Prinzip vollständig realisiert wäre. Auch dieser Unterschied zu den beiden anderen Paradigmen ergibt sich daraus, dass hier mit der Idee eines höherstufigen Prinzips operiert wird, das auf die Sphäre der gesellschaftlich organisierten Arbeit durch eine zeitlich befristete Bestimmung der bereichsspezifischen Normen erst immer wieder angewandt werden muss; eine endgültige oder vollständige Erfüllung des leitenden Prinzips kann es bei einem derartigen Orientierungsrahmen schon deswegen nicht geben, weil nicht vorherzusehen ist, welche veränderten Umstände in der Zukunft nach welchen Neuanpassungen verlangen. Mit John Dewey ließe sich auch sagen, dass sich das demokratische Paradigma stets nur an »ends in view« orientiert, an Zielen also, die in historischer Reich- und Sichtweite liegen, da es im Unterschied zu den beiden anderen Traditionen keine Kenntnis davon besitzen zu können glaubt, wodurch der endgültige Zustand einer durch und durch befriedigend oder angemessen organisierten Arbeitswelt zukünftig charakterisiert sein sollte. Jede Gegenwart eröffnet bei genauer empirisch geleiteter Überprüfung Möglichkeiten, Ziele ins Auge zu fassen, deren Realisierung uns dem Ideal einer demokratisch zuträglichen Arbeitswelt ein Stück näherbringen würde; aber welche Möglichkeiten sich unter den wiederum veränderten Bedingungen dann auftun würden, um erneut einen Schritt weiter zu gelangen, können wir zum jeweils aktuellen Zeitpunkt prinzipiell nicht wissen. Im Lichte der Erfahrungen, die wir dann machen werden, könnte das, was wir ursprünglich als Ideal festgehalten haben, wieder ganz neue Konturen und Färbungen annehmen, so dass es sinnlos wäre, es als einen starren Endzweck oder als eine vollständige Vorwegnahme eines perfekten Zustands zu betrachten. Das demokratische Paradigma begreift das Ideal, das es zu verwirklichen sucht, vielmehr als eine regulative Idee, anhand derer sich auf jeder neuen Stufe aufgrund des dann verfügbaren Wissens jeweils ein greifbares, erreichbar scheinendes Ziel formulieren lässt – nicht mehr, aber auch nicht weniger. Die Vorstellung, wir wüssten heute schon, wie ein perfekter Zustand einmal aussehen würde, ist diesem Paradigma daher vollkommen fremd.[49]

Es sollte mittlerweile deutlich geworden sein, dass ich dafür plädiere, das demokratische Paradigma der Entfremdungskritik und dem republikanischen Ansatz vorzuziehen, und zwar aufgrund der beiden zuvor umrisse-

49 Vgl. dazu: John Dewey, *Human Nature and Conduct*, in: ders., *The Middle Works, 1899-1924*, Bd. 14, Carbondale 2008, S. 154-163.

nen Eigenschaften: der umfassenderen Sicht auf Missstände in der Arbeitswelt und des Verzichts auf Vorstellungen eines feststehenden Endzwecks. Ich gehe also im Folgenden davon aus, dass die Idee einer guten und angemessenen Organisation der gesellschaftlichen Arbeit am besten so zu verstehen ist, dass damit Bedingungen im System der sozialen Arbeitsteilung anvisiert werden, die es den Arbeitenden erlauben oder ihnen zumindest nicht verwehren, sich aktiv und selbstbewusst an der demokratischen Willensbildung zu beteiligen. Die damit ins Auge gefasste Perspektive verlangt natürlich nach einer systematischen Rechtfertigung über das bisher Gesagte hinaus, die ich in Kapitel 3 unternehmen werde. Zuvor will ich aber in wenigen Zügen die Vorgeschichte des demokratischen Paradigmas in der Tradition politischen Denkens ein wenig genauer darstellen.

2.
Eine verschüttete Tradition

> Zu weiten Teilen bildet die industrielle Ordnung […] den Schlüssel zur Paradoxie der politischen Demokratie. Warum sind die Vielen nominell der oberste Souverän, faktisch aber machtlos? Weitgehend weil ihre Lebensumstände sie nicht an die Ausübung von Macht oder Verantwortung gewöhnen oder heranführen. Eine industrielle Knechtschaft spiegelt sich zwangsläufig in politischer Knechtschaft wider.
>
> – *G. D. H. Cole*[50]

Schon bei Adam Smith blitzt in seiner Untersuchung über den Reichtum der Nationen, wie bereits erwähnt, an einer Stelle der Gedanke auf, dass zwischen der Art und Beschaffenheit der Arbeit, die jemand verrichtet, und seiner Fähigkeit zur Teilnahme an der politischen Kommunikation eine ganz enge Verbindung besteht. Im fünften Abschnitt von Buch V seiner umfangreichen Schrift, in dem er aufzählt, welche Pflichten der politischen Führung eines Gemeinwesens obliegen, heißt es, dass die »zunehmende Arbeitsteilung« die erwerbsmäßige Tätigkeit eines großen Teils der Bevölkerung auf erschreckend wenige, sehr einfache Verrichtungen zusammenschrumpfen lässt; die »geistige Abstumpfung« und seelische Verkümmerung, die das bewirke, so fährt Smith

50 *Labour in the Commonwealth*, a. a. O., S. 35.

fort, sei aber der Entwicklung einer »zivilisierten Gesellschaft« im hohen Maße abträglich, weil diese doch darauf angewiesen sei, dass alle ihre Mitglieder »geistige« und »gesellschaftliche« Fähigkeiten erwerben können.[51] Die Ausbildung solcher Befähigungen sind Smith zufolge deshalb notwendig für ein zivilisiertes Sozialleben, weil ein jedes erwachsene Gesellschaftsmitglied in der Lage sein müsse, sich »über die großen und weitreichenden Interessen seines Landes« ein Urteil bilden zu können.[52] Dies ist keine selbstverständliche Auskunft in einer Epoche, die noch weit davon entfernt ist, den erwerbstätigen Massen ein Recht auf politische Meinungsbildung oder gar demokratische Mitbestimmung einzuräumen. Warum sollte also das Volk, wenn es doch keinerlei Anspruch auf demokratische Kontrolle der Regierungstätigkeit besitzt, gleichwohl davor bewahrt werden, sich aufgrund der Eintönigkeit, des Stumpfsinns und der Anstrengung der zu verrichtenden Arbeit kein Urteil über die allgemeinen Belange des Landes bilden zu können? Wiederum überrascht die Klarheit der Antwort, die Smith auf diese Nachfrage erteilt: Weil ansonsten die Machthabenden nicht auf die Nachvollziehbarkeit und Bewilligung der von ihnen erlassenen Gesetze von Seiten des Volkes hoffen könnten. Deutlicher lässt sich in der Mitte des 18. Jahrhunderts, also einige Jahrzehnte vor der Französischen Revolution, kaum artikulieren, dass eine Regierung auf die Arbeits-

51 Smith, *Untersuchung über Wesen und Ursachen des Reichtums der Völker*, a. a. O., S. 747 f. Vgl. zu dieser Beobachtung Smith' auch: Tully, *An Approach to Political Philosophy*, a. a. O., S. 255 f.

52 Smith, *Untersuchung über Wesen und Ursachen des Reichtums der Völker*, a. a. O., S. 748.

und Beschäftigungsbedingungen im eigenen Hoheitsgebiet deswegen zu achten habe, weil von deren Beschaffenheit nicht zuletzt abhängt, ob die erwerbstätige Bevölkerung die politischen Erlasse vollständig verstehen, sie begründet gutheißen und schließlich auch dem Sinn nach beherzigen kann; und je weniger belastend, je weniger eintönig und abstumpfend die individuelle Arbeitstätigkeit jeweils sei, so scheint Smith sagen zu wollen, desto größer auch die Chance seitens der Einzelnen, sich von den politisch dringlichen Aufgaben ihres Landes ein angemessenes Bild zu machen und damit wenigstens im Grundsatz die Regierungsmaßnahmen auf ihren Wert hin beurteilen zu können.[53] Anstatt aber nun politische Eingriffe in den Arbeitsmarkt selbst ins Auge zu fassen, mittels deren die individuellen, arbeitsteilig verzahnten Beschäftigungen dem Ziel einer größeren Komplexität und einer geringeren Belastung direkt angepasst werden könnten, schlägt Smith nur indirekte Maßnahmen der außerbetrieblichen Bildung vor, um den von ihm diagnostizierten Gefährdungen entgegenzuwirken; ganz auf der Linie seiner Prämisse, so weit wie irgend möglich auf Eingriffe in das Marktgeschehen zu verzichten, rät er den staatlichen Instanzen zur Finanzierung von pädagogischen Einrichtungen, die gewissermaßen kompensatorisch der drohenden intellektuellen Verkümmerung unter den Lohnabhängigen abzuhelfen hätten.[54] Was so vielversprechend mit dem Hinweis auf die politisch-zivi-

53 Vgl. dazu auch: Anderson, *Private Regierung*, a. a. O., S. 53-60. Zu diesem Punkt bei Smith vgl. darüber hinaus: Donald Winch, *Adam Smith's Politics. An Essay in Historiographic Revision*, Cambridge 1978, S. 113-120.

54 Smith, *Untersuchung über Wesen und Reichtum der Völker*, a. a. O., S. 753-776.

lisatorischen Kosten einer zu weitgehenden Arbeitsteilung begann, verläuft sich daher am Ende im Smithschen Sand des Wirtschaftsliberalismus, über dessen Schatten er nicht zu springen vermag.

Ganz anders operiert am selben Kreuzungspunkt zwischen Politik und Arbeitsteilung Hegel in seiner »Rechtsphilosophie«, obwohl er doch von Smith die optimistische Einschätzung der segensreichen Effekte des Marktes zunächst weitgehend übernimmt.[55] Im Unterschied zum schottischen Aufklärer will er jedoch die Vorrichtungen, die einer zunehmenden Degradierung und Vereinseitigung der gesellschaftlichen Arbeit entgegenwirken sollen, innerhalb der institutionellen Sphäre der Marktgesellschaft selbst untergebracht wissen; daher schlägt er vor, die Beschäftigten in branchenspezifischen, von ihm »Korporationen« genannten Assoziationen zu organisieren, denen neben bedarfsdeckenden Versorgungsleistungen vorranging die Aufgabe zukommen soll, den gesellschaftlichen Wert der Arbeit hochzuhalten und ein Bewusstsein der wechselseitigen Ab-

55 Vgl. den instruktiven Vergleich zwischen Hegel und Smith in: Lisa Herzog, *Die Erfindung des Marktes. Smith, Hegel und die Politische Philosophie*, übers. von Manfred Weltecke, Darmstadt 2020. Viel habe ich auch gelernt von Thimo Heisenbergs Essay »Hegel on the Value of the Market Economy«, in: *European Journal of Philosophy* 26 (2018), S. 1283-1296. In einem neueren Beitrag habe ich zu zeigen versucht, dass es durchaus sein könnte, dass Hegel sich zwischen einem optimistischen, Smith gewissermaßen überbietenden Bild des Marktes und einer zutiefst pessimistischen, Marx vorwegnehmenden Sicht auf den Markt nicht hat entscheiden können und ratlos zwischen beiden Alternativen schwankt: Axel Honneth, »Schein oder Erscheinen des Sittlichen. Hegels Analyse der Marktwirtschaft«, in: *Deutsche Zeitschrift für Philosophie* 5 (2022), S. 725-742.

hängigkeit aller am Markt Beteiligten zu stärken.[56] Nur zu deutlich ist diesen, ihrer Zeit weit vorausgreifenden Empfehlungen die Absicht abzulesen, durch solche Berufsgruppen das zu gewährleisten, was doch eigentlich die neue Wirtschaftsform von sich aus garantieren können sollte: dass die Arbeitenden nicht nur über ein subsistenzsicherndes Einkommen verfügen und damit ein Leben frei von externen Abhängigkeiten führen, sondern vor allem auch ein Gefühl dafür entwickeln können sollten, welcher gesellschaftliche Wert und welche bedeutende Rolle ihren Leistungen im Gefüge der immer undurchsichtiger werdenden Arbeitsteilung tatsächlich zukommt.[57] Jede auch nur kleinste Tendenz in Richtung einer Dequalifizierung, Vereinzelung und Ausdünnung der Arbeit muss Hegel daher ein Dorn im Auge sein; denn mit derartigen Prozessen muss aus seiner Sicht die ohnehin stets drohende Gefahr noch zunehmen, dass die Masse derer, die nur von ihrer eigenen Hände Arbeit leben, nicht die psychischen, intellektuellen und kulturellen Befähigungen besitzen, um die Freiheiten und Rechte der modernen Gesellschaft tatsächlich im vollen Umfang nutzen zu können. In negativer Form hat Hegel die wechselseitige Abhängigkeit, die er damit zwischen gesellschaftlicher Teilhabe und der Verfasstheit der sozialen Arbeitsteilung behauptet, an einer eher unscheinbaren Stelle seiner »Rechtsphilosophie« sehr genau auf den Punkt gebracht: Vermehrt sich,

56 Hegel, *Grundlinien der Philosophie des Rechts*, a. a. O., §§ 250-256.

57 Zu Hegels Konzeption der »Korporationen« vgl. die Beiträge in: Sven Ellmers, Steffen Herrmann (Hg.), *Korporation und Sittlichkeit. Zur Aktualität von Hegels Theorie der bürgerlichen Gesellschaft*, Paderborn 2017; außerdem: Carsten Herrmann-Pillath, Ivan Boldyrev, *Hegel, Institutions and Economics*, London 2014.

so sagt er dort, »die *Vereinzelung* und *Beschränktheit* der besonderen Arbeit und damit die *Abhängigkeit* und *Not* der an diese Arbeit gebundenen Klasse«, so ergibt sich daraus »die Unfähigkeit der Empfindung und des Genusses der weiteren Freiheiten und besonders der geistigen Vorteile der bürgerlichen Gesellschaft [...].«[58] Hier ist es nicht einfach die Höhe des Einkommens oder der finanziellen Rücklagen, sondern die Qualität des Arbeitsplatzes und der zu verrichtenden Tätigkeiten selber, die über die Chancen zur Mitwirkung am sozialen Leben entscheidet; die Möglichkeit, die liberalen Freiheiten und kulturellen Segnungen der modernen Gesellschaften tatsächlich in Anspruch zu nehmen, wird von der Verfügung über eine hinreichend gut verfasste Beschäftigung in der gesellschaftlichen Arbeitsteilung abhängig gemacht. Damit hat Hegel zwar noch nicht die Bindung der demokratischen Volksherrschaft an die Voraussetzung einer gerechten und transparenten Arbeitsteilung offengelegt; für diesen nächsten und entscheidenden Schritt fehlt es ihm im Unterschied zu Kant an der Einsicht in den intrinsischen Zusammenhang von Rechtsstaat und öffentlicher Willensbildung. Aber wie kein anderer Denker zu Beginn des 19. Jahrhunderts hat Hegel bereits vorausgesehen, dass die politischen Freiheiten des neuen Zeitalters einen »fairen Wert« nur innehaben werden, um hier den Ausdruck von John Rawls zu verwenden,[59] wenn sie mit gesicherten, sozial gewürdigten und hinreichend komplexen Beschäftigungen in der gesellschaftlichen Arbeitsteilung einhergehen.

58 Ebd., § 243.

59 Zum Begriff des »fairen Werts« der politischen Freiheiten vgl. Rawls, *Gerechtigkeit als Fairneß*, a. a. O., § 45 (S. 230-233).

Den Übergang zu einem demokratischen Verständnis des Zusammenhangs zwischen politischer Partizipation und fairer Arbeitsteilung hat rund fünfzig Jahre nach Hegel der Soziologe Emile Durkheim vollzogen; er war der Erste, was heute häufig vergessen wird, der mit aller Deutlichkeit dargelegt hat, dass eine demokratische Willensbildung gute und gerechte Bedingungen der gesellschaftlichen Arbeit voraussetzt. Durkheim nähert sich dieser Erkenntnis bereits in seinem ersten Buch, der Schrift *Über soziale Arbeitsteilung*. Darin überträgt er das biologische Modell des lebendigen Organismus auf moderne Gesellschaften, um sich zu fragen, wie deren hochgradig komplexe Arbeitsteilung organisiert sein müsste, damit der für eine ungestörte Reproduktion erforderliche moralische Zusammenhalt unter den Gesellschaftsmitgliedern bewahrt bleiben kann; und seine Antwort auf die selbstgestellte Frage enthält in groben Zügen schon die uns hier interessierende Idee, dass ein solcher Zusammenhalt nur dann zustande käme, wenn die Beteiligten tatsächlich ungezwungen in die jeweiligen Arbeitsbedingungen einwilligen, über gute, hinreichend komplexe Arbeitsplätze verfügen und den Ort ihrer Leistungen im Gesamtzusammenhang der Arbeitsteilung deutlich überblicken könnten.[60] Zwar mangelt es dieser Konzeption noch an einem klaren Bezug auf die demokratische Willensbildung, aber je weiter Durkheim in seiner intellektuellen Entwicklung fortschreitet, desto deutlicher wird er die bislang fehlende

60 Durkheim, *Über soziale Arbeitsteilung*, a. a. O. Diese drei normativen Bedingungen lassen sich indirekt Durkheims Analyse der anormalen Formen der Arbeitsteilung entnehmen, siehe ebd., Drittes Buch, Kap. 1 u. 2.

Verknüpfung herstellen. In seinen Vorlesungen zur Soziologie der Moral, die er ab 1896 bis kurz vor seinem Tod regelmäßig hält, beginnt sich seine endgültige Position allmählich zu kristallisieren; immer deutlicher wird nun, dass Durkheim der Überzeugung ist, die gesellschaftlichen Arbeitsbedingungen sollten um der Existenz und des Gedeihens einer demokratischen Öffentlichkeit willen möglichst fair, inklusiv und transparent organisiert sein.[61] Daher betont er jetzt auch viel stärker als zuvor, dass eine breite Beteiligung am politischen Meinungsaustausch eine Demokratisierung der beruflichen Sphäre selbst voraussetzen würde; die Berufsgruppen, die er zu diesem Zweck für alle Zweige der gesellschaftlichen Arbeitsteilung vorsieht, sollen ähnlich wie Hegels Korporationen die Aufgabe haben, Praktiken der Selbstverwaltung schon am Arbeitsplatz einzuüben und damit den Abstand zwischen dem privaten Dasein und dem staatsbürgerlichen Leben zu verringern.[62] Mit dieser Auffassung, die eine demokratische Version von Hegels Konzeption der Marktgesellschaft darstellt, ist Durkheim zum geistigen Vater des französischen Solidarismus und Syndikalismus geworden.[63]

Nur wenige Jahrzehnte später bildet sich in England eine ähnliche, ebenfalls auf eine Demokratisierung der

61 Emile Durkheim, *Physik der Sitten und der Moral. Vorlesungen zur Soziologie der Moral*, übers. von Michael Bischoff, hg. von Hans-Peter Müller, Frankfurt/M. 1999, v. a. die ersten drei Vorlesungen.

62 Vgl. dazu auch: Jens Beckert, *Grenzen des Marktes. Die sozialen Grundlagen wirtschaftlicher Effizienz*, Frankfurt/M., New York 1997, Kap. 2.5 und 2.6. Vgl. dazu aber unten, S. 372-374.

63 Dazu noch einmal: Gülich, *Die Durkheim-Schule und der französische Solidarismus*, a. a. O.

Arbeitswelt drängende Bewegung heraus, die ihrem ganzen Selbstverständnis nach allerdings stärker sozialistisch orientiert ist als die Anhänger und Mitstreiter Durkheims. Der Protagonist dieser Strömung innerhalb der englischen Linken ist der bereits erwähnte George Douglas Howard Cole, der heute leider ebenso vergessen ist wie manch anderer intellektueller Wegbegleiter der Arbeiterbewegung, deren Ideen und politischen Anregungen bis heute nur wenig von ihrer Aktualität verloren haben. Cole, der zunächst der Fabian-Society angehört und zeitlebens ein Bewunderer von William Morris bleibt, stößt schon früh auf einen Geburtsfehler jeder nur politisch verstandenen Demokratie, den er als ein »Paradox« beschreibt: Obwohl es die Idee der Demokratie verlangt, dass alle Bürgerinnen und Bürger eines Landes nicht nur das Recht, sondern auch die Möglichkeit haben, sich gleichberechtigt an der politischen Meinungs- und Willensbildung zu beteiligen, ist die Masse der Bevölkerung dazu nicht in der Lage, weil ihr die Abhängigkeiten, Belastungen und Unterordnungszwänge in den kapitalistischen Arbeitsverhältnissen die Ausbildung der dafür erforderlichen Mitbestimmungsfähigkeiten unmöglich machen.[64] Die Mitglieder der arbeitenden Klassen, so ist Cole überzeugt, sind auf die Wahrnehmung einer aktiven Rolle in den zivilen Aushandlungsprozessen gar nicht vorbereitet, da es ihnen aufgrund ihrer subalternen Tätigkeiten vollkommen an dem Selbstvertrauen und an den diskursiven Gewohn-

64 Cole, *Labour in the Commonwealth*, a.a.O. Zu Cole vgl. die kurze Darstellung in: Carole Pateman, *Participation and Democratic Theory*, Cambridge 2014, S. 33-42. Einen ausführlichen Überblick über Leben und Werk von Cole liefert: Luther Pieri Carpenter, *G.D.H. Cole. An Intellectual Biography*, Cambridge 1973.

heiten mangelt, die zu einer solchen effektiven Mitwirkung überhaupt erst befähigen würden. Dieselbe Sorge, die schon Hegel und Durkheim empfanden, als sie vor den dissoziativen Kräften des kapitalistischen Arbeitsmarktes warnten und als Gegenmittel die Einrichtung von betrieblichen Kooperativen vorschlugen, treibt mithin auch das theoretische Schaffen von G.D.H. Cole um; nicht anders als jene beiden Denker sucht auch er nach Alternativen zu den herrschenden Arbeitsverhältnissen, weil er die Befürchtung hat, dass diejenigen, die unter erniedrigenden Umständen arbeiten oder geistig zermürbende Tätigkeiten verrichten müssen, nicht wirklich von ihrem Recht auf demokratische Mitbestimmung Gebrauch machen können. Bei Cole nehmen die Nachforschungen nach solchen Alternativen schnell die Form einer Orientierung an der englischen, von Robert Owen mitbegründeten Bewegung der Arbeiterkooperativen an; gar nicht so unähnlich der Hegelschen Idee, branchenspezifische »Korporationen« zu schaffen, und Durkheims Plädoyer dafür, den Markt zukünftig durch Berufsgruppen kooperativer zu gestalten, aber mit deutlicherer Kritik am kapitalistischen Privateigentum empfiehlt er, die Werktätigen dadurch in die Praxis der demokratischen Willensbildung einzuüben, dass sie an der Verwaltung der Betriebe beteiligt werden oder diese sogar selbst in eigenverantwortliche Kontrolle nehmen;[65] als das Ziel solcher Umbauten und Transformationen schwebt ihm von Beginn an eine Wirtschaftsform vor, in der die von Arbeiterkooperativen verwalteten Unternehmen bei der Absetzung ihrer Produkte und Dienst-

65 G.D.H. Cole, *Self-Government in Industry* (1918), New York 2010.

leistungen um ökonomische Gewinne ringen, die dann aber an die Beschäftigten zurückfließen sollten. Allerdings trug der Umstand, dass Cole seine Reformvorstellungen mit dem Namen »Gildensozialismus« belegt hat[66] und damit bewusst auf die mittelalterlichen Zünfte anspielen wollte, nicht gerade zur Verbreitung und zum Erfolg seiner programmatischen Ideen bei; der Name war alles anders als glücklich gewählt, hatte doch schon Hegel im Zusammenhang seiner eigenen Fürsprache für die Schaffung von »Korporationen« davor gewarnt, dafür den alten Begriff »Zünfte« zu verwenden, weil diese auf Privilegien und Ausschlussrechten beruhten, die mit den neuen, allgemeinen Freiheiten unvereinbar seien.[67] Trotz der irreführenden Bezeichnung für sein lebenslanges Anliegen ist Cole aber in der ersten Hälfte des 20. Jahrhunderts einer der entschiedensten Verfechter des Gedankens gewesen, durch eine Demokratisierung der Arbeitsverhältnisse allen Beschäftigten die aktive Mitwirkung am Prozess der politischen Willensbildung zu ermöglichen.

Die Kette derer, die ähnlich wie Hegel, Durkheim oder Cole der Überzeugung sind, der demokratische Prozess sei auf ihm entgegenkommende und förderliche Arbeitsverhältnisse angewiesen, reißt auch nach dem Zweiten Weltkriegs keinesfalls ab. Obwohl die Arbeiterbewegung allmählich ihre alte Vormachtstellung und kulturelle Bedeutung zu verlieren beginnt, melden sich immer wieder Stimmen zu Wort, die zu bedenken geben, dass erst dann alle Gesellschaftsmitglieder ange-

66 G. D. H. Cole, *Guild Socialism Restated* (1920), New York 2017

67 Hegel, *Grundlinien der Philosophie des Rechts*, a. a. O., § 255, Zusatz.

messen in die allgemeine Willensbildung einbezogen sein würden, wenn in der Arbeitswelt die dafür notwendigen Voraussetzungen geschaffen wären.[68] In den angelsächsischen Ländern mag es John Stuart Mills Plädoyer für die Schaffung von Produktionsgenossenschaften und John Deweys gelegentliches Liebäugeln mit der Idee einer »industriellen Demokratie« gewesen sein,[69]

68 Beispielhaft seien genannt: Constance Reavely, John Winnington, *Democracy and Industry*, London 1947; Pateman, *Participation and Democratic Theory*, a. a. O.; Georges Friedmann, *Die Zukunft der Arbeit*, übers. von Burkart Lutz, Köln 1953, v. a. Teil III, Kap. III. Wichtige Anregungen in diese Richtung liefert auch: Iris Marion Young, *Justice and the Politics of Difference*, Princeton 2011, Kap. 7.

69 John Stuart Mill, *Grundsätze der politischen Ökonomie*, übers. von Walter Gehrig, Jena 1921, Zweiter Band, S. 447 (IV. Buch, 7. Kap., § 6). John Dewey kommt in seiner intellektuellen Entwicklung, wenn ich es richtig sehe, zu keiner abgeschlossenen Meinung bezüglich der Richtung der von ihm für notwendig erachteten Reform oder Überwindung der kapitalistischen Arbeitsverhältnisse. Er war davon überzeugt, dass die kapitalistische Wirtschaft aufgrund ihrer institutionalisierten Orientierung am individuellen Eigennutz die Möglichkeiten demokratischen Handelns untergraben würde, hat im Laufe seines Lebens aber verschiedene Wege ins Auge gefasst, um diesen Missstand durch wirtschaftliche Reformen zu beseitigen. Vgl. die unterschiedlichen Ausführungen in einerseits: John Dewey, *Individualism, Old and New*, in: ders., *The Later Works, 1925-1953*, Bd. 5, Carbondale, Edwardsville 1984, S. 41-124, und in andererseits: John Dewey, James H. Tufts, *Ethics* (1932), in: John Dewey, *The Later Works, 1925-1953*, Bd. 7, Carbondale, Edwardsville 1985, Kap. 22. Einen sehr guten Überblick über Deweys Schwanken gibt: Robert B. Westbrook, *John Dewey and American Democracy*, Ithaca 1991, Kap. 12. Einen energischen Versuch, Deweys Ideen zur Notwendigkeit von Arbeitsreformen für das politische Denken der Gegenwart fruchtbar zu machen, unternimmt Emmanuel Renault in einem Buchmanuskript, das er mir freundlicherweise zur Verfügung gestellt hat: *Penser les en-*

die auch nach dem langsamen Niedergang der Arbeiterbewegung für ein Fortleben des Gedankens eines notwendigen Zusammenhangs zwischen politischer Demokratie und fairen, demokratieverträglichen Arbeitsbedingungen sorgen, auf dem Kontinent ist es die langanhaltende Wirkung des von Durkheim inspirierten Solidarismus und der Nachklang der Marxschen Schriften, die zunächst eine vergleichbare Kontinuität gewährleisten. Wie schon zuvor, so ist man sich auch jetzt natürlich höchst uneinig darüber, worin genau die notwendigen Voraussetzungen bestehen sollten, die die Arbeitsverhältnisse mit den normativen Erfordernissen einer vitalen Demokratie in Übereinstimmung bringen könnten; je nachdem, ob der Kern des beklagten Problems eher auf der Ebene der Qualität und des Umfangs der zu verrichtenden Tätigkeiten oder auf der Ebene der Arbeitsorganisation lokalisiert wird, folgt man entweder den gewerkschaftlichen Programmen einer »Humanisierung« der Arbeitswelt[70] oder orientiert sich an den zwischenzeit-

jeux du travail avec John Dewey, 2021, unveröffentl. Ms. Ein anderer Autor, der in den USA in den Jahren zwischen den beiden Weltkriegen stark dazu beigetragen hat, dass die Idee wachgehalten wurde, die politische Demokratie bedürfe zu ihrer Vervollständigung partizipativer Arbeitsverhältnisse, war William Edward Burghardt Du Bois. In seiner historischen Studie über die Phase des sozialen Wiederaufbaus nach dem amerikanischen Bürgerkrieg (»Reconstruction«) versucht er zu zeigen, dass diese deswegen scheitern musste, weil sich die »weiße«, gegen die Lohnarbeit kämpfende Arbeiterbewegung aufgrund ihrer rassistischen Tendenzen nicht mit der »schwarzen«, gegen die weiterhin bestehende Sklaverei aufbegehrende Arbeiterbewegung vereinigen konnte. Siehe W. E. B. Du Bois, *Black Reconstruction in America 1860-1880* (1935), New York 1992, v. a. Kap. XIII.

70 Zur Vorgeschichte des Programms einer Humanisierung der Arbeitswelt vor allem in Deutschland vgl. die faszinierende Studie

lich in Jugoslawien unternommenen Modellversuchen einer betrieblichen Arbeiterselbstverwaltung.[71] Der Stachel aber, der beide Suchbewegungen antreibt und sie an solchen Alternativen ein lebhaftes Interesse haben lässt, ist derselbe wie bei Hegel, Durkheim oder Cole: Dass die Beschäftigten erst mit dem Gang zur Wahlurne plötzlich und unvermittelt zu politischen Bürgerinnen und Bürgern werden sollen, ist aus der Sicht dieser gesamten Tradition eine typische Ausgeburt der liberalen Fiktion, alle Gesellschaftsmitglieder seien von Haus aus mit den gleichen Chancen und Fähigkeiten zur Teilnahme an der demokratischen Deliberation ausgestattet. Übersehen wird dabei in einer Mischung aus moralischem Idealismus und sozialer Ignoranz, dass es materieller, zeitlicher und psychischer Voraussetzungen bedarf, um die Rolle eines politischen Souveräns so selbstbewusst und angstfrei ausüben zu können, wie es die Idee der Demokratie verlangt.

Je weiter allerdings das 20. Jahrhundert voranschreitet und sich seinem Ende zuneigt, desto geringer wird allmählich die Zahl derer, die die Ergänzungsbedürftigkeit der politischen Demokratie durch eine fair organisierte Arbeitsteilung überhaupt noch in den Blick neh-

von Joan Campbell, *Joy in Work, German Work. The National Debate, 1800-1945*, Princeton 1989; für den Zeitraum nach dem Zweiten Weltkrieg vgl.: Nina Kleinöder, Stefan Müller, Karsten Uhl, *»Humanisierung der Arbeit«. Aufbrüche und Konflikte in der rationalisierten Arbeitswelt des 20. Jahrhunderts*, Bielefeld 2019; für die 1960er und 1970er Jahre: Yves Delamotte, Kenneth F. Walker, »Humanization of Work and the Quality of Working Life – Trends and Issues«, in: *International Journal of Sociology* 6:1 (1976), S. 8-40.

71 Milojko Drulović, *Arbeiterselbstverwaltung auf dem Prüfstand. Erfahrungen in Jugoslawien*, Berlin 1976.

men; mit dem Triumphzug des Liberalismus scheint sich endgültig die Überzeugung durchzusetzen, das eine habe mit dem anderen nichts oder nur wenig zu tun, so dass man, was Demokratietheorie genannt wird, getrost auch ohne jede Berücksichtigung der Arbeitsverhältnisse betreiben könne. Mit den konzeptuellen Gründen für diesen erstaunlichen blinden Fleck im Wahrnehmungsfeld der jüngeren Demokratietheorie will ich mich zu Beginn des nun folgenden Kapitels beschäftigen, bevor ich dann darangehen werde, die zuvor skizzierte Position systematisch und damit unabhängig von jeglichem Bezug auf ältere, wenn auch häufig vergessene Traditionsbestände zu rechtfertigen.

3.
Demokratie und faire Arbeitsteilung

> Ein Wirtschaftssystem ist also nicht nur ein institutionelles Mittel zur Befriedigung bestehender Bedürfnisse, sondern weckt und gestaltet auch Bedürfnisse in der Zukunft. Wie die Menschen jetzt zur Befriedigung ihrer gegenwärtigen Wünsche zusammenarbeiten, das hat Einfluss auf ihre späteren Wünsche, ihre spätere Persönlichkeit.[…] Da nun die wirtschaftlichen Verhältnisse diese Wirkungen haben, ja haben müssen, so erfordert die Entscheidung über diese Institutionen eine Auffassung vom menschlichen Wohl und davon, was für Institutionen es verwirklichen können. Diese Entscheidung muss also nicht nur unter wirtschaftlichen, sondern auch unter moralischen und politischen Gesichtspunkten getroffen werden.
>
> – *John Rawls*[72]

Betrachtet man die große Selbstverständlichkeit, mit der die Vertreter der zuvor umrissenen Tradition davon ausgehen, dass eine politische Demokratie auf die Ergänzung durch gute und faire Arbeitsverhältnisse angewiesen ist, so muss es einigermaßen verblüffen, dass dieser Zusammenhang heute weitgehend in Vergessenheit ge-

72 *Eine Theorie der Gerechtigkeit*, übers. von Hermann Vetter, Frankfurt/M. 1975, S. 292f.

raten ist. Die interne Verknüpfung zwischen beiden Sphären sehen die Vertreter unserer Tradition in dem normativen Gehalt eines Modus der politischen Souveränität angelegt, der nicht allein schon durch die rechtliche Einbeziehung aller Gesellschaftsmitglieder in die demokratische Willensbildung, sondern erst durch faire, hinreichend gute Bedingungen innerhalb der sozialen Arbeitsteilung vollständig gesichert wäre. Das Argument, mit dem die These eines solchen Ergänzungsverhältnisses gerechtfertigt wird, ergibt sich aus der Beobachtung, dass die wachsende Vertiefung der Arbeitsteilung geistige und kulturelle Beeinträchtigungen der arbeitenden Bevölkerung mit sich bringen würde, die diese an der effektiven Ausübung ihrer politischen Beteiligungsrechte hindern könnten; daher besteht man in dieser Tradition auf einer Pflicht demokratischer Staaten, in ihrem Hoheitsgebiet für Arbeitsverhältnisse zu sorgen, die mindestens gut genug eingerichtet sind, um den Beschäftigten eine unbeschränkte Teilnahme an den öffentlichen Prozessen der demokratischen Willensbildung zu ermöglichen. Keiner der Autoren, die derartigen Überlegungen anhängen, vertritt aber die in den radikaleren Flügeln der Arbeiterbewegung verfochtene Idee, die Unterschiede zwischen der politischen und der ökonomischen Sphäre vollständig einzuebnen und beide demselben Prinzip demokratischer Mehrheitsbeschlüsse in öffentlichen Versammlungen zu unterwerfen; solchen Vorstellungen steht in ihren Reihen die Überzeugung entgegen, dass die spezifischen Aufgaben der zwei Systembereiche viel zu unterschiedlich seien, als dass sie ein und der gleichen Methode der normativen Regulation unterstellt werden könnten: Hier, im politischen Raum, solle es um die demokratische Aushandlung einer legitimen Gesetzgebung gehen, in die alle Staatsbürger und Staatsbürgerinnen gleichberechtigt einbezogen sein müssen; dort, in der Arbeitssphäre, sei die Aufgabe demgegenüber die soziale Koordinierung der wirtschaftlichen Leistungen von arbeitsteilig aufeinander bezogenen Beschäftigten, die auf möglichst effiziente Weise zum materiellen Wohl des Gemeinwesens beitragen sollen. Es ist diese Auflage der ökonomischen Effizienz, die die Vertreter unserer Tradition von der weitergehenden Schlussfolgerung abhält, den Modus der direkten Demokratie einfach auf die Sphäre der Arbeitsteilung zu übertragen; sie glauben alle, dass es unter Gesichtspunkten der Wirtschaftlichkeit riskant wäre, sich auch die Organisationsweise von Betrieben, Behörden oder Verwaltungen nach dem Muster der Ausübung kollektiver Autonomie vorzustellen. Allerdings unterscheiden sich die Auffassungen dieser Autoren erheblich mit Bezug darauf, wie weit man bei der Reorganisation der Arbeitssphäre gehen könnte, um deren Zusammenspiel mit dem im politischen Raum herrschenden Demokratieprinzip zu gewährleisten; die Vorstellungen reichen hier vom Reformismus eines Hegel und eines Durkheim, die den Arbeitsmarkt durch Berufsgruppen und staatliche Regulationen stärker vergesellschaftet sehen wollen, bis hin zum Meliorismus eines John Dewey, der es zukünftigen Experimenten innerhalb des wirtschaftlichen Sektors überlassen will, zu Erkenntnissen darüber zu gelangen, bis zu welchem Punkt sich die Arbeitssphäre selbst demokratisieren ließe, ohne das Gebot ökonomischer Effizienz zu verletzen.[73] Auf dem damit beschrittenen Weg beginnt man sich innerhalb dieser Tradition

73 Vgl. Dewey, Tufts, *Ethics*, a. a. O., Kap. 22.

natürlich auch zu fragen, ob denn der Gesichtspunkt der wirtschaftlichen Effizienz tatsächlich so wertfrei ist, wie er in den Doktrinen der offiziellen Wirtschaftstheorie stets präsentiert wird; und je weiter sich die Diskussion darüber fortentwickelt, desto deutlicher wird es, dass der Maßstab für ökonomische Produktivität davon abhängt, ob man dabei eher die Höhe der Kapitalgewinne oder das Verhältnis von Produktionsaufwand und Versorgung mit Gebrauchsgütern vor Augen hat.[74]

Unabhängig von diesen Fragen, die die ganz Spannbreite der von mir bevorzugten Tradition kenntlich machen, muss aber zunächst festgehalten werden, dass ihr zentrales Argument für faire und gute Arbeitsbedingungen einen rein immanenten Charakter besitzt: Die in demokratischen Regimen geforderte Mitwirkung aller Gesellschaftsmitglieder an den politischen Entscheidungen verlangt aus sich heraus, die Bedingungen, unter denen gearbeitet wird, normativen Regeln zu unterwerfen, die es jedem und jeder Beschäftigten erlauben, von seinem und ihrem Mitbestimmungsrecht auch tatsächlich Gebrauch zu machen. Diese These klingt so selbstverständlich, so überzeugend und so eingängig, dass sich die Frage stellt, warum die gegenwärtige Demokratietheorie von ihr keine oder nur wenig Notiz nimmt. Die Gründe dafür können kaum mit bloßer Ignoranz oder empirischen Unkenntnis zu tun haben, sie müssen vielmehr mit einer tieferliegenden begrifflichen Weichenstellung zusammenhängen, die den Stellenwert einer gut und fair verfassten Arbeitswelt für das Gelingen demo-

74 Vgl. dazu: Friedrich Kambartel, »Bemerkungen zur politischen Ökonomie«, in: ders, *Philosophie und Politische Ökonomie*, Göttingen 1989, S. 11-40, hier: S. 25 f.

kratischer Partizipation aus dem Blick geraten lässt. Im Folgenden will ich den Versuch unternehmen, auf dem Weg einer Analyse der konzeptuellen Ursachen für diesen blinden Fleck zugleich die wesentlichen Grundannahmen der Ergänzungsthese weiter zu begründen.

In den beiden heute vermutlich wichtigsten Beiträgen zu den moralischen Grundlagen des modernen Rechtsstaats – der Gerechtigkeitstheorie von John Rawls und der Diskurstheorie des Rechts von Jürgen Habermas –[75] gibt es jeweils eine gedankliche Bewegung, die der Erkenntnis einer Ergänzungsbedürftigkeit der politischen Demokratie durch ihr förderliche Arbeitsbedingungen ganz nahe kommt: Bei Rawls ist dies die Einsicht, dass die gleichen politischen Freiheiten einen »fairen Wert« besitzen müssen, was heißen soll, dass deren faktische Inanspruchnahme und Ausübung an die Voraussetzung der Beseitigung von sozialen und wirtschaftlichen Ungleichheiten gebunden ist;[76] und bei Habermas besteht dieser Schritt darin, dass die demokratische Praxis der staatsbürgerlichen Selbstbestimmung normativ darauf verpflichtet wird, immer wieder neu zu prüfen, ob die faktischen Voraussetzungen für eine gleichberechtigte Mitwirkung an ihren eigenen Verfahren auch tatsächlich gegeben sind.[77] Die Beobachtung, die bei beiden Autoren dieses Beharren auf eine Beseitigung von faktischen Ungleichheiten motiviert, ist dieselbe und liegt natürlich auf der Hand: Eine Person oder eine Gruppe von Personen, die im Alltag diskriminiert wird oder

75 Rawls, *Gerechtigkeit als Fairneß*, a. a. O.; Jürgen Habermas, *Faktizität und Geltung. Beiträge zur Diskurstheorie des Rechts und des demokratischen Rechtsstaats*, Frankfurt/M. 1992.

76 Rawls, *Gerechtigkeit als Fairneß*, a. a. O., § 45 (S. 230-233).

77 Habermas, *Faktizität und Geltung*, a. a. O., Kap. IX.II (S. 493-515).

eine soziale Benachteiligung erfahren muss, wird sich nicht in der gleichberechtigten Weise an der öffentlichen Willensbildung beteiligen können, in der dies von der Idee des demokratischen Rechtsstaats normativ verlangt wird. Aber bei beiden bricht der entsprechende Gedankengang jeweils ab, bevor die benachteiligenden Effekte der herrschenden Arbeitsverhältnisse überhaupt nur in den Blick treten können. Weder Rawls noch Habermas werfen die Frage auf, ob es nicht neben dem öffentlichen Bildungssystem auch die Organisationsweise der gesellschaftlichen Arbeit ist, die über die Chancen zur gleichberechtigten Teilnahme an der demokratischen Willensbildung entscheidet.[78]

Dass die ganze Thematik der Organisation von Arbeit und Beruf aus den Betrachtungen dieser einflussreichen Denker weitgehend ausgeschlossen bleibt,[79] ist

78 Bei Habermas findet sich immerhin im Anschluss an ein Zitat von Spiros Simitis ein ganz kurzer Hinweis auf die Bedeutung der Arbeitsgesetzgebung für eine demokratische Gleichstellungspolitik, ohne dass dem weiter nachgegangen wird. Siehe ebd., S. 501 f. An Rawls wurde schon häufiger kritisiert, dass er die benachteiligenden Wirkungen der Arbeitsverhältnisse außer Acht lässt, zuletzt von: Jahel Queralt, Iñigo González-Ricoy, »The Ballot and the Wallet.: Self-Respect and the Fair Value of Political Liberties«, in: *European Journal of Philosophy* 29:2 (2021), S. 410-424; Rafeeq Hasan, »Rawls on Meaningful Work and Freedom«, in: *Social Theory and Practice* 41:3 (2015), S. 477-504; ein älterer, damals wegweisender Beitrag ist: Gerald Doppelt, »Rawls' System of Justice: A Critique from the Left«, in: *Noûs* 15 (1981), S. 259-307.

79 Allerdings heißt es in *Gerechtigkeit als Fairneß* an einer hochinteressanten Stelle, die sich auf Mills Vorschlag bezieht, die Führung und Leitung von Betrieben vermehrt den Arbeitern selbst zu überlassen: »Ist es beispielsweise so, daß von Arbeitern geleitete Firmen mit größerer Wahrscheinlichkeit die politischen Tugenden fördern, die für das Fortdauern eines demokratischen Staatswe-

selbstverständlich kein Zufall oder eine Folge purer Nachlässigkeit; die Nichtberücksichtigung dieser lebensweltlich bedeutsamen Sphäre ergibt sich in beiden Fällen vielmehr aus Hintergrundannahmen, die zunächst einmal offengelegt werden müssen, bevor sie dann gegebenenfalls mit Gründen zurückgewiesen werden können. Zwei Hintergrundannahmen sind es vor allem, die Rawls und Habermas bewogen haben könnten, den gegebenen Arbeitsverhältnissen keine größere Aufmerksamkeit in Hinblick auf die Chancen zur demokratischen Beteiligung zu widmen.[80] Da ist zunächst die Neigung beider Autoren, den Arbeitsmarkt mit seinen finanziellen Anreizstrukturen wenn auch nicht für ein ideales, so doch für ein kaum ersetzbares Instrument in Hinblick auf die effektive Allokation von Arbeitskräften in komplexen Gesellschaften zu halten, ohne Alternativen auch nur zu prüfen.[81] Bei John Rawls spiegelt

sens nötig sind? [...] Diesen Fragen werde ich nicht nachgehen. Ich habe keine Ahnung, wie sie zu beantworten sind, aber gewiß verlangen diese Fragen nach einer sorgfältigen Untersuchung, Es kann sein, daß die langfristigen Aussichten eines gerechten konstitutionellen Staatswesens davon abhängen« (*Gerechtigkeit als Fairneß*, a.a.O., S. 274). Den Hinweis auf diese Stelle verdanke ich Bernd Ladwig.

80 Damit soll nicht ausgeschlossen werden, dass es weitere Gründe für die Vernachlässigung der Frage nach der Qualität der Arbeitsbedingungen durch Habermas und Rawls gibt; einer dieser weiteren Gründe könnte damit zusammenhängen, dass in der herrschenden, von beiden, wenn auch in unterschiedlichem Maße, rezipierten Wirtschaftstheorie diese für die Klassiker noch zentrale Frage vollkommen beiseitegeschoben worden ist; vgl. dazu die hochinteressante Analyse von David A. Spencer, *The Political Economy of Work*, a.a.O., S. 69-94.

81 Zu derartigen Alternativen vgl. hier schon einmal: Johannes Berger, Claus Offe, »Die Zukunft des Arbeitsmarktes. Zur Ergän-

sich diese Tendenz darin wider, ökonomische Anreize als das geeignete Mittel zu betrachten, um die Bereitschaft zur Übernahme schwieriger, ausbildungsintensiver Tätigkeiten zu wecken, die ansonsten ohne Zwang nicht erledigt würden;[82] bei Habermas kommt dieselbe Tendenz in der Auffassung zum Tragen, der Arbeitsmarkt könne seine systemnotwendige Funktion der Verteilung unbedingt zu verrichtender Aufgaben auf dazu bereite Personengruppen nur erfüllen, wenn er mit moralischen Forderungen nicht so weit überlastet wird, dass die Reproduktionsfähigkeit einer Gesellschaft auf dem Spiel steht.[83] Die erste Hintergrundannahme ist

zungsbedürftigkeit eines versagenden Allokationsprinzips«, in: Claus Offe (Hg.), »*Arbeitsgesellschaft«. Strukturprobleme und Zukunftsperspektiven*, Frankfurt/M., New York 1984, S. 87-117. Ich komme später auf diesen wichtigen Beitrag zurück.

82 Rawls, *Eine Theorie der Gerechtigkeit*, a.a.O., S. 98-101; ders., *Gerechtigkeit als Fairneß*, a.a.O., S. 107f. Diese Auffassung hat John Roemer zum Anlass einer ausführlichen Kritik genommen: John Roemer, »Ideologie, sozialer Ethos und die Finanzkrise«, in: Lisa Herzog, Axel Honneth, *Der Wert des Marktes. Ein ökonomisch-philosophischer Diskurs vom 18. Jahrhundert bis zur Gegenwart*, Berlin 2014, S. 609-623.

83 Jürgen Habermas, *Theorie des kommunikativen Handelns*, Frankfurt/M. 1981, Bd. 2, S. 449-488. Ich gehe hier nicht der Frage nach, ob die Ausblendung der politisch-moralischen Relevanz der Arbeitssphäre durch Habermas nicht schon mit dessen früher Entscheidung zusammenhängt, die Arbeit nur als »instrumentelles Handeln« zu fassen und daher allein unter Gesichtspunkten der Zweckrationalität zu betrachten. Eine differenzierte Analyse der Konzeption des Marktes, mit der Habermas in *Theorie des kommunikativen Handelns* operiert, liefert Timo Jütten, »Habermas and Markets«, in: *Constellations* 20:4 (2013), S. 587-603; die These, dass Habermas diese Vorstellung des Marktes als einer »normfreien« Sphäre auch in seiner demokratietheoretischen Studie *Faktizität und Geltung* nicht fallengelassen hat, vertritt Wil-

mithin bei Rawls und Habermas in etwa die gleiche und besteht in der Prämisse, es gäbe in hochgradig arbeitsteiligen Gesellschaften kaum eine funktionale Alternative zum Allokationsmechanismus des Arbeitsmarktes. Allerdings bedeutet die Annahme, die Verteilung gesellschaftlich erforderlicher Tätigkeiten auf bestimmte Personengruppen sei letztlich nur mit Hilfe des Mechanismus von Angebot und Nachfrage zu regeln, noch längst nicht, diesen Markt für rechtlich nicht gestaltbar oder regulierungsbedürftig zu halten; und tatsächlich schließen weder Rawls noch Habermas solche staatlichen Eingriffe in den Arbeitsmarkt prinzipiell aus. Im Gegenteil, solche Interventionen sind aus ihrer Sicht sogar immer dann normativ geboten, wenn sie dazu beitragen, innerhalb des Arbeitsmarktes Verstöße gegen das rechtliche Gleichheitsgebot zu beseitigen: Wird eine Person von ihrem öffentlichen oder privaten Arbeitgeber in dem Sinn diskriminiert, dass sie aufgrund ihres Geschlechts, ihrer Hautfarbe, ihrer kulturellen Zugehörigkeit oder ihrer sexuellen Orientierung einen vergleichsweise geringeren Lohn, einen vergleichsweise schlechteren Arbeitsplatz oder überhaupt keine Anstellung erhält, so erblicken sowohl Rawls als auch Habermas darin soziale Benachteiligungen, gegen die der Rechtsstaat einzugreifen aufgefordert ist.[84] In dieser Gleichsetzung von sozialer Benachteiligungen mit Ungleichbehandlung oder Diskriminierung verbirgt sich jedoch unmerklich eine

liam E. Forbath«, Short-Circuit: Habermas' Understanding of Law, Politics, and Economic Life«, in: Michael Rosenfeld, Andrew Arato (Hg.), *Habermas on Law and Democracy. Critical Exchanges*, Berkeley 1998, S. 272-286.

84 Rawls, *Gerechtigkeit als Fairneß*, a. a. O., S. 79f.; Habermas, *Faktizität und Geltung*, a. a. O., Kap. IX.II.

zweite Hintergrundannahme, die beide Autoren zu teilen scheinen; sie besteht darin, die individuelle Chance zur demokratischen Beteiligung nur von der Stellung zu allen anderen Beteiligten abhängig zu machen: »Benachteiligt« ist eine Person im demokratischen Prozess aus dieser Sicht immer nur dann, wenn sie im Vergleich mit anderen als Standardfall geltenden Personengruppen in einer oder mehreren Hinsichten schlechter gestellt oder behandelt wird. Die einseitige Abhebung auf den Gleichheitsgrundsatz aber hat gerade mit Blick auf die Arbeitswelt höchst missliche Folgen; denn hier mag es ja die Art der Arbeit selber sein oder die Höhe der Bezahlung als solche, unabhängig von jedem Vergleich mit anderen, die Ursache dafür sind, dass eine angemessene Beteiligung an der demokratischen Willensbildung nicht oder nur sehr eingeschränkt möglich ist – und in der Idee eines »Minimaleinkommens« blitzt deswegen ja auch die richtige Einsicht auf, dass das individuelle Erwerbseinkommen »absolut«, und nicht bloß »relativ«, zu gering sein kann, um sich an bestimmten, allgemein als wertvoll betrachteten Praktiken des sozialen Lebens zu beteiligen. In solchen Fällen geht es nicht darum, Diskriminierungen zu beseitigen, von denen andere nicht betroffen sind, sondern darum, einzelne Tätigkeitsbereiche oder arbeitsorganisatorische Gegebenheiten so zu verändern, dass die Beschäftigten überhaupt in die Lage versetzt werden, sich zwanglos am demokratischen Prozess der öffentlichen Beratung und Willensbildung zu beteiligen. Gleichstellung und hinreichende Befähigung sind zwei normative Prinzipien, die höchst verschiedenen normativen Registern angehören und daher sehr verschiedene Wahrnehmungen derselben sozialen Realität mit sich bringen können: Nimmt man das erste Prinzip in den Blick, so erschließen sich an der Vielzahl sozialer Benachteiligungen allein diejenigen, die in einer Schlechterstellung gegenüber anderen Personengruppen bestehen; nimmt man hingegen das zweite Prinzip in den Blick, so fällt das Auge auf soziale Benachteiligungen, die in einer Lage unterhalb eines als absolut verstandenen Minimums bestehen. Wenden wir einen berühmten Satz von Harry Frankfurt auf das hier verfolgte Thema an, so ließe sich zugunsten dieses zweiten Prinzips sagen, dass es viel stärker darauf ankommt, ob ein Arbeitsplatz überhaupt die Mitwirkung an demokratischen Praktiken erlaubt, als darauf, wie dieser Arbeitsplatz relativ zu anderen beschaffen ist.[85]

Damit soll natürlich nicht gesagt werden, dass das Prinzip der Gleichstellung oder Gleichbehandlung ohne jede normative Relevanz für die Frage der Organisation von Arbeitsverhältnissen ist; es ist überall dort angebracht, wo sich eine Benachteiligung in Hinblick auf die Chancen der demokratischen Beteiligung daraus ergibt, dass man aufgrund bestimmter Eigenschaften im Vergleich zu anderen Beschäftigten unverdiente Einbußen bei der Höhe des Einkommens, Nachteile bei der Behandlung am Arbeitsplatz oder beim Zugang zu bestimmten Berufen, Ämtern oder Positionen hinnehmen muss – und von solchen Formen der Diskriminierung gibt es nicht wenige in Gesellschaften, in denen die Hautfarbe, das Geschlecht, eine Behinderung oder die

85 Der Satz von Harry Frankfurt lautet: »Es kommt darauf an, ob Menschen ein gutes Leben führen können, und nicht, wie deren Leben zu dem Leben anderer steht.« (Harry Frankfurt, »Gleichheit und Achtung«, übersetzt von Thomas Bonschab, in: Angelika Krebs [Hg.], *Gleichheit oder Gerechtigkeit. Texte der neueren Egalitarismuskritik*, Frankfurt/M. 2000, S. 38-49, hier: S. 41.)

sexuelle Orientierung weiterhin Anlässe für Abwertung und Herabwürdigungen bilden.[86] Aber diese Ungleichbehandlungen decken längst nicht das ganze Feld der Beeinträchtigungen ab, die jemand innerhalb der Arbeitswelt mit Bezug darauf erfahren kann, sich am demokratischen Prozess zwanglos und selbstbewusst beteiligen zu können; wenn die Arbeit zu zermürbend ist, um sich Gedanken über politische Vorgänge machen zu können, wenn die Tätigkeit zu wenig Lohn einbringt, um ein Leben führen zu können, das Raum für politische Aktivitäten lässt, oder wenn die Abhängigkeit vom Vorgesetzten so groß ist, dass ständig Wohlverhalten demonstriert werden muss, so sind dies Beeinträchtigungen, die darin bestehen, über ein bestimmtes, für die demokratische Beteiligung erforderliches Minimum an entsprechenden Ressourcen und Befähigungen nicht zu verfügen; schon die Verwendung der Finalkonstruktion »zu wenig, um« oder »so groß, dass« im vorangegangenen Satz macht deutlich, dass es sich hierbei nicht um einen relationalen, sondern um einen absoluten Mangel an wertvollen Ressourcen oder Gütern handelt. Weil Rawls und Habermas untergründig die Annahme zu teilen scheinen, dem normativen Gebot der effektiven Verfügung über demokratische Rechte sei auf dem Arbeitsmarkt bereits dann Genüge getan, wenn dort soziale Gleichstellung sichergestellt ist, müssen sich solche »absoluten« Beeinträchtigungen durch die Art der Erwerbstätigkeit oder die Beschaffenheit des Arbeitsplatzes ih-

86 Einen guten Überblick über die Vielzahl dieser Diskriminierungen – auch mit Blick auf den Arbeitsmarkt – bieten die Beiträge in: Ulrike Hormel, Albert Scherr (Hg.), *Diskriminierung. Grundlagen und Forschungsergebnisse*, Wiesbaden 2010.

rem Blick entziehen; sie können gar nicht erkennen, was an einer bestimmten Klasse von Erwerbstätigkeiten, ja was überhaupt an der gegebenen Arbeitsorganisation grundsätzlich geändert werden müsste, um sie den Erfordernissen der demokratischen Beteiligung anzupassen, weil ihnen dafür jeder vergleichende Maßstab fehlt. Die Bedingungen, die gegeben sein müssen, um autonom und selbstbewusst an demokratischen Praktiken teilnehmen zu können, hängen ebenso von der sozialen Gleichstellung mit allen anderen Bürger:innen ab wie vom Erwerb einer Reihe von basalen Befähigungen und Ressourcen, deren Höhe sich nicht am Vergleich mit anderen bemessen kann. Ja, man könnte sogar noch einen Schritt weiter gehen und behaupten, dass die zweite Bedingung der ersten vorausgehen muss: Nur wer glaubt, über die notwendigen Befähigungen und Ressourcen zu verfügen, wird überhaupt dazu in der Lage sein, sich dem Kreis derer zugehörig zu fühlen, die einander gleichgestellt sein können.

Nimmt man die beiden Hintergrundannahmen zusammen, von denen sich Rawls und Habermas in ihren jeweiligen Gerechtigkeitstheorien leiten lassen, so erklärt dies, wieso sie bei ihren Betrachtungen den sozialen Bedingungen der Wahrnehmung politischer Rechte oder der demokratischen Partizipation der Organisation und dem Zuschnitt der gesellschaftlichen Arbeitsteilung eine nur so geringe Bedeutung beimessen: Wird mit der ersten Annahme vorausgesetzt, dass der Arbeitsmarkt unter Gesichtspunkten effektiver Allokation alternativlos ist, so wird dieser Arbeitsmarkt mit der zweiten Annahme nur in der einen Hinsicht für normativ regulierungsbedürftig gehalten, dass auf ihm stets Bedingungen der Gleichstellung und Gleichbehandlung gewahrt werden müssen. Eine Ergänzungsbedürftigkeit der demokratischen Willensbildung durch eine ihr förderliche, sie unterstützende Organisation der gesellschaftlichen Arbeit wird damit nur an jener einen Stelle gesehen, an der die Voraussetzungen für eine effektive Gleichstellung unter den Staatsbürgerinnen und Staatsbürgern auch auf dem Arbeitsmarkt gewährleistet sein müssen; ob es darüber hinaus noch viel tiefer reichende Abhängigkeiten solcher Art geben könnte, weil die gegebenen Arbeitsverhältnisse die Befähigung zur demokratischen Partizipation vielleicht insgesamt beeinträchtigen oder sogar vollständig untergraben, bleibt als Frage den beiden Autoren aus den genannten Gründen grundsätzlich verschlossen.[87]

87 Dieser Mangel fällt allerdings im Fall der Gerechtigkeitstheorie von Rawls beinah noch stärker ins Gewicht als im Fall der Demokratietheorie von Habermas; denn Rawls behauptet ja ausdrücklich und viel stärker als Habermas, dass seine politische Konzeption einer für demokratische Gesellschaften verpflichtenden Gerechtigkeit an die Voraussetzung gebunden ist, jeder in dieser Gesellschaft könne sich als Mitglied eines »fairen« und über Generationen hinweg bestehenden Systems der sozialen Kooperation begreifen (vgl. etwa: Rawls, *Gerechtigkeit als Fairneß*, a.a.O., § 2); mit dem Verweis auf ein solches vorauszudenkendes Kooperationssystem wird aber die soziale Teilung der Arbeit selbst dem normativen Anspruch der Fairness unterstellt, ohne dass je erläutert würde, was das im Einzelnen bedeuten könnte. Es reicht an dieser Stelle nicht aus, wie Rawls es wohl im Sinn hat, bloß auf die rechtliche Garantie der freien Berufswahl zu verweisen; denn diese, so es sie denn tatsächlich gibt (vgl. dazu unten, »Exkurs II«), findet ihrerseits schon unter den Bedingungen einer vorgefundenen Arbeitsteilung statt, deren Herkunft und Gestalt als gegeben vorausgesetzt und keiner weiteren normativen Prüfung unterzogen wird. Mit seinem richtigen Schritt, die Glaubwürdigkeit und den Sinn seiner beiden Gerechtigkeitsprinzipien an die Voraussetzung einer fairen Arbeitsteilung zu binden, hat Rawls sich mithin

Um diese Möglichkeit überhaupt nur zu erwägen, bedarf es allerdings der Festlegung von einigen Schwellenwerten, unterhalb deren es die jeweilige Arbeitstätigkeit nahezu unmöglich macht, sich an der demokratischen Willensbildung in der normativ geforderten Weise zu beteiligen. Im Folgenden will ich den Versuch unternehmen, wenigstens die Hinsichten zu umreißen, mit Bezug auf die derartige Schwellenwerte bestimmt werden müssten. Dabei gilt es allerdings zu berücksichtigen, dass es nahezu unmöglich ist, exakt zu bestimmen, wo diese jeweils genau liegen sollten; denn die jeweiligen Schwellenwerte hängen so stark von kulturellen und wirtschaftlichen Bedingungen ab, dass darüber verallgemeinerungsfähige Aussagen kaum gemacht werden können; erst nachdem die historischen Umstände eines

einem normativen Anspruch unterworfen, den zu erfüllen er gar nicht bereit zu sein scheint; dies hätte von ihm nämlich verlangt, über Kriterien jenseits seiner »politischen« Gerechtigkeitskonzeption nachzudenken, mit deren Hilfe sich beurteilen ließe, ob oder ab wann die soziale Teilung der Arbeit tatsächlich »fair« oder »gerecht« ist. Es käme einem Zirkel gleich, wollte man auf diesen Einwand hin erwidern, derartige Kriterien liefere doch die politische Idee der Gerechtigkeit als Fairness; denn diese Konzeption soll doch nur in dem Maße als gerechtfertigt gelten können, in dem eine solche faire Arbeitsteilung bereits vorausgesetzt werden kann, so dass jene nicht einfach zur deren Überprüfung herangezogen werden darf. Es bedarf eigenständiger Standards, die viel intimer auf die Welt der gesellschaftlichen Arbeit zugeschnitten sind, um beurteilen zu können, ob das gesellschaftliche Kooperationssystem gerecht oder fair genug ist, damit die politische Gerechtigkeitskonzeption Anwendung finden kann. Zur Rolle der Voraussetzung eines »fairen Kooperationssystems« in der Gerechtigkeitstheorie von Rawls vgl. Jochen Ostheimer, *Liberalismus und soziale Gerechtigkeit. Zur politischen Philosophie von Rawls, Nozick und Hayek*, Paderborn 2019, Kap. 2.4.

politischen Gemeinwesens genauer ins Auge gefasst worden sind, lässt sich genauer festlegen, wo die Grenze zwischen zureichenden und unzureichenden Ressourcen und Befähigungen in den verschiedenen Dimensionen jeweils verlaufen sollte. Daher ist mein Vorschlag, fünf Hinsichten zu unterscheiden, in denen die Chance zur Teilnahme an den Praktiken der öffentlichen Willensbildung in starkem Maße durch den Charakter der Position in der gesellschaftlichen Arbeitsteilung bestimmt ist, als eine erst politisch zu füllende Heuristik zu verstehen; meine Liste soll einen Rahmen bilden, der angibt, welche Facetten einer Arbeitstätigkeit es sind, in Hinblick auf die Beeinträchtigungen der Fähigkeit zur demokratischen Mitwirkung vorliegen können.[88] Diese fünf Facetten oder Dimensionen sind, in der Reihenfolge, in der ich sie präsentieren werde, von ökonomischer, zeitlicher, psychologischer, sozialer und mentaler Art; jede von ihnen verweist auf Qualifikationen oder Ressourcen, über die in einem bestimmten Mindestmaß überhaupt zu verfügen weitaus wichtiger für den Zweck der politischen Beteiligung ist, als dass man davon im Vergleich mit anderen Beschäftigten jeweils mehr oder weniger besitzt. Insofern klärt die folgende Liste auch, was es heißen soll, mit Blick auf ein demokratisches Gemeinwesen von »fairen« oder hinreichend guten Ar-

88 Auch hier bietet sich wieder ein Vergleich mit dem interessanten Ansatz von Hauke Behrendt an (siehe oben, Fn. 48), der im Rahmen seines hinsichtlich des Inklusionsbegriffs weiteren Ansatz von drei notwendigen Bedingungen (institutionellen, intersubjektiven, materiellen) spricht, die erfüllt sein müssen, um den Beschäftigten eine »effektive« Teilnahme an den sozialen Praktiken zu ermöglichen: Behrendt, *Das Ideal einer inklusiven Arbeitswelt*, a.a.O., S. 183-188.

beitsverhältnissen zu sprechen: »Fair« ist die gesellschaftliche Arbeitsteilung dann eingerichtet, wenn all die in sie einbezogenen Tätigkeiten die Bedingung erfüllen, die mit ihnen befassten Personen in keiner der fünf Dimensionen in der Ausübung ihrer demokratischen Rechte zu beeinträchtigen:

(1) Die Mitwirkung an den politischen Debatten in der demokratischen Öffentlichkeit setzt zunächst und vor allem wirtschaftliche Unabhängigkeit voraus. Jeder, der seinen Lebensunterhalt den der eigenen Kontrolle entzogenen Entscheidungen anderer verdankt, wird sich willkürlich oder unwillkürlich primär mit dem Gedanken beschäftigen müssen, wie er oder sie sich zu verhalten hat, damit der stete Zufluss eines unterhaltssichernden Einkommens nicht abzureißen droht; diese Präokkupation kann im eigenen Denken und Handeln einen so großen Raum einnehmen, dass kaum die Möglichkeit besteht, sich ohne ständigen Seitenblick auf die Erwartungen Dritter und damit frei von Sorgen um das eigene Wohlverhalten über die politischen Ziele Klarheit zu verschaffen, die man selbst gutheißen kann. Wo eine derartige Abhängigkeit vorliegt, sind daher nicht die Bedingungen gegeben, um unbekümmert und selbstbestimmt an der öffentlichen Willensbildung teilzunehmen; es fehlt an dem existenziellen Vertrauen auf eine gesicherte und sorgenfreie Zukunft, durch das man mental überhaupt erst in die Lage versetzt wird, sich über Alternativen in der politischen Gestaltung des eigenen Gemeinwesens Gedanken machen zu können. Solange für die meisten Beschäftigten die Erwirtschaftung des eigenen Lebensunterhalts an die Bedingung der Erwerbsarbeit gebunden bleibt, ist mithin die Verfügung über einen gesicherten, subsistenzgewährenden Arbeitsplatz

eine elementare Voraussetzung für die Teilnahme an der demokratischen Willensbildung. Garantierte Beschäftigung, ein anständiger Mindestlohn für die geleistete Arbeit und eine entsprechende Ausgleichszahlung im Fall von unvermeidlicher Arbeitslosigkeit sind minimale Voraussetzungen, um eine solche Unabhängigkeit von der zermürbenden Sorge um das eigene Einkommen zu garantieren.[89] Aber damit ist es noch längst nicht getan. Man ist auch dann unkontrollierbarer Willkür unterworfen und potenziell unfähig, die eigenen Interessen in der gemeinsamen Willensbildung zu artikulieren, wenn man aus Gründen der Sicherung des Lebensunterhalts gezwungen ist, beliebige, nicht willentlich gutgeheißene Arbeitsbedingungen hinzunehmen; auch dann nämlich bleibt man in seinen Entscheidungen von übermächtigen anderen in einer Weise abhängig, die es unmöglich macht, derart frei und selbstbestimmt an der öffentlichen Willensbildung teilzunehmen, wie es die Idee der demokratischen Legitimation von Herrschaft verlangt. Um tatsächlich wirtschaftliche Unabhängigkeit genießen zu können, bedarf es vielmehr stets auch einer gewissen Verhandlungsmacht hinsichtlich der Bedingungen der jeweils auszuführenden Arbeit; fehlt es an dieser, und ist man daher in Situationen wirtschaftlicher Not genötigt, gänzlich fremdbestimmte und unvorteilhafte Arbeitsverhältnisse anzunehmen, so mangelt es den Betroffenen an Vertrauen in das öffentliche Gewicht des eigenen Willens; als zähle es innerhalb des eigenen Ge-

89 Auf die Frage, ob die Entkoppelung des Lebensunterhalts von der Erwerbsarbeit durch ein bedingungsloses Grundeinkommen daher die bessere Lösung für die Garantie dieser Selbstständigkeit wäre, gehe ich später gesondert ein: Siehe unten, Teil III, Kap. 7.

meinwesens nicht, welche Absichten man mit Bezug auf die Rolle in der sozialen Kooperation besitzt, nimmt man sich als Bürger oder Bürgerin zweiter Klasse im Kreis der angeblich doch gleichberechtigten Bürgerschaft wahr. Die gängige, von Hans Fallada literarisch verarbeitete Redeweise von der Ohnmacht des »kleinen Mannes« – oder der »kleinen Frau«, wie man hinzufügen sollte –, mit dem oder der man machen könne, »was man wolle«, spiegelt exakt die Bewusstseinslage vieler abhängig Beschäftigter wider. Bei keinem oder nur minimalem Mitspracherecht darüber, welche Arbeit unter welchen Bedingungen einem akzeptabel erscheint, können diese Personen nicht das für die Teilnahme an demokratischen Praktiken erforderliche Bewusstsein erlangen, die eigenen Absichten und Begehrlichkeiten seien von irgendeiner Wirksamkeit in der politischen Öffentlichkeit.[90] Zur wirtschaftlichen Unabhängigkeit gehört daher als eine weitere Voraussetzung stets auch, über genügend individuelle oder kollektive Verhandlungsmacht zu verfügen, um die Bedingungen des eigenen Arbeitsplatzes fair aushandeln und mitbestimmen zu können. Ohne ein solches verbürgtes Mitspracherecht bliebe selbst der sozialstaatlich bestens abgesicherte Arbeitsplatz leer und schal, weil man weiterhin der Willkür derjenigen ausgesetzt wäre, die nach Gutdünken über die Bedingungen des eigenen Arbeitsvertrags bestimmen können.

90 Dieses nur am Arbeitsplatz zu gewinnende Vertrauen in die Wirksamkeit der eigenen politischen Überzeugungen nennt Carole Pateman »a sense of political efficacy«: Pateman, *Participation and Democratic Theory*, a.a.O., S. 45-66. In eine ähnliche Richtung zielt der von Albert Bandura psychologisch entwickelte Begriff der »Selbstwirksamkeit«: ders., *Self-Efficacy. The Exercise of Control*, New York 1997.

(2) Das Mitwirken an der demokratischen Willensbildung setzt immer aber auch, und zwar unabhängig davon, wie engagiert dieses ist, ein gewisses Quantum an arbeitsfreier Zeit voraus; denn um sich in die Rolle einer Teilnehmerin am demokratischen Prozess überhaupt nur hineinversetzen zu können, bedarf es einer Reihe von Operationen, die zeitkonsumtiv sind.[91] Das beginnt mit der Beschaffung der nötigen Informationen, um sich überhaupt eine fundierte Meinung über ein Thema bilden zu können; es setzt sich fort in der diskursiven Verarbeitung dieser Informationen im Austausch mit anderen und endet mit der Stellungnahme in der Öffentlichkeit, die gewöhnlich die Form eines Wortbeitrags in einer (nicht nur betrieblichen) Versammlung, der Teilnahme an einer politischen Demonstration oder der Mitwirkung in einer politischen Vereinigung annimmt.[92] Welche Zeit aber jemand zur Verfügung hat, um sich diesen verschiedenen Betätigungen widmen zu können, bemisst sich natürlich daran, welcher zeitliche Spielraum ihr neben der Arbeit und dem Privatleben übrig bleibt. Je mehr Zeit die täglich zu erbringenden Arbeitstätigkeiten beanspruchen, so viel ist zunächst klar, desto weniger Zeit bleibt übrig für die verschiedenen Verrichtungen in der demokratischen Öffentlichkeit. Al-

91 Zum Zusammenhang zwischen Arbeitszeitpolitik und politischer Beteiligung vgl. Karl Hinrichs, Claus Offe, Helmut Wiesenthal, »Der Streit um die Zeit – Die Arbeitszeit im gesellschaftspolitischen und industriellen Konflikt«, in: Offe (Hg.), »Arbeitsgesellschaft«, a.a.O., S. 141-166, bes. S. 165 f.

92 Das dazu aber noch mehr gehört als die beiden eben genannten Tätigkeiten, hat mit erfrischendem Realismus Michael Walzer klar gemacht in »Deliberation – und was sonst?«, in: ders., *Vernunft, Politik und Leidenschaft*, Frankfurt/M. 1999, S. 39-65.

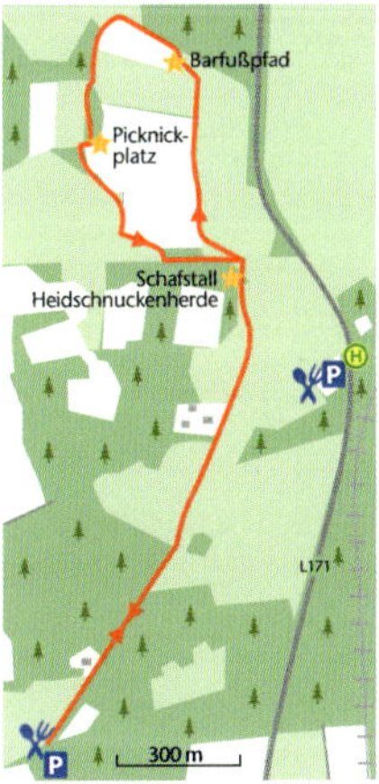

Navi: 29640 Schneverdingen, Parkplatz Heidegarten, Ecke Schaftrift/Overbeckstraße.

Anfahrt: A1 Abfahrt Rade, dann links abbiegen und der B3 für 20 km folgen. Bei Wintermoor auf die L171 Richtung Schneverdingen. Nach 8 km rechts in die Straße „Am Holzfeld" einbiegen und wieder rechts in die Overbeckstraße. Der Beschilderung für den Heidegarten folgen.

Bus/Bahn: Ab Bhf. Schneverdingen mit Bus 101 bis Hst. „Schneverdingen, Höpen" (nur an Schultagen!). Heide-Shuttle Ring 1 von Mitte Juli bis Mitte Okt. Von dort über den Heide-Kiosk zum Start (rote Heidschnucke) 3 min Fußweg.

Ausgangspunkt/P: AP ist der Parkplatz Heidegarten. Bei Anreise mit ÖPNV Einstieg ab Heide-Kiosk, hier befindet sich ein weiterer Parkplatz.

Infos/Gaststätten: Infos *Heide-Shuttle, kostenloser Bus mit Fahrradanhänger, www.heide-shuttle.de. *Kutschfahrten durch die Heide ab AP bei www.kutschenmeyer.de. * Heidschnuckenaus- und Eintrieb von April bis Oktober, tägl. 10:30 und 17 Uhr am Schafstall (Höpen). *Schafstall Schneverdingen, urig ausgebauter Schafstall, Café und Snacks, geöffnet nur in der Saison.*Heide-Kiosk Höpen, Buchweizentorte und Waffeln, Tel. 05193 9821780, www.heide-kiosk.de.

Wegbeschreibung: Vom Parkplatz führt euch die breite Forststraße zunächst geradeaus, am Heidegarten und dem Kiosk im Schafstall vorbei. Ihr folgt zunächst immer dem Weg parallel zum Reit- und Kutschweg. Nach dem Atelier de Bruycker seht ihr schon bald eine große rote Heidschnucke als Hinweisschild für den Beginn des Heidebauernweges. Hinter dem Schafstall der Heidschnuckenherde der Ausschilderung „Lehrpfad" auf dem Findlingsstein folgen und links den Weg nehmen. Bei der Holzbank rechts, so dass ihr nun das große Feld mit den einzelnen Stationen einmal umrundet. Nach der letzten Station „Bienen und Honig" links auf den Hauptweg und beim Heidschnuckenstall wieder rechts herum. Von hier aus gleicher Rück- wie Hinweg.

50 Heiderundweg (NI)

Undeloh: ein Gemälde der Natur

Diese Wanderung führt euch bei Undeloh mitten hinein in wunderschöne Heidelandschaft, die zu jeder Jahreszeit ihren ganz eigenen Reiz entfaltet. Zur Heideblüte können wir uns hier nie sattsehen an den schönsten lila Farbtönen, die die Landschaft wie auf einem Gemälde wirken lassen. Diese Landschaft ist Erholung pur! Der Weg ist nur mit einem geländegängigen Kinderwagen möglich.

Wetter: Anforderung: Gesamtdauer: 1 ¼ h

Anforderung: Mittel; jedoch konditionell anspruchsvoll aufgrund der Länge; ebener Weg; grober Schotter zu Beginn, naturbelassene Sand- und Waldwege. Der RW ist nur mit geländegängigem Kinderwagen möglich.

Dauer: RW: 1 ¼ h; 4,3 km.

Wetter: Frühjahr bis Spätsommer am schönsten; weniger für Regentage geeignet, da es kaum Bäume gibt, die Schutz bieten; 25 % Schatten.

lerdings ist die Zeit, die an einem Tag für die Arbeit aufgewandt werden muss, keine rein quantitativ messbare Größe; acht Stunden Arbeit können dem einen viel länger vorkommen als dem anderen, je nachdem, wie abwechslungsreich, herausfordernd und der eigenen Kontrolle unterstehend die jeweilige Tätigkeit ist.[93] Eine behelfsmäßige Formel für diese qualitative Variabilität der Arbeitszeit könnte lauten, dass deren identisches Quantum sich umso »länger« anfühlt und daher umso anstrengender ist, je mehr Zeit für die Wiederherstellung der Arbeitsfähigkeit aufgewendet werden muss: Wer vier Stunden braucht, um sich von acht Stunden Arbeit so weit zu erholen, dass dieselbe Tätigkeit wieder aufgenommen werden kann, arbeitet dementsprechend »länger« als jemand, der nach derselben Arbeitszeit nur zwei Stunden für die Wiedergewinnung seiner Arbeitskraft benötigt. Dieser seltsam anmutende Vorschlag zur Berechnung von etwas, das sich quantitativ gar nicht exakt erfassen lässt, soll hier nur dem Zweck dienen, den schwer zu greifenden Umstand zu veranschaulichen, dass bestimmte Arbeitstätigkeiten bei derselben Dauer zeitraubender sind als andere. Was daraus folgt, ist offensichtlich: Bei gleicher Dauer kostet eng getaktete, geistig ermüdende, abwechslungsarme und jeglicher Eigenkontrolle entzogene Arbeit mehr Kraft, verbraucht insofern mehr Zeit und lässt insofern weniger Raum für Aktivitäten in der demokratischen Öffentlichkeit. Fällt

93 Georges Friedmann hat in seinem weiterhin enorm lesenswerten Buch *Der Mensch in der mechanisierten Produktion* (übers. von Burkart Lutz, Köln 1952) für diesen Sachverhalt den Ausdruck »industrielle Ermüdung« geprägt. Die Schlussfolgerungen dieses Buches dienten ab den 1950er Jahren der westdeutschen Industriesoziologie lange Zeit als normative Leitlinie.

der verbleibende Rest unter eine gewisse, quantitativ kaum erfassbare Schwelle, so bleibt für ein derartiges Engagement keinerlei Zeit mehr übrig; insofern bedarf es einer Einschränkung der Arbeitszeit jeweils in Abhängigkeit davon, wie zermürbend und kräftezehrend die zu leistende Arbeit ist, damit sowohl für das Privatleben als auch für das Engagement im politischen Raum hinreichend viel Zeit vorhanden ist.

(3) Neben wirtschaftlicher Unabhängigkeit und Zeit verlangt die Teilnahme an der demokratischen Öffentlichkeit auch ein gewisses Maß an Selbstachtung und Selbstwertgefühl. Ohne ein stabiles Vertrauen darauf, dass die eigenen politischen Äußerungen es wert sind, öffentlich gehört zu werden, mangelt es den Bürger:innen am nötigen Zutrauen, sich an den demokratischen Auseinandersetzungen mit eigenen Beiträgen zu beteiligen; will man nämlich zu einem beliebigen Thema von politischem Belang in aller Öffentlichkeit Stellung beziehen, so setzt das voraus, von den eigenen Meinungsbekundungen annehmen zu können, dass sie von den anderen Teilnehmern für sinnvoll, zweckdienlich und bereichernd gehalten werden. Das Gefühl, in den Augen aller anderen Beteiligten als eine verlässliche Diskussionspartnerin zu gelten und von ihnen als eine solche anerkannt zu werden, entsteht aber nicht erst sozusagen aus dem Nichts in den Foren der demokratischen Öffentlichkeit; man betritt erst gar nicht die politische Bühne, wenn man nicht zuvor schon ein hinlängliches Vertrauen in den öffentlichen Wert der eigenen Stellungnahmen gewonnen hat. Dieses epistemische Selbstvertrauen bildet sich in einer langen Vorgeschichte, deren Verlauf nicht zuletzt durch die Position im Netzwerk der gesellschaftlichen Arbeitsteilung bestimmt ist: Wer in seiner Arbeit

keine soziale Anerkennung genießt, wer hier nicht als jemand gilt, der allgemein geschätzte Fähigkeiten beherrscht und damit einen sozial als wertvoll erachteten Beitrag erbringt, der wird auch nicht über das nötige Selbstwertgefühl verfügen, um ohne innere Bedrängnis und frei von epistemischen Selbstzweifeln in politischen Auseinandersetzungen seine Meinung kundzutun.[94] Die enge Bindung, die zwischen der Stellung in der gesellschaftlichen Arbeitsteilung und dem Selbstwertgefühl besteht, ist durch John Rawls' an sich verdienstvolle Hervorhebung der moralischen Bedeutung von »Selbstachtung« leider eher verdunkelt als erhellt worden.[95] Zwar hat Rawls, wie sonst nur Rousseau und Hegel,[96] in seiner Gerechtigkeitstheorie stets darauf verwiesen, dass das individuelle Selbstwertgefühl insofern ein soziales »Grundgut« darstellt, als die Bürgerinnen und Bürger

94 Vgl. zu diesem ganzen Themenkomplex der Beeinflussung des epistemischen Selbstvertrauens einer Person durch soziale Hierarchien und Machtgefälle die faszinierende Studie von Miranda Fricker, *Epistemic Justice. Power and the Ethics of Knowing*, Oxford 2007. Zur Rolle von Beschämung in der symbolischen Reproduktion von sozialer Ungleichheit und die dadurch bewirkten Gefühle der Unterlegenheit vgl. Sighard Neckel, *Status und Scham. Zur symbolischen Reproduktion sozialer Ungleichheit*, Frankfurt/M., New York 1991, bes. Kap. VI. u. VIII. Wichtiges Material zu dieser »psychischen« Seite der Beeinträchtigung durch die jeweilige Position in der sozialen Arbeitsteilung enthält auch: Ursula Holtgrewe, Stephan Voswinkel, Gabriele Wagner (Hg.), *Anerkennung und Arbeit*, Konstanz 2000. Young, *Justice and the Politics of Difference*, a. a. O., Kap. 7. Zu dem gesamten Themenkomplex siehe auch unten, Teil III, Kap. 9.

95 Rawls, *Eine Theorie der Gerechtigkeit*, a. a. O., S. 479-486.

96 Zur Bedeutung von Rousseau in diesem Zusammenhang vgl.: Frederick Neuhouser, *Rousseau's Critique of Inequality*, Cambridge 2014, S. 214f.

ihre eigenen Anstrengungen als sinnlos erleben müssen, wenn es fehlt;[97] kommt Rawls aber auf die »sozialen Bedingungen« des Erwerbs eines solchen Vertrauens in die eigenen Fähigkeiten zu sprechen, so begnügt er sich mit dem Hinweis, die Mitgliedschaft in kleinen gleichgesinnten Gruppen reiche aus, um für die eigenen Tätigkeiten das notwendige Maß an öffentlicher Gutheißung und Anerkennung zu erhalten.[98] Das jedoch ist nur plausibel, solange es lediglich darum geht, einen individuell gewählten Lebensplan innerhalb der eigenen Bezugs-

97 Rawls, *Eine Theorie der Gerechtigkeit*, a. a. O., S. 479.

98 Ebd., S. 481. Jeffrey Moriarty vertritt die interessante These, dass Rawls im Laufe der Entwicklung seiner Theorie die optimistische, in der ursprünglichen Version enthaltene Auffassung fallengelassen habe, nach der das notwendige Maß an Selbstrespekt auch aus privaten Aktivitäten zu gewinnen sei, die in Vereinen oder kleinen Gemeinschaften Anerkennung finden: Jeffrey Moriarty, »Rawls, Self-Respect, and the Opportunity for Meaningful Work:, in: *Social Theory and Practice* 35:3 (2009), S. 441-459. Vgl. zu diesem Themenkomplex insgesamt auch: Arto Laitinen, »Social Bases of Self-Esteem: Rawls, Honneth and Beyond«, in: *Nordicum – Mediterraneum* 7:2 (2012); vgl. auch Doppelt, »Rawls' System of Justice«, a. a. O. Arneson (»Meaningful Work and Market Socialism«, a. a. O., S. 530) wendet allerdings mit Recht gegen Doppelt ein, dass die Annahme unplausibel ist, diese Art von Selbstwertgefühl sei nur durch »sinnvolle Arbeit« zu gewinnen; dabei teilt er freilich Rawls' Prämisse, ein derartiges Gefühl des Selbstwerts sei erforderlich, um die eigenen Lebenspläne beherzt ausführen zu können; sobald wir jedoch die These anders aufziehen und behaupten, solch ein Selbstwertgefühl sei Voraussetzung für die couragierte Teilnahme an demokratischen Diskussionen, wird durchsichtig, warum der Erwerb dieses Gefühls an die Voraussetzung einer allgemein wertgeschätzten Arbeitstätigkeit gebunden sein soll. Es kommt mithin auf die Bezugsgröße an, in Hinblick auf die man den Erwerb eines individuellen Selbstwertgefühls für erforderlich hält, um zu entscheiden, wo und wodurch es erworben werden kann.

gruppe beherzt und erfolgreich ausführen zu können; sobald man jedoch die öffentliche Bühne betreten soll, um hier im demokratischen Prozess seine Überzeugungen vorzubringen, reicht das aus der Kleingruppe bezogene Gefühl des eigenen Werts nicht mehr aus. Um nämlich angesichts dessen, dass ja potenziell die Augen aller Mitglieder des politischen Gemeinwesens auf einen gerichtet sind, Scham und Beklemmung überwinden zu können, bedarf es einer sozial übergreifenden, nicht mehr nur an Kleingruppen gebundenen Anerkennung der eigenen Fähigkeiten und Leistungen. Der Grundstein für eine solche Form der Anerkennung, die gesamtgesellschaftlich regelt, welcher Wert den Beiträgen und Anstrengungen einzelner Personen und Gruppen zukommt, wird durch das evaluative System der sozialen Arbeitsteilung gelegt. Dieses System bestimmt nicht nur, wie die zur Reproduktion erforderlichen Tätigkeiten jeweils zurechtgeschnitten und verteilt werden sollen, sondern es entscheidet kraft sozialer Typisierungen auch darüber, welcher »produktive« Wert ihnen für das soziale Ganze im Einzelnen jeweils zukommt; es sorgt dafür, dass beispielsweise die immer noch überwiegend von Frauen geleistete Arbeit im Haushalt und in der Kinderbetreuung im gesellschaftlich Imaginären weniger wiegt als die Tätigkeiten in Unternehmen oder Behörden[99] – die ihrerseits wiederum evaluativ gestaffelt sind, und zwar nach Kriterien wie etwa das Maß

99 Zur Genese der Zuordnung bestimmter Tätigkeiten an das weibliche Geschlecht und der Abwertung dieser Tätigkeiten im 19. Jahrhundert vgl. Joan Scott, »Die Arbeiterin«, in: Georges Duby, Michelle Perrot (Hg.), *Geschichte der Frauen*, Bd. 4: *Das 19. Jahrhundert*, übers. von Sylvia M. Schomburg-Scherff, Frankfurt/M. 2006, S. 451-479.

des geistigen Aufwands, die Dauer der Ausbildung oder die (angebliche) Höhe des ökonomischen Ertrags.[100] Es liegt auf der Hand, dass es alles andere als leicht ist, ein stabiles Selbstwertgefühl auszubilden, wenn die eigene Arbeit in dieser evaluativen, unterschwellig wirksamen Hierarchie in die unteren Ränge einsortiert wird – mit entsprechend negativen Folgen seitens der Fähigkeit, die eigenen Überzeugungen in der demokratischen Öffentlichkeit ohne innere Nöte zur Geltung zu bringen.

(4) Neben wirtschaftlicher Unabhängigkeit, arbeitsfreier Zeit und einem stabilen, aus der öffentlichen Wertschätzung der eigenen Arbeit gewonnenen Selbstwertgefühl verlangt die Mitwirkung an der politischen Willensbildung immer auch eine vorauslaufende Einübung in die Praktiken des demokratischen Zusammenwirkens. Damit ist hier mehr und anderes gemeint als die bereits erwähnte Ausstattung der abhängig Beschäftigten mit einer Verhandlungsmacht, die erforderlich ist, um etwa die Ausgestaltung der Arbeitsverträge nicht allein denjenigen überlassen zu müssen, die über die größeren Machtmittel verfügen, den Unternehmern. Ein derartiges Mitbestimmen, das meistens indirekt durch Mitgliedschaft in einem Organ der kollektiven Interessenvertretung erfolgt, verschafft zwar ein basales Ver-

100 Einen wunderbaren Versuch, die herkömmlichen Rangordnungen etwa zwischen Hand- und Kopfarbeit, ungelernter und gelernter Arbeit anhand einer genauen (auf den US-amerikanischen Kontext bezogenen) Untersuchung des geistigen Aufwands sogenannter einfacher Berufe (des Klempners, des Schreiners, der Kellnerin usw.) in Frage zu stellen, unternimmt Mike Rose in: *The Mind at Work. Valuing the Intelligence of the American Worker*, New York 2014, bes. S. 141-166.

trauen darauf, den gegebenen Arbeitsverhältnissen nicht vollkommen hilflos ausgeliefert zu sein, es trägt aber nur wenig zur Ausbildung von Gewohnheiten des demokratischen Zusammenhandelns bei. Nur derjenige wird jedoch ein Vertrauen auf den Ertrag und den Sinn demokratischer Verfahren entwickeln können, der auch schon während seiner täglichen Arbeit die Erfahrung macht, seine Absichten würden bei organisatorischen Entscheidungen über das Wie und Wozu der eigenen Tätigkeit irgendwie zählen und Berücksichtigung finden; lernt man nicht schon im eigenen Arbeitsumfeld, dass das, was man mit Bezug auf die Arbeitsvorgänge und deren Ziel für richtig hält, von Relevanz für die organisationsinternen Beschlussfassungen ist, so wird man auch in den öffentlichen Zusammenhängen der politischen Willensbildung nicht auf die Wirksamkeit der eigenen Überzeugungen vertrauen können. Ein Geist der Kooperation, wie er für die demokratische Deliberation erforderlich ist, wird sich daher auch schon am Arbeitsplatz entwickeln müssen; man wird von dem, der dort zum reinen Befehlsempfänger degradiert ist, nicht erwarten können, als politischer Bürger oder politische Bürgerin plötzlich eine Mentalität der Dialogbereitschaft und der wechselseitigen Rücksichtnahme an den Tag zu legen. Sicherlich, solche Umgangsformen der sozialen Kooperation können im Laufe des individuellen Heranwachsens auf den verschiedensten Wegen eingeübt werden: in der Familie und in der Schule,[101] im

101 Vgl. zur demokratiefördernden Funktion der Schule: Axel Honneth, »Erziehung und demokratische Öffentlichkeit. Ein vernachlässigtes Kapitel der politischen Philosophie«, in: ders., *Die Armut unserer Freiheit. Aufsätze 2012-2019*, Berlin 2020, S. 187-207.

Sportverein, in kirchlichen Verbänden oder in einer Gruppe politisch Gleichgesinnter. Aber das in diesen Gemeinschaften diesbezüglich bereits Erreichte ist für gewöhnlich einer harten Bewährungsprobe ausgesetzt, sobald der Eintritt in das Arbeitsleben erfolgt, wo nicht selten konkurrenzhafte Einstellungen, Gehorsamsbereitschaft und Unterwürfigkeit verlangt, ja prämiert werden. Tritt noch eine starke Vereinzelung am Arbeitsplatz hinzu, ist eine Lebenswelt geschaffen, die derjenigen der demokratischen Kooperation nahezu diametral entgegengesetzt ist: Was hier an kommunikativen Einstellungen und Gewohnheiten normativ erwünscht ist, wird dort mitunter systematisch untergraben. Je weniger die eigene Stimme am Arbeitsplatz zählt, je eingeschränkter die Mitwirkung an der Gestaltung der Arbeitsabläufe ist und je schwächer die Bindungen an eine kooperierende Gruppe sind, desto geringer dürfte auch die Vertrautheit mit Verfahren der gemeinsamen Willensbildung sein. Ist man beispielsweise heute unter Akkordzwang und ständiger Überwachung in einem von Algorithmen gesteuerten Vertriebsunternehmen vollkommen auf sich allein gestellt und ohne jedwedes Mitspracherecht, so wird man die Mitbürgerinnen und Mitbürger nicht mit einem Mal als Dialogpartner:innen ansehen können, mit denen sich über die politischen Belange öffentlich zu streiten und nach Möglichkeit zu einigen lohnt. Das sich ausbreitende Desinteresse an demokratischen Verfahren und Praktiken – die vielzitierte »Politikverdrossenheit« –, ist gewiss auch, wenn auch nicht ausschließlich, einer von zunehmender Prekarisierung, wachsender Vereinzelung und weiterhin bestehenden Unterordnungszwängen geprägten Arbeitswelt geschuldet.

(5) Schließlich beeinflusst auch der Umfang und die intellektuelle Dichte der zu leistenden Arbeit die Befähigung zur demokratischen Teilhabe. Damit ist ein Thema berührt, das die alten, sozialphilosophisch orientierten Theoretiker der Arbeitsteilung vordringlich beschäftigt hat und das auch nach dem Ende der klassischen Gesellschaftstheorien von verschiedenen Einzeldisziplinen weiterverfolgt worden ist. Wir haben bereits gesehen, dass Smith, Hegel und Durkheim schon zu Beginn des industriellen Zeitalters über einen Zusammenhang zwischen der zunehmenden Mechanisierung der Arbeit und einer Abnahme in der Fähigkeit zur gesellschaftlichen Teilhabe spekuliert haben; mit der wachsenden »Vereinzelung und Beschränktheit der besonderen Arbeit«, so hieß es bei Hegel knapp, lasse das Vermögen zum Genuss der »geistigen Vorteile der bürgerlichen Gesellschaft« in bedrohlichem Maße nach.[102] Inzwischen hat eine Reihe von psychologischen und soziologischen Studien sehr gut belegen können, dass dies nicht völlig an den Haaren herbeigezogen war: Je eintöniger, intellektuell anspruchsloser und repetitiver die Arbeit ist, die eine Person zu verrichten hat, desto eingeschränkter ist ihre Fähigkeit, aus eigener Kraft Initiativen zur Veränderung ihrer Lebenslage und ihrer gesellschaftlichen Umwelt zu ergreifen.[103] Natürlich ist

102 Hegel, *Grundlinien der Philosophie des Rechts*, a. a. O., § 243.

103 Vgl. die klassische Studie von Melvin Kohn und Carmi Schooler: *Work and Personality*, Norwood 1983; zusätzlich: Melvin Kohn, »Job Complexity and Adult Personality«, in: Neil J. Smelser, Erik H. Erikson (Hg.), *Themes of Work and Love in Adulthood*, Cambridge (Mass.) 1980, S. 193-210; Arthur Kornhauser, *Mental Health of the Industrial Worker. A Detroit Study*, New York 1965. Wichtige Anregungen zu diesem Faktor der mentalen Be-

hier nicht gemeint, dass die mit monotoner und simpler Arbeit befassten Beschäftigten zwangsläufig eine geringere Intelligenz und Auffassungsgabe besitzen als die mit komplexeren Aufgaben betrauten; es geht vielmehr darum, dass sie durch den Gehalt und den Umfang ihrer Arbeitstätigkeiten erhebliche Einbußen an autonomer Gestaltungskraft, an Antrieb zu kreativem Handeln und an Gespür für ihre Selbstwirksamkeit hinnehmen müssen – als präge der kurz getaktete, gleichförmige und anregungsarme Rhythmus des Arbeitens nach einer gewissen Zeit auch den intellektuellen Habitus und das gesamte Verhältnis zur sozialen Umwelt. Hinsichtlich der Fähigkeit, an den Praktiken der demokratischen Willensbildung teilzunehmen, stellt diese Starrheit des eigenen Denkens und Handelns eine massive Beeinträchtigung dar; wie schon Smith, Hegel und Durkheim vermutet haben, ist man dann kaum dazu in der Lage, bei der Beschaffung und Verarbeitung politisch relevanter Informationen mit dem Rest der Bevölkerung mitzuhalten; und darüber hinaus fehlt auch der Impuls, aus eigener Initiative in der demokratischen Öffentlichkeit Stellung zu beziehen. Diese mangelnde Flexibilität, die Unfähigkeit, aktiv in das politische Geschehen einzugreifen, ist der verinnerlichte und zur zweiten Natur gewordene Niederschlag einer Arbeitstätigkeit, die vor allem aus Gründen der Gewinnsteigerung qua Kostensenkung auf wenige Handgriffe und simple Verrichtungen reduziert worden ist.[104] Der Grundsatz, möglichst

einträchtigung durch hochrepetitive und eintönige Arbeit liefert auch: Friedmann, *Der Mensch in der mechanisierten Produktion*, a. a. O., Zweiter Teil, v. a. Kap. 1-4.

104 Vgl. dazu unten, »Exkurs II: Zum Begriff der gesellschaftlichen Arbeitsteilung«.

allen Gesellschaftsmitgliedern die Chance zur Beteiligung an der demokratische Willensbildung zu eröffnen, verlangt daher Eingriffe auch in den Zuschnitt und die Aufteilung der verschiedenen gesellschaftlichen Tätigkeitsbereiche; sind diese zu anregungsarm, gleichförmig und repetitiv eingerichtet, so werden die darin Beschäftigten nur unter höchst erschwerten Bedingungen von ihrem Recht Gebrauch machen können, sich aktiv an den Aushandlungen in der politischen Öffentlichkeit zu beteiligen.

Damit haben wir die auf den Charakter der Beschäftigung in der sozialen Arbeitsteilung bezogenen Dimensionen beisammen, von denen ich annehme, dass sie die Befähigung zur Teilnahme an der demokratischen Willensbildung stark beeinflussen. Noch einmal sei unterstrichen, dass sie primär eine heuristische Funktion mit Blick auf konkrete politische Weichenstellungen haben sollen. Es geht vor allem darum, bei allen eventuell erforderlichen empirischen Korrekturen im Detail, die Aufmerksamkeit auf den fraglos engen Zusammenhang zwischen der Organisation der gesellschaftlichen Arbeit und den Bedingungen der demokratischen Partizipation zu lenken. Die Chance und das Vermögen, an den deliberativen Praktiken der öffentlichen Meinungs- und Willensbildung mitzuwirken, hängt für die Gesellschaftsmitglieder in entscheidender Weise davon ab, ob und wie sie in den arbeitsteiligen Prozess der sozialen Reproduktion einbezogen sind. Insofern ließe sich sagen, dass zwischen einer intakten Demokratie und einer fair organisierten Arbeitsteilung ein wechselseitiges Bedingungsverhältnis besteht: Jene lebt von der Voraussetzung gut geregelter, hinreichend kooperativ eingerichteter Arbeitsverhältnisse, diese davon, dass die Bürger:innen auch auf die Gestaltung ihrer Produktionsverhältnisse demokratisch Einfluss nehmen können. Aus diesem Grund gehört die Schaffung hinreichend guter, fairer Arbeitsverhältnisse, solcher also, die die oben angedeuteten Mindeststandards in den fünf Dimensionen nicht unterschreiten, ebenso zu den Pflichtaufgaben eines demokratischen Rechtsstaats wie die Schaffung von Rahmenbedingungen für eine intakte politische Öffentlichkeit. Demokratietheorien, die dem Bedingungsverhältnis zwischen fairer Arbeit und funktionierender Demokratie keinen Raum einräumen, greifen ebenso zu kurz wie soziologische Analysen der Arbeitsverhältnisse, die nicht sehen, dass ihr normativer Fluchtpunkt stets die Verbesserung der Bedingungen demokratischer Beteiligung bilden sollte. Dass der demokratische Souverän in der Mehrheit seiner Mitglieder arbeitend tätig ist und damit Beschäftigungsverhältnissen unterliegt, die über seine Chancen zur aktiven Beteiligung an der politischen Meinungs- und Willensbildung entscheiden, muss ins Stammbuch beider Disziplinen geschrieben werden. Berücksichtigen sie dies und würden damit dieselbe normative Perspektive verfolgen, so ergäbe sich daraus auch, dass sie besser daran täten, miteinander zu kooperieren als voneinander keine Notiz zu nehmen: Eine Demokratietheorie ohne die Anschauungen der Arbeitssoziologie bleibt leer, um Kant zu paraphrasieren, eine Arbeitssoziologie ohne die Begriffe der Demokratietheorie bleibt blind.

Nun ist bislang noch nicht hinreichend klar geworden, was hier unter »gesellschaftlicher Arbeit« beziehungsweise unter »gesellschaftlicher Arbeitsteilung« eigentlich zu verstehen ist. Zwar dürfte im Zusammenhang meiner

Beschäftigung mit den drei konkurrierenden Idealen einer entfremdungslosen, einer befreiten und einer demokratieförderlichen Arbeit schon deutlich geworden sein, dass als »gesellschaftliche Arbeit« nicht solche Verrichtungen gelten sollten, die allein aus privaten Gründen vollzogen werden; wie derartige freiwillige und häufig als Hobbys bezeichnete Aktivitäten organisiert und durchgeführt werden, fällt ausschließlich in die Entscheidung der sie Ausübenden und ist insofern nicht von Belang für die Zwecke einer Gesellschaftsmoral. Andererseits wäre es aber auch falsch, ausschließlich diejenigen Tätigkeiten als gesellschaftliche Arbeit zu fassen, die eine ökonomisch verwertbare Nachfrage befriedigen und daher marktwirtschaftlich rekrutiert werden, denn dann blieben alle lebenswichtigen Hantierungen und Dienste außen vor, die gegenwärtig nicht mit Geld entlohnt werden – von der Hausarbeit bis hin zu (sei es freiwilligen oder obligatorischen) zivilen Diensten. Der Begriff der gesellschaftlichen Arbeit, der in meiner Analyse Verwendung finden soll, darf daher auf der einen Seite nicht so umfassend angelegt sein, dass auch rein private, hobbyähnliche Verrichtungen darunter fallen, auf der anderen Seite aber auch nicht so eng, dass alle nichtmarktförmig organisierten, häufig unbezahlten, aber nichtsdestotrotz unverzichtbaren Arbeitstätigkeiten ausgeschlossen bleiben.[105] Ähnlich kompliziert ist

105 Vgl. zu diesen Schwierigkeiten, einen angemessenen Begriff der »Arbeit« zu definieren, der weder zu eng noch zu breit ist, John W. Budd, *The Thought of Work*, Ithaca 2011, S. 2: »Eine sinnvolle Definition von Arbeit muss daher irgendwo zwischen einer zu engen Beschränkung auf nur bezahlte Beschäftigungen und einer zu weiten Einbeziehung aller menschlichen Aktivitäten liegen.«

es um den Begriff der gesellschaftlichen Arbeitsteilung bestellt. Dieser wird in den klassischen Theorien von Smith über Marx bis hin zu Durkheim meistens nur auf Leistungen zugeschnitten, die in irgendeiner Weise der gesellschaftlichen Wertschöpfung zu dienen scheinen; wenn es um die Frage ging, wie in der Vergangenheit die Arbeit verteilt wurde und wie sie zukünftig verteilt werden sollte, finden entsprechend allein solche Tätigkeiten mit leicht zu berechnendem wirtschaftlichen Nutzen Berücksichtigung. Wird nun aber der Begriff der Arbeit um nichtbezahlte, aber unverzichtbare Tätigkeiten im privaten Haushalt oder im öffentlichen Raum erweitert, so muss natürlich auch das Konzept der sozialen Arbeitsteilung entsprechend abgewandelt werden; als die Tätigkeiten, die es gesellschaftlich zu verteilen und zuzuordnen gilt, dürfen dann nicht mehr nur allein die sogenannten wertschöpfenden Arbeiten gelten, sondern alle irgendwie »reproduktionsnotwendigen« Verrichtungen – unabhängig davon, ob sie monetär vergütet werden. Im dem nun folgenden Exkurs will ich mich zunächst ausschließlich mit der Frage beschäftigen, was im Rahmen einer normativ an der Demokratisierung der Arbeitsverhältnisse interessierten Analyse unter »gesellschaftlicher Arbeit« verstanden werden sollte. Am Ende von Teil II und damit im Anschluss an meine Skizze der historischen Entwicklung der Arbeitsverhältnisse werde ich in einem zweiten begrifflichen Exkurs auf die Frage zurückkommen, wie wir unsere Sicht auf die gesellschaftliche Arbeitsteilung ändern müssten, um den normativen Zielen meiner Analyse gerecht werden zu können.

Exkurs I: Zum Begriff der gesellschaftlichen Arbeit

> So often we overlook the work and the significance of those who are not in professional jobs, (Yeah) of those who are not in the so-called big jobs. But let me say to you tonight, that whenever you are engaged in work that serves humanity and is for the building of humanity, it has dignity, and it has worth. (Applause). One day our society must come to see this. One day our society will come to respect the sanitation worker if it is to survive, for the person who picks up our garbage, in the final analysis, is as significant as the physician, for if he doesn't do his job, diseases are rampant. (Applause) All labor (All labor) has dignity. (Yes!)
>
> – *Martin Luther King, Jr.*[106]

Es ist gar nicht so leicht, so hatte ich zuvor gesagt, genauer zu bestimmen, was mit dem Begriff der Arbeit eigentlich gemeint sein soll, weil damit ja heute die unterschiedlichsten, sowohl privaten als auch erwerbsmäßigen Tätigkeiten bezeichnet werden. Man redet von »Arbeit« mit Blick auf die emotionalen Anstrengungen,

106 »All Labor has Dignity«, in: Martin Luther King, Jr., »All Labor has Dignity«, hg. von Michael K. Honey, Boston 2011, S. 171 f. (Den Hinweis auf diese Rede Kings verdanke ich Joseph Hamilton.)

die Liebespaare zur Aufrechterhaltung ihrer Beziehung unternehmen, aber auch bezogen auf die psychische Mühe, die es kostet, sich im Zaum zu halten und in schwierigen Situationen das Gesicht zu wahren; ebenfalls von »Arbeit« spricht man, wenn eine Person auf der Terrasse den Grill bedient oder ihren Garten winterfest macht. Führt man sich vor Augen, welche Tätigkeiten oder Bemühungen inzwischen mit dem Begriff der »Arbeit« belegt werden, so hat man den Eindruck, wir würden unser Leben nur noch mit physischen oder psychischen Anstrengungen verbringen; selbst das Wandern in den Bergen oder das Tanzen im Club wird als Arbeit am Körper oder an der Seele begriffen, wie um den Eindruck zu vermeiden, wir täten etwas allein aus purer Lust und Laune oder zu Zwecken der Entspannung und Erholung. Eine solche begriffliche Entgrenzung ist allerdings vollkommen unbrauchbar für die Zwecke einer normativen Theorie, welche nach den Bedingungen einer demokratieförderlichen Reorganisation der gesellschaftlichen Arbeit fragt. Daher will ich in dem vorliegenden Exkurs den Versuch unternehmen, möglichst exakt zu bestimmen, was unter »Arbeit« im Kontext meiner Darlegungen verstanden werden soll. Eine solche begriffliche Vorverständigung ist nötig, weil ansonsten höchst unklar bliebe, welche sozialen Verrichtungen und Tätigkeiten man eigentlich ins Auge zu fassen hat, wenn man sich fragt, wie die Arbeitswelt den normativen Erfordernissen der demokratischen Beteiligung angepasst werden könnte.[107]

107 Bei den folgenden Überlegungen geht es mir nur darum, ideengeschichtlich knapp zu rekonstruieren, wie sich im Laufe der Moderne der Gehalt dessen, was als Inbegriff von Arbeit gilt, im ge-

Überraschenderweise findet »Arbeit« zunächst nur in einer erstaunlich engen Fassung Eingang in die moderne Gesellschaftstheorie. Das beginnt schon mit John Locke, wenn er in der zweiten seiner *Zwei Abhandlungen über die Regierung* darangeht, den Anspruch auf Eigentum zu begründen; dieses resultiere, so Locke, aus der Arbeit, die, indem sie durch Formung einem Gegenstand etwas hinzufüge, einen zusätzlichen Wert schaffe, der dann als Quelle eines berechtigten Besitzes an dem verfertigten Produkt gelten könne.[108] Nahezu unmerklich fließt in diese Grundlegung der Arbeitswerttheorie, die beinah zweihundert Jahre später auch Marx noch als Vorbild dienen sollte, eine Vorstellung von »Arbeit« ein, die daran ausschließlich den Aspekt der Verfertigung oder Umgestaltung eines Objekts in den Blick nimmt; alle Verrichtungen, die einem solchen Muster nicht folgen, die also nicht in der formierenden Herstellung eines Produkts münden, werden hingegen aus der Definition ausgeschieden, so dass jedes Dienen, Sorgen und Liefern nicht als Arbeit im eigentlichen Sinn betrachtet werden kann. Wie unangemessen die Beschränkung tatsächlich ist, die Locke damit vornimmt, wird schlagartig deutlich, wenn man sich die Beschäftigungs-

sellschaftlichen Imaginären allmählich gewandelt und geöffnet hat; was in diesem Sinn sozial als Kern von arbeitenden Verrichtungen angesehen wird, besagt dann aber noch nichts darüber, wie die entsprechenden Tätigkeitsvollzüge jeweils öffentlich bewertet und finanziell honoriert wurden. Dieser erste Exkurs ist weitgehend identisch mit meinem Beitrag: Axel Honneth, »›Arbeit‹. Kurzgeschichte eines modernen Begriffs«, in: Sarah Lenz, Martina Hasenfratz (Hg.), Capitalism unbound. *Ökonomie, Ökologie, Kultur*, Frankfurt/M. 2021, S. 147-167.

108 John Locke, *The Second Treatise of Government/Über die Regierung* (1689), übers. von Dorothee Tidow, Stuttgart 2012, S. 48f.

verhältnisse zu seiner Zeit kurz vor Augen führt: Auch wenn im England des 17. Jahrhunderts weiterhin die meisten Arbeitskräfte in der Landwirtschaft und im Handwerk beschäftigt sind – also mit Tätigkeiten ihren Lebensunterhalt verdienen, auf die Lockes Bestimmung durchaus anwendbar sein dürfte –, so sind doch gleichzeitig unzählige Frauen und Männer nicht mit der Verfertigung von Produkten befasst, sondern stehen im Dienst anderer – als Köchinnen, Boten und Kutscher, als Ammen, Hausmädchen oder Gärtner. Nimmt man hinzu, dass auch in der Landwirtschaft viele der von Knechten und Dienstmägden ausgeführten Arbeiten gerade nicht in unmittelbarem Zusammenhang mit der Produkterzeugung stehen, sondern wiederum im Anliefern, Besorgen, Kochen und Versorgung des Viehs, so fällt die Ungeheuerlichkeit von Lockes Arbeitsbegriff sofort ins Auge: Wie selbstverständlich lässt er all diese dienenden Verrichtungen nicht als »Arbeit« gelten, obwohl sie für die Aufrechterhaltung des wirtschaftlichen Lebens von nicht geringerer Bedeutung sind wie die produzierenden Tätigkeiten.[109] Die Bindung des Eigentums an die Voraussetzung umformenden Tuns macht die Arbeit allein am Bezug auf ein zu verfertigendes

109 Eine interessante Frage ist es, ob Locke dazu neigt, auch das »Sammeln und Jagen« der indigenen Völker Nordamerikas als Tätigkeiten zu begreifen, die den natürlichen Objekten keinen Wert hinzufügen und daher ein Recht auf Eigentum nicht begründen können; seine diesbezüglichen Aussagen sind eher zwiespältig (ebd., S. 29-36), so dass es durchaus möglich ist, sie als Rechtfertigung der Landnahme durch die weißen Siedler zu interpretieren. Vgl. zu diesem hochaktuellen Fragekomplex: Gurminder K. Bhambra, John Holmwood, *Colonialism and Modern Social Theory*, Cambridge 2021, S. 32-38.

Objekt fest und schließt damit all jene Leistungen aus der Definition stillschweigend aus, die diese Umformung vorbereiten, ja erst ermöglichen. Tiefschwarz ist der Schatten, der damit auf das Dienstpersonal fällt, und es wird noch sehr lange dauern, bis es gelingt, etwas mehr Licht in die dunklen Kammern des Kochens, Reinigens und Transportierens zu werfen.

Was John Locke begonnen hat, setzt trotz größerer Bedenken und innerer Widersprüchlichkeiten Adam Smith in seinem wirtschaftstheoretischen Hauptwerk fort. Mit der Frage, was sinnvoll als »Arbeit« zu begreifen sei, tut Smith sich anfänglich schwer, weil er zunächst mit zwei verschiedenen Bestimmungen des Nutzens gesellschaftlicher Arbeit operiert: Nach der einen will er schlicht diejenigen Verrichtungen als Arbeit verstanden sehen, die in irgendeiner Weise zur Befriedigung der subjektiven Wünsche nach einem angenehmen Leben beitragen, nach der anderen will er darunter nur das fassen, was einen »produktiven« Beitrag zur Wohlstandsmehrung leistet.[110] Nach der ersten Vorstellung würden auch die unzähligen Dienstleistungen seiner Zeit im vollen Sinn des Wortes als »Arbeit« gelten, weil sie der Bevölkerung einen erwünschten »Nutzen« verschaffen; nach der zweiten hingegen wären nur diejenigen Tätigkeiten in der Kategorie einbegriffen, die ein Objekt mit einem Mehr an ökonomischem Wert ausstatten, indem sie diesem durch Formung etwas hinzufügen. Smith entscheidet sich schließlich für die zweite Variante: »Die

110 Vgl. zu diesem Widerspruch bei Smith die hochinformative »Einführung« von Erich W. Streissler in: Adam Smith, *Untersuchungen über Wesen und Ursache des Reichtums der Völker*, Tübingen 2005, S. 1-31.

Arbeit einiger der achtbarsten Klassen der Gesellschaft bringt wie die der Dienstboten keinen Wert hervor und verfestigt oder verwirklicht sich nicht in einem dauerhaften Gegenstand oder einer verkäuflichen Ware, die über die Vollendung der Arbeit hinaus Bestand hätte und für die später eine gleiche Menge beschafft werden könnte.«[111] Smith hat hier offenbar vollkommen vergessen, was er zuvor über die »Produktivität« der Arbeit gesagt hatte, dass diese nämlich sich nur daran bemesse, ob sie irgendeinen »Nutzen«, gleich welcher Art, für die Gesellschaft erbringe; und so neigt er am Ende wie Locke dazu, als Arbeit im eigentlichen Sinn nur zu fassen, was durch Formung eines Gegenstandes eine auf dem Markt verkäufliche »Ware« schafft. Allerdings hat Smith Locke voraus, dass er immerhin registriert, welch großen Platz im Beschäftigungsgefüge die Dienstleistungen in privaten Haushalten und öffentlichem Leben tatsächlich einnehmen; nicht mehr zu übersehen ist zu seiner Zeit nämlich, dass mit dem wachsenden Reichtum der adligen und bürgerlichen Klassen das Heer des Dienstpersonals in den Küchen, Gärten, Ankleidezimmern und Ställen rasant wächst und bis zum Beginn des 19. Jahrhunderts fast die Hälfte aller Beschäftigten in ganz Europa ausmachen wird. Smith verschließt nicht die Augen vor diesen nicht mit dem Produzieren beschäftigten Massen. Er sieht sie, wertet aber ihre Leistung massiv ab; sie sind aus seiner Sicht von sekundärer Bedeutung für den gesellschaftlichen Wohlstand, weil sie statt mit der Fertigung eines Produkts nur mit der Erbringung mehr oder weniger nützlicher Dienste befasst sind.

111 Ebd., S 363.

Wer angesichts des enormen Anstiegs der Dienstleistungen im 19. Jahrhundert – allein die häuslichen Dienste bilden in England um 1900 die zahlenmäßig größte Kategorie im Beschäftigungssystem[112] – nun erwartet, dass der vorherrschende Begriff der Arbeit an diese Realität angepasst werden würde, wird schnell eines Besseren belehrt. Was nach Smith vor allem in der deutschen Sozialphilosophie mit Hegel und Marx in Hinblick auf den Begriff der Arbeit einsetzt, ist nahezu das Gegenteil dessen, was die expandierende Anzahl der Dienstleistungsbeschäftigten verlangt hätte. Beide Denker knüpfen an die begrifflichen Vorgaben Lockes an, nur dass sie diesen eine Wendung ins Anthropologische geben und damit die Bindung der Arbeit ans Verfertigen noch einmal um einiges vertiefen. In Hegels *Phänomenologie des Geistes* kehrt die Lockesche Bestimmung in Gestalt eines wesentlichen Elements seiner Geistesphilosophie wieder, wenn er behauptet, Arbeit habe eine das Selbstbewusstsein bildende Funktion, weil sich darin ein Subjekt in einem äußeren Objekt vergegenständliche und damit seiner eigenen Kräfte und Fähigkeiten ansichtig werden könne.[113] Mit dieser Idee der Bildung durch »Vergegenständlichung« bindet Hegel die Arbeit so fundamental an den Prozess der Herstellung oder Fabrikation eines Gegenstandes, dass demgegenüber alle anderen, sich nicht in einem Objekt realisierenden

112 Vgl. Osterhammel, *Die Verwandlung der Welt*, a.a.O., S. 991. Siehe dazu auch unten, Teil II, Kap. 4.

113 Vgl. exemplarisch: »[D]as arbeitende Bewußtsein kommt also hierdurch (»formierendes Tun«) zur Anschauung des selbständigen Seins seiner selbst [...].« G.W.F. Hegel, *Phänomenologie des Geistes* (= *Theorie-Werkausgabe*, Bd. 3), Frankfurt/M 1970, S. 154.

Verrichtungen letztlich wie schale und bewusstseinslose Tätigkeiten erscheinen müssen. Wenn er dann in seiner »Rechtsphilosophie« die verschiedenen Stände der modernen Gesellschaft präsentiert, wird dementsprechend die Arbeit des Landwirts als bloß »empfangend« und nichtreflektiert gebrandmarkt; und obwohl Hegel, wie wir wissen, selbst über Dienstpersonal verfügte, sind ihm die Dienstleistungen in privaten Haushalten noch nicht einmal eine Erwähnung wert.[114] Was wirkliche »Arbeit« ist und daher »Ehre« und »Selbständigkeit« verschafft, ist für Hegel erst und nur das herstellende Tun des Handwerkes oder des industriell tätigen Produzenten.

Wenige Jahrzehnte nach dem Tod Hegels, zu Marx' Lebzeiten also, wächst die Zahl der Dienstleistungen noch einmal an, weil nun mit der Expansion von Handel, Verkehr und Bankgeschäften ganz neue Verrichtungen der Buchführung, des Verkaufs und des Transports in großer Zahl erforderlich werden; keiner der in diesen Tätigkeitsfeldern Beschäftigten ist mit der Verfertigung irgendeines Produkts befasst, keiner vermag seine Fähigkeiten in dem hergestellten Produkt wiederzuerkennen – und doch schneidet Marx in den *Ökonomisch-Philosophischen Manuskripten* von 1844 den Arbeitsbegriff im Anschluss an Hegel erneut ausschließlich auf die Fabrikation von Gegenständen zu.[115] Dort heißt es von der

114 Eine Ausnahme bildet der »Handelsstand«, der gewiss Dienstleistungen verrichtet und den Hegel dem Stand des produzierenden Gewerbes zurechnet: Hegel, *Grundlinien der Philosophie des Rechts*, a. a. O., § 204.

115 Ich will damit nicht behaupten, Marx habe andere Formen gesellschaftlichen Arbeitens gar nicht erst zur Kenntnis genommen; meine These ist nur, dass seine normative Vorstellung davon,

Tätigkeit, welche die menschliche Gattung im Unterschied zum Tier auszeichnen soll, dass der Mensch »sich« in ihr »nicht nur wie im Bewußtsein intellektuell, sondern werktätig, wirklich verdoppelt und sich selbst daher in einer von ihm geschaffnen Welt anschaut«.[116] Marx übernimmt von Hegel die Vorstellung, alle wirkliche Arbeit sei Vergegenständlichung, aber behauptet natürlich gegen diesen, unter Bedingungen der kapitalistischen Warenproduktion sei eine solche Widerspiegelung der eigenen »Wesenskräfte« im fabrizierten Gegenstand nicht möglich, weswegen Arbeit im Kapitalismus als »entfremdet« begriffen werden müsse. Je weiter Marx allerdings in der Entwicklung seines politisch-ökonomischen Ansatzes fortschreitet, desto stärker betont er an der weiterhin als entfremdet verstandenen Industriearbeit zugleich auch deren mehrwertschaffenden und damit »produktiven« Charakter; wie Smith vor ihm, allerdings mit dem entscheidenden Unterschied der Hervorhebung der privatkapitalistischen Einbehaltung des erzeugten Mehrwerts, klammert er aus dem, was er »Produktivität« nennt, die Dienstleistungen als bloß externe Faktoren in Gänze aus, obwohl diese doch für die Verfertigung von Gebrauchsgegenständen eine unerlässliche Voraussetzung bilden. Denn um die Arbeitskraft zu ernähren, müssen Speisen gekocht werden; um die Produkte zu fabrizieren, müssen Rohstoffe transpor-

was die Essenz des menschlichen Arbeitens ausmacht, an die Bedingung des tätigen Herstellens von Produkten geknüpft ist. Daniel Brudney bezeichnet diese Engführung in Marx' Begriff des »Arbeitens« auf herstellende Tätigkeiten als einen aus dem Geist des englischen Viktorianismus resultierenden »Produktivismus«, siehe Brudney, »Two Marxian Themes«, a.a.O., S. 218.

116 Marx, *Ökonomisch-Philosophische Manuskripte*, a.a.O., S. 517.

tiert werden; die Produktmargen müssen berechnet, Institutionen müssen verwaltet werden. Kurzum: Marx klammert aus, was als notwenige Infrastruktur für die Produktion eigentlich dieser selbst zugeschlagen werden müsste.

Der Makel, mit dem damit nahezu alle dienstleistenden Tätigkeiten versehen wurden – mit Ausnahme vielleicht der Staatsbeamten –, war in der Summe der von Locke bis Marx vorgebrachten Argumente daher gleich ein doppelter: Sie konnten weder als Verrichtungen gelten, die im originären Sinn »Arbeit« leisteten, weil ihnen jeder direkt herstellende Charakter fehlte, noch schienen sie zur Wohlstandsmehrung etwas beizutragen, da sie keinerlei verkäufliche Warendinge zu erzeugen vermochten. Durch diese begriffliche Verengung geriet im Übrigen auch aus dem Blick, in welch hohem Maße auch der damals langsam entstehende Industriekapitalismus an seinen Rändern von der Rohstoffgewinnung, -verarbeitung und -zulieferung durch Sklaven abhängig war.[117] Was durch diese Ausblendungen anderer Arbeitsformen und Arbeitsinhalte an gesellschaftlich Imaginärem erzeugt wurde, besitzt einen geradezu paradoxen Charakter:[118] Obwohl die Industriearbeit während des gesamten 19. Jahrhunderts ein nur verschwindend klei-

117 Vgl. exemplarisch: Sven Beckert, *King Cotton. Eine Globalgeschichte des Kapitalismus*, übers. von Martin Richter und Annabel Zettel, München 2015.

118 Wann immer ich hier vom »gesellschaftlich Imaginären« spreche, meine ich damit im Sinne von Miranda Fricker Bedeutungen, die als »Bilder« von sozialen Gegebenheiten innerhalb von Gesellschaften zirkulieren und unterhalb der Schwelle expliziter, sprachlich artikulierter Bedeutungen verbleiben. Siehe Fricker, *Epistemic Injustice*, a.a.O., S. 37f.

ner Beschäftigungsbereich ist, wird sie im kulturellen Selbstverständnis der damaligen Gesellschaften so sehr in den Mittelpunkt der Aufmerksamkeit gerückt, dass selbst die Bevölkerung alsbald dem Mythos von der Dominanz der güterproduzierenden Tätigkeiten zu folgen bereit war: Man beginnt sich als Industriegesellschaft zu begreifen, und zwar selbst dort, wo davon noch keine Rede sein kann; man glaubt an die treibende, ja revolutionäre Kraft des Proletariats, obwohl die Arbeiterbewegung zunächst vor allem von standesbewussten Handwerkern vorangetrieben wird;[119] und während die unteren Schichten vergessen, dass man die paar Annehmlichkeiten des sozialen Lebens im Wesentlichen der Landwirtschaft zu verdanken hat, vergessen die oberen Schichten, dass ihr Luxus und ihre Muße maßgeblich an den häuslichen Dienstleistungen und den verschiedenen Verwaltungstätigkeiten hängen. Dass so gut wie kein Denker von Statur in dieser Zeit bereit ist, sich der besonderen Verfassung und Qualität der dienstleistenden Tätigkeiten anzunehmen, ist ein Nebeneffekt dieser seltsamen Verkehrungen durch den herrschenden Arbeitsbegriff.[120]

119 Zur allmählichen Entstehung der Imagination des Industrieproletariats als revolutionärer Klasse im 19. Jahrhundert mithilfe literarischer Mittel vgl. Patrick Eiden-Offe, *Die Poesie der Klasse. Romantischer Antikapitalismus und die Erfindung des Proletariats*, Berlin 2017; zum Industriearbeiterkult vgl. bes. ebd., S. 220-224.

120 Die große – und rühmliche – Ausnahme ist hier John Stuart Mill, der in seiner 1848 in mehreren Bänden erschienenen Schrift *Principles of Political Economy* große Sorgfalt darauf verwendet, zwischen den verschiedenen Formen der Arbeit zu unterscheiden, die entweder »direkt« oder »indirekt« aufgewendet werden müssen, um einen »für [den] menschlichen Gebrauch bestimmten Artikel[]« hervorzubringen. Siehe John Stuart Mill, *Grundsätze der*

Gewiss, es gab kaum einen Roman des bürgerlichen Realismus, in dem nicht Dutzende von Köchinnen, Dienstboten, Gouvernanten, Pferdekutschern und Haushaltsgehilfinnen still und leise ihre Tätigkeiten im Hintergrund verrichten; und Émile Zola hat bei seinem Versuch, die Arbeitswelt im Frankreich des ausgehenden 19. Jahrhunderts zu schildern, auch der Verkäuferin im Warenhaus und dem Kleinhändler ein literarisches Denkmal gesetzt.[121] Aber weder innerhalb der damals entste-

politischen Ökonomie, Bd. 1, übers. von Adolf Soetbeer, Leipzig 1881, Neudruck Aalen 1968, S. 31. Dabei geht Mill so weit, nicht nur die Arbeit des Straßenbauers, Arztes oder Lehrers, sondern auch die des Musikers, Schauspielers und des »häuslichen Dienstpersonal[s]« (ebd., S. 47) zu schildern, da sie alle einem »gesellschaftlichen Nutzen« dienen, nämlich dem des Transports, der Heilung, der Erziehung, der »Gewährung eines Vergnügens oder der Abwendung einer Unbequemlichkeit« (ebd., S. 49). Daher will Mill auch nicht den Begriff der »unproduktiven« Arbeit pejorativ (»als einen beschimpfenden Ausdruck«, ebd.) auf solche »indirekten« Arbeiten angewendet wissen. Stattdessen schlägt er vor, den Begriff der »produktiven Arbeit« vollkommen neutral für diejenigen Tätigkeiten zu benutzen, die verrichtet werden, »um bleibende Nützlichkeiten zu erzeugen, mögen diese nun menschlichen Wesen oder irgend welchen lebenden oder leblosen Gegenständen einverleibt sein« (ebd., S. 51). Gerade aber wegen der begrifflichen Sorgfalt, die Mill auf die Differenzierung aller für eine Gesellschaft nützlichen Arbeiten verwendet, fällt auf, dass er die unbezahlten Tätigkeiten von Frauen im Haushalt – Kochen, Kinderbetreuung, Reinigen – mit keinem einzigen Wort erwähnt, wie überhaupt Frauen in seiner bestechend genauen Argumentation an keiner Stelle auftauchen. (Den Hinweis auf die Sonderstellung Mills in der Geschichte des modernen Arbeitsbegriffs verdanke ich Michael S. Aßländer.)

121 Émile Zola, *Paradies der Damen* (1884), übers. von Hilda Westphal, München 1976 (siehe dazu auch unten, Teil II, Kap. 4, S. 169f.); ders, *Der Bauch von Paris* (1873), übers. von Felix Loesch und Hans Balzer, München 1986.

henden Sozialwissenschaften noch innerhalb der Sozialphilosophie findet sich jemand, der auch nur das leiseste Interesse für die Frage entwickelt hat, ob nicht vielleicht auch die typischen Dienstleistungen im Hinblick auf Aufwand und Vollzug einer genaueren Analyse wert sind;[122] so gab es keinerlei begriffliche Bemühungen, zwischen personenbezogenen und verwaltungsbezogenen Dienstleistungen zu unterscheiden und ihre Spezifika genauer zu untersuchen: das Erfordernis der Perspektivübernahme und damit des Erwerbs von kommunikativen Fähigkeiten bei Ersteren, die Bedeutung der Tätigkeitskontrolle anhand von Symbolen und Tabellen bei Letzteren. Kein Wort auch dazu, dass diese dienenden Tätigkeiten nicht dem Takt von Maschinen zu folgen hatten und daher gelegentlich mehr Spielraum für Eigensteuerung boten. All diese Besonderheiten bleiben um 1900 theoretisch unerschlossen, fallen der ausschließlichen Konzentration auf die Industriearbeit zum Opfer, die gegen alle empirische Evidenz mit Blick auf die arbeitenden Massen als Normalfall genommen wurde.

Es sollte noch Jahrzehnte dauern, bis die Dienstleistungen aus dem langen Schatten des herrschenden Arbeitsbegriffs heraustreten und als solche ins öffentliche Bewusstsein gelangen können. Ein erster Anstoß dazu geht aber nicht von den Beschäftigten selber aus – zu groß und zu heterogen ist diese Gruppe, um gemeinsame Belange zu haben –,[123] sondern von der Soziologie,

122 Inzwischen jedoch gibt es vorzügliche Studien zur besonderen, eine spezifische Koordination von Geist und Hand erfordernde Tätigkeitsweise etwa der Friseurin oder der Kellnerin. Bahnbrechend ist Rose, *The Mind at Work*, a. a. O., Kap. 1 u. 2.

123 Vgl. zur kulturellen und sozialen Heterogenität dieser dienstleistenden und verwaltenden Tätigkeiten am Beispiel Deutschlands:

die sich zunächst allerdings nur auf eine bestimmte, zahlenmäßig relativ kleine Gruppe aus der riesigen Schar der im Dienstleistungssektor beschäftigten Personen konzentrierte. Zu Beginn des 20. Jahrhunderts wird unter Anregung der Soziologie Max Webers realisiert,[124] dass die vorangegangenen Jahrzehnte nicht nur eine Phase der wachsenden Industrialisierung waren, sondern ebenso stark, wenn nicht noch viel stärker, eine der zunehmenden Bürokratisierung.[125] Damit wendet sich das Blatt und zum ersten Mal wird für die breitere Öffentlichkeit sichtbar, welche unendliche Masse an Arbeit in den Einrichtungen der öffentlichen Verwaltung, in den privaten Unternehmen und im Banken- und Versicherungswesen täglich erforderlich ist, um die soziale Infrastruktur aufrechtzuerhalten und die wirtschaftlichen Transaktionen zu sichern. Das Licht, das auf diese verwaltungsbezogenen Dienstleistungen fällt, ist nicht gerade wohlwollend, gelten sie doch schon in der Beschreibung Webers als wenig kreativ, eigentümlich seelenlos und regelfixiert; aber selbst diese wenig vorteilhafte Beleuchtung reicht aus, um endlich die weit verbreitete Vorstellung zu korrigieren, die gegebene Gesellschaft verdanke ihre soziale Reproduktion und ihren Wohlstand einzig der in der Industrie geleisteten Arbeit. Nun werden diese Dienstleistungen unter dem Sammelbe-

Dieter Groh, *Die Angestellten in der deutschen Geschichte 1850-1980*, Göttingen 1981. Zusätzlich: Hans Speier, *Die Angestellten vor dem Nationalsozialismus*, Göttingen 1977.

124 Max Weber, *Wirtschaft und Gesellschaft. Grundriss der verstehenden Soziologie* (1921), Tübingen 1976, S. 551-579.

125 Zur Geschichte sowohl der Industrie- als auch der Staatsbürokratie in Deutschland vergl.: Groh, *Die Angestellten in der deutschen Geschichte*, a.a.O., Kap. 2.

griff »Bürokratie« oder »bürokratische Verwaltung« in den Kreis der für die soziale Reproduktion unverzichtbaren Arbeiten aufgenommen und fortan als die typischen Verrichtungen von »Angestellten« oder Staatsbeamten verstanden. Warum man den Terminus »Angestellter« gewählt hat, obwohl die nicht vom Staat Beschäftigten formal als »freie« Lohnarbeiter gelten müssen, die ihre Dienste gegen eine vertraglich vereinbarte Entlohnung verrichten, bleibt schon damals im Vagen;[126] bis heute lautet die inoffizielle, nicht sonderlich plausible Erklärung für diese Namensgebung, dass mit ihr der Unterschied zur Handarbeit der »eigentlichen« Arbeiterschaft hervorgehoben werden könne.

Von der zwiespältigen Aufwertung der Dienstleistungen ausgenommen bleiben indes weiterhin die personenbezogenen Tätigkeiten, wie sie in privaten Haushalten, im Gesundheits- und Sozialwesen, in der Erziehung und im Gastgewerbe erbracht werden; so groß auch die Beschäftigungszahlen in diesen Sektoren zu Beginn des 20. Jahrhunderts sind, ja, so sehr sie gerade zu dieser Zeit noch weiter ansteigen: Man macht sich nach wie vor nicht klar, wie enorm hoch der Anteil dieser für die soziale Reproduktion absolut unverzichtbaren Verrichtungen ist, die gegen eine meistens nur geringe Ent-

126 Zur komplizierten Geschichte der Herausbildung des Begriffs des Angestellten in Abgrenzung zu dem des Arbeiters vgl. wiederum Groh, ebd., Kap. 4. Die englischsprachige Unterscheidung zwischen »Blue-collar«- und »White-collar«-Tätigkeiten deckt sich nicht mit der zwischen »Arbeitern« und »Angestellten«, weil sie viel stärker mit dem Verhältnis von »proletarischer« Unterschicht und »professionalisierter« Mittelschicht assoziiert wird. Siehe C. Wright Mills, *White Collar. The American Middle Classes*, Oxford 1951.

lohnung ausgeübt werden. Mit der soziologischen Diagnose der wachsenden Bedeutung von Bürokratie und Verwaltung ist zwar ein Teil der Dienstleistungen, wie ambivalent auch immer, aus ihrem vormaligen Schattendasein gerissen worden; aber der andere Teil dieser Dienstleistungen, derjenige, der auf die Pflege, die Unterstützung, die Erziehung und die Versorgung anderer Personen gerichtet ist, fristet weiterhin ein Dasein unterhalb der öffentlichen Wahrnehmungsschwelle. Das mag der Grund dafür gewesen sein, warum »Arbeit« weiterhin begrifflich als eine sich allein zwischen einem Subjekt und einem Objekt – entweder dem zu verfertigenden Produkt oder der Rechen- oder Schreibmaschine – abspielende Tätigkeit gefasst wird. Die personenbezogenen Dienstleitungen und ihre Spezifika sind immer noch außen vor.

Die nach wie vor bestehende Marginalisierung dieser Dienstleistungen färbt in besonderem Maße auf die vor allem von Frauen ausgeübten Tätigkeitsfelder ab. Natürlich sind bei weitem nicht alle weiblichen Arbeitskräfte zu Beginn des 20. Jahrhunderts vornehmlich in diesen Sektoren beschäftigt; Frauen sind aufgrund der fortbestehenden Existenznöte weiterhin in vielen Bereichen des wirtschaftlichen Lebens tätig, aber ein überdurchschnittlich großer Teil von ihnen ist eben doch in den privaten Haushalten des reichen Bürgertums angestellt, um hier das Kochen, die Kindererziehung, das Putzen und das Einkaufen zu erledigen.[127] Weil der Lohn

127 Einen guten Überblick über die Lebens- und Arbeitsbedingungen des städtischen Dienstpersonals vom späten 18. bis zum frühen 20. Jahrhundert gibt Heidi Müller in einer Studie, die als Begleitschrift einer Ausstellung im Berliner Museum für Deutsche Volkskunde erschienen ist: dies., *Dienstbare Geister. Leben*

dieses weiblichen Dienstpersonals, aber auch das Gehalt der in den Büros oder in den Kaufhäusern beschäftigten Sekretärinnen und Verkäuferinnen nicht ausreicht, um eine Familie zu ernähren, hat sich schon in der Nationalökonomie des 19. Jahrhunderts eine Logik von perfider Zirkularität breitgemacht, die Joan Scott vortrefflich analysiert hat:[128] Die Minderbezahlung der von Frauen ausgeübten Tätigkeiten wird einerseits mit der geringeren »Produktivität« dieser nichtherstellenden, sondern eben »dienenden« Verrichtungen erklärt, was dann wiederum als Begründung für die Annahme herhalten muss, dass jene Verrichtungen tatsächlich weniger anstrengend und weniger produktiv seien als die von Männern erbrachten Leistungen. Die Domäne der weiblichen Dienstleistungen in privaten Haushalten, im Warenhandel oder in Restaurants bleibt daher ein nicht nur unterforschtes, sondern auch öffentlich fast nicht wahrgenommenes Terrain, das zudem als von keinerlei wirtschaftlicher Bedeutung gilt; was sich darin täglich an kleinen Schicksalen der Herabwürdigung, der autoritären Bevormundung, der sexuellen Belästigung und der persönlichen Schikane vollzog, findet Ausdruck vielleicht im Groschenroman, nicht aber in den Bil-

und Arbeitswelt städtischer Dienstboten, Berlin 1985. Darin wird von einer Untersuchung Oskar Stillichs im Jahre 1900 über die Situation der Dienstmädchen in Berlin berichtet, die von den Dienstherrschaften so massiv boykottiert wurde, dass am Ende nur 10 Prozent der verschickten Fragebögen von den Betroffenen zurückgesandt wurden: Ebd., S. 7. Trotz dieser mageren empirischen Ausbeute konnte Stillich dann in seiner im Jahr 1902 veröffentlichten Studie zeigen, wie miserabel die Lebenslage dieser Dienstmädchen damals war: Oskar Stillich, *Die Lage der weiblichen Dienstboten in Berlin*, Berlin 1902.

128 Scott, »Die Arbeiterin«, a. a. O., S. 463.

dungs- und Kulturmedien der Zeit, geschweige denn in den Sozialwissenschaften. Die stille Verachtung für die Arten von Tätigkeiten, die nicht mit der Fabrikation von Sachwerten, sondern mit dem Besorgen, Pflegen, Verwalten und Transportieren von bereits Existierendem befasst sind, hat mit Locke und Smith begonnen, ist von Hegel und Marx vertieft worden und beeinflusst noch nachhaltig das Denken in der ersten Hälfte des 20. Jahrhunderts. Und als Hannah Arendt mehr als hundert Jahre nach Marx in ihrem Buch *Vita Activa* das allmähliche Dominantwerden des Arbeitens über das kommunikative Handeln im öffentlichen Raum analysiert, unterscheidet sie an den arbeitenden Tätigkeiten nur die dem Handwerk ähnelnde »Arbeit« und das durch die Maschine vermittelte »Erzeugen«, wohingegen sie die Dienstleistungen mit keinem Wort erwähnt – eine begriffliche Unachtsamkeit, die bislang wenig Beachtung gefunden hat.[129]

Eine erste, noch sehr halbherzige Befreiung vom Makel des Überflüssigen und vollkommen Randständigen erfahren die personenbezogenen Dienstleistungen in den folgenden Jahrzehnten eher durch geschichtliche Umwälzungen als durch gezielte, kämpferische Bemühungen der Beschäftigten selber; eine tendenziell demütig ihrem Schicksal ergebene, für jede Erwerbstätigkeit dankbare Schicht meist mittelloser Nachkommen von Bauern, Tagelöhnern und Handwerkern, sind diese im Gesundheitswesen, in privaten Haushalten und im Gast-

129 Hannah Arendt, *Vita Activa oder Vom tätigen Leben*, Stuttgart 1960. Nach Hinweisen auf die beruflichen Tätigkeiten des Dienens und Pflegens sucht man in dem Buch vergeblich; sie können nach den begrifflichen Kriterien Arendts weder als »Arbeiten« noch als »Herstellen« gelten.

gewerbe tätigen jungen Frauen und Männer von sich aus kaum in der Lage, die Öffentlichkeit auf ihre eigenen Tätigkeiten aufmerksam zu machen und Anerkennung dafür zu verlangen. Es sind der Erste Weltkrieg und seine sozioökonomischen Folgen, die dafür sorgen, dass zumindest einem Teil dieser Dienstleistungen größere Beachtung geschenkt wird, womit sie zugleich zum ersten Mal als unverzichtbare Arbeitsleistungen öffentlich in Erscheinung treten. Die Pflege und Betreuung, die Abertausende von Krankenschwestern den im Kriegsgeschehen verwundeten Soldaten zugutekommen lassen, macht selbst den verstocktesten Mitgliedern der herrschenden Schichten deutlich, dass ohne solche aufopfernden Tätigkeiten das Wegsterben und Verelenden der Betroffenen gar nicht zu verhindern wäre; zumindest für die Dauer des Krieges scheint es angebracht, sich auf die Unverzichtbarkeit der pflegenden und kurativen Berufe zu besinnen, deren Dienste zuvor bei der Registrierung der sozial erforderlichen Arbeiten kaum ins Gewicht gefallen sind. Das gestiegene Interesse hält allerdings nicht allzu lange vor und meldet sich immer nur dann zurück, wenn die historischen Umstände die unverzichtbaren Dienste der Krankenschwestern und Krankenpfleger unmittelbar ins Auge springen lassen. Erst mit der wachsenden Überalterung der westlichen Gesellschaften findet dieses Verkennen der sozialen Bedeutung der kurativen Berufe wohl endgültig ein Ende – ohne sich allerdings in einer besseren Bezahlung und öffentlichen Aufwertung des damit befassten, heute meist aus den globalen Armutsregionen stammenden Dienstpersonals niederzuschlagen.

Aus einem ganz anderen Grund als dem, der die personenbezogenen Dienste des Krankenhauspersonals im

Ersten Weltkrieg plötzlich sichtbar werden lässt, wird kurz danach auch dem häuslichen Gesinde und Dienstpersonal eine größere Aufmerksamkeit zuteil. Wie absurd deren geringe Bedeutung in der öffentlichen Wahrnehmung von Arbeit bis dahin gewesen ist, zeigt sich an dem bereits erwähnten Umstand, dass diese Form von Erwerbstätigkeit noch in der ersten Dekade des neuen Jahrhunderts im Mutterland des Kapitalismus, in Großbritannien, die mit Abstand größte Beschäftigungskategorie ausmacht[130] – noch heute reibt man sich ja verwundert die Augen, dass angesichts einer so großen Zahl so wenig über die Alltagserfahrungen und Arbeitsbedingungen dieser arbeitenden Schichten in der damaligen Zeit in Erfahrung zu bringen ist. Die Situation ändert sich allerdings ein wenig zugunsten einer erhöhten Sichtbarkeit der häuslichen Dienstleistungen, als nach dem Ersten Weltkrieg aufgrund der länderübergreifenden Wohlstandsverluste die Beschäftigungszahlen in den vermögenden Haushalten rapide abnehmen und das Dienstpersonal dort binnen kurzem bis auf durchschnittlich nur eine Person zusammenschrumpft; an der entsprechend rasch wachsenden Menge von arbeitslos gewordenen Dienern, Zofen usw. lassen sich im Rückblick – als sei dies zuvor schlechterdings nicht möglich gewesen – plötzlich die unendlich vielen Aufgaben erkennen, vom Kochen übers Ankleiden und Servieren bis zum Reinigen und Kindererziehen, die in den Großwohnungen und Palästen der oberen Schichten von Dienstkräften bislang verrichtet worden sind.[131]

130 Osterhammel, *Die Verwandlung der Welt*, a. a. O., S. 991.
131 Die neue Situation für die bürgerliche Hausfrau beleuchtet schlaglichtartig ein Satz aus einem Reisebericht von Marianne

Die rasante Schrumpfung des Dienstpersonals in den 1920er Jahren bedeutet aber auch den Beginn eines Prozesses, in dessen – allerdings sehr zähem – Verlauf ein Typus des Arbeitens in den Blick gerät, der bis dahin überhaupt nicht wahrgenommen wurde, und schon gar nicht als gesellschaftlich notwendige Tätigkeit. Mit dem Wegbrechen des häuslichen Gesindes werden nämlich nun auch die Frauen aus den begüterten Schichten dazu angehalten, all die Arbeiten im eigenen Haushalt »aus freien Stücken« zu übernehmen, für die ihnen zuvor bis zu einem halben Dutzend »dienstbare Geister« (Heidi Müller) zur Verfügung gestanden haben; was im 19. Jahrhundert (und davor) in den Haushalten der unteren Schichten längst gang und gäbe war: dass die häufig zusätzlich auch noch erwerbstätigen Frauen die erforderlichen Hausarbeiten unter Hinzuziehung von Verwandten und Nachbarn im Nebenhin erledigten, wurde nun zur Aufgabe auch der weiblichen Mitglieder der bürgerlichen Klassen. Die anfängliche Bereitschaft, dies ohne sichtbaren Widerstand auf sich zu nehmen, ergibt sich natürlich aus verinnerlichten Vorstellungen über typisch weibliche Befähigungen und Vorlieben, die schon im 18. Jahrhundert kulturell Fuß gefasst hatten – aus der

Weber: »Was die Existenz ohne Dienstboten bei der heutigen Form des Privathaushalts für *Kulturmenschen* bedeutet, läßt sich auch nur durch die Anschauung begreifen. Welch ein ungeheurer Luxus z. B. Reinlichkeit ist, das erlebt man erst, wenn man eine Zeit lang in einem derartigen Haushalt mit mehreren Kindern zubringt [...].« Zitiert nach: Dirk Kaesler, »Man sieht nur, was man zu wissen glaubt. Max und Marianne Weber im Amerika der Jahrhundertwende«, in: Frank Keller, Wolfgang Knöbl (Hg.), *Amerika und Deutschland. Ambivalente Begegnungen*, Göttingen 2006, S. 10-29, hier: S. 10.

sich damals unter männlicher Vorherrschaft ausbreitenden Ideologie, dass sich Mann und Frau in den von ihnen bevorzugten Verrichtungen insofern ideal ergänzten, als der weibliche Part aus natürlichem Antrieb alles im Haushalt zu Erledigende zu übernehmen geneigt war, während es den männlichen Part wiederum aus seiner Natur heraus in die politische Öffentlichkeit und ins Erwerbsleben drängte. Bei Hegel hieß es dementsprechend kurz und bündig, der »Stand der Frau« sei »die Hausfrau«.[132] Seither galt es im gesellschaftlichen Bewusstsein, mit den wenigen Ausnahmen einiger Strömungen der frühen Frauenbewegung und des Sozialismus, als ausgemacht, dass Frauen eine natürliche, aus Gefühlen der Fürsorge und der Liebe geborene Disposition besitzen, alle im Haushalt anfallenden Verrichtungen so freudig wie passioniert zu erledigen. Mit der verstärkten Einbeziehung der bürgerlichen Frauen in die familiale Arbeitsteilung gerät nun diese Ideologie zwar noch nicht selbst unter Druck, aber doch deren wirtschaftliche Grundlage und Konsequenz; denn schon in den 1920er Jahren meldeten sich erste Vertreterinnen der bürgerlichen Frauenbewegung mit der Forderung zu Wort, die Hausarbeit sowohl gesellschaftlich als auch ökonomisch aufzuwerten; das Argument für die ökonomische Aufwertung lautet, dass der Erwerbslohn des Mannes einen Anteil für die haushälterischen Tätigkeiten der Frau beinhalten müsse, da diese dadurch erst die Voraussetzungen für die außerhäusliche Arbeit des Mannes schaffe.[133] Auch wenn derartige Forderungen damals

132 Hegel, *Grundlinien der Philosophie des Rechts*, a. a. O., § 167.
133 Vgl. dazu: Barbara Greven-Aschoff, *Die bürgerliche Frauenbewegung in Deutschland 1894-1933*, Göttingen 1981, Teil A, Kap. V.

weder in den Parlamenten noch bei den politisch tonangebenden Kreisen auf größere Resonanz stoßen, so war die Frage nach der wirtschaftlichen Vergütung »privater« Hausarbeiten damit doch auf die Tagesordnung gesetzt. Es sollte aber noch mehr als fünfzig Jahre dauern, bis das Thema allgemeine Aufmerksamkeit in der politischen Öffentlichkeit finden und damit den letzten Anstoß zu einem grundsätzlichen Wandel im Begriff der gesellschaftlich notwendigen Arbeit geben wird.

Die tiefsitzende Unfähigkeit, das, was an notwendigen Tätigkeiten im Haushalt ohne jede Entlohnung von Seiten der Frauen geleistet wurde, als »Arbeit« wahrzunehmen, hatte nicht nur die Reduzierung des Begriffs aufs Verfertigen und Herstellen zum Grund, die ja schon, wir haben es gesehen, für die großen Schwierigkeiten des sich selbst als »industriell« imaginierenden Kapitalismus verantwortlich war, Dienstleistungen aller Art überhaupt nur in den Blick zu nehmen, geschweige denn positiv zu bewerten. Für die vollständige Blindheit gegenüber dem Arbeitsaufwand der Hausfrau spielt aber eine zweite Ursache eine mindestens ebenso große Rolle, die ebenfalls mit bislang kaum thematisierten Prämissen des klassischen Arbeitsbegriffs zusammenhängt; dieser lässt nämlich im Nachvollzug der politischen Ökonomie tendenziell nur das als gesellschaftlich erforderliche Arbeit gelten, wofür es eine auf dem Markt quantitativ erkennbare Nachfrage gibt. Auch wenn die verschiedenen Dienstleistungen, für die eine solche ökonomische Nachfrage im 19. Jahrhundert ja durchaus existierte, davon anfänglich kaum profitieren können, weil ihnen der Makel »nichtherstellende Tätigkeit« anhaftet, so profitieren sie später durchaus von dieser begrifflichen Verknüpfung von gesellschaftlichem Bedarf und marktvermittelter Nachfrage, als die Ächtung allen Vermittelns, Bedienens, Reinigens und Pflegens geringer wurde. Außen vor bleiben allerdings erneut die unentgeltlich in den eigenen vier Wänden geleisteten Tätigkeiten der Hausfrau – Einkaufen, Putzen, Kochen, Kindererziehung –, auf die weiterhin der Schatten des althergebrachten Arbeitsbegriffs fällt, aber eben nicht mehr allein deswegen, weil die häusliche Tätigkeit scheinbar nichts von wirtschaftlichem Wert hervorbringt, sondern vor allem, weil es für sie ersichtlich keine ökonomische Nachfrage gibt und geben kann – sie wird ja »freiwillig« erbracht.

Die feministische Kampagne für die Bezahlung der Hausarbeit in den 1970er Jahren lässt diese Kopplung fragwürdig werden, auch wenn die Forderung nicht primär auf die Bezahlung selbst gerichtet ist, sondern zum Ziel hat, die geschlechtsspezifische Zuweisung der Hausarbeit an die Frauen öffentlich zu skandalisieren. Infolge dieser Kampagne gerät aber tatsächlich eine zweite bislang nicht hinterfragte Prämisse im überlieferten Bild der Arbeit ins Wanken, denn auf der Tagesordnung steht plötzlich die Frage, ob es tatsächlich angemessen ist, den notwendigen Bedarf an gesellschaftlichen Arbeitsleistungen nur einseitig an deren Nachfrage auf dem Arbeitsmarkt zu messen. Das ist der Anfang vom Ende jenes Arbeitsbegriffs, der spätestens seit dem 18. Jahrhundert die Phantasiewelt des Kapitalismus bestimmt hat.[134]

134 Vgl. dazu mit Hinweisen auf weitere Literatur Andrea Komlosy, *Arbeit. Eine globalhistorische Perspektive. 13. bis 21. Jahrhundert*, Wien 2014. Zusätzlich sehr pointiert: Adelheid Biesecker, Uta von Winterfeld, »Vergessene Arbeitswirklichkeiten«, in: Ulrich Beck (Hg.), *Die Zukunft von Arbeit und Demokratie*, Frankfurt/M. 2000, S. 269-286.

Nicht untypisch für solche umstürzlerischen Momente kommen nun alle fadenscheinigen Bestandteile des althergebrachten Begriffs der Arbeit auf einen Schlag zum Vorschein. Schon immer hatte dieser nur deswegen ausschließlich dem herstellenden Tun das Vermögen zur Wertschöpfung zuschreiben können, weil die dafür erforderlichen Vorleistungen, seien es sachbezogene oder personenbezogene Dienstleistungen, einfach als externe Faktoren dem Blick entzogen worden sind; je deutlicher aber wird, dass diese Intern-extern-Trennung rein artifiziell ist und nicht die Realität des Wirtschaftslebens abbildet, als desto fragwürdiger muss die herkömmliche Unterscheidung zwischen produktiver und (angeblich) nichtproduktiver beziehungsweise reproduktiver Arbeit gelten. Sollte nicht alles, was an Verrichtungen geleistet wird, um eine gegebene Kultur aufrechtzuerhalten, in dem Sinn als »produktiv« betrachtet werden, dass es als wertvoll oder nützlich für das soziale Gemeinwesen angesehen werden müsste?[135]

Ebenfalls in Zweifel gezogen wird nun die Prämisse, wonach alle wirkliche Arbeit sich zwischen dem Menschen und einem Gegenstand vollzieht, wie es die Blick-

135 Auf dem Weg dahin, die Unterscheidung zwischen »produktiver« und »unproduktiver« Arbeit einzureißen, ist bereits John Stuart Mill, wie bereits oben erwähnt wurde (siehe S. 121 f., Fn. 120). Legt man seine um Objektivität bemühte Definition von »produktiver« Arbeit zugrunde, nach der diese in der Schaffung von »bleibenden Nützlichkeiten« bestehen soll (Mill, *Grundsätze der politischen Ökonomie*, Bd. 1, a. a. O., S. 51), so muss natürlich auch das Weben einer Tischdecke für den privaten Haushalt als »produktiv« angesehen werden, weil diese ja von »bleibender Nützlichkeit« für die Familie ist; hier wird deutlich, wie wenig Mills Unterscheidung für die Abgrenzung zwischen Erwerbstätigkeit und Hausarbeit taugt.

verengung allein aufs Fabrizieren eines Sachgutes nahegelegt hatte. Schon mit der allmählichen Aufnahme der pflegenden Dienste in die Kategorie der gesellschaftlich notwendigen Arbeit muss ja deutlich werden, dass solche Tätigkeiten auch den Charakter von auf andere Personen gerichteten, deren individuelle Zwecke fördernden Verrichtungen besitzen können. Das Arbeitsziel ist hier ganz anders bestimmt, als es der klassische Arbeitsbegriff wahrhaben will: Es besteht nicht darin, ein Objekt so zu formen, dass aus ihm eine nutzbringende Ware oder ein Gebrauchsgegenstand entsteht, vielmehr muss durch kommunikative Perspektivübernahme erst erschlossen werden, was die zu pflegende Person benötigt, um bezogen darauf die Mittel zu bestimmen, die zur Erreichung dieses Ziels angemessen sind. Weder die alte Unterscheidung zwischen körperlicher und geistiger Arbeit noch die jüngere zwischen materieller und immaterieller Tätigkeit wird diesem Sonderfall der personenbezogenen Dienstleistungen gerecht, weil die Kommunikation, nämlich das Hineinversetzen in die Person, die auf Unterstützung einer anderen angewiesen ist, hier jeder instrumentellen Erwägung, der Suche nach den angemessenen Mitteln, notwendigerweise vorausgeht.[136] Nimmt man noch, was ich für sinnvoll halte,

136 Sabine Gürtler, »The Ethical Dimension of Work: A Feminist Perspective«, übers. von Andrew F. Smith, in: *Hypatia* 20 (2005), S. 119-134. Zusätzlich: Ilona Ostner, Elisabeth Beck-Gernsheim, *Mitmenschlichkeit als Beruf. Eine Analyse des Alltags in der Krankenpflege*, Frankfurt/M. 1996. Einen grundsätzlichen und sehr weit ausholenden Versuch, den herrschenden Arbeitsbegriff um die Dimensionen des Sorgens und Pflegens zu erweitern, unternimmt Marlène Jouan: dies., »Ce qui compte comme ›travail‹. La distinction entre travail productif et travail re-

die verwaltungsbezogenen Dienstleistungen als eigene Kategorie hinzu, setzt sich der Gesamtbereich dessen, was ich als notwendige gesellschaftliche Arbeit bezeichnen möchte, aus drei Tätigkeitsprofilen zusammen: der Bearbeitung natürlicher oder von Menschen geschaffener Gegenstände zum Zwecke der Herstellung nützlicher Güter; dem sorgenden Umgang mit Personen zum Zwecke des Pflegens, Beratens oder Unterrichtens; und dem professionellen Hantieren mit Symbolen zum Zwecke des Berechnens, Analysierens und Verarbeitens von Daten, die der Verwaltung von sozialen und wirtschaftlichen Vorgängen von Nutzen sind.[137] Mit dieser Dreiteilung ist die überlieferte Einspannung von »Arbeit« in das Mensch-Natur-Verhältnis endgültig vom Tisch. Als gesellschaftlich erforderliche Tätigkeit muss nun gelten, was entweder in einem deutlich gegenstandsbezogenen, in einem symbolbezogenen oder in einem kommunikativen Bezugsrahmen an Aufgaben erledigt wird, die von übergreifendem Wert für die Gesellschaft sind.

Mit der feministischen Kritik an der unbezahlten Hausarbeit ging aber noch ein weiterer Paradigmenwechsel mit Blick auf den Arbeitsbegriff einher. Denn wenn überzeugend gezeigt werden kann, dass es unzählige Verrichtungen im privaten Haushalt gibt, die zwar

productif au prisme de la circulation transnationale de la gestation pour autrui«, in: Alexis Cukier, Katia Genel, Duarte Rolo (Hg.), *Le sujet du travail. Théorie critique, psychanalyse et politique*, Rennes 2022, S. 103-123.

137 Hier folge ich dem verdienstvollen Vorschlag von Martin Baethge in »Die Arbeit in der Dienstleistungsgesellschaft«, in: Adalbert Evers, Rolf G. Heinze, Thomas Olk (Hg.), *Handbuch Soziale Dienste*, Wiesbaden 2011, S. 35-61, hier: S. 45.

ausgeübt werden müssen, aber nicht bezahlt werden, dann kratzt das an der wirtschaftstheoretischen Vorstellung, der zufolge sich das gesellschaftlich erforderliche Arbeitsvolumen immer nur an der Nachfrage auf dem Markt bemessen lässt. Wird diese Klammer beseitigt, müssen jene zahllosen Verrichtungen in den Blick treten, mit denen tagtäglich von unbezahlten Arbeitskräften Aufgaben erledigt werden, die für die Reproduktion des sozialen Lebens in seiner gegenwärtigen Form gänzlich unverzichtbar sind: Kochen für die eigene Familie, die Kindererziehung durch die Großeltern, der freiwillige Dienst im Sozial- und Bildungswesen und vieles andere mehr.[138]

Resultat der genannten drei Korrekturen – die Preisgabe der Unterscheidung zwischen produktiven und unproduktiven Tätigkeiten, die Loslösung alles »wirklichen« Arbeitens vom Herstellen oder Fabrizieren und die Verabschiedung vom Markt als einzigem Gradmesser für den gesellschaftlichen Arbeitsbedarf –, ist nicht weniger als ein anderer, deutlich inklusiverer Begriff der Arbeit: Als »Arbeit« im Sinne von sozial erforderlichen Tätigkeiten müssen nun alle regelmäßig ausgeübten Verrichtungen gelten, die in einer Gesellschaft dazu beitragen, die gegebene Lebensform in ihren allgemein gewünschten Bestandteilen zu erhalten. Allerdings hat diese Öffnung des Arbeitsbegriffs auch einen konzeptuellen Preis. Denn dadurch, dass jetzt nicht finanziell entlohnte Verrichtungen ebenfalls dem Bereich der ge-

138 Vgl. zu dieser letzten Kategorie der »freiwilligen Dienste« in Form des »Ehrenamts« den vorzüglichen Überblick von Rolf G. Heinze und Christoph Strünck: »Die Verzinsung des sozialen Kapitals. Freiwilliges Engagement im Strukturwandel«, in: Beck (Hg.), *Die Zukunft von Arbeit und Demokratie*, a. a. O., S. 171-216.

sellschaftlichen Arbeit zugeschlagen werden, scheint deren Abgrenzung gegenüber den aus rein privaten Gründen unternommenen Aktivitäten äußerst schwierig, wenn nicht sogar unmöglich zu sein. In der Tat ist es gar nicht so leicht zu entscheiden, ob nicht etwa das individuelle Sammeln von wertvollen Vinyl-Schallplatten oder das private Musizieren im Freundeskreis am Ende einen Wert besitzen, den die soziale Gemeinschaft übereinstimmend für so wichtig halten könnte, dass sie auf dessen Erhalt Arbeit und Mühe verwendet sehen möchte. Öffnet man den Begriff der »Arbeit« daher zu weit, so besteht die Gefahr, auch alle aus rein persönlichem Vergnügen oder subjektiven Neigungen unternommene Verrichtungen darunter fallen zu lassen; legt man ihn hingegen zu eng an, so könnte es sein, dass man Tätigkeiten ausschließt, die sich nach genauerer Prüfung doch als unverzichtbar für die Bewahrung einer gegebenen Lebensform erweisen.[139] Hier die richtige Mitte zu finden, ist die Aufgabe, der ich mich nun im zweiten Teil dieses Exkurses zuwenden werde. Dabei hilft die Vorstellung kaum weiter, den Begriff »Arbeit« nur solchen Verrichtungen zukommen zu lassen, die für die soziale Reproduktion einer Gesellschaft »notwendig« sind; denn was hierfür »notwendig« ist, steht nicht objektiv fest, sondern hängt ab von kulturellen Interpretationen, durch die erst festgelegt wird, welche Tätigkeiten als »notwendig« für den Bestand des Gemeinwesens zu gelten haben.[140]

139 Vgl. zu diesen Schwierigkeiten, einen angemessenen Begriff der Arbeit zu definieren, der weder zu eng noch zu breit ist, noch einmal Budd, *The Thought of Work*, a.a.O., S. 2.

140 Vgl. Jóhánn P. Árnason, *Praxis und Interpretation. Sozialphilosophische Studien*, Frankfurt/M. 1988, bes. S. 45-53; vgl. zusätzlich die Beiträge in: Leonhard, Steinmetz (Hg.), *Semantiken von*

Als Einstieg in eine Lösung dieses Problems kann vielleicht schon die Formulierung dienen, mit der ich oben den Umfang des weiter gefassten Begriffs der Arbeit zum ersten Mal umrissen habe. Dort hatte ich gesagt, dass sämtliche derjenigen arbeitenden Verrichtungen als gesellschaftlich notwendig betrachtet werden sollten, die erforderlich sind, um die gegenwärtig für wertvoll gehaltenen Bestandteile des sozialen Lebens zu erhalten. Der Begriff des Für-wertvoll-Haltens darf nun natürlich nicht auf die Perspektive einer individuellen Person zugeschnitten sein; es geht nicht darum, zu ermitteln, was dieses oder jenes Individuum am sozialen Leben für wertvoll hält. Entscheidend ist vielmehr, was ein soziales Gemeinwesen an der eigenen Lebensform

Arbeit, a.a.O. Man mag hier zwar einwenden, dass es einen Kernbereich von Tätigkeiten gibt, deren Ausübung für die Reproduktion aller Gesellschaften gleichermaßen erforderlich ist und daher als »notwendig« betrachtet werden sollte: die Essenszubereitung, die Beschaffung der dafür notwenigen Rohstoffe, die Errichtung von Behausungen, die Pflege von Kranken, die Unterrichtung der nachfolgenden Generation über die jeweils herrschenden Kulturpraktiken usw. Aber schon die Tatsache, dass in verschiedenen Gesellschaften diese Erfordernisse mit Hilfe ganz unterschiedlicher Praktiken und in ganz unterschiedlicher sozialer Zusammensetzung bewältigt werden (für die Krankenpflege: Magie, kollektive Rituale, Therapie usw.), macht deutlich, dass es unmöglich ist, in einem objektiven, interpretationsunabhängigen Sinn von einer Art Sockel reproduktionsnotwendiger Arbeiten zu sprechen. In der Abstraktion davon, dass es abhängig von kulturellen Deutungen ist, was als »notwendige« oder »essentielle« Arbeit gilt, erblicke ich den Schwachpunkt der heute weit verbreiteten Theorien sozialer Reproduktion. Siehe z.B. Tithi Bhattacharya (Hg.), *Social Reproduction Theory. Remapping Class, Recentering Oppression*, London 2017; Verónica Gago, Liz Mason-Deese, »Notes on Essential Labor«, in: *International Labor and Working-Class History* 99 (2021), S. 24-29.

für derart wertvoll hält, um es für notwendig zu erachten, gemeinsam Arbeit und Mühe auf dessen Bewahrung – und damit der Lebensform als ganzer – zu verwenden. Gewiss bewegt man sich bei der Einnahme einer solchen Perspektive gleich in mehrfacher Hinsicht auf dünnem Eis, denn weder ist klar, was ein soziales Gemeinwesen ist und wo seine Grenzen jeweils verlaufen, noch kann als ausgemacht gelten, dass dessen Mitglieder tatsächlich hinreichend viele Wertorientierungen miteinander teilen. An dieser Stelle muss vorläufig die Auskunft genügen, dass wir dort von einem sozialen Gemeinwesen sprechen sollten, wo eine größere Gruppe von Individuen existiert, die dank ähnlich verlaufender Bildungsprozesse und entsprechender Traditionsbildungen dazu gelangt ist, in der normativen Beurteilung von Sachverhalten weitgehend übereinzustimmen und sich in ihrem Handeln an ungefähr den gleichen Werten zu orientieren.[141] Von solchen – lokalen, nationalen oder transnationalen – Gemeinschaften lässt sich nun behaupten, dass sie für gewöhnlich auch darin übereinstimmen werden, welche Elemente der eigenen Lebensform als erhaltens- und schützenswert gelten sollen – und dementsprechend dann auch darin, welche Tätigkeiten und Aktivitäten erforderlich sind, um diese Bestandteile ihrer Kultur zu bewahren. Aus der Perspektive eines solchen sozialen Gemeinwesens lässt sich also relativ leicht bestimmen, wo die Grenze zwischen gesellschaftlich notwendigen und lediglich priva-

141 Vgl. zu diesen Schwierigkeiten: Axel Honneth, »Recht und Sittlichkeit. Aspekte eines komplexen Wechselverhältnisses«, in: Rainer Forst, Klaus Günther (Hg.), *Normative Ordnungen*, Berlin 2021, S. 42-71.

ten, aus bloß individuellen Antrieben heraus betriebenen Tätigkeiten verläuft: Verrichtungen, die nach allgemein geteilter Überzeugung der Aufrechterhaltung der für wertvoll gehaltenen Bestandteile der gemeinsamen Lebenswelt dienen, sind notwendig und fallen daher in die soziale Verantwortung des politischen Gemeinwesens; Tätigkeiten hingegen, die nach geteilter Einschätzung nur aus persönlicher Neigung ausgeübt werden und daher ausschließlich individuelle Wertüberzeugungen widerspiegeln, sollten als bloße Privatangelegenheiten betrachtet werden. In seiner »Rechtsphilosophie« hat Hegel dieselbe Unterscheidung zwischen gesellschaftlichen und privaten Verrichtungen, zwischen Arbeit für gemeinschaftliche und Tätigkeiten für bloß individuelle Zwecke, in anderer, einfacherer Form artikulieren wollen:[142] Jemand, der mit gesellschaftlich notwendiger Arbeit beschäftigt ist, muss sein »Wissen, Wollen und Tun auf allgemeine Weise bestimmen«, wohingegen für den privat Tätigen die Auflage entfällt, sich an allgemein geltende Standards des angemessenen Verrichtens halten zu müssen.

Ich will im Folgenden eine Kombination beider Kriterien zur Anwendung bringen, wenn ich von gesellschaftlich notwendiger oder, kürzer, von gesellschaftlicher Arbeit spreche.[143] Dazu sollen mithin alle Tätigkeiten ge-

142 Hegel, *Grundlinien der Philosophie des Rechts*, a. a. O., § 187.

143 Ich lasse hier die in den letzten Jahren zu Recht aufgeworfene Frage außer Acht, ob und wie wir die Tätigkeit, die auch Haus- und Nutztiere für die Aufrechterhaltung unserer sozialen Lebensform leisten, als »gesellschaftliche Arbeit« ansehen und daher in unsere Vorstellungen eines fairen Kooperationssystems einbeziehen sollten. Vgl. zu diesem ganzen Problemkomplex: Peter Niesen, »Kooperation und Unterwerfung. Vorüberlegungen

hören, die nach gemeinschaftlich geteilter Überzeugung dem Wohl der ganzen Gesellschaft dienen und die daher allgemein gesetzten Standards der Angemessenheit zu unterliegen haben. Insofern müssen etwa das Kochen und die Kinderbetreuung im privaten Haushalt oder das freiwillige Engagement im Sozialdienst ebenso als gesellschaftliche Arbeit begriffen werden wie die bezahlte Beschäftigung im Betrieb oder im Büro, weil es sich dabei durchweg um Tätigkeiten handelt, die einen gemeinschaftlich für wertvoll gehaltenen Zweck verfolgen. Überdies gelten für alle diese Verrichtungen entweder informelle oder rechtlich fixierte Standards derart, dass beispielsweise beim Kochen gemeinhin gültige Ernährungsvorschriften, beim Kindererziehen das Kindeswohl und bei vertraglich vereinbarten Tätigkeiten die rechtlich geltenden Ausführungsregeln zu berücksichtigen sind. Alle diese normativen Auflagen entfallen nun aber, sobald Tätigkeiten rein aus persönlicher Neigung oder privatem Vergnügen ausgeübt werden: Beim Heimwerkeln, beim hobbymäßigen Angeln oder beim privaten Musizieren im kleinen Kreis müssen zwar auch gesetzliche Vorgaben eingehalten werden, aber es müssen weder gesellschaftlich verallgemeinerbare Zwecke realisiert noch generelle Standards der Ausführung respektiert werden – man kann hier gewissermaßen verfahren, wie es einem beliebt. Eine Verantwortung seitens des politischen Gemeinwesens, darauf zu achten und darüber zu wachen, dass und ob die Ausführung der Tä-

zur politischen Theorie des Mensch/Nutztier-Verhältnisses«, in: *Mittelweg 36* 23:5 (2014), S. 45-58; Bernd Ladwig, *Politische Philosophie der Tierrechte*, Berlin 2020, S. 225-240. (Den Hinweis auf dieses erschwerende Problem verdanke ich Peter Niesen.)

tigkeit gemeinsam vereinbarten Standards genügt, und sich darüber hinaus zu überlegen, wie sie angemessen organisiert werden sollte, gibt es in diesen Fällen nicht. Als Ergebnis meiner Rekonstruktion eines zweihundertjährigen Prozesses der gesellschaftlichen Selbstaufklärung und ganz im Sinne von Hegels Vorschlag können wir also festhalten: Alle gesellschaftliche Arbeit zeichnet sich dadurch aus, dass man in ihr und durch sie sein »Wissen, Wollen und Tun« auf allgemeine Weise bestimmt, weil man sich an die konventionell oder rechtlich festgelegten Regeln des guten und angemessenen Ausführens der Aufgabe halten muss.

Nun wirft diese Bestimmung die Frage auf, ob damit einer Fixierung auf den jeweiligen Ist-Zustand der Unterscheidung von gesellschaftlichen und privaten Tätigkeiten Vorschub geleistet wird; denn es werden ja begrifflich immer nur diejenigen Arbeiten als »gesellschaftlich« bezeichnet, die zu einem bestimmten Zeitpunkt von einer sozialen Gemeinschaft aufgrund ihrer aktuellen Wertüberzeugungen de facto als Beiträge zum allgemeinen Wohlergehen anerkannt werden; und wie fragil und kurzlebig solche Grenzziehungen sein können, wird beispielsweise daran deutlich, dass es noch vor wenigen Jahrzehnten alles andere als selbstverständlich war, Kochen, Putzen und Kindererziehen im privaten Haushalt als im wohlverstandenen Interesse der Gesellschaft liegend zu begreifen.[144] Tatsächlich sind die kulturellen Unterscheidungen zwischen einerseits not-

144 Oder dass heute, wie erwähnt, auch allmählich die Dienste, die Tiere uns bei der Reproduktion unserer Lebensform leisten, in den Begriff der »gesellschaftlichen Arbeit« aufgenommen werden sollten und dementsprechend einer normativen Regelung bedürften.

wendigen Arbeiten und andererseits rein persönlichen Betätigungen in ständigem Fluss, da sie dem Wandel der stets umkämpften Deutungen des gesellschaftlich Wertvollen unterworfen sind; was heute noch als purer Zeitvertreib und rein private Beschäftigung angesehen wird, kann morgen schon als eine Tätigkeit von allgemeiner Bedeutung und sozialer Zweckhaftigkeit geschätzt werden, so dass von nun an die Gemeinschaft die Verantwortung für deren Organisation und Alimentierung zu übernehmen hätte. Allerdings sind derartigen Verschiebungen in der moralischen Ökonomie einer Gesellschaft doch weitaus engere Grenzen gezogen, als es auf den ersten Blick erscheinen mag. Denn die allermeisten der Tätigkeiten, die heutzutage aus rein persönlichen Neigungen heraus ausgeübt werden, verfolgen Zwecke, von denen auch bei Einsatz größter Phantasie nicht vorstellbar ist, dass sie jemals sozial verallgemeinerungsfähig sein werden. Der Grund dafür ist, paradoxerweise, das moderne Faktum des kulturellen Pluralismus; je vielfältiger nämlich in einer Gesellschaft die ethischen Überzeugungen und Praktiken werden, desto schwerer muss es den bislang nur privat betriebenen Verrichtungen fallen, zukünftig von einer Mehrheit als unverzichtbar für das gemeinsame Wohlergehen anerkannt zu werden. Derselbe kulturelle Pluralismus, der aller Wahrscheinlichkeit nach die Ausbreitung ständig neuer privater Betätigungen fördert, verhindert gleichzeitig auch deren eilfertige Umwidmung in Tätigkeiten von allgemeinem Interesse; das Nadelöhr, durch das diese vorläufig nur aus persönlicher Vorliebe ausgeübten Aktivitäten nämlich hindurch müssen, um als gesellschaftlich unverzichtbare Beiträge angesehen zu werden, wird mit einer gewissen Notwendigkeit immer schmaler, je stärker die kulturellen Lebensstile in einer Gesellschaft voneinander abweichen. Insofern ist der Spielraum, der in modernen Gesellschaften für bahnbrechende Umwertungen des sozialen Charakters von Tätigkeiten besteht, relativ klein; eine Tätigkeit muss erst die Hürde einer aus einer verallgemeinerbaren Perspektive gewonnenen Anerkennung als bestandswichtige Tätigkeit nehmen, bevor sie als gesellschaftliche Arbeit gewertet werden darf.

Der Verdacht, mein Vorschlag zur Neufassung des Arbeitsbegriffes neige zu einem gewissen Konventionalismus, weil nicht mit der Möglichkeit zukünftiger Uminterpretationen des allgemeinen Wohls gerechnet wird, scheint mir daher nicht begründet. Zwar müssen wir kulturelle Veränderungen solcher Art stets im Auge behalten und dürfen sie nicht von vornherein kategorisch ausschließen; aber es wird nach meiner Vermutung wenige in diesem Sinne »kritische« Fälle geben, da eben der Bereich der für eine soziale Aufwertung überhaupt in Frage kommenden Tätigkeiten aufgrund des wachsenden Pluralismus immer schmaler werden dürfte. Eher schon ist in Zukunft eine Entwicklung in die umgekehrte Richtung zu erwarten: dass bislang wie selbstverständlich für gesellschaftlich unerlässlich gehaltene Verrichtungen diesen Rang wieder verlieren und in das Niemandsland der unzähligen Privatbeschäftigungen zurückversetzt werden; nicht das Absterben aufgrund von wirtschaftlichen Entwicklungen, sondern die Entwertung in Folge von veränderten gesellschaftlichen Zwecksetzungen wäre dann das Schicksal, das solchen Berufszweigen droht.[145] Hinzu kommt, dass die Theorie nicht

145 Ein Beispiel für den ersten Fall ist der Arbeiter im Kohlebergbau.

bloß immer das beglaubigt, was nach Auffassung der Mehrheit einer sozialen Gemeinschaft als entweder notwendige oder verzichtbare Tätigkeiten zu gelten hat; vielmehr verfügt sie über eigene, wenn auch bescheidene Mittel, um derartige Unterscheidungen zu prüfen und gegebenenfalls für angemessen zu halten: dazu gehören vor allem begriffliche Klärungen der allgemeinen Bedeutung und der spezifischen Aufgaben eines sozialen Tätigkeitsbereichs oder gesellschaftstheoretische Untersuchungen zur originären Funktion eines gesellschaftlich ausdifferenzierten Subsystems.[146] Mithin sollten nur solche Verrichtungen, die sich im ständigen Hin

Siehe dazu exemplarisch: Lutz Raphael, *Jenseits von Kohle und Stahl. Eine Gesellschaftsgeschichte nach dem Boom. Frankfurter Adorno-Vorlesungen 2018*, Berlin 2019, S. 45-49; Beispiele für den zweiten Fall könnten der Berichterstatter über Börsenvorgänge, die Beschäftigten in Think-Tanks oder, bei Vereinfachung des Besteuerungssystems, der Steuerberater sein. Hilfreich ist hier die Liste von sogenannten Bullshit Jobs – bezahlten Tätigkeiten ohne jeden ersichtlich gesellschaftlichen Nutzen –, die David Graeber in seinem gleichnamigen Buch vorgelegt hat: David Graeber, *Bullshit Jobs*, New York 2018 (dt.: *Bullshit Jobs. Vom wahren Sinn der Arbeit*, übers. von Sebastian Vogel, Stuttgart 2019); vgl. auch Geuss, *Work*, a. a. O., S. 147-158. Geuss macht sehr schön klar, dass die Entscheidung darüber, welche Tätigkeiten sozial wertlos und welche sozial wertvoll sind, ein eminent politischer Prozess ist, weil es darum geht, andere in der öffentlichen Auseinandersetzung auf der Basis möglichst überzeugender, verallgemeinerungsfähiger Gründe von der »objektiven« Nützlichkeit oder Nutzlosigkeit eines Berufs oder Tätigkeitsfeldes zu überzeugen (ebd., S. 153 f.).

146 Einen solchen Versuch hat Jürgen Habermas im Anschluss an die soziologischen Klassiker der westeuropäischen und US-amerikanischen Tradition in *Theorie des kommunikativen Handelns* (a. a. O.) unternommen; und auch meine eigene Studie *Das Recht der Freiheit* (a. a. O.) beruht ganz wesentlich auf dem Versuch, sol-

und Her zwischen sozialen Konventionen und theoretischen Erwägungen als bestandswichtig für eine kulturelle Lebensform ausweisen lassen, als Arbeit im gesellschaftlichen Auftrag gewertet werden. Blickt man nur auf die letzten zweihundert Jahre zurück, so ist inzwischen der Umfang dessen, was in diesem Sinn als Arbeit verstanden wird, gegenüber den Anfängen wesentlich größer geworden – und entsprechend angewachsen ist heute die Verantwortung der Gesellschaft dafür, mit den Mitteln einer neuen Arbeitspolitik für anständige, lebenswerte und vor allem demokratieförderliche Bedingungen in all den für sie unerlässlichen Tätigkeitszweigen zu sorgen.

che originären Aufgaben einzelner sozialer Handlungssphären zu identifizieren.

II.
HISTORISCHES ZWISCHENSPIEL: DIE WIRKLICHKEIT DER GESELLSCHAFTLICHEN ARBEIT

Im ersten Teil meiner Ausführungen habe ich mich zunächst mit drei politischen Traditionen beschäftigt, welche die Arbeitsverhältnisse in den kapitalistischen Gesellschaften für moralisch äußerst bedenklich halten und sie daher grundsätzlich anders organisiert sehen wollen. Sie begründen ihre Kritik mit dem Verweis darauf, dass die Arbeit in diesen Gesellschaften bislang in einer Weise eingerichtet ist, die entweder den Einzelnen nicht zur individuellen Selbstvervollkommnung gelangen lässt, den abhängig Beschäftigten nicht die konstitutionell garantierte Freiheit gewährt oder die arbeitende Bevölkerung tendenziell von der Mitwirkung am demokratischen Prozess ausschließt. Um den Abstand zwischen normativem Ideal und Wirklichkeit zu verringern, schlagen daher alle drei Ansätze eine neue, erheblich veränderte Organisation der gesellschaftlichen Arbeit vor, die es ermöglichen soll, den jeweils beschriebenen Mangel zu beseitigen und also entweder einem entfremdungslosen und sinnerfüllten, einem tatsächlich freien oder einem demokratieförderlichen Arbeiten zur Durchsetzung zu verhelfen. Um zu ermitteln, welches dieser drei Paradigmen einer Kritik an den kapitalistischen Arbeitsbedingungen die größte Aussicht auf zugleich politische Machbarkeit und tiefgreifende Veränderungen bietet, habe ich sie anschließend einer vergleichenden Analyse unterzogen. Im Zuge dessen habe ich das erste Modell mit dem Argument zurückgewiesen, dass es aufgrund des ihm innewohnenden Perfektionismus eine viel zu große, nahezu beliebige Gestaltbarkeit der gesellschaftlich erforderlichen Arbeitsverrichtungen voraussetzten muss. Das zweite, republikanische Modell wiederum habe ich kritisiert, weil es sich viel zu einseitig nur auf die Organisationsform der gesellschaftlichen Arbeit konzentriert und darüber deren konkrete Beschaffenheit normativ aus den Augen verliert. Einzig das dritte Paradigma, so das Ergebnis am Ende von Kapitel 1, bleibt als aussichtsreicher Kandidat für mein eigenes Unternehmen übrig. Wie dieses über die letzten Jahrhunderte hinweg gedanklich vorbereitet und ausgearbeitet wurde, habe ich anschließend in Kapitel 2 nachgezeichnet, um dann in Kapitel 3 den Versuch einer systematischen Begründung meiner These zu unternehmen, warum demokratische Gesellschaften darauf angewiesen sind, für faire, partizipative und damit ihnen entgegenkommende Arbeitsverhältnisse zu sorgen: Nur wer einer hinreichend komplexen, hinreichend entscheidungsbefugten, hinreichend sozial anerkannten und hinreichend übersichtlich vernetzten Arbeit nachgeht, so lautet der Grundgedanke, wird über diejenigen Fähigkeiten und Ressourcen verfügen, die erforderlich sind, um autonom, also mit eigener Stimme und frei von Ängsten vor Herabwürdigung und Geringschätzung, an der demokratischen Willensbildung mitwirken zu können.

In Teil II meines Buches will ich nun den Blick vom Ideal auf die Wirklichkeit der gesellschaftlichen Arbeit zurücklenken. Die folgenden, nicht mehr als skizzenhaften Darstellungen sollen den Abgrund sichtbar werden lassen, der sich in demokratischen Gesellschaften von Anfang an zwischen der sozialen Realität des kapitalistischen Arbeitsalltags und dem normativen Versprechen einer Einbeziehung der arbeitenden Bevölkerung in die öffentliche Willensbildung aufgetan hat. Ausgerüstet mit dem zuvor entwickelten Arbeitsbegriff und wie im Zeitraffer will ich die Entwicklung nachverfolgen, welche die gesellschaftliche Arbeit im Kapitalismus seit den Zeiten Hegels bis in unsere Gegenwart genommen hat. Den Ausgang wird dabei eine knappe, nur schlaglichtartige Beleuchtung der Arbeitsverhältnisse im Westeuropa des 19. Jahrhunderts machen (Kapitel 4). Im Anschluss daran soll in ähnlicher Form ein Streiflicht auf die Veränderungen geworfen werden, welche die Arbeitsverhältnisse in derselben Region bis an die Schwelle zur jüngsten Gegenwart erfahren haben (Kapitel 5), um dann abschließend einige der Fluchtlinien zu markieren, die die Organisation und die Gestalten der gesellschaftlichen Arbeit in unserer Gegenwart durchziehen (Kapitel 6).

Im Lichte meines erweiterten Arbeitsbegriffes einen auch nur annähernd vollständigen Überblick über die Wandlungen der kapitalistischen Arbeitsverhältnisse in Westeuropa von ihren Anfängen bis hinein in die jüngste Vergangenheit zu geben, ist allerdings, jedenfalls für mich, ein Ding der Unmöglichkeit. Selbst wenn ich, was ich nicht tue, über das Handwerkszeug des Historikers verfügen würde, müssten bei einem solchen Versuch nicht nur die Formen und Wirkungen der internationalen Arbeitsteilung stets miteinbezogen und die Entwicklungen in den unterschiedlichen Organisationsformen und Tätigkeitsfeldern der Arbeit durchgängig mitverfolgt werden; darüber hinaus müsste auch immer im Auge behalten werden, wie sich die unbezahlten und öffentlich kaum beachteten Verrichtungen im privaten Haushalt über die Zeit hinweg verändert haben. Kurzum: Es handelte sich um ein ziemlich waghalsiges, ja letztlich unverantwortliches Unternehmen. Selbst Historiker:innen, die in der Geschichte der Arbeit zu Hause sind und sich in deren Verästelungen und Abzweigungen um ein Vielfaches besser auskennen als ich, wären zu einem derartigen Gesamtüberblick wohl kaum in der Lage – was nicht heißt, dass es dazu nicht inzwischen einige vielversprechende Anläufe sowohl in globalhistorischer Perspektive als auch mit Blick auf bestimmte Räume und Epochen gibt.[1] Um erst gar nicht den Eindruck entstehen zu lassen, etwas in dieser Art in diesem Buch unternehmen zu wollen, will ich es im Folgenden stets nur bei ganz wenigen Federstrichen belassen, deren wichtigste Aufgabe es ist, uns in großen Schritten an die Gegenwart der kapitalistischen Arbeitsverhältnisse heranzuführen. Die kaum überschaubaren Entwicklungen, die sich im Bereich der gesellschaftlichen Arbeit während der letzten knapp zweihundert Jahre in Westeuropa vollzogen haben, sollen hier in Form von drei kleinen, die Vielzahl der Erscheinungen jeweils verdichtenden historischen Miniaturen zur Darstellung gebracht werden; deren primäres Ziel ist es, die sozialen

1 Vgl. etwa: Andrea Komlosy, *Arbeit. Eine globalhistorische Perspektive. 13. bis 21. Jahrhundert*, Wien 2014; Marcel van der Linden, *Workers of the World. Eine Globalgeschichte der Arbeit*, übers. von Bettina Hoyer, Tim Jack und Sebastian Landsberger, Frankfurt/M. 2017; Jan Lucassen, *The Story of Work. A New History of Humankind*, New Haven 2021; mit Blick auf das 19. Jahrhundert in globaler Perspektive: Jürgen Osterhammel, *Die Verwandlung der Welt. Eine Geschichte des 19. Jahrhunderts*, München 2009, Kap. 8 (»Arbeit«); mit Blick auf Europa im 19. Jahrhundert: Jürgen Kocka, *Arbeitsverhältnisse und Arbeiterexistenzen. Grundlagen der Klassenbildung im 19. Jahrhundert*, Bonn 1990.

Erfahrungen des arbeitenden Souveräns, also der hart arbeitenden Bevölkerung, im Wortsinne sichtbar zu machen. Im Vordergrund stehen dabei jeweils die Veränderungen, die sich in den Tätigkeits- und Beschäftigungsfeldern, in den Organisations- und Unternehmensformen sowie schließlich andeutungsweise im Arbeitsrecht zugetragen haben. Die kleinen Vignetten mit Zitaten aus Literatur, Wissenschaft und Zeitzeugenberichten, die ich gelegentlich einstreuen werde, haben die Funktion, auf das Geschilderte ein grelles, ja entlarvendes Licht zu werfen.

4. Ein Schlaglicht auf das 19. Jahrhundert

Ein nur flüchtiger Blick auf die Arbeitsbedingungen im 19. Jahrhundert genügt, um nüchtern feststellen zu können, dass für die Mehrheit der erwerbstätigen Bevölkerung die Chance zu einer effektiven Mitwirkung an der demokratischen Willensbildung nicht gegeben war. Der tägliche Kampf um den Broterwerb stand so sehr im Zentrum aller Sorgen dieser Schichten, die Bewältigung der nicht abreißenden Arbeitsverpflichtungen verlangte so viel an Kraft und Anstrengung, die Erfahrung von sozialer Ohnmacht war so stark und einschneidend, dass für eine Mitwirkung an demokratischen Prozessen die zeitlichen, physischen und mentalen Ressourcen in den allermeisten Fällen gar nicht vorhanden gewesen sein können. Es war daher nicht nur pure Herrschaftsabsicht oder böser Wille, sondern auch schlichte Einsicht in eine deprimierende Tatsache, die die Staatsrechtler und politischen Theoretiker des Bürgertums von John Locke bis Immanuel Kant zu der Überzeugung gelangen ließ, zur Ausübung politischer Autorität bedürfe es als notwendige Voraussetzung stets eines Vermögens bestimmter Größe;[2] denn wer darüber nicht verfügte, so

2 Vgl. etwa Kant: »Der Geselle bei einem Handwerker oder bei einem Kaufmann, der Dienstbote (nicht der im Dienst des Staates steht); der Unmündige [...]; alle Frauenzimmer, und überhaupt jedermann, der nicht nach eigenem Betrieb handelt, sondern nach der Verfügung anderer (außer der des Staates) genötigt ist, seine

lautete die zynische, aber nicht vollkommen an den Haaren herbeigezogene Begründung, der sei zu sehr mit der Beschaffung des Lebensnotwendigen beschäftigt, als dass er mit der dafür erforderlichen Muße, Unabhängigkeit und Kenntnis über politische Angelegenheiten mitentscheiden könne.[3] Wie korrekt, wenn auch höhnisch angesichts des Lobs, das man gleichzeitig dem Arbeitsfleiß zollte, diese These war, zeigt bereits ein kurzer Überblick über die Arbeitsbedingungen in den zentralen Erwerbszweigen zu Beginn der kapitalistischen Moderne.

Ein derartiger Überblick wartet allerdings zunächst mit einer ziemlichen Überraschung zumindest für diejenigen auf, die ihr Vorwissen über diese Zeit aus den großen Gesellschaftstheorien von Hegel oder Marx bezogen haben: Nicht die industrielle Arbeit, wie uns diese beiden Autoren mit ihren an der Fabrikation orientierten Arbeitsbegriffen suggerieren, sondern die landwirtschaftliche Arbeit nimmt im Europa des 19. Jahrhunderts durchgängig den größten Raum im gesellschaftlichen Beschäf-

Existenz (Nahrung und Schutz) zu erhalten, entbehrt der bürgerlichen Persönlichkeit« – und damit des aktiven Mitwirkungsrechts an der Gesetzgebung (Immanuel Kant, *Metaphysik der Sitten* [1797], in: ders., *Werke*, hg. von Wilhelm Weischedel, Bd. 8, Frankfurt/M. 1977, S. 433). So aber auch noch John Stuart Mill, allerdings mit dem Argument, es fehle großen Teilen der arbeitenden Bevölkerung vorläufig an der Allgemeinbildung, die für eine hinreichend informierte Teilnahme an den Wahlen erforderlich wäre. Siehe John Stuart Mill, *Betrachtungen über die Repräsentativregierung* (1861), übers. von Hannelore Irle-Dietrich, Berlin 2013, Kap. VIII.

3 Vgl. zu dieser Tradition insgesamt: C. B. Macpherson, *Die politische Theorie des Besitzindividualismus*, übers. von Arno Wittekind, Frankfurt/M. 1990.

tigungsgefüge ein. Neben der zumeist von Frauen erledigten Hausarbeit, dem Kochen, Wäschewaschen und Kindererziehen, die in der Summe gewiss den Löwenanteil aller gesellschaftlich notwendigen Verrichtungen gebildet haben dürfte, nur eben offiziell nicht als solche gewertet wurde,[4] dominiert die Landwirtschaft weiterhin den Arbeitsalltag der meisten Menschen in den sich allmählich industrialisierenden Ländern; selbst England, das Land also, an dem Hegel und Marx sich in ihren Diagnosen orientierten und über das Friedrich Engels seinen legendären Bericht über die »Lage der arbeitenden Klasse« verfasst hat,[5] war bis zu Beginn des 20. Jahrhunderts ein mehrheitlich durch die physische Arbeit von Bäuerinnen und Bauern sowie der Landarbeiterschaft geprägter Wirtschaftsraum. Und obzwar dieser Tätigkeitsbereich im Laufe des 19. Jahrhunderts großen Veränderungen in seiner rechtlichen und sozioökonomischen Organisationsform unterlag, blieb dort in Hinblick auf die Art, den Aufwand und die Modalitäten der täglichen Verrichtungen und Handhabungen doch vieles, ja das meiste beim Alten.

Bis zur Mitte des 19. Jahrhunderts waren in der europäischen Landwirtschaft die rechtlichen und sozioöko-

4 Zu den großen Schwierigkeiten, die unentgeltliche Arbeit von Frauen im 19. Jahrhundert überhaupt zu messen, weil sie in den Statistiken kaum auftaucht, vgl.: Delphine Gardey, »Ein Blick zurück: Zur Geschichte der Frauenarbeit«, in: Beate Krais, Margaret Maruani (Hg.), *Frauenarbeit – Männerarbeit. Neue Ungleichheiten auf dem europäischen Arbeitsmarkt*, Frankfurt/M. 2001, S. 36-59.

5 Friedrich Engels, *Die Lage der arbeitenden Klasse in England* (1845), in: Karl Marx, Friedrich Engels, *Werke* (= *MEW*), Bd. 2, Berlin 1970, S. 225-506

nomischen Bedingungen des Spätfeudalismus weitgehend durch staatliche Agrarreformen beseitigt worden; wenn auch hier oder dort solche feudalrechtlichen Bindungen fortbestanden haben mochten, war doch der größte Teil der Bodenfläche davon befreit worden, so dass eine Mehrheit der bäuerlichen Besitzklassen bei großen Unterschieden im Umfang ihres Grundbesitzes nun über den eigenen Hof und das eigene Land autonom verfügen konnte.[6] Diejenigen allerdings, die die mit Abstand schwersten Verrichtungen auf diesen nun in Privateigentum übergegangenen klein- oder großbäuerlichen Höfen zu leisten hatten, waren weiterhin diejenigen, die über keinerlei Eigentum verfügten; der Umfang dieser besitzlosen Schicht außerhalb der Städte hatte sich in Folge des Bevölkerungswachstums und der Veränderungen in den Eigentumsverhältnissen inzwischen sogar noch vergrößert, so dass europaweit ein schier unerschöpfliches Reservoir von Landarbeitern und Landarbeiterinnen bereitstand, das gegen Naturalien oder geringsten Lohn zur saisonbedingten Aushilfe bei Ackerbau und Viehzucht herangezogen werden konnte. Zwar begannen sich nun auch die Betriebsformen und die Arbeitsregime in der Landwirtschaft allmählich zu wandeln, weil Methoden der privatkapitalistischen Betriebsführung auch hier Einzug halten mussten und erste Schritte zur arbeitssparenden Technisierung der erforderlichen Gerätschaften unternommen wurden; an der Substanz der bäuerlichen Arbeit selber, an deren saisonbedingter Rhythmik, körperlichen Unmittelbarkeit

6 Zu diesen Entwicklungen am Beispiel Deutschlands vgl.: Hans-Ulrich Wehler, *Deutsche Gesellschaftsgeschichte*, Bd. 2: *1815-1845/49*, München 2008, S. 162-166.

und kompletten Naturabhängigkeit, änderte sich jedoch vorläufig wenig; es blieb, im Umfang und Aufwand abhängig von der Größe des Hofes, der Anzahl des insgesamt beschäftigten Gesindes und der Leistungsfähigkeit der benutzten Gerätschaften, bei den wetter- und jahreszeitbestimmten Tätigkeiten des Ackerbaus und der Viehzucht, in die wie selbstverständlich die ganze Familie einbezogen war – eine Arbeit, von der Hegel etwas abschätzig sagt, dass sie wenig »Reflexion« bedürfe und umso mehr Vertrauen auf »das durch Gott Gegebene«[7] verlange. Auch was den ökonomischen Ertrag dieser landwirtschaftlichen Tätigkeiten anbelangte, änderte sich daran trotz des zunehmenden Einflusses des kapitalistischen Marktes zunächst nur wenig: Als Klein- oder Großbauer bewirtschaftete man gemeinsam mit der Familie, dem Gesinde und den zusätzlich beschäftigten Tagelöhnern den eigenen Hof, um über die subsistenzsichernden Mittel hinaus nach Möglichkeit einen Zusatzgewinn zu erwirtschaften, der entweder der Investition in Geräte und Neubauten oder der Beschaffung kleinster Annehmlichkeiten diente; war man Landarmer oder Landloser, gehörte man also zur Mehrheit der auf dem

7 G.W.F. Hegel, *Grundlinien der Philosophie des Rechts* (= *Theorie-Werkausgabe*, Bd. 7), Frankfurt/M. 1970, § 203. Ganz wunderbar beschreibt Thomas Hardy in *Far from the Madding Crowd* (1874) die vom Mittelalter bis ins 19. Jahrhundert reichende Geschichtslosigkeit der landwirtschaftlichen Tätigkeiten am Beispiel der »funktionalen Kontinuität« eines Zweckbaus fürs Scheren der Schafe: »Von dieser Scheune konnte man sagen, daß der Zweck, der ihren ursprünglichen Bau diktiert hatte, der gleiche war, für den sie noch immer benutzt wurde, was man von einer Kirche oder Burg, die ihr in Alter und Stil ähnlich waren, kaum behaupten konnte.« (Thomas Hardy, *Fern vom Treiben der Menge*, übers. von Helga Schulz, Berlin 1999, S. 172.)

Land lebenden Bevölkerung, so arbeitete man entweder saisonabhängig bei geringstem Lohn als Tagelöhner, wohnte als Einlieger zur Miete auf einem Hof, dem man die eigene Arbeitskraft gegen Naturalien oder Bargeld zu vielfältiger Verwendung anbot, oder verdingte sich gegen Kost und Logis auf den Bauernhöfen, auf denen man entgeltlos jede gerade anfallende Hilfstätigkeit zu übernehmen hatte.[8] Zu mehr als dem Allerlebensnotwendigsten für einen selber und die Familie reichte es bei derartigen Beschäftigungsverhältnissen nie; man lebte bei Dienstpflichten »von Sonnenaufgang bis -untergang«[9] im ständigen Kampf um das Existenzminimum und fernab von den politischen Querelen der Zeit. Je ärmer man war, desto weniger konnte zudem von einer Trennung zwischen weiblichen und männlichen Arbeitsrollen die Rede sein.

Frauen und Männer, nicht selten auch die Kinder, teilten sich bei den Tagelöhnern und besitzlosen Bauern die anfallenden Aufgaben in Abhängigkeit davon, wer gerade eine Hand frei hatte, nur dass den Frauen für gewöhnlich noch die zusätzliche Aufgabe zufiel, für den aus wenigen Habseligkeiten bestehenden Haushalt zu sorgen.

> Bei dem bäuerlichen Taglöhner und den armen Kuhbauern schafft die Frau das Gleiche wie der Mann. Auch die geistige Bildungsstufe beider wird völlig gleichartig sein. Beide arbeiten im Acker, lenken Pflug und Wagen ge-

8 Zu den verschiedenen Beschäftigungsformen der besitzlosen Landarbeiterschaft vgl. am Beispiel Deutschlands erneut Wehler, *Deutsche Gesellschaftsgeschichte*, Bd. 2, a. a. O., S. 166-169. Ebenfalls: Ingeborg Weber-Kellermann, *Landleben im 19. Jahrhundert*, München 1987, Kap. VI.

9 Wehler, *Deutsche Gesellschaftsgeschichte*, Bd. 2, a. a. O., S. 166.

meinsam, säen, ernten und verkaufen gemeinsam oder in zufälliger Abwechslung. Das Walten im Haus ist nur eine gelegentliche Zugabe für die Frau. Ja, männlicher und weiblicher Beruf findet sich auch hier oft ebenso ausgetauscht wie die Bezeichnung von Kappe und Haube. So bewacht der Hirt vielleicht, Strümpfe strickend, die Herde, während seine Frau hinter dem Pfluge geht.[10]

Genügten die erwirtschafteten Mittel aber hinten und vorne nicht, um den Lebensunterhalt der Familie zu sichern, so waren die Mitglieder dieser Schichten gezwungen, neue Erwerbsmöglichkeiten aufzutun – und die verzweifelte Suche nach Beschäftigungsmöglichkeiten jenseits von Hof und Feld war vielleicht diejenige historische Erfahrung, welche die soziale Atmosphäre des bäuerlichen Lebens im 19. Jahrhundert am stärksten geprägt hat. Nur wenige Wege waren es, die den arbeitslosen Angehörigen der Landarbeiterfamilien diesbezüglich offenstanden: Man übernahm in der Wohnstube Arbeiten im sogenannten Verlagssystem, um gegen einen geringen Stücklohn auf eigene Kosten Waren für einen gewinnorientierten Arbeitgeber zu fabrizieren; man zog in reichere Provinzen oder Städte, um dort beim Adel oder begüterten Bürgertum als Dienstpersonal anzuheuern; man wurde Geselle in einem der überall ansässigen und noch weitgehend konkurrenzlosen Handwerksbetriebe; oder man bemühte sich um einen Arbeitsvertrag in einer der näher oder ferner liegenden Fabriken, die dank der sich langsam beschleunigenden Industrialisierung überall aus dem Boden zu sprießen begannen. Damit sind ne-

10 Wilhelm Heinrich Riehl, *Die Familie*, Stuttgart, Augsburg 1855, S. 29.

ben der Hausarbeit und der Landwirtschaft die vier Beschäftigungszweige benannt, in denen bis ins 20. Jahrhundert hinein die meisten Mitglieder der arbeitenden Bevölkerung tätig sein sollten.

Das bis ins Mittelalter zurückreichende Verlagssystem, in dem in der Mehrzahl weibliche Arbeitskräfte tätig waren, stellte im gesamten 19. Jahrhunderts das wirtschaftliche Bindeglied zwischen Dorf und Stadt, zwischen der weiterhin eher trägen Landwirtschaft und der sich zunehmend dynamisierenden Industrie dar. Sowohl auf dem Land, in Schlesien oder in der Bretagne etwa, als auch in den protoindustriellen Zentren etwa Lyons oder Nürnbergs blieb vielen Mitgliedern mittelloser Familien nichts anderes übrig, als in ihrer eigenen Wohnung an entweder zur Verfügung gestellten oder häufig auf Kredit selbstangeschafften Gerätschaften Waren zu produzieren, die sie zu einem geringen Stückpreis an einen »Verleger« genannten Unternehmer verkauften, der die aus deren Distribution und Verwertung gewonnenen Gewinne komplett einstrich; was hier produziert wurde, waren zumeist Textilien, die gelieferten Rohstoffe waren mithin Baumwolle oder Seide und die Gerätschafen Spinnräder oder Webstühle.[11] Zwar konnte man sich die Arbeitszeit zwischen den sonstigen Verpflichtungen relativ selbstständig einrichten,[12] aber der Preis,

11 Einen ersten Überblick verschafft: Roland Bettger, »Verlagswesen, Handwerk und Heimarbeit«, in: Rainer A. Müller u. a. (Hg.), *Aufbruch ins Industriezeitalter*, Bd. 2, München 1985, S. 175-183. Vgl. zusätzlich den breit informierenden Sammelband: Karl Ditt, Sidney Pollard (Hg.), *Von der Heimarbeit in die Fabrik. Industrialisierung und Arbeiterschaft in Leinen- und Baumwollregionen Westeuropas während des 18. und 19. Jahrhunderts*, Paderborn 1992.

12 Wie gering diese Spielräume aber tatsächlich waren, schildert ein-

den die in diesem Erwerbszweig Beschäftigten für diesen »Vorteil« zu zahlen hatten, war eine Kombination aus größter wirtschaftlicher Bedrängnis und hochgradiger Ausbeutung: Die Stückzahlen der zu verfertigenden Güter wurden vom Verleger vorgegeben, die Löhne dafür waren zumeist gesetzlich geregelt, bewegten sich aber im Allgemeinen auf einem extrem niedrigen Niveau, so dass der Druck, so viele Waren wie möglich in möglichst kurzer Zeit zu produzieren, enorm hoch war. Sowohl die Weberaufstände von 1844 in Schlesien – die Gerhart Hauptmann ein halbes Jahrhundert später zum Stoff seines berühmtesten Dramas machte – als auch die in den 1830er Jahren mehrfach ausbrechenden Revolten der »Canuts« in Lyon waren Reaktionen auf die Arbeitsbedingungen im Verlagssystem der damaligen Zeit, die von unzumutbaren Löhnen, geringsten Sicherheitsvorkehrungen und insgesamt schreiender Not geprägt waren.[13] Zudem geriet die Hausindustrie, deren Arbeitsverhältnisse heute vornehmlich unter dem Stich-

drucksvoll Joan Scott: »Die Arbeiterin«, in: Georges Duby, Michelle Perrot (Hg.), *Geschichte der Frauen*, Bd. 4: *Das 19. Jahrhundert*, übers. von Sylvia M. Schomburg-Scherff, Frankfurt/M. 2006, S. 451-479, hier S. 458. Vgl. dagegen Goethes zwar erstaunlich detaillierte, aber doch sehr betuliche, ja beschönigende Darstellung des Verlagssystems in einer »Weberstube« in: Johann Wolfgang von Goethe, *Wilhelm Meisters Wanderjahre*, München 1982 (= *Hamburger Ausgabe*, Bd. 8), Drittes Buch, Fünftes Kapitel: »Lenardos Tagebuch«, S. 338-352.

13 In die kollektive Erinnerung eingegangen sind diese Aufstände auch durch das große Gedicht von Heinrich Heine, »Die schlesischen Weber«, in: Heinrich Heine, *Werke*, 4 Bde., Frankfurt/M. 1968, Bd. 1, S. 269f. Vgl. auch die sehr anschauliche Schilderung in: Michael Kittner, *Arbeitskampf. Geschichte – Recht – Gegenwart*, München 2005, S. 184-189.

wort der Protoindustrialisierung untersucht werden,[14] zunehmend unter wirtschaftlichen Druck durch die Konkurrenz zur sich ausweitenden Fabrikproduktion; man konnte mit den billigeren Preisen der maschinell erzeugten Güter kaum mehr mithalten und verlor so allmählich den Anschluss an die technische Entwicklung in England, Frankreich und selbst im industriell zurückgebliebenen Deutschland.

> Mit der Einführung der Maschinerie änderte sich das alles. Der Preis wurde nun bestimmt durch das Maschinenprodukt, und der Lohn des hausindustriellen Arbeiters fiel mit diesem Preise. Aber der Arbeiter mußte ihn nehmen oder andere Arbeit suchen, und das konnte er nicht, ohne Proletarier zu werden, d.h. ohne sein Häuschen, Gärtchen und Feldchen – eigen oder gepachtet – aufzugeben. Und das wollte er nur im seltensten Fall. So wurde der Garten- und Feldbau der alten ländlichen Handweber die Ursache, kraft derer der Kampf des Handwebstuhls gegen den mechanischen Webstuhl sich überall so sehr in die Länge zog und in Deutschland noch nicht ausgefochten ist. In diesem Kampf zeigt sich zum ersten Mal, namentlich in England, daß derselbe Umstand, der früher einen verhältnismäßigen Wohlstand der Arbeiter begründet hatte – der Besitz des Arbeiters an seinen Produktionsmitteln –, jetzt für sie ein Hindernis und ein Unglück geworden war… Der Besitz von Haus und Garten war jetzt weit weniger wert als die vogelfreie Beweglichkeit.[15]

14 Peter Kriedte, Hans Medick, Jürgen Schlumbohm, *Industrialisierung vor der Industrialisierung. Gewerbliche Warenproduktion auf dem Land in der Formationsperiode des Kapitalismus*, Göttingen 1977.

15 Friedrich Engels, »Vorwort« (zur zweiten, durchgesehenen Auf-

Nur auf den ersten Blick war es da der riesigen Masse von jungen Frauen besser ergangen, die aus ländlichen Regionen kommend eine Anstellung in den Haushalten begüterter Familien gefunden hatte. Im Laufe des 19. Jahrhunderts war in Europa die Anzahl des Dienstpersonals ständig angestiegen, so dass an dessen Ende dieser Tätigkeitsbereich sogar der zahlenmäßig größte Beschäftigungssektor in manchen Ländern war – knapp vor der Landwirtschaft, weit vor der Industriearbeit; und nicht zu Unrecht spricht Jürgen Kocka daher vom 19. Jahrhundert als dem »Jahrhundert des Dienstmädchens«.[16] Der stete Einkommens- und Vermögenszuwachs des mittleren und höheren Bürgertums gestattete es nun beiden Schichten, häusliche Verrichtungen weitgehend an Dienstkräfte zu delegieren und darüber hinaus deren schiere Anzahl als weithin sichtbares Statusmerkmal zu nutzen. Entsprechend vielfältig waren die Tätigkeiten, für die vor allem junge Mädchen in solchen Haushalten eingestellt wurden: Kochen, Servieren, Ankleiden, Wäschewaschen, Nähen, Putzen und vieles mehr; auch die Kinder der Gutbetuchten wurden weiblichem Personal übergeben: Sie wurden von Ammen gesäugt, von Kindermädchen versorgt und in den Schlaf gewogen. Den männlichen Dienstboten, die es natürlich auch gab, waren nach dem weitgehenden »Ausster-

lage von »Zur Wohnungsfrage«), in: *MEW*, Bd. 21, Berlin 1972, S. 325-334, hier: S. 330f.

16 Kocka, *Arbeitsverhältnisse und Arbeiterexistenzen*, a. a. O., S. 109. Vgl. auch Osterhammel, *Die Verwandlung der Welt*, a. a. O., S. 991. Zur Arbeitssituation des Dienstpersonals im 19. Jahrhundert vgl. v. a.: Rolf Engelsing, *Zur Sozialgeschichte deutscher Mittel- und Unterschichten*, Göttingen 1973; Heidi Müller, *Dienstbare Geister. Leben und Arbeitswelt städtischer Dienstboten*, Berlin 1985, S. 24-26.

ben« des Hauslehrers im Zuge der Verbreitung öffentlicher Schulen vor allem die Funktionen des Kutschers oder Chauffeurs, des Gärtners, seltener auch des Butlers und häufiger des für alle Handlangerdienste zuständigen Knechts zugedacht.

> Um 6 Uhr aufstehen bis ¾ 7 Uhr den Salon reinmachen.
> Von ¾ 7-7 Feuermachen und 2 Paar Stiefel putzen.
> Von 7 bis ¼ 8 Kleider reinmachen.
> Von ¼ 8 bis ½ 8 kaffeetrinken des Mädchens.
> Von ½ 8 bis ¼ 9 das Eßzimmer reinmachen.
> Von ¼ 9-9 2 Lampen putzen.
> Von ½ 9-9 den Korridor und die Mädchenbetten besorgen.
> Um 9 Uhr Gemüse putzen und zum Mittag aufsetzen.
> Von ½ 10-10 das Schlafzimmer der Frau besorgen.
> Von 10 – ½ 1 Uhr Mittag kochen, abwaschen und Tisch decken. Das Mittag muß pünktlich um ½ 1 Uhr fertig sein, Mittagessen dauert für Herrschaft und Mädchen in voller Ruhe bis ½ 2 Uhr.
> Von 12 2 – ½ 4 Uhr abwaschen, und Küche besorgen.
> Von ½ 4-4 Uhr muß das Mädchen sich zum 2. Male Waschen und Anziehen und Montag und Dienstag für mich Handarbeit machen.
> Mittwoch Nachmittag hat das Mädchen für sich.
> Donnerstags werden die Meubles und Teppiche geklopft, nachmittags Silber-Thürdrücker und Ofenthüren geputzt.
> Freitag werden die Fenster geputzt und Waschgeschirre geseift, Nachmittags die Küche gründlich gereinigt.
> Sonnabend Speise kochen und Lampen gründlich reinigen.
> Wäsche von uns 2 Leuten alle 14 tage in meiner Küche ist eine Arbeit von ½ Tag.[17]

17 »Unser Blatt« 2 (1899), S. 237, zitiert nach: Müller, *Dienstbare Geister*, a. a. O., S. 150.

So vielfältig die Tätigkeitsformen waren, so unterschiedlich gestalteten sich auch die rechtliche Stellung, die Entlohnung und die Arbeitszeiten des Dienstpersonals. Zwar sorgten die Gesindeordnungen, die zu Beginn des 19. Jahrhunderts nach Aufhebung der Erbuntertänigkeit und des Gesindezwangsdienstes in vielen Ländern eingeführt worden waren, für eine erste Befreiung des Dienstpersonals von direkter Abhängigkeit und Vormundschaft, aber man blieb weiterhin der rechtlichen Gewalt und wirtschaftlichen Verfügung des jeweiligen Hausherrn unterstellt; je nach Rang und Tätigkeit im Haushalt bedeutete dies im schlechtesten Fall tägliche Arbeitszeiten von über 16 Stunden,[18] und dies bei komplettem Lohnverzicht, da Unterkunft und Ernährung »im Gegenzug« gestellt wurden;[19] im besten Fall, etwa dem der Gouvernante, bedeutete dies hingegen eine auskömmliche Bezahlung und Einbeziehung in die familiären Aktivitäten. Eine scheinbar attraktivere Alternative tat sich vor allem für das weibliche Dienstpersonal im 19. Jahrhundert erst auf, als mit der Ausweitung des kapitalistischen Gütermarktes und des wirtschaftlichen Handels nicht nur die großen Warenhäuser in den Metropolen entstanden, sondern auch der Bedarf an Bürokräften in den Behörden und Versicherungsanstalten allmählich zunahm. Die stetig wachsende Nachfrage nach billigen

18 Vgl. zu diesen Angaben: Ebd., S. 168f. Vgl. zusätzlich: Dorothee Wierling, *Mädchen für alles. Arbeitsalltag und Lebensgeschichte städtischer Dienstmädchen um die Jahrhundertwende*, Bonn 2002.

19 Wie miserabel die Unterbringung des Dienstpersonals aber meistens war, schildert kurz und prägnant das Dienstmädchen Hedwig im berühmten, der »Sicht von unten« gewidmeten 14. Kapitel des Romans *Der Stechlin* von Theodor Fontane: ders., *Der Stechlin* (1998), München 1969, S. 140-154, bes. S. 150-154.

Arbeitskräften in diesen Sektoren sorgte dafür, dass sich gänzlich neue Beschäftigungsmöglichkeiten für junge, unverheiratete Frauen auftaten;[20] und auch wenn die Entlohnung in diesen neuen Berufszweigen der Verkäuferin, der Sekretärin oder der Telefonistin meistens sehr gering war, so konnte man sich hier immerhin von den persönlichen Abhängigkeiten im Familienhaushalt befreit und vor den direkten Zugriffen und Zumutungen des Hausherrn geschützt wissen.

Schon die Lektüre von Émile Zolas *Paradies der Damen* verschafft einen guten Eindruck davon, wie miserabel die Arbeitsbedingungen beispielsweise in den Warenhäusern tatsächlich beschaffen waren.[21] Überhaupt bieten Zolas Romane aus dem zwanzigbändigen Zyklus *Les Rougon-Macquart* reichhaltiges Anschauungsmaterial für das Studium des Arbeitslebens der unteren Schichten im Frankreich des 19. Jahrhunderts, angefangen beim bäuerlichen Tagelöhner über die Wäscherin und den Kleinhändler bis hin zu den Arbeiter:innen im Bergbau.[22] In dem fiktiven Modetempel namens »Paradies der Damen« jedenfalls ergeht es Denise, die aus der

20 Vgl. Scott, »Die Arbeiterin«, a.a.O., S. 458f.; Müller, *Dienstbare Geister*, a.a.O., S. 104-110.

21 Émile Zola, *Paradies der Damen* (1884), übers. von Hilda Westphal, München 1976.

22 Die einschlägigen Romane von Émile Zola, sortiert hier nach dem Erscheinungsjahr der franz. Erstausgaben, sind: *Der Bauch von Paris* (1873), übers. von Felix Loesch und Hans Balzer, München 1986; *Der Totschläger* (1877), übers. von Gerhard Krüger, Berlin 2002; *Germinal* (1885), übersetzt von Johannes Schlaf, München 1976; *Die Erde* (1887), übers. von Hans Balzer, Berlin 1963; Es gibt, was die Genauigkeit in der Schilderung sich wandelnder Arbeitsformen anbelangt, wenig Vergleichbares in Deutschland. Eine große Ausnahme in Hinblick auf die dörfliche Arbeit des

ländlichen Provinz nach Paris aufgebrochen war, um dort ihren Lebensunterhalt zu verdienen, nicht anders als all den Zigtausenden jungen Frauen, die aus purer Not in die neuen Handelsmetropolen geströmt sind: Auf sich allein gestellt und bar jeder wirtschaftlichen oder sozialen Ressourcen, müssen sie in erbitterte Konkurrenz mit ihren ebenso mittellosen Geschlechtsgenossinnen um die heiß begehrten Arbeitsplätze treten, ein Wettstreit, dessen Ausgang nicht selten vom Schicksal ihrer Beziehungen zu ihren männlichen, auf sexuelle Gefälligkeiten erpichten Vorgesetzten abhängig ist.

In dem weiten Rundblick, den Zola in seinem Romanzyklus auf die Lage der verschiedenen Erwerbszweige in Frankreich um 1850 bietet, kommen erstaunlicherweise das Handwerk und die Handwerksbetriebe so gut wie gar nicht vor; das ist umso verblüffender, als noch im Jahr 1870, also zu Beginn von Zolas literarischer Karriere, nahezu zwei Drittel der französischen industriellen Produktion von handwerklichen Kleinbetrieben geleistet wurde.[23] Zwar wurde im Laufe des 19. Jahrhunderts die Zahl dieser seit dem Mittelalter so zentralen Betriebsstätten, in der alle für den täglichen Bedarf nötigen Gebrauchsgüter – von den Schuhen über die Möbel bis hin zum Werkzeug – in enger Zusammenarbeit zwischen Meister und Gesellen gefertigt und repariert wurden, allmählich geringer, weil sie zunehmend in Konkurrenz mit den ertragreicheren, auf die Fertigung von Massenartikeln setzenden Manufakturen und Fabriken

Handwerks, des Ackerbaus und der Viehzucht bildet: Oskar Maria Graf, *Das Leben meiner Mutter* (1946), München 1974.

23 Pierre Devon, »Proto-Industrialization in France«, in: Sheilagh C. Ogilvie u.a. (Hg.), *European Proto-Industrialization*, Cambridge 1996, S. 38-48.

gerieten;[24] gleichwohl bot das Handwerk weiterhin vor allem jungen Männern sowohl in den Städten als auch in den ländlichen Regionen die Möglichkeit, eine relativ gesicherte Anstellung zu finden, die überdies kollegiale Einbindung, leidliche Reputation und abwechslungsreiche Tätigkeit versprach. Die Arbeitsbedingungen in diesen Handwerksbetrieben unterschieden sich merklich von denen in der Heimarbeit und in den bald überall entstehenden Fabriken: Obwohl mit der Einführung der Gewerbefreiheit die Zünfte abgeschafft worden waren, bestanden Überbleibsel des alten Gewerbestolzes und Zusammengehörigkeitsgefühls fort; man fabrizierte jeweils noch in enger Kooperation ein fertiges Produkt, so dass der Erfolg der eigenen Tätigkeit sichtbar blieb, und solange es nur wenige Möglichkeiten der künstlichen Beleuchtung wie Kerzen und Petroleumlampen gab, endete der Arbeitstag für gewöhnlich bei Einbruch der Dunkelheit. Diese Vorzüge des Handwerkerdaseins trugen nicht nur dazu bei, dass während des 19. Jahrhunderts die Berufsvererbung in den handwerklichen Schichten deutlich höher war als in anderen Erwerbszweigen; darüber hinaus förderten der vergleichsweise starke Zusammenhalt unter den Gesellen, ihr allen industriellen Fortschritten trotzender Berufsstolz und

24 Dass damals auch die realistische Alternative bestanden hätte, statt den Pfad der Massenproduktion den der spezialisierten, handwerklich geprägten Kleinproduktion einzuschlagen, ist die spannende These einer Studie von Michael J. Priore und Charles F. Sabel, auf die ich im Exkurs II zum Begriff der Arbeitsteilung noch ausführlich zurückkommen werde: dies., *Das Ende der Massenproduktion. Studie über die Requalifizierung der Arbeit und die Rückkehr der Ökonomie in die Gesellschaft*, übers. von Jürgen Behrens, Frankfurt/M. 1989.

ihre größere Selbstständigkeit bei der Arbeitsgestaltung auch eine Skepsis gegenüber den neuen Wirtschaftsverhältnissen, die dazu führte, dass die Handwerker – entgegen der marxistischen Geschichtsschreibung – eine führende Rolle bei der Entstehung der frühen Arbeiterbewegung übernahmen und deren Kultur bis ins 20. Jahrhundert hinein maßgeblich prägten.[25] Erinnert sei in diesem Zusammenhang nur an den aus Magdeburg stammenden Schneidergesellen und Frühsozialisten Wilhelm Weitling, unehelicher Sohn eines Dienstmädchens im Übrigen, der vielen als erster deutscher Theoretiker des Kommunismus gilt.[26] Insgesamt blieb das handwerkliche Kleingewerbe bis weit nach 1850 ein relativ stabiler Zufluchtsort für die wachsende Masse von Arbeitswilligen, der trotz konjunktureller Schwankungen und der wachsenden Konkurrenz zur industriellen Massenproduktion im Großen und Ganzen ein zum Leben ausreichendes Einkommen und erträgliche Arbeitsbedingungen bot.[27]

Die letzte Alternative, die den aus der Landwirtschaft vertriebenen Schichten zum Broterwerb offenstand, wa-

25 Vgl. den Überblick von Karl Ditt, »Fabrikarbeiter und Handwerker im 19. Jahrhundert in der neueren deutschen Sozialgeschichtsschreibung«, in: *Geschichte und Gesellschaft* 2 (1994), S. 299-320; Toni Offermann, *Arbeiterbewegung und liberales Bürgertum 1850-1863*, Bonn 1979; Craig Calhoun, *The Roots of Radicalism. Tradition, the Public Sphere, and Early Nineteenth-Century Social Movements*, Chicago 2012.

26 Vgl. Wolf Schäfer, »Wilhelm Weitling im Spiegel der wissenschaftlichen Auseinandersetzungen«, in: Wilhelm Weitling, *Das Evangelium des armen Sünders/Die Menschheit, wie sie ist und sein sollte* (1846/1838), Reinbek 1971, S. 180-203.

27 Vgl. für Deutschland zusammenfassend: Wehler, *Deutsche Gesellschaftsgeschichte*, Bd. 2, a.a.O., S. 63.

ren die vor allem seit der Erfindung der Dampfmaschine zunächst in England und mit Verzögerung dann auch in Frankreich und Deutschland schnell entstehenden Fabriken. Hierbei handelte es sich um eine in den Arbeitsabläufen und Produktionsmethoden ebenso wie in den in Aussicht stehenden Gewinnmargen tatsächlich gänzlich neue Betriebsform; ermöglicht durch technisch fortgeschrittene Antriebssysteme, die nicht mehr aus Holz, sondern aus Guss- oder Schmiedeeisen gefertigt wurden, konnten die Kraftmaschinen zum ersten Mal in Großbetrieben zum Einsatz gelangen, in denen dank des Einsatzes von Gaslampen Tag und Nacht in arbeitsteiliger Fließproduktion Waren in großen Stückzahlen produziert wurden, so dass die wirtschaftlichen Erträge für die privaten Unternehmer nach oben schnellten. Nur schwer ist im Rückblick noch zu erahnen, zu welchen gravierenden Umstellungen in der ganzen Arbeits- und Lebensweise diese neuen Produktionsmethoden die Beschäftigten gezwungen haben. Vorbei war es mit der immerhin noch relativ selbstgesteuerten, dem Material sich anpassenden Tätigkeit in der Landwirtschaft oder im Handwerksbetrieb, ja selbst noch in der Heimarbeit, wo wenigstens Pausen nach Bedarf eingelegt werden konnten. Stattdessen galt es nun, sich an den monotonen Rhythmus der Maschine anzupassen, zigfach die immergleichen Bewegungen auszuführen, den ohrenbetäubenden Lärm in der Fabrikhalle auszuhalten und zu Zeiten zu arbeiten, in denen man natürlicherweise schläft. Es war ein Wandel in der Erfahrungswelt von einer Wucht und Tiefe, den spätere Generationen als »Kulturschock« beschreiben würden.[28]

28 In Hinblick auf die Wandlung im Zeitverständnis, welche die

Die Lichter in den großen Fabriken, die in ihrer Beleuchtung Feenpalästen glichen – so meinten jedenfalls die Reisenden im Eilzug – waren erloschen, die Glocken hatten Feierabend geläutet und wieder aufgehört, und die Arbeitsleute, Männer und Frauen, Knaben und Mädchen, trappelten heim. Old Stephen stand auf der Straße mit dem merkwürdigen Gefühl, das jedesmal durch den Stillstand der Maschinen in ihm ausgelöst wurde – dem Gefühl, als hätten sie in seinem Kopf gearbeitet und dann aufgehört.[29]

Währenddessen rauchten in Milton die Schornsteine, und das unaufhörliche Dröhnen und mächtige Hämmern und verwirrende Rotieren der Maschinen kämpften und strebten ununterbrochen. Gefühllos und ziellos waren Holz und Eisen und Dampf in ihrer endlosen Anstrengung; aber was unermüdliche Ausdauer anging, konkurrierten mit der Beharrlichkeit ihrer eintönigen Arbeit die starken Menschenmassen, die, *mit* Gefühl und *mit* Ziel, geschäftig und rastlos auf der Suche waren nach ... Wonach eigentlich?[30]

neuen Arbeitsformen des entstehenden Industriekapitalismus mit sich brachten, vgl. weiterhin den einflussreichen und maßgebenden Aufsatz von E.P. Thompson: »Zeit, Arbeitsdisziplin und Industriekapitalismus«, in: ders., *Plebejische Kultur und moralische Ökonomie. Aufsätze zur englischen Sozialgeschichte des 18. und 19. Jahrhunderts*, übers. von Günther Lottes, Frankfurt/M., Berlin, Wien 1980, S. 35-66.

29 Charles Dickens, *Harte Zeiten* (1854), übers. von Christine Hoeppener, Berlin 1972, S. 75.

30 Elizabeth Gaskell, *Norden und Süden* (1855), übers. von Christina Neth, Norderstedt 2015, S. 513.

Dieser Umbruch geschah wohlgemerkt nicht über Nacht, sondern vollzog sich in einem einige Jahrzehnte dauernden Prozess. Seine vollkommene Neuartigkeit und verunsichernde Unwucht haben aber offenbar im Bewusstsein der Zeitgenossen binnen kurzer Zeit das Phantasma entstehen lassen, die Fabrikarbeit würde trotz ihres zahlenmäßig geringen Umfangs zum allgemeinen Schicksal moderner Gesellschaften werden und überdies eine ganz neue, vereinte Klasse, die des »Proletariats«, hervorbringen – ein Phantasma, dem kurze Zeit später Marx nur noch den Zusatz hinzufügen musste, es handele sich dabei auch um das »revolutionäre Subjekt« der zukünftigen Geschichte, um es abzurunden.[31] Wie wenig diese Mythenbildung mit der gesellschaftlichen Realität übereinstimmte, wird nicht erst daran ersichtlich, dass, wie bereits erwähnt, die Industriearbeit während des gesamten 19. Jahrhunderts ein nur verschwindend kleiner Beschäftigungsbereich blieb. Auch die Tatsache, dass zur Übernahme dieser neuen Erwerbstätigkeit Gruppierungen unterschiedlichster Herkunft, kultureller Orientierungen und Arbeitsbiographien gezwungen waren, macht das Fiktionale an der Vorstellung vom aus dem Stand geeinten, starken Proletariat unmissverständlich deutlich: Man musste sich um eine vertragliche Anstellung in den Fabriken mit all ihren wirtschaftlichen Unwägbarkeiten, quälenden Arbeitszeiten und erniedrigenden Disziplinierungen bemühen, weil man als Bettler oder Vagabund, als Tagelöhner vom Land, als verarmter Bauer, mittelose Ehefrau oder Tochter, städtischer Handlanger, saisonaler Wanderarbeiter oder als arbeits-

31 Patrick Eiden-Offe, *Die Poesie der Klasse. Romantischer Antikapitalismus und die Erfindung des Proletariats*, Berlin 2017.

loser Handwerkergeselle keine andere Möglichkeit mehr sah, über einen kurzen Zeitraum hinweg die eigene Subsistenz zu sichern.[32] Höchst disparat waren aber auch die Beschäftigungsbedingungen, unter denen in den maschinell betriebenen Manufakturen und Fabriken Arbeitskraft rekrutiert und vergütet wurde: Die Rohstoffe, die zur Weiterverarbeitung in die Betriebsstätten geliefert wurden, waren häufig von Sklaven von den territorialen Rändern und aus den überseeischen Kolonien Europas herangeschafft worden;[33] einige Handlangerdienste um die Fabrikhallen herum oblagen kurzzeitig beschäftigten, vertragslos tätigen und mit nur geringster Bezahlung abgespeisten Hilfsarbeitern; viele Arbeitskräfte für die arbeitsteilig organisierten, kaum größere Qualifikation verlangenden Fertigungstätigkeiten wurden von lokalen »Kontraktoren« rekrutiert, die eine Beschäftigung an anderen, häufig ferner gelegenen Orten gegen eine Pauschalhonorierung für eine festgelegte Zeit feilboten. Kurz, längst nicht alle Arbeiter und Arbeite-

32 Diese Aufzählung orientiert sich an Ahlrich Meyer, »Eine Theorie der Niederlage. Marx und die Evidenz des 19. Jahrhunderts«, in: Marcel van der Linden, Karl Heinz Roth (Hg.), *Über Marx hinaus. Arbeitsgeschichte und Arbeitsverhältnisse in der Konfrontation mit den globalen Arbeitsverhältnissen des 21. Jahrhundert*, Berlin, Hamburg 2009, S. 311-333. Zur Einbeziehung von Frauen in die Arbeitsverhältnisse der Frühindustrialisierung am Beispiel Englands vgl.: Maxine Berg, »Women's Work, Mechanization and the Early Phases of Industrialization in England«, in: Raymond Edward Pahl (Hg.), *On Work. Historical, Comparative and Theoretical Approaches*, Oxford 1988, S. 61-94.

33 Zur Bedeutung des auf Sklavenarbeit beruhenden überseeischen Handels während des Beginns der kapitalistischen Industrialisierung vgl. die vorzügliche Darstellung von Albert Wirz, *Sklaverei und kapitalistisches Weltsystem*, Frankfurt/M. 1984, Kap. 5.

rinnen in den Fabriken waren zu Bedingungen eines mit den Unternehmern ausgehandelten Vertrages tätig, den man darüber hinaus trotz seiner Alternativlosigkeit illusorisch als »frei« beschrieb.[34]

Es mag aufgefallen sein, dass mein bisheriger Überblick über die Arbeitsverhältnisse im westlichen Europa des 19. Jahrhunderts kaum Hinweise auf irgendwelche übergreifende Veränderungsprozesse enthält, ja wie ein eingefrorenes Bild wirkt. Und in der Tat: Beschrieben wurde im Wesentlichen bislang nur, mit welchen Tätigkeiten das arbeitende Volk während dieses Zeitraums normalerweise beschäftigt war, um seine eigene Subsistenz zu sichern. Berücksichtigt man, dass zu der zermürbenden Arbeit auf dem Land, im Verlagssystem, in fremden Privathaushalten, im Handel, im Handwerk oder in den Fabriken vor allem für die weiblichen Arbeitskräfte noch die täglichen, unbezahlten, aber keinen Aufschub duldenden Verrichtungen in den eigenen vier Wänden hinzukamen, so dürfte unmittelbar einsichtig sein, dass für die politischen Aktivitäten eines Souveräns weder die notwendige Zeit noch die erforderliche Unabhängigkeit und psychische Energie vorhanden waren. Auch wenn es die inzwischen etablierten Bürgerrechte verlangten und die demokratisch gesinnten Staatstheoretiker behaupteten: Von einem Volk, dem ein Mitspracherecht bei den Regierungsgeschäften zukommt, konnte damals keine Rede sein. Und selbst wenn dieses Volk, was nicht der Fall war, ein formales Wahlrecht besessen hätte, wäre es ihm kaum von Nutzen gewesen, war es doch viel zu sehr mit der Beschaffung des Aller-

34 Vgl. dazu Osterhammel, *Die Verwandlung der Welt*, a.a.O., S. 977-980.

nötigsten beschäftigt, dem Dach über dem Kopf und der täglichen Mahlzeit.

Allerdings sorgte die starke Kluft zwischen Ideal und Wirklichkeit, zwischen dem Versprechen der politischen Beteiligung und den diesem krass entgegenstehenden Lebens- und Arbeitsbedingungen, dann doch dafür, dass die Beschäftigungsverhältnisse im 19. Jahrhundert nicht bar jeden Wandels waren. So entstanden im Laufe der Zeit aufgrund des technischen Wandels im Gleichschritt mit dem Absterben ganzer Tätigkeitsfelder reihenweise neue Berufe und das Gewicht der einzelnen Berufszweige untereinander verschob sich in der Anzahl der darin Beschäftigten erheblich. Vor allem aber machten sich, je weiter das Jahrhundert seiner Mitte entgegenschritt, immer stärker Symptome eines zügellosen Kapitalismus breit, die sich für alle sichtbar in einer wachsenden Massenarmut niederschlugen. Auf dem Land hielt der kapitalistische Strukturwandel insofern Einzug, als aus den bäuerlichen Höfen zunehmend agrarkapitalistische Betriebe wurden, die nach Größe und Erträgen freilich höchst diversifiziert waren; dieser zahlenmäßig kleinen Gruppe von Besitzbauern stand in ganz Europa ein Heer von Landarbeitern und Landarbeiterinnen zur Verfügung, deren arbeitsrechtliche Stellung sich aufgrund der zunehmenden Aushöhlung traditioneller, patrimonial begründeter Loyalitätsbindungen immer stärker der der industriellen Lohnarbeiterschaft annäherte, mit dem Unterschied allerdings, dass häufig der Bauer eine Art von hausväterlicher Gewalt über die von ihm beschäftigten Hilfskräfte beibehielt – was neben der elenden Lage, der enormen Belastung während der Sommermonate und der räumlichen Abgeschiedenheit erklärt, warum ein organisierter Widerstand von Seiten der

Landarbeiterschaft nahezu unmöglich war.[35] Vergleichsweise besser erging es demgegenüber dem Handwerk, das trotz der wachsenden Konkurrenz zur kapitalistischen Industrieproduktion überall dort sogar noch einmal einen Aufschwung nahm, wo aufgrund des steten Bevölkerungswachstums und der sprunghaft ansteigenden Urbanisierung eine große Nachfrage nach lebensnotwendigen Gütern, Reparaturbetrieben und Wohnungsbau und daher auch nach Zimmerleuten, Pflasterern, Schlossern und Maurergesellen entstand; zwar starben im Laufe dieses Prozesses auch einige Handwerkszweige in Folge des technischen Wandels aus – Wehler erwähnt für Deutschland unter anderen die Schwertfeger, die Gewehrbauer oder die Nadelmacher–,[36] aber anderen Kleinbetrieben ging es abhängig von Ort und Bedarfslage aus dem eben genannten Grund doch relativ gut.

Wie zuvor angedeutet, waren es daher auch zunächst die Handwerksgesellen, die erste Initiativen ergriffen, gegen die Expansion kapitalistischer Arbeitsbedingungen kollektiv aufzubegehren. Als dieser Widerstand dann aber europaweit auf die Industriearbeiterschaft überzuspringen begann und zur Gründung erster Arbeitervereinigungen und Streikbewegungen führte,[37] reagierte

35 So spricht Friedrich Engels in seinem hochinformativen Artikel »Zur Bauernfrage in Frankreich und Deutschland« (1894) mehrmals von der »Apathie« der arbeitenden Landbevölkerung, die er sich aus deren sozialer Isolation, ärmlichen Lage und personalen Abhängigkeit erklärt (*MEW*, Bd. 22, Berlin 1968, S. 483-505).

36 Hans-Ulrich Wehler, *Deutsche Gesellschaftsgeschichte*, Bd. 3: *1849-1914*, München [2]2006, S. 62.

37 Vgl. überblickshaft: Wolfgang Abendroth, *Sozialgeschichte der europäischen Arbeiterbewegung*, Frankfurt/M. 1965, S. 11-50. Zur

das Bürgertum bekanntlich mit wachsender Unruhe und häufig sogar Panik.

> Jeder Fabrikant lebt in seiner Fabrik wie die kolonialen Plantagenbesitzer inmitten seiner Sklaven; einer gegen hundert, und die Unruhen von Lyon glichen den Aufständen von Santo Domingo … Die Barbaren, von denen die Gesellschaft bedroht wird, befinden sich weder im Kaukasus, noch in der tatarischen Steppe: sie leben in den Vororten der Industriestädte. Die Mittelklasse muß diese Lage klar erkennen.[38]

Nachdem man in der ersten Hälfte des Jahrhunderts den Versuch unternommen hatte, das Notleiden der arbeitenden Schichten mit Verweis darauf abzutun, dass die herrschende Armut und Notlage selbstverschuldet seien und überdies Gefahren der moralischen Verwahrlosung mit sich brächten, änderte sich nach 1850 die Tonlage erheblich. Unter dem Druck der massiv erstarkten Arbeiterbewegung sprach man nun nicht mehr länger vom »Pauperismus« oder von den »gefährlichen Klassen«, die Ordnung und Recht bedrohen würden,[39]

Zunahme an Arbeitskonflikten vgl. auch Kittner, *Arbeitskampf*, a. a. O., Zweiter Teil, Abschn. 1-4.

38 Louis Chevalier, *Classes laborieuses et classes dangereuses à Paris pendant la première moitié du XIXe siècle*, Paris ²1984, S. 176, zitiert nach: Robert Castel, *Die Metamorphosen der sozialen Frage. Eine Chronik der Lohnarbeit*, übers. von Andreas Pfeuffer, Konstanz 2000, S. 198. Vgl. zu diesem wichtigen Buch auch meine Besprechung: Axel Honneth, »Tigersprung in die Vorgeschichte der Arbeit. Zu Robert Castels grundlegendem Werk ›Metamorphosen der sozialen Frage‹«, in: *Literaturen* 2:1 (2001), S. 58-59.

39 Zum Erfahrungsgehalt des »Pauperismus« und zum Phantasma der »gefährlichen Klassen« vgl. das großartige Kapitel »Les Misé-

sondern erörterte die verheerende Lage der Arbeits- und Lebensbedingungen unter dem neuen Leitbegriff »Soziale Frage«. Dieser Begriff sollte von nun an die Diskussion über das soziale Schicksal der arbeitenden Klassen dominieren,[40] auch wenn dessen Lichtkegel zunächst nur auf die miserablen Bedingungen in der Industriearbeit und den ihr benachbarten Erwerbszweigen fiel, wohingegen die sozialen Verhältnisse in den zahlenmäßig doch umfangreicheren Bereichen der Landwirtschaft und des Dienstgewerbes eher im Schatten verblieben – von der Hausarbeit ganz zu schweigen, die weiterhin gar nicht als Arbeit betrachtet wurde. Aber die Reformen, die während dieser Zeit zur Lösung der »sozialen Frage« in den industriellen Beschäftigungssektoren allmählich und mit von Land zu Land verschiedenen Geschwindigkeiten und Maßnahmen herbeigeführt wurden, zeichnen doch den Weg vor, auf dem im 20. Jahrhundert dann auch die Arbeitsbedingungen in den restlichen Tätigkeitsbereichen schrittweise verbessert werden sollten.

Die moralische Logik, der diese ersten Reformbemühungen folgten, hat mehr mit unserem Thema zu tun, als es auf den ersten Blick den Anschein haben mag. Ge-

rables« in: Castel, *Die Metamorphosen der sozialen Frage*, a. a. O., S. 193-204. Bei Hegel treten Victor Hugos »misérables« bereits ein halbes Jahrhundert früher als Mitglieder des »Pöbels« auf: Hegel, *Grundlinien der Philosophie des Rechts*, § 244.

40 Zur Diskussion über den Pauperismus im Deutschland des Vormärz vgl.: Wehler, *Deutsche Gesellschaftsgeschichte*, Bd. 2, a. a. O., S. 281-296. Einen guten Überblick der politischen Auseinandersetzungen über die »soziale Frage« im Europa der zweiten Hälfte des 19. Jahrhunderts bietet weiterhin: Ferdinand Tönnies, *Die Entwicklung der sozialen Frage bis zum Weltkriege* (1907), Nachdruck Berlin 1989.

wiss, den faktischen Anstoß für die verschiedenen Bemühungen, die Arbeits- und Lebensverhältnisse der Industriearbeiterschaft zu verbessern, gaben häufig nur entweder die rein wirtschaftliche Erwägung, die Produktivität der Arbeitskraft nicht durch übermäßige Auspressung zu verringern, oder das politische Kalkül, die inzwischen »gefährlich« gewordene Arbeiterbewegung durch klug dosierte Zugeständnisse zu befriedigen – etwa durch Sozialreformen im Stile Bismarcks.[41] Aber mit ziemlicher Sicherheit waren solcherart Strategien immer auch von der dunklen Ahnung begleitet, dass sich dadurch etwas nur hinauszögern, aber auf lange Sicht nicht verhindern lassen würde. Die Kluft zwischen dem, was die inzwischen beinah überall proklamierten Bürgerrechte verlangten, und der Lebenswirklichkeit der arbeitenden Schichten war schlicht zu groß, als dass nicht auch den machthabenden Kreisen die normative Dringlichkeit von Verbesserungen deutlich vor Augen gestanden haben dürfte. Insofern setzte sich in den verschiedenen Reformmaßnahmen, und zwar gleichgültig, von welcher untergründigen Absicht sie getragen oder wie sie ausgestaltet waren, immer auch ein Element jener moralischen Wirksamkeit durch, die existierende, allgemein anerkannte Normen nun einmal besitzen. Auf den Fall Englands gemünzt, hat Thomas H. Marshall diese Erzwingung von ersten Verbesserungen der Arbeitsverhältnisse allein aus der seltsamen Kraft von rechtlich-moralischen Imperativen in einer bis heute über-

41 Vgl. zu den unterschiedlichen Absichten und Strategien: Wolfgang J. Mommsen, Wolfgang Mock (Hg.), *Die Entstehung des Wohlfahrtsstaates in Großbritannien und Deutschland 1850-1950*, Stuttgart 1998.

zeugenden Weise beschrieben: Hatte man einmal öffentlich zugestanden, wie es in England, aber auch in vielen anderen westlichen Staaten der Fall war, dass die liberalen Freiheitsrechte auch das Recht zur politische Teilhabe beinhalten müssen, so konnte und durfte man sich der daraus folgenden Schlussfolgerung nicht auf Dauer entziehen, für die faktische Verwirklichung dieser Rechte auch die sozialen Mittel zur Verfügung zu stellen.[42] Welche Mittel es dann schließlich waren, die im zähen Ringen mit den jeweiligen Repräsentanten der Arbeiterbewegung ergriffen wurden, um den arbeitenden Schichten bessere Chancen zur Wahrnehmung ihrer politischen Rechte zu gewähren, variierte natürlich von Land zu Land, ja häufig von Region zu Region; aber im Durchschnitt bestanden diese Reformmaßnahmen in der Einrichtung eines öffentlichen Schulsystems, in Fabrikgesetzen, welche die Arbeitszeit begrenzten, Erholungspausen vorschrieben und die Beschäftigung von Kindern verboten, in Sicherheitsauflagen, welche die Gefährdungen bei der Arbeit verringern sollten, in gesetzlichen Vorgaben für Mindestlöhne und endlich in wohlfahrtsstaatlichen Maßnahmen, die für einen finanziellen Ausgleich im Falle von Krankheit oder Entlassungen zu sorgen hatten. In solchen arbeitsrechtlichen und sozialpolitischen Verbesserungen, so verschieden sie im Einzelnen auch gewesen sein mögen, blitzt zum ersten Mal in der Geschichte des Kapitalismus ein Funke derjenigen normativen Idee auf, die diesem Buch im Ganzen zugrunde liegt: dass eine Demokratie, um gedeihen zu

42 Thomas H. Marshall, *Bürgerrechte und soziale Klassen. Zur Soziologie des Wohlfahrtsstaates*, übers. von Elmar Rieger, Frankfurt/M., New York 1992, bes. S. 40-65.

können und um ihrem eigenen Anspruch gerecht zu werden, auf eine soziale Organisation der Arbeitsverhältnisse verpflichtet ist, die den Beschäftigten die Mitwirkung an den politischen Auseinandersetzungen in der demokratischen Öffentlichkeit ermöglicht.

Von diesen ersten Reformen, die vor allem die Industriearbeitsverhältnisse betrafen, führt ein langer, hart umkämpfter Weg, der weitere Verbesserungen, technologische Neuerungen und berufliche Umschichtungen mit sich brachte, über die Jahrhundertwende und zwei Weltkriege hinweg in die siebziger Jahre des 20. Jahrhunderts. Nur in ganz wenigen Ländern wie Großbritannien oder Deutschland war während dieses Zeitraums die Industrie zum führenden Beschäftigungssektor geworden, wohingegen im größeren Teil Westeuropas nach wie vor mehr Menschen in der Landwirtschaft und im Dienstleistungsbereich tätig blieben. Aber schon um 1970 war dieses kurze Zwischenspiel einer lokal begrenzten Dominanz der Fabrik wieder zu Ende, als der Dienstleistungsbereich zum mit Abstand größten Sektor im gesellschaftlichen Arbeitsgefüge werden sollte.[43] Das Verlagssystem, ein zentrales Glied in den Produktionsverhältnissen des 19. Jahrhunderts, verschwand mit der Zeit fast vollständig von der Bildfläche, weil es sich als nicht konkurrenzfähig gegenüber der maschinellen Fer-

43 Vgl. Osterhammel, *Die Verwandlung der Welt*, a.a.O., S. 960f. Insgesamt: Daniel Bell, *Die nachindustrielle Gesellschaft*, übers. von Gerda Kurz und Siglinde Summerer, Frankfurt/M. 1996; Jean Fourastié, *Die große Hoffnung des zwanzigsten Jahrhunderts*, übers. von Klaus Düll, Köln 1954. Zudem höchst informativ: Martin Baethge, »Die Arbeit in der Dienstleistungsgesellschaft«, in: Adalbert Evers, Rolf G. Heinze, Thomas Olk (Hg.), *Handbuch Soziale Dienste*, Wiesbaden 2011, S. 35-61.

tigung in den Fabriken erwiesen hatte, wird aber dann, wie wir noch sehen werden, in der Gegenwart in vollkommen neuen Gewändern wieder auferstehen. Dramatisch war der Wandel, den die Arbeitsverhältnisse in der Landwirtschaft seit Beginn des 20. Jahrhunderts erfuhren, und zwar nicht nur, weil die bäuerliche Arbeit dank neuer Maschinen zunehmend mechanisiert wurde, sondern auch, weil die Produktionsabläufe »von der Urerzeugung über die Weiterverarbeitung bis zur Vermarktung« immer stärker in den kapitalistischen Welthandel einbezogen wurden, der eine »international operierende Agro-Industrie« entstehen ließ.[44] Gleichwohl waren es die um 1870 einsetzenden Reformen im Industriebereich, die schon bald den Takt für alle Verbesserungen der Arbeitsbedingungen – mit Ausnahme des Agrarbereichs – vorgeben sollten. Den nachhaltigsten Durchbruch stellte in dieser Hinsicht die aus der Systematisierung der Sozialfürsorge hervorgegangene Pflichtversicherung dar, die eine Art von »stiller Revolution« (Jürgen Osterhammel) des Lohnarbeiterverhältnisses bewirkte: Der soziale Status aller Lohnabhängigen, ob nun Arbeiter oder Angestellte, wurde dadurch massiv aufgewertet, dass die Betroffenen bei unverschuldetem Arbeitsplatzverlust oder Erkrankung nun einen gesetzlich geregelten Anspruch auf zumeist staatliche Ausgleichszahlungen besaßen – ein von den Gewerkschaften als rechtlichem Organ der Arbeiterbewegung erkämpfter Durchbruch, den Robert Castel als Schaffung eines »normalisierten Lohnarbeiterverhältnisses« gewürdigt hat.[45] Dass diese vertragliche Absicherung allerdings nur eine recht brü-

44 Osterhammel, *Die Verwandlung der Welt*, a. a. O., S. 955.
45 Castel, *Die Metamorphosen der sozialen Frage*, a. a. O., S. 317-335.

chige Hülle bildete, die nicht nur unschwer einzureißen war, sondern hinter der sich auch weiterhin die Demokratie untergrabende Arbeitsbedingungen verbargen, wird sich im nächsten Kapitel zeigen.

Castel spricht in diesem Zusammenhang auch von einer »bürgerlichen Form von Lohnabhängigkeit« (ebd., S. 317).

5.
Von 1900 bis an die Schwelle zur Gegenwart

Der Blick auf die kapitalistischen Arbeitsverhältnisse, wie sie von der Jahrhundertwende bis um das Jahr 1970 in Westeuropa geherrscht haben, offenbart ebenso viele Kontinuitäten wie Diskontinuitäten. Die Hausarbeit, um mit diesem Stiefkind der gesellschaftlichen Imagination von Arbeit zu beginnen, hatte um 1900 einen weiteren Feminisierungsschub erfahren: Die zunächst vor allem in bürgerlichen Kreisen übliche Entgegensetzung von weiblich-bewahrendem Tun und männlich-rationalem Erwerbshandeln war nämlich inzwischen unter Mitwirkung der »ideologischen Staatsapparate« (Louis Althusser) von Schule und Kirche weit in das Gesellschaftsverständnis auch der unteren Schichten vorgedrungen; zudem war der Arbeitsmarkt durch die Staffelung der Löhne und die Ausprägung geschlechtstypischer Berufsbilder noch stärker als bisher segregiert worden, darüber hinaus ging man davon aus, dass Frauen ökonomisch weniger »produktiv« seien, so dass nun allgemein die Hausarbeit als ihr geradezu natürliches Betätigungsfeld angesehen wurde.[46] Als dann nach dem Ende des

46 Karin Hausen, »Die Polarisierung der ›Geschlechtscharaktere‹: eine Spiegelung der Dissoziation von Erwerbs- und Familienleben«, in: Werner Conze (Hg.), *Sozialgeschichte der Familie in der Neuzeit Europas*, Stuttgart 1976, S. 363-396; Scott, »Die Arbeiterin«, a. a. O. Über die Zurichtung von »bürgerlichen« Frauen zur Übernahme der Rolle von Mutter, Hausfrau und Ehegattin

Ersten Weltkriegs aufgrund von massiven Vermögensrückgängen bei einem signifikanten Teil des gehobenen Bürgertums auch noch die finanziellen Mittel fehlten, um sich die im eigenen Haushalt anfallenden Arbeiten von einer Dienstbotenschar abnehmen zu lassen, gingen nicht nur mannigfaltige Erwerbsmöglichkeiten für jüngere, mittellose Frauen verloren, die daher häufig zur Unterwerfung unter das Regime der kleinfamilialen Arbeitsteilung zwischen erwerbstätigen Ehemann und abhängiger Hausfrau gezwungen waren; vielmehr musste nun auch die bürgerliche Frau verstärkt im eigenen Haushalt tätig werden, so dass sich das inzwischen verbreitete Normalbild der mit Kochen, Waschen und Kindererziehung beschäftigten Ehegattin auch in der sozialen Realität zu bestätigen schien. Allerdings verlangte die Hausarbeit längst nicht mehr denselben Aufwand an harter physischer Anstrengung wie noch im 19. Jahrhundert, sondern war – wenn auch in vielen Haushalten mit einkommensbedingten Verzögerungen – durch eine Reihe von technischen Neuerungen um einiges leichter geworden, etwa durch die Elektrifizierung der einzelnen Haushalte ab den 1920er Jahren, die Erfindung moderner Hausgeräte und die Einrichtung von ablaufoptimierten Normküchen selbst in den Wohnungen der Unterschichten.[47] Dieser Modernisierungsschub hatte

im Laufe des 19. Jahrhunderts hat Yvonne Knibiehler einen großartigen Aufsatz geschrieben: »Leib und Seele«, übers. von Günter Seib, in: Duby, Perrot, *Geschichte der Frauen*, Bd. 4, a. a. O., S. 373-415.

47 Bärbel Kuhn, *Haus, Frauen, Arbeit 1915-1965. Erinnerungen aus fünfzig Jahren Haushaltsgeschichte*, St. Ingbert 1994, S. 88-101. In diesem Kapitel macht Bärbel Kuhn auch sehr schön deutlich, dass häufig erst das veränderte Warenangebot oder die neuen Wohnfor-

jedoch den Preis, dass die Hausarbeit zunehmend zur technisch vermittelten Verrichtung der einsam tätigen Hausfrau wurde, die zuvor noch dank einiger in ihrem Wirkungskreis liegenden Kommunikationsorte mit ihren Geschlechtsgenossinnen in regelmäßigen Austausch gestanden hatte.[48]

Erst nach dem Zweiten Weltkrieg, während des Wirtschaftsbooms der 1960er Jahre, begannen die Frauen verstärkt zurück auf den Arbeitsmarkt zu drängen. Inzwischen waren die genannten technischen Innovationen den meisten Haushalten zugänglich, womit auch auf breiter Basis die praktischen Voraussetzungen für diese Gegenbewegung geschaffen worden waren. Die wachsenden Gefühle der sozialen Isolation und des Überflüssigseins von Seiten der Frauen verbanden sich mit einem Streben nach größerer Unabhängigkeit.[49] Hinzu kam in dieser Phase des Aufschwungs eine starke Nachfrage nach Arbeitskräften von Seiten der Wirtschaft. Diese Entwicklung führte wiederum dazu, dass sich die Hausarbeit trotz ihres geringer gewordenen Umfangs endlich ein Stück weit aus dem Schatten des industrialistisch gefärbten Arbeitsbegriffs zu befreien

men die Anschaffung neuer technischer Geräte erzwungen haben: Der Teppichboden macht den Staubsauger notwendig, Mehrfamilienhäuser ohne kühle Kellerräume den Kühlschrank, Gefrierware dann die Tiefkühltruhe und – ab den 1980er Jahren – die Mikrowelle.

48 »Wie mit dem Brunnen oder dem Waschhaus gingen auch mit dem Gemischtwarenladen bislang wichtige Kommunikationsorte und -möglichkeiten verloren« (ebd., S. 96).

49 Dazu sehr überzeugend: Elisabeth Beck-Gernsheim, »Vom ›Dasein für andere‹ zum Anspruch auf ein Stück ›eigenes Leben‹. Individualisierungsprozesse im weiblichen Lebenszusammenhang«, in: *Soziale Welt* 34:3 (1983), S. 307-340.

vermochte und als eigenständige Form gesellschaftlicher Arbeit in Erscheinung zu treten beginnt. Es war der Beginn der jüngsten Phase in der Entwicklung der kapitalistischen Arbeitsverhältnisse, auf die ich in Kapitel 6 noch etwas genauer zu sprechen kommen werde.

Die Arbeitsverhältnisse in der Landwirtschaft, die im 19. Jahrhundert trotz der zunehmenden Landflucht noch den nach Beschäftigtenzahlen größten Sektor in Westeuropa gebildet hatte, wurden im neuen Jahrhundert grundlegend umgepflügt. Infolge der Ausweitung des internationalen Agrarhandels und der sich jetzt schnell ausbreitenden Industrialisierung geriet die Landwirtschaft jetzt zunehmend in Abhängigkeit von staatlichen Protektionen, was zu ständigen technologischen Neuerungen, erhöhtem Kapitaleinsatz und dementsprechend zur permanenten Reduktion der Ausgaben für Arbeitskräfte zwang. Erneut sind im Rahmen dieses historischen Zwischenspiels wieder nur ganz wenige Stichworte möglich, um die sich scheinbar unaufhaltsam steigernde Unsicherheit und Isoliertheit der Arbeit in der bäuerlichen Wirtschaft zumindest in Umrissen kenntlich zu machen.[50] Schon immer war, so keine verwandtschaftlichen Kontakte zum Land bestanden, die Art der physischen Tätigkeiten auf dem Acker und im Stall dem Auge der städtischen Konsumenten auf fast schon gespenstische Weise entzogen; man aß und genoss zwar die Produkte dieser unzähligen, inzwischen viel stärker mechanisierten Verrichtungen, bekundete auch seine allgemeine Wertschätzung gegenüber dieser Arbeit, aber welche Beschäftigungsverhältnisse und Arbeitsbedingun-

50 Vgl. zum Folgenden: Ulrich Kluge, *Agrarwirtschaft und ländliche Gesellschaft im 20. Jahrhundert*, München 2005.

gen auf den Bauernhöfen und Landgütern jeweils vorherrschend waren, entzog sich in der Regel der genaueren Kenntnis; weder die Beunruhigung der ländlichen Bevölkerung angesichts der Rasanz des technologischen Wandels im Ackerbau und in der Viehzucht noch die wachsenden Sorgen der Kleinbauern um den Absatz ihrer noch in Handarbeit produzierten Güter drangen bis zum städtischen Publikum vor.

> Wer weiß denn, ob nicht irgendwann alles nur noch von Maschinen gemacht wird, auf vielen Höfen passiert das schon. Die verlegen Milchleitungen bis zum Transporter, und dann ist auch der Meister überflüssig; dann braucht man nur noch Buchhalter und Ingenieure, und die Kälber werden mit dem Flaschenzug auf die Welt gebracht.[51]

Diese Wahrnehmungslücke wurde durch die schon gegen Ende des 19. Jahrhunderts einsetzende Globalisierung der Agrarwirtschaft, die zur Auslagerung ganzer Erzeugungszweige in billiger produzierende, häufig noch als Kolonien gehaltene Weltregionen führte und im Inland zum Wachstum von landwirtschaftlichen Monokulturen beitrug, eher noch vergrößert. Wem ist heute noch klar, durch wie viele und welche Hände im Einzelnen – von der Ausstreuung des Saatguts und der Tieraufzucht über die Ernte oder die Fleischverarbeitung bis hin zum Transport – eine landwirtschaftliche Ware gegangen ist, bevor man sie im Fachhandel oder Supermarkt erwerben kann? Diese Undurchsichtigkeit ist Re-

51 Elisabeth, die Protagonistin in Ralf Rothmanns Roman *Die Nacht unterm Schnee* (Berlin 2022, S. 96).

sultat der Ungleichzeitigkeit, Dislozierung und Zerstückelung, durch welche die einst sich noch organisch im Familienbetrieb vollziehende Arbeit auf dem Land inzwischen gekennzeichnet ist. Während sich die Arbeitsverhältnisse in der Industrie und im Dienstleistungssektor durch soziale Einhegung, finanzielle Absicherung und stete Lohnerhöhungen im 20. Jahrhundert beträchtlich verbessert haben, waren die in der Landwirtschaft zu leistenden Verrichtungen zu saisonal bedingt, die erforderlichen Arbeitskräfte zu fluktuierend, der Zwang zu Einsparungen in diesem Bereich zu groß, als dass vergleichbare sozialstaatliche Maßnahmen hier hätten greifen können. Zwar konnte die Landwirtschaft zu Beginn des Jahrhunderts noch von den starken Produktivitätszuwächsen profitieren, die aus der beginnenden Internationalisierung des Absatzes, der verstärkten Mechanisierung der landwirtschaftlichen Verrichtungen und der Entwicklung künstlicher Düngemittel resultierten;[52] doch schon bald verkehrten sich diese anfänglichen Vorteile ins Negative, weil die Zunahme von bäuerlichen Großbetrieben, der Preisverfall der erwirtschafteten Güter und die beinah aussichtslose Konkurrenz um Arbeitskräfte, die in der Industrie in der Regel 15 Prozent höhere Löhne erhielten, die mittleren und kleineren Bauernhöfe in Bedrängnis brachten. Nach und nach, beginnend schon Ende des 19. Jahrhunderts und später nur unterbrochen durch die beiden Weltkriege, gerieten alle bäuerlichen Betriebe in Abhängigkeit von zumeist aus Osteuropa oder dem Mittelmeerraum stammenden Saisonarbeiter:innen, die notdürftig untergebracht, schlecht

52 Zur wachsenden Mechanisierung der Landwirtschaft siehe Weber-Kellermann, *Landleben im 19. Jahrhundert*, a. a. O., S. 360-375.

versorgt und miserabel bezahlt wurden. An die Entstehung eines beruflichen Stolzes oder Kooperationsgeistes war hier ebenso wenig zu denken wie an die Generierung einer Verhandlungsmacht durch Aufbau einer organisierten Interessenvertretung.

> Immer wieder und überall fand sich, daß in rapide zunehmendem Maße fremde Arbeitskräfte von niedriger Lebenshaltung herangezogen werden, trotzdem die größere Leistungsfähigkeit der einheimischen Arbeiter feststeht, – wo sie bestritten wird, beruht das auf dem einfachen Gesetz, daß ein Arbeiter mit deutschen Nahrungsbedürfnissen, wenn er zu ¾ dieses Bedarfs genährt worden ist, nicht ¾ seiner Leistungsfähigkeit behält, sondern weniger, und deshalb nicht das leistet, was z. B. ein seinem geringeren Nahrungsbedarf nach voll genährter polnischer Arbeiter zu leisten vermag, während er bei voller Ernährung nicht etwa nur im Verhältnis zu dem Mehrbetrag des deutschen gegenüber dem polnischen Konsum mehr leistet, sondern in erheblich höherem Grade. – Der Grund der Heranziehung der Wanderarbeiter auch da, wo einheimische Arbeiter zu haben wären, ist teilweise – aber nur teilweise – in absolut niedrigeren Löhnen, die ihnen gezahlt werden, begründet, allgemein aber, abgesehen von der größeren Fügsamkeit der prekär gebildeten Fremden, darin, daß eine Ausnutzung der Arbeitskraft im Sommer möglich ist, ohne die Notwendigkeit, auch im Winter für die Leute zu sorgen und namentlich ohne Übernahme der verwaltungsrechtlichen und sonstigen Verpflichtungen, welche einheimischen Arbeitern gegenüber bestehen. In *diesem* Sinne ist sie *immer* billiger für den Arbeitgeber.[53]

53 Max Weber, *Die Lage der Landarbeiter im ostelbischen Deutsch-*

Verstärkt wurde diese Tendenz zur Schaffung eines ländlichen Wanderproletariats bar jeglicher Absicherung und ohne gemeinsame Stimme – nachgerade das Gegenteil von dem im frühen 19. Jahrhundert imaginierten »beharrenden Bauerntum« – noch durch den Entwicklungspfad, den die Landwirtschaft trotz protektionistischer Maßnahmen fast überall in Westeuropa während des 20. Jahrhunderts einschlagen musste. Er war geprägt durch einen ständigen Zwang zum hohen Kapitaleinsatz, was mangels ausreichender Rücklagen die überdurchschnittliche Beschäftigung von billigen, saisonalen Arbeitskräften erforderlich machte; durch wachsende Entagrarisierung und Modernisierung der Dörfer und daher mangelnde Einbindung in ein lokales Netzwerk mit gewerblichem Eigensinn; durch schleichend ansteigende Bürokratisierung der Produktionsabläufe und daher Nötigung zur permanenten Weiterbildung in den sich fortentwickelnden Methoden der rationalen Betriebsführung; und schließlich durch zunehmende Wertschöpfung aus staatlichen Subventionen, was vermehrt Gefühle des wirtschaftlichen Kontrollverlustes und der undurchschaubaren Abhängigkeiten erzeugen musste. Infolgedessen entstand eine Schicht von Landwirten, die weder Stand noch Klasse war und mangels einer festangestellten Mitarbeiterschaft auch über keinerlei Bindungskräfte jenseits der Ebene unternehmerischer Eigenverantwortung verfügte. Hatte in der Landwirtschaft einst ein eher demütiges Vertrauen auf ausreichende Erträge vorgeherrscht, was gelegentliche Rebellionen gegen Preisverfall und Wucher keineswegs ausschloss, so war sie

land (1892), in: *Max Weber Gesamtausgabe*, Abt. I, Bd. 3, 2. Halbbd., hg. von Martin Riesebrodt, Tübingen 1984, S. 914f.

in dem Zeitraum, um den es hier geht, zu einem enorm zerrissenen Produktionssektor geworden: Hier die unter ständigem Rationalisierungsdruck stehenden Landwirte, dort die wachsende Menge landwirtschaftlicher Großunternehmen, und zwischen ihnen hin und her geschoben die Masse von lokal nicht mehr gebundenen, nur saisonal beschäftigten Wanderarbeitern und -arbeiterinnen aus den Armutsregionen der Nachbarländer. Dass sich das, was in diesem Sektor an Arbeit unter häufig schweren, gelegentlich unwürdigsten Bedingungen geleistet wurde (und wird), immer stärker dem Blick des privaten Konsumenten oder der städtischen Bürgerin entzogen hat, dürfte aber auch mit dem enormen Beschäftigungsrückgang in der Landwirtschaft zu tun haben: Während Anfang der 1950er Jahre noch rund 24 Prozent aller Erwerbstätigen in der Land- und Forstwirtschaft tätig waren, waren es um das Jahr 2000 nur noch rund 2 Prozent.[54]

Ein ähnliches Los wie das eben geschilderte der Landarbeiterschaft ereilte in den ersten Jahrzehnten des 20. Jahrhunderts auch das einst so zahlreiche Dienstpersonal. Schon vor 1900 war man aufgrund des Überangebots an Arbeitskräften und der starken persönlichen Abhängigkeit in diesem Sektor wirtschaftlich und gesellschaftlich äußert schlecht gestellt, hatte ohne jegliche staatliche Aufsicht häufig Tag und Nacht für Dienstleistungen zur Verfügung stehen müssen und war ohne Hoffnung auf sozialen Aufstieg an dieselbe Tätigkeit ge-

54 Und im Jahr 2017 sind es nur noch 1,4 Prozent. Siehe ⟨https://www.bauernverband.de/situationsbericht/1-landwirtschaft-und-gesamtwirtschaft/12-jahrhundertvergleich⟩, letzter Zugriff am 12. 1. 2022.

bunden geblieben, solange der Hausherr einen nicht beispielsweise aus Altersgründen abschob. Immerhin aber besaß man damals aufgrund der schieren Menge an Leidensgenoss:innen in ein und demselben Haushalt und der längerfristigen Anstellung noch so etwas wie ein kollektives Bewusstsein der eigenen sozialen Bedeutung und beruflichen Fähigkeiten sowie der gemeinsamen Abhängigkeiten. Um diese Möglichkeit der individuellen Einbindung in eine Schicksalsgemeinschaft, die gelegentlich kooperative Hilfe und Unterstützung bieten konnte, war es aber geschehen, als nach dem Ersten Weltkrieg aus den bereits genannten Ursachen die Beschäftigungszahlen in den vermögenden Haushalten rapide sanken und schließlich im Laufe des anschließenden Jahrzehnts bis auf durchschnittlich nur eine Person zusammengeschrumpft waren; nun war die plötzlich für alle anfallenden Dienste verantwortliche Haushaltshilfe im Umgang mit dem Haushaltsvorstand, also im Regelfall dem Hausherrn, zumeist auf sich allein gestellt, entbehrte jeder Solidarität von Seiten ihr Gleichgestellter und verlor damit die letzten Reste einer kollektiv getragenen Verhandlungsmacht. Als dann die Bezahlung auch in diesem Gewerbe in verzögerter Anpassung an die im Industrie- und Dienstleistungssektor steigenden Löhne allmählich besser wurde und alternative Beschäftigungsmöglichkeiten winkten, etwa im erstarkten Handel, begann man sich in den privaten Haushalten des Bürgertums nach Möglichkeiten der Rekrutierung billigerer Arbeitskräfte umzuschauen – und nichts lag alsbald näher, als im Windschatten von fremdenfeindlichen oder rassistischen Vorurteilen vermehrt auf das riesige Reservoir von Unbeschäftigten zurückzugreifen, das in den Armutsregionen der Nachbarländer oder den noch existierenden Kolonien auf Erwerbschancen hoffte. Damit setzte in den 1920er Jahren in diesem Beschäftigungsbereich derselbe und wiederum nur durch den Zweiten Weltkrieg unterbrochen Prozess ein, der sich innerhalb der Landwirtschaft schon ein wenig früher vollzogen hatte: Das inländische Dienstpersonal wurde sukzessiv durch ein ausländisches ersetzt, das zu ungleich billigeren Löhnen zu haben war, kaum einer vertraglichen Absicherung bedurfte und aufgrund der fremden, für minderwertig gehaltenen Herkunft als beliebig herumkommandierbar und disponibel galt. Auch an dieser Entwicklung, die sich durchaus als Fortsetzung des Kolonialismus in neuem Gewand und mit anderen Mitteln deuten lässt, hat sich bis heute nur wenig geändert, ja, sie hat weltweit enorm zugenommen, so dass inzwischen ein globaler Markt für häusliches Dienstpersonal entstanden ist, auf dem sich beinah grenzenlos billige, sozialstaatlich kaum geschützte Arbeitskräfte für alle nur denkbaren Verrichtungen im Haushalt besorgen lassen.[55] Darin lässt sich unschwer ein weiteres Zeichen für die kaum zu bemessenden Schäden erkennen, die der Kolonialismus in den heutigen Beziehungen des reichen Westens zu den Ländern des von ihm vormals und bisweilen bis heute ausgeplünderten globalen Südens hinterlassen hat.

Im Ganzen fand dadurch über das ganze Jahrhundert hinweg ein Prozess der räumlichen Umschichtung von Qualifikationen in enormem Ausmaß statt, weil im europäischen Inland das dort ansässige weibliche Dienst-

55 Einen Überblick über die Entwicklung in Deutschland liefert Helma Lutz, *Vom Weltmarkt in den Privathaushalt. Die neuen Dienstmädchen im Zeitalter der Globalisierung*, Opladen 2007.

personal aufgrund der aussichtslosen Konkurrenz häufig gezwungen war, sich höher zu qualifizieren, um eine Beschäftigung in den neuen, besser bezahlten und besser geschützten Berufsfeldern der kaufmännischen Angestellten, der Telefonistin, der Sprechstundenhilfe oder der Volksschullehrerin zu finden, wohingegen die Qualifikationen des kostengünstigeren Dienstpersonals aus den ausländischen Armutsregionen auf jenem Stand eingefroren wurden, den sie bereits zu Beginn des Jahrhunderts erreicht hatten.

> Geboren aus der Sklaverei und zu neuem Leben erwacht durch den wahnwitzigen Imperialismus des Augenblicks, gibt es die Tendenz, menschliche Wesen als Teil der materiellen Ressourcen des Landes zu betrachten und sie allein in Hinblick auf künftige Dividenden hin auszubilden. Das Rassenvorurteil, das braune und schwarze Menschen auf ihren »angestammten Plätzen« belassen will, ist ein nützlicher Verbündeter solcher Theorien, die individuellen Ehrgeiz erlahmen lässt und die Herzen der sich abmühenden Menschen vergiftet. Darüber hinaus kriegen wir täglich zu hören, dass eine Ausbildung, die Ehrgeiz fördere, erhabene Gedanken in die Köpfe pflanze und als Bildungsziel Kultur und Charakterbildung über den reinen Brotgewinn stelle, ein Privileg der Weißen sei – und die Schwarzen höchstens verderbe.[56]

Aus dem Heer der »dienstbaren Geister« (Heidi Müller) des 19. Jahrhunderts, das zwar nie von den sozialpolitischen und finanziellen Verbesserungen des industriellen

56 W. E. B. Du Bois, *Die Seelen der Schwarzen*, übers. von Jürgen und Barbara Meyer-Wendt, Freiburg 2003, S. 116f.

Aufstiegs hatte profitieren können, sich aber doch einen bescheidenen Stolz auf seine unverzichtbaren Verrichtungen bewahrt hatte und eine irritierend selbstgenügsame Schicht für sich bildete, ist heute eine gänzlich zerstreute Masse von weitgehend geringfügig Beschäftigten, daher unterhalb der Sozialversicherungsschwelle lebenden und ständig herumziehenden Arbeitskräften aus den Elendszonen der Welt geworden.

Die beiden Beschäftigungsbereiche, in die das heimische, zur beruflichen Umorientierung gezwungene Dienstgesinde abzog, um ein Fortkommen zu finden, waren die schnell expandierende Industrie und der sich weiter ausdifferenzierende Dienstleistungssektor – und will man sich ein Bild von den Aufstiegshoffnungen machen, welche sich die aus den Privathaushalten vertriebenen Dienstmädchen in Hinblick auf diese neuen Tätigkeiten in den Büros, Kaufhäusern oder, bei mangelnder Qualifikation, Fabriken machten, so empfiehlt sich noch immer die Lektüre von Siegfried Kracauers 1930 veröffentlichter Studie *Die Angestellten.*[57] Wenig von dem, was Kracauer an hochfliegenden, illusionär getönten Er-

57 Siegfried Kracauer, *Die Angestellten. Aus dem neuesten Deutschland* (1930), in: ders., *Werke*, Bd. 1, hg. von Inka Mülder-Bach, Frankfurt/M. 2006, S. 211-310. In seiner 1933 entstandenen, aber erst 1977 zum ersten Mal in erweiterter Form veröffentlichten Studie über die Angestellten hat Hans Speier etwa zeitgleich eine Differenzierung der Angestelltentätigkeiten vorgenommen, die einen vorzüglichen Überblick über die Vielzahl der unter dem Begriff subsumierten Berufe liefert: Hans Speier, *Die Angestellten vor dem Nationalsozialismus*, Göttingen 1977. Speier unterscheidet zwischen dem »kaufmännischen Personal in kleinen Betrieben«, den »Werkmeistern«, den »Technikern«, den »kaufmännischen Angestellten in größeren Betrieben«, dem »Verkaufspersonal im Einzelhandel«, dem »unteren Büropersonal in den Großbetrie-

wartungen schildert, ging dann tatsächlich in Erfüllung, obwohl die Arbeitsbedingungen in Hinblick auf Bezahlung, Freizeit, Unabhängigkeit und sozialer Absicherung um vieles besser als im häuslichen Dienst waren: Wie in der Industrie hatten auch die Löhne im Dienstleistungssektor seit dem letzten Drittel des 19. Jahrhunderts kontinuierlich an Kaufkraft gewonnen und reichten häufig auch für bescheidene Annehmlichkeiten; die Arbeitszeiten waren beinah europaweit per gesetzlicher Regelung seit 1918 auf acht Stunden bei einer Sechstagewoche gesenkt worden; war man unverheiratet und daher ohne Doppelbelastung durch Haus- und Erwerbsarbeit, bestand Spielraum für ein kleines Maß an Freizeit; und im Krankheitsfall hatte man rechtlichen Anspruch auf Unterstützungszahlungen. Gegenüber den Arbeitsbedingungen im Jahrhundert davor war all das ohne Frage ein riesiger Fortschritt. Aber im Unterschied zum Gesindedienst im privaten Haushalt, an dem bei ausreichendem Wohlstand und hinreichenden Rücklagen volkswirtschaftliche Einbrüche und Katastrophen vorüberzogen waren, ohne größere Schäden zu hinterlassen, sah man sich jetzt als Angestellte, als Prokurist, Sekretärin oder Fabrikarbeiterin dem unwägbaren Auf und Ab der kapitalistischen Wirtschaft viel stärker ausgesetzt; drohende Entlassungen angesichts von Konkursen im Handel, Krisen im Bankenwesen und Flauten im Industriesektor bildeten einen unverbrüchlichen Bestandteil des Alltagsbewusstseins. Daher begann der Tag häufig mit dem vorsorglichen Blick in die Zeitung und der Lektüre der Stellenangebote, die zu erwartende

ben«, den »Stenotypistinnen«, den Maschinenangestellten« und den »Behördenangestellten« (ebd., Kap. 1).

Konkurrenz auf dem Arbeitsmarkt trübte zudem immer mal wieder das Verhältnis zu den Kolleginnen und Kollegen. Zwar hatte man die demütigenden, bis ins Intimste reichenden Abhängigkeitsverhältnisse von den Hausherren hinter sich gelassen, aber an deren Stelle war häufig nur die formale und entpersönlichte, aber nicht weniger strikte Unterordnung unter die Befehlsgewalt der Vorgesetzten oder Geschäftsinhaber getreten; an irgendeine Mitsprache bei der Gestaltung der Arbeitsbedingungen, ganz zu schweigen bei Entscheidungen über Einkäufe oder Investitionen, war auch hier nicht zu denken. Gänzlich neu war hingegen die Erfahrung, dass die eigene Arbeit nun ständig auf potenzielle Produktivitätssteigerung hin durchmustert wurde; war man im adligen oder großbürgerlichen Haushalt weitgehend davon verschont geblieben, weil es dort ein tiefsitzendes Vertrauen auf das Altbekannte, die überlieferten Verrichtungsweisen gab, so musste man sich nun daran gewöhnen, dass die Arbeitgeber selbst im Bürobereich oder im Handelswesen stets nach neuen Möglichkeiten Ausschau hielten, die beruflichen Tätigkeiten durch Verschlankung und Beschleunigung wirtschaftlich ertragreicher zu machen. Das waren die ersten Anfänge des Taylorismus in einem Sektor, an den sein Erfinder kaum gedacht haben dürfte, als er seine revolutionären Methoden der Arbeitsorganisation in der industriellen Massenproduktion zur Anwendung gebracht hat.

Ganz ist immerhin die Musik nicht aus jenem Prozeß geschwunden, den das Reichskuratorium für Wirtschaftlichkeit wie folgt definiert: »Rationalisierung ist die Anwendung aller Mittel, die Technik und planmäßige Ordnung bieten, zur Hebung der Wirtschaftlichkeit und damit zur

> Steigerung der Gütererzeugung, zu ihrer Verbilligung und auch zu ihrer Verbesserung.« Ganz ist sie nicht dahin. Ich weiß von einem Industriewerk, das die Mädchen mit einem Gehalt vom Lyzeum wegengagiert und sie durch einen eigenen Lehrer auf der Schreibmaschine ausbilden läßt. Der schlaue Lehrer kurbelt ein Grammophon an, nach dessen Klängen die Schülerinnen tippen müssen. Wenn lustige Militärmärsche ertönen, marschiert sich's noch einmal so leicht. Allmählich wird die Umlaufgeschwindigkeit der Platte erhöht, und ohne daß es die Mädchen recht merken, klappern sie immer rascher. Sie werden in den Ausbildungsjahren zu Schnellschreiberinnen, die Musik hat das billig entlohnte Wunder bewirkt.[58]

Dass man auch dann, wenn man den Übergang von der häuslichen Anstellung in den Dienstleistungssektor oder die Industrieproduktion erfolgreich gemeistert hatte und dort zu einer gegenüber früher gesicherteren und besser entlohnten Beschäftigung gelangt war, schnell wieder mit bitteren Existenznöten konfrontiert sein konnte, zeigte sich spätestens im Verlauf der Weltwirtschaftskrise der späten 1920er Jahre; nicht nur die Handels- und Bankangestellten, die die ersten Opfer der rasch einsetzenden Massenentlassungen werden sollten, sondern auch die Verkäuferinnen in den noch unlängst prosperierenden Warenhäusern und die Fabrikarbeiterschaft mussten millionenfach die Erfahrung machen, dass es mit den versprochenen Sicherheiten nicht weit her war – dass die eigene Subsistenz am überraschend dünnen Faden kapitalistischer Prosperität hing. Diese Krise, die zwar nicht in allen Ländern des Kapitalismus gleich ver-

58 Kracauer, *Die Angestellten*, a.a.O., S. 234.

lief, jedoch überall zu gewaltiger Arbeitslosigkeit führte,[59] löste ein regelrechtes Trauma sowohl bei der Angestelltenschaft als auch beim Industrieproletariat aus, das lange nachwirkte; die Furcht vor Massenentlassungen mit all ihren psychischen und sozialen Folgen gehörte in den folgenden Jahrzehnten, trotz gegenläufiger Erfahrungen in Perioden wirtschaftlichen Aufschwungs, bei der kaum oder nur gering qualifizierten Lohnarbeiterschaft auf dieselbe Weise zum Verständnis des zeitlichen Geschehens wie die bange Erwartung von Ernteeinbrüchen durch Wetterkatastrophen bei den Landwirten.

Hatte sich bis in die 1920er Jahre an der materialen Substanz und am mentalen Erleben der Arbeit in vielen Beschäftigungsbereichen trotz merklicher sozialpolitischer Verbesserungen und technischer Innovationen – inzwischen verwendete man in der Landwirtschaft Traktoren, in den Büros elektrische Schreibmaschinen, in den Kaufhäusern Registrierkassen und im Haushalt Dampfbügeleisen – nicht allzu viel verändert, so gab es doch einen Sektor, in dem sich alsbald Wandlungen von einem nahezu revolutionären Ausmaß vollziehen sollten. Bis zur Jahrhundertwende hin, als die Industrie durchschnittlich nur etwa 30 Prozent der Erwerbstätigen in Westeuropa beschäftigte, ähnelten Fabriken häufig noch eher »Ansammlungen von handwerklichen Werkstätten«.[60] Obwohl auch darin die körperlichen Verrichtun-

59 Jan-Otmar Hesse, Roman Köster, Werner Plumpe, *Die Große Depression. Die Weltwirtschaftskrise 1929-1939*, Frankfurt/M., New York 2014.

60 Vgl. Karsten Uhl, »Räume der Arbeit: Von der frühneuzeitlichen Werkstatt zur modernen Fabrik«, in: *Europäische Geschichte Online* (EGO), hg. vom Leibniz-Institut für Europäische Geschichte (IEG), Mainz 2015, ⟨http://ieg-ego.eu/de/threads/crossroads/tech

gen dem monotonen Rhythmus der maschinengetriebenen Arbeitsabläufe angepasst werden mussten, bestanden weiterhin, weil Vieles noch von eigener Hand zu erledigen war, genügend Spielräume für die individuelle Einflussnahme auf die zeitliche und sachliche Organisation der Produktion; die Befehlsketten in den Betrieben verliefen nach wie vor eher entlang persönlicher Beziehungen und mündlicher Anweisungen; zwar waren Schikanierungen durch Meister oder Vorgesetzte, die ihre Machtposition ausnutzten, nicht selten, aber es boten sich doch immer auch Möglichkeiten der Absprache, etwa zwecks Schonung bei besonderen Umständen. Beides, der noch bestehende Spielraum für die Selbststeuerung der Arbeitsvollzüge und der relativ große Umfang persönlicher Vereinbarungen, begann erst abzunehmen, als in Folge technologischer Neuerungen und einer wachsenden Bürokratisierung die Produktionsabläufe in den Fabrikhallen weiter differenziert, dadurch jeweils verschlankt und vor allem von sprachlichem Verkehr entkoppelt werden konnten; nun erst, das heißt kurz nach dem Ersten Weltkrieg, setzte allmählich in den kapitalistischen Ländern die gewaltige Durchrationalisierung der Betriebsabläufe in der industriellen Produktion ein, die seither mit dem Begriff »Taylorismus« bezeichnet wird.[61]

nisierte-lebenswelten/karsten-uhl-raeume-der-arbeit-von-der-fruehneuzeitlichen-werkstatt-zur-modernen-fabrik›, letzter Zugriff am 31.8.2022.

61 Vgl. Harry Braverman, *Die Arbeit im modernen Produktionsprozess*, übers. von Karin de Sousa Ferreira, Frankfurt/M., New York 1977, bes. Kap. 4 (S. 73-99); Georges Friedmann, *Der Mensch in der mechanisierten Produktion*, übers. von Burkart Lutz, Köln 1952, Erster Teil, Kap. 1, S. 31-63. Eine sarkastische Schilderung der Bemühungen Frederick Winslow Taylors, die Produktivität der Fab-

Waren Adam Smith und Hegel schon über den Grad der Mechanisierung in den frühesten, von heute aus geradezu idyllisch anmutenden Fabriken beunruhigt, weil sie darin die Gefahr der mentalen Abstumpfung und mit ihr des Verlusts von Gesellschaftsfähigkeit und sozialer Einbindung heraufziehen sahen, so vermag man sich kaum auszumalen, wie sie später auf die von Charlie Chaplin in *Modern Times* vorgeführte Fließbandarbeit reagiert hätten. Auf jeden Fall wandeln sich mit der alsbald um sich greifenden Taylorisierung die Arbeitsorganisation und die Art der Verrichtungen im Bereich der Industrie, der inzwischen dabei war, die Vorherrschaft im Beschäftigungsgefüge zu übernehmen, gewaltig und nachhaltig: An die Stelle der noch wenig durchregulierten, häufig auf Zuruf basierenden und noch nicht allzu stark zerstückelten Produktionsabläufe in der Kleinfabrik treten nun die Groß- und Mittelunternehmen mit ihrer hierarchischen Arbeitsorganisation, innerhalb deren standardisierte Produkte bei strikter Messung von individueller Leistung und unter einem rigiden Zeitregime weitgehend am Fließband im Minutentakt erzeugt werden.

rikarbeit mit Hilfe seiner Methode der »wissenschaftlichen Betriebsführung« zu erhöhen, liefert John Dos Passos in seinem Roman *Das große Geld* von 1936 (übers. von Dirk van Gunsteren und Nikolaus Stingl, Hamburg 2020, S. 981-1559, hier: S. 1001-1008 [»Der amerikanische Plan«]). In einem kurzen Vortrag vor Arbeitern und Arbeiterinnen, der leider nur in der Mitschrift eines Zuhörers erhalten ist, schildert Simone Weil in einer ähnlich zugespitzten Weise wie Dos Passos ihr eigenes Verständnis der Zwecke und Methoden des von Taylor eingeführten Systems der »wissenschaftlichen Betriebsführung«: Simone Weil, »Rationalisierung«, in: *Fabriktagebuch und andere Schriften zum Industriesystem*, übers. von Heinz Abosch, Berlin 2019, S. 230-242.

> Der große Automobilboom hatte eingesetzt. Der Produktionsprozess bei Ford wurde ständig verbessert; weniger Verschwendung, mehr Aufpasser, Vorarbeiter, Spitzel (fünfzehn Minuten Mittagspause, drei Minuten für einen Gang zur Toilette, überall die taylorisierte Beschleunigung, nach unten greifen, Unterlegscheibe aufsetzen, Schraube festziehen, Sicherungssplint einstecken, nachuntengreifen Unterlegscheibeaufsetzen, Schraubefestziehen, nachuntengreifenaufsetzenfestschraubennachuntengreifenaufsetzen, bis der Produktionsprozess jedes Gramm Lebenskraft aufgesogen hatte und die Arbeiter abends als graue, zitternde leere Hüllen nach Hause gingen).[62]

Natürlich war diese neue Organisationsform der industriellen Arbeit nicht binnen weniger Jahre und ohne jede Gegenwehr von Seiten der organisierten Arbeiterschaft durchgesetzt worden. Konflikte um die Zeitmessung, um die Arbeitstakte, um Betriebspausen und Lohntarife, ja überhaupt um die moralische Vertretbarkeit der in Gang gesetzten Rationalisierungen spitzten sich in den 1920er Jahren erheblich zu und nahmen teilweise eine Verlaufsform an, mit der die mittlerweile zwischen Kapital und Arbeit vereinbarten Aushandlungsmechanismen nicht mehr Schritt halten konnten. Die Proteste und heftigen Debatten besaßen aber stets nur eine aufschiebende Wirkung von unterschiedlicher Dauer; stoppen konnten sie den Siegeszug des Taylorismus nicht, so

62 Dos Passos, *Das große Geld*, a.a.O., S. 1040f. Etwa zeitgleich, nämlich im Jahre 1934, beginnt Simone Weil, ihr »Fabriktagebuch« zu verfassen, in dem sie minutiös schildert, welche Handgriffe sie an oder neben dem Fließband zu welchem Stücklohn in Pariser Metallbetrieben auszuführen hatte: Weil, *Fabriktagebuch und andere Schriften zum Industriesystem*, a.a.O., S. 43-122.

dass das neue Arbeitsregime bald in allen größeren Industrieunternehmen zur Vorherrschaft gelangte.[63] Hand in Hand mit diesen gewaltigen Veränderungen in den Produktionsabläufen, die eine nochmalige Vertiefung, Zersplitterung und Beschleunigung der Arbeitsteilung in den Fabrikhallen mit sich brachten,[64] vollzog sich der Aufstieg der Industriearbeit zum dominanten Beschäftigungssektor in den Ländern des westlichen Kapitalismus; erst jetzt wurden diese Gesellschaften zu dem, was sie ihrem kulturellen Selbstverständnis nach schon in der Mitte des 19. Jahrhunderts gewesen waren, nämlich Industriegesellschaften, deren soziale Ordnung, institutionelles Gefüge und Arbeitsformen um die industrielle Fabrikation von Gütern kreisten.

Allerdings bedurfte es noch mehrerer Jahrzehnte gesellschaftlicher Auseinandersetzungen und fortlaufender Kompromissbildungen zwischen den verschiedenen Gruppierungen von Kapital und Arbeit, bevor aus dem Keim der taylorisierten Massenproduktion schließlich

63 Die Reaktionen der Industriearbeiterschaft auf den Taylorismus schildert kurz Friedmann, *Der Mensch in der mechanisierten Produktion*, a. a. O., S. 35-38. Zu den großen Schwächen der Studie von Braverman (*Die Arbeit im modernen Produktionsprozess*, a. a. O.) gehört es, den Widerstand der Industriearbeiterschaft gegen die neuen Produktionsmethoden und das neue Arbeitsregime mit kaum einem Wort zu erwähnen. Einen guten Überblick über die Debatten, die die Einführung tayloristischer Betriebsmethoden in den USA und Europa begleitet haben, gibt: Richard Vahrenkamp, »Frederick Winslow Taylor – Ein Denker zwischen Manufaktur und Großindustrie«, in: Frederick Winslow Taylor, *Die Grundsätze wissenschaftlicher Betriebsführung*, hg. von Walter Volpert und Richard Vahrenkamp, übers. von Rudolf Roesler, Weinheim 1977, S. LII-IXC.

64 Braverman, *Die Arbeit im modernen Produktionsprozess*, a. a. O., Kap. 3.

nach dem Ende des Zweiten Weltkriegs das soziale Arbeits- und Beschäftigungsmodell hervorgehen konnte, für das Martin Baethge den glücklich gewählten Begriff des »Industrialismus« geprägt hat.[65] Dessen harter Kern bestand aus »vertikal hochintegrierten und stark hierarchisch organisierten Groß- oder Mittelunternehmen«, in denen deutlich »zwischen produktiven und nichtproduktiven Funktionen« unterschieden wurde;[66] als »produktiv« galten dabei die Leistungen des männlichen Facharbeiters, der nach Möglichkeit seine erforderlichen Qualifikationen im selben Betrieb erhalten hatte und dem bei hinreichender Bewährung ein schrittweiser Aufstieg in der Unternehmenshierarchie winken sollte. Um dieses materielle Herzstück des neuentstandenen Arbeits- und Beschäftigungsmodells legten sich wie Ringe weitere institutionelle Bestandteile, in denen sich aber jeweils der Vorrang der Industriearbeit vor den anderen Tätigkeitszweigen der sozialen Arbeitsteilung spiegelten. Zu diesen Bestandteilen gehörte an erster Stelle eine gesetzliche Sozialversicherung, die aus den Beiträgen der erwerbstätigen Bevölkerung finanziert wurde und gemäß des Solidarprinzips der wirtschaftlichen Absicherung im Krankheitsfall sowie bei Arbeitslosigkeit und altersbedingtem Ausscheiden aus dem Betrieb dienen sollte, an zweiter Stelle ein korporatistisches Aushandlungssystem, das die in der Facharbeiterschaft verankerten Gewerkschaften und die Unternehmerverbände gleichermaßen zu sozialpolitischen Einigungen anhielt, und

65 Martin Baethge, »Abschied vom Industrialismus. Konturen einer neuen gesellschaftlichen Ordnung der Arbeit«, in: *SOFI-Mitteilungen* 28 (2000), S. 87-102.

66 Ebd., S. 93.

drittens schließlich ein »wesentlich auf den männlichen Hauptehrnährer abgestellter Familientyp mit klarer Rollenverteilung zwischen Mann und Frau«.[67]

Dieses institutionelle Ordnungsgefüge, das sich seit den 1950er Jahren um die im Zentrum stehende Industriearbeit gelegt hatte und in fast allen europäischen Ländern zur Triebfeder einer Phase wirtschaftlichen Wachstums geworden war, zeigte allerdings schon nach wenigen Jahrzehnten erste Auflösungserscheinungen. Nicht nur übernahmen die Dienstleistungen bald, ja bald wieder, so muss man angesichts der vorherigen Dominanz haushalts- und personenbezogener Dienste sagen, die Vorherrschaft im gesellschaftlichen Beschäftigungssystem; und nicht nur drängten – wie oben geschildert – die Frauen nach einer Phase der Verbannung in den privaten Haushalt nun »wieder« verstärkt auf den Arbeitsmarkt, um dort nach Möglichkeiten wirtschaftlicher Unabhängigkeit und selbstständiger Existenz zu suchen. Vielmehr begannen vor allem die rechtliche Einhegung und die sozialpolitische Einbettung des Arbeitsmarktes so stark zu bröckeln, dass im Verbund mit den beiden anderen Entwicklungen das gesamte Gesellschaftsgefüge des Industrialismus zu bersten drohte. Mit den Umständen, die dieses Arbeits- und Sozialmodell vor rund vierzig Jahren dann endgültig zum Einsturz brachten, will ich mich zu Beginn des letzten Teils meines historischen Zwischenspiels beschäftigen, um danach in wenigen Strichen die Umrisse der Arbeits- und Beschäftigungsverhältnisse nachzuzeichnen, die sich heute auf den Trümmern der alten Ordnung neu zu etablieren beginnen. Beschließen werde ich diesen Sprung in die Jetztzeit

67 Ebd., S. 93.

mit einem Überblick über die Tendenzen, die die Arbeitswelt der Gegenwart wie Fluchtlinien auf einen noch unbestimmten Punkt hin zu durchziehen scheinen.

6.
Die kapitalistische Arbeitswelt der Gegenwart

In Form von zwei kurzen, idealtypisch kondensierten Überblicken habe ich bislang darzustellen versucht, wie sich die Arbeitsbedingungen und Arbeitsformen der arbeitenden Bevölkerung in Westeuropa über die letzten zweihundert Jahre hinweg verändert haben. Dabei musste ich es notgedrungen bei wenigen eher kurz erhellenden als tief ausleuchtenden Schilderungen bewenden lassen, die uns aber immerhin mit Riesenschritten bis an die Schwelle zur jüngsten Gegenwart der kapitalistischen Arbeitswelt herangetragen haben. An dieser Stelle verzichte ich bewusst darauf, mittels einer zusammenfassenden und durch empirische Daten angereicherten Darstellung ein wichtiges Resultat dieses historischen Rückblicks noch einmal zu unterstreichen: dass im Hinblick auf die Lohnentwicklung, die Arbeitsdauer und die sozialrechtliche Absicherung von einem deutlichen Fortschritt bei den Arbeitsverhältnissen gesprochen werden muss. Mir kommt es nämlich vor allem darauf an, über all die quantitativen Verbesserungen nicht die qualitative Seite der Arbeitsverhältnisse aus den Augen zu verlieren, die nach wie vor von der täglichen Mühe, von Abhängigkeiten und stets drohenden Entlassungen geprägt ist. Gewiss und wie wir gesehen haben, nehmen abgesehen von konjunktur- und kriegsbedingten Rückfällen die Reallöhne unter dem Druck gewerkschaftlicher Kämpfe in dem bislang untersuchten Zeitraum kontinuierlich zu; auch sinken währenddessen die durchschnittlichen Arbeitszeiten in den verschiedenen Arbeitszweigen beständig und verbessert sich der sozialrechtliche Status der Lohnabhängigen erheblich. Die eigentliche Substanz der Arbeitserfahrung ist aber doch überwiegend dieselbe geblieben: Arbeiten in seinen verschiedenen Gestalten war für den Teil der Bevölkerung, der damit den Lebensunterhalt verdienen musste, fast immer mit der Erfahrung unkontrollierbarer Abhängigkeiten von individuellen Vorgesetzten oder anonymen Instanzen verknüpft, bedeutete, keinerlei Entscheidungsbefugnis hinsichtlich der Arbeitsgestaltung zu besitzen, und verschaffte nur selten das Gefühl, etwas von der Gesellschaft allgemein Gewürdigtes, etwas für den Erhalt der gemeinsam geteilten Kultur Wesentliches und Wichtiges geleistet zu haben. Subordination, Abhängigkeit von anderen, die Erfahrung prinzipieller Disponibilität, bestenfalls geringe Mitsprache bezüglich der Arbeitsbedingungen, die Angst vor Entlassungen sowie schließlich das Gefühl fehlender Anerkennung für das Geleistete waren die wesentlichen Züge, welche große Bereiche der gesellschaftlichen Arbeit in unseren westlichen Gesellschaften nachhaltig geprägt haben und sie damit zum Ort einer Gegenwelt zur politischen Demokratie werden ließen – einem Ort, an dem systematisch diejenigen Fähigkeiten und Vermögen verlernt werden, die dort doch eigentlich normativ gefordert sind. Bevor ich mich im Teil III dieses Buches Überlegungen zuwenden werde, auf welchen konkreten Wegen sich an dieser Lage etwas ändern ließe, muss ich allerdings noch die jüngsten Entwicklungen in der kapitalistischen Arbeitswelt umreißen; denn diese bringen mit ihren vielen Ungleichzeitigkeiten, Umbrüchen und Unsicherheiten Herausforderungen mit sich, die eine demokratische Politik der Arbeit derart zu überfordern scheinen, dass heute die Rufe nach einer vollständigen Abkopplung der Existenzsicherung von der Erwerbsarbeit immer lauter werden. In Teil III werde ich daher auch die Frage erörtern müssen, ob die Zeiten für eine demokratische Politik der Arbeit nicht inzwischen vergangen sind.

Die kapitalistischen Arbeitsverhältnisse sind heute nicht mehr dieselben wie noch vor fünfzig, sechzig Jahren, als sich das Gesellschaftsgefüge des »Industrialismus« erfolgreich etabliert hatte. Diese Behauptung mag zunächst den Eindruck erwecken, als werde hier etwas ganz Selbstverständliches überdramatisiert, da sich in der Arbeitswelt doch ständig Wandlungen in unterschiedlicher Geschwindigkeit vollziehen. Viele davon haben wir zuvor bereits kennengelernt, sie passieren mal schneller, mal langsamer, und sie werden gewöhnlich entweder durch technologische Innovationen, die ganze Berufszweige absterben lassen,[68] durch arbeitsrechtliche Neuerungen, welche die Befugnisse der beteiligten Parteien verändern,[69] oder durch konjunkturelle Zyklen, die Einfluss auf die Beschäftigungslage nehmen,[70] in Gang gesetzt. Aber in dem relativ kurzen Zeitraum ab Mitte der 1970er Jahre bis heute, um den es in diesem Kapitel geht, scheint sich mehr als nur eine Variable in diesem Dreiergespann maßgeblich verändert und Wand-

68 Vgl. die Übersicht über die inzwischen abgestorbenen Berufe, die Rudi Palla in seinem lesenswerten Buch zusammengestellt hat: *Verschwundene Arbeit. Das Buch der untergegangenen Berufe*, Wien 2014.

69 Vgl. etwa: Kittner, *Arbeitskampf*, a.a.O.

70 Vgl. Werner Plumpe, *Wirtschaftskrisen. Geschichte und Gegenwart*, München 2010.

lungsprozesse in der Arbeitswelt angestoßen zu haben, ja, es wirkt so, als wären Neuerungen in allen drei Einflussgrößen gleichzeitig zum Zuge gekommen und hätten einen gemeinsamen Druck erzeugt, der dazu führte, dass die Arbeitsbedingungen gegenwärtig dabei sind, ein vollkommen neues Gesicht anzunehmen. Ob der Eindruck stimmt und, wenn ja, in welchem Umfang, will ich im Folgenden sozusagen am historischen Verlauf überprüfen. Dass ich dabei mit den massiven Entgrenzungen des Marktes vor etwa vierzig Jahren beginnen werde, deren übergreifende Stoßrichtung man heute gern – und auch ein bisschen reflexhaft – als »neoliberal« bezeichnet, ergibt sich zunächst erst einmal nur aus dem Bestreben, im Fluss der permanent stattfindenden Veränderungen einen halbwegs deutlich markierten Ausgangspunkt zu finden. Es sollte klar sein, dass einige der Verschiebungen auf den genannten Achsen bereits früher eingesetzt haben, andere hingegen später, so dass deren zeitliche Bündelung in einem einzigen Moment das Resultat einer methodisch kaum vermeidbaren Stilisierung ist.

Was um 1980 an schnellen Veränderungen in der Organisationsweise der kapitalistischen Wirtschaft geschehen ist, wird in seinen ökonomischen Folgen und sozialen Konsequenzen heute zwar mit erstaunlicher Eintracht beschrieben, die Ursachen dafür aber sind auch unter den Fachleuten umstritten. Man ist sich bis zu dem Punkt einig, dass unter dem Druck einer international gewachsenen Konkurrenz um Kapitalgewinne und stark gestiegener Sozialkosten die westlichen Einzelstaaten im Nachvollzug US-amerikanischer Regierungsmaßnahmen beschlossen haben, die den Märkten zuvor auferlegten Grenzen schrittweise wieder aufzuheben, um dadurch

Investitionen mit Aussicht auf rasche Renditen anzutreiben und komplementär die Staatsausgaben zu verringern. Ein gewisser Konsens scheint unter den politökonomischen Beobachtern auch noch mit Blick auf die politischen und rechtlichen Vorkehrungen zu bestehen, mit deren Hilfe die staatlichen Agenturen damals versuchten, die gewünschten Effekte einerseits einer Reduzierung von Staatskosten, andererseits einer Steigerung von Kapitalerträgen herbeizuführen:[71] Mit legitimierenden Anleihen bei den inzwischen dominant gewordenen Doktrinen des Wirtschaftsliberalismus wurden Schlag auf Schlag zunächst basale Industriezweige und anschließend der Bankensektor von einschnürenden Verpflichtungen befreit, die Zahl der staatlichen Aufträge reduziert, viele Schutzauflagen für Umwelt, Konsumgüter und Arbeitsplätze erheblich abgemildert, eine Reihe von Antimonopolgesetzen zurückgenommen, Funktionen der öffentlichen Hand an private Unternehmen delegiert und schließlich Steuererleichterungen für Unternehmen und vermögende Haushalte auf den Weg gebracht. In der Summe solcher Maßnahmen, deren Zusammensetzung und Gewichtung von Land zu Land natürlich verschieden ausfiel, war damit in einem atemberaubenden Tempo ein neues kapitalistisches Akkumulationsregime oder Produktionssystem entstanden, das das industrialistische Sozialgefüge hinter sich ließ, die alten Fesseln des »organisierten« Kapitalismus sprengte und unter Regie des Finanzkapitals global die Eroberung von im-

71 In den folgenden Sätzen halte ich mich eng an meinen Literaturbericht: Axel Honneth, »Neoliberalismus? Eine skeptische Wortmeldung anlässlich einer Studie von David M. Kotz«, in: *WestEnd. Neue Zeitschrift für Sozialforschung* 13:1 (2016), S. 167-179.

mer neuen Ertragschancen betrieb. An diesem Punkt endete dann aber auch das Einvernehmen unter den Beobachtern, weil ab hier die genauere Ursachenbestimmung, die normative Bewertung und die Namensgebung voneinander abzuweichen begannen; die einen sprachen, um die veränderte Organisationsform des Kapitalismus zu bezeichnen, vom »Neoliberalismus«, die anderen von einer »Finanzialisierung« des Kapitalismus, eine dritte Gruppe wiederum stellte, Foucault folgend, mit dem Begriff des »Ordoliberalismus« die Tatsache der staatlich orchestrierten Bündelung all der genannten Maßnahmen in den Vordergrund.[72] Allerdings sind solche theoretischen Differenzen für mein hiesiges Vorhaben nicht weiter von Gewicht. Es genügt festzuhalten, dass die verschiedenen Maßnahmen, die damals zur Flexibilisierung des Kapitalflusses ergriffen wurden, erheblich dazu beitrugen, die arbeitsrechtlichen Bedingungen der Lohnarbeit nachhaltig zu verschlechtern: Der bislang rechtlich verankerte Kündigungsschutz wurde in fast allen europäischen Ländern massiv aufgeweicht, die Möglichkeiten zur befristeten Beschäftigung stark begünstigt und die Gründung von Leiharbeitsfirmen juristisch erheblich vereinfacht; verstärkend hinzu kam, dass in England, Deutschland, Österreich und einigen anderen

72 Den Versuch, ein wenig Licht in das begriffliche Wirrwarr zu bringen, indem stärker zwischen Ordoliberalismus und Neoliberalismus unterschieden wird, unternehmen u. a.: Taylor C. Boas, Jordan Gans-Morse, »Neoliberalism: From New Liberal Philosophy to Anti-Liberal Slogan«, in: *Studies in Comparative International Developmen* 44:2 (2009), S. 137-161; Andreas Renner, »Die zwei Neoliberalismen«, in: Diether Vogel (Hg.), *Fragen der Freiheit: Beiträge zur freiheitlichen Ordnung von Kultur, Staat und Wirtschaft* 250 (1999), S. 48-64.

EU-Ländern die Gewährung von Arbeitslosengeld verstärkt an die Bedingung einer Bereitschaft zur Übernahme von Jobs gebunden wurde, für welche die Betroffenen weder die Ausbildung noch ein Interesse besaßen und die häufig nur geringfügigste Chancen auf dauerhafte Beschäftigung boten.[73] Diesen Rückschritten im Arbeitsrecht standen freilich auch einige deutliche Verbesserungen gegenüber, die zu verschweigen unredlich wäre. So wurde fast europaweit durch rechtlich verankerte Antidiskriminierungsmaßnahmen der Anspruch auf bezahlten Mutterschaftsurlaub ausgeweitet und der strukturellen Benachteiligung von Frauen, Menschen mit Behinderungen sowie ethnischen und sexuellen Minderheiten im wachsenden Maße ein Riegel vorgeschoben. Insgesamt lässt sich zusammenfassend davon sprechen, dass das zuvor um »zahlreiche Vergünstigungen erweiterte Normalarbeitsverhältnis« (Colin Crouch) in den letzten vierzig Jahren wieder erheblich beschnitten worden ist, während die »identitätspolitischen« Forderungen von bislang auf dem Arbeitsmarkt benachteiligten Gruppen zunehmend rechtliche Berücksichtigung gefunden haben. Es ließe sich mithin sagen, um an meine Kritik an der herrschenden Gerechtigkeitstheorien zu erinnern, dass das Arbeitsrecht in den letzten Jahrzehnten tendenziell den einseitigen Empfehlungen von Rawls und Habermas gefolgt ist, indem es zwar für

73 Vgl. Alain Supiot, *Beyond Employment. Changes in Work and the Future of Labour Law in Europe*, Oxford 2001; Colin Crouch, *Gig Economy. Prekäre Arbeit im Zeitalter von Uber, Minijobs & Co*, übers. von Frank Jakubzik, Berlin 2019. Zur Spiegelung dieses neuen Arbeitsregimes in der deutschen Gegenwartsliteratur vgl. Lydia Mühlbach, *Von Nicht-Arbeit erzählen. Erwerbsarbeitslosigkeit in der Gegenwartsliteratur*, Paderborn 2021.

Fortschritte in der Gleichstellung gesorgt hat, aber wenig zur Überwindung von fehlender Partizipation, mangelnder Qualität und überhaupt demokratiefeindlichen Barrieren in den Arbeitsverhältnissen selbst unternommen hat.

Dieser arbeitsrechtliche Strukturwandel hätte jedoch nicht zu den massiven Veränderungen in der Arbeitswelt führen können, deren Resultate uns heute vor Augen stehen, wäre er nicht von einem anderen Innovationsschub flankiert worden, der bereits zuvor eingesetzt hatte. Mit der Erfindung der Informationstechnologien war eine neue Produktivkraft entstanden, die vom ersten Moment an wie dafür geschaffen schien, mit dem rechtlich weitgehend entbundenen, nach schnellen Gewinnmöglichkeiten strebenden Finanzkapital ein wahlverwandtschaftliches Bündnis einzugehen; nicht nur machte das Internet aufgrund seiner Zeit- und Ortlosigkeit die neuen Instrumente des raschen Spekulationsgewinns wie den Hochfrequenzhandel oder das Risikogeschäft technisch überhaupt erst einsatzfähig; ergänzend bot sich vielmehr dieses neue Medium auch dem nach schnellen Gewinnen strebenden Spekulationskapital als äußerst aussichtsreiches Investitionsobjekt an.[74] Gleichsam über Nacht entstanden infolge dieser Verschwisterung von Internet und Spekulationskapital drei neue

74 Philipp Staab, *Digitaler Kapitalismus. Markt und Herrschaft in der Ökonomie der Unknappheit*, Berlin 2019, S. 97-107. Allerdings sollte man diese Symbiose zwischen Finanzindustrie und den aufstrebenden Internetfirmen auch nicht überschätzen; es gibt durchaus Friktionen und Spannungen, die etwa darin zum Ausdruck kommen, dass sich die internetbasierten Währungsprojekte von der Macht der klassischen Finanzinstitute gerade zu emanzipieren versuchen.

Unternehmensformen, welche die Organisation und den Alltag der gesellschaftlichen Arbeit in den folgenden Jahrzehnten grundlegend verändern sollten: Mit der wachsenden Nachfrage nach renditeträchtigen Finanzspekulationen bildeten sich erstens schnell und weltweit börsennotierte Unternehmen, deren leitendes Prinzip es werden musste, vor den Interessen der eigenen Beschäftigten und Zulieferer die ihrer zumeist in Holdings organisierten Aktionäre zu befriedigen, so dass der Shareholder-Value zu entscheidenden Steuerungsgröße wurde – mit der Konsequenz einer weit über die arbeitsrechtliche Entwertung hinausgehenden Schwächung der Stellung der Belegschaft, deren Vertretungsorgane binnen weniger Jahre stetig an internem Einfluss bei Entscheidungen über Standorte, Produktionsziele und Rekrutierung von Führungspersonal verloren.[75] Zweitens schossen, sobald das Internet die Möglichkeit dazu bot, auf dem gesamten Globus im Dienstleistungssektor sogenannte Jobplattformen (»gig economy«) aus dem Boden, deren Geschäftsmodell darin bestand, Arbeitskräfte als rechtlich Selbstständige per Webseite damit zu beauftragen, die Wünsche der Kunden nach Personenbeförderung, Essens- und Paketzustellung sowie Unterkunftsvermittlung zu erfüllen. Weil die mit diesen Arbeiten Beauftragten hier nicht als Beschäftigte des

75 Crouch, *Gig Economy*, a.a.O., S. 37-41. Vgl. auch: Martin Höppner, *Wer beherrscht die Unternehmen. Shareholder Value, Managerherrschaft und Mitbestimmung in Deutschland*, Frankfurt/M. 2003. Zum Bedeutungsverlust der Gewerkschaften aufgrund der genannten Wandlungen im Arbeits- und Produktionsregime vgl. zusätzlich Luc Boltanski, Ève Chiapello, *Der neue Geist des Kapitalismus*, übers. von Michael Tillmann, Konstanz 2003, bes. Teil II, Kap. V.1 (S. 310-338).

Unternehmens gelten, handeln sie im eigenen Risiko und ohne arbeitsrechtliche Absicherung, müssen aber den Großteil ihrer Einnahmen als Vermittlungsgebühr an ihren Auftraggeber abliefern.[76] Drittens schließlich entstanden, angetrieben wiederum durch das nach profitablen Anlagechancen suchende, von rechtlichen Fesseln befreite Finanzkapital und ermöglicht durch die schnell gewachsene Geschwindigkeit des Datentransfers, große, ja gigantische Internetunternehmen, die zügig lernten, durch die Verschließung ihrer digitalen Güter im Bereich von Unterhaltung, Information und Interaktion Monopole zu bilden und aus den exklusiv angehorteten Daten durch Werbeeinnahmen zusätzlich beträchtliche Sekundärgewinne zu ziehen – man denke nur an Amazon, Google oder Facebook. Solche Konzerne vermochten nicht nur von Beginn an einen großen Teil der für ihre Produktion erforderlichen Arbeitsvollzüge – Softwareüberwachung, Datenkontrolle, Personalbetreuung, Auslieferung – dank der Vernetzung durchs Internet jederzeit an etliche Orte der Welt auszulagern, um sie dort in Form von massiv unterbezahlter Heimarbeit erledigen zu lassen; mit Hilfe ihrer eigenen Software konnten sie vielmehr auch im Laufe der Jahre ganz neue Kontrolltechniken entwickeln, welche die Beschäftigten zu einer Art von permanenter Selbstkontrolle ihrer Leistungsvorgaben zwangen und damit einem veränderten Herrschaftsregime unterwarfen.[77]

76 Crouch, *Gig Economy*, a. a. O., S. 43-48.

77 Staab, *Digitaler Kapitalismus*, a. a. O., Kap. 5. Vgl. zur enormen Zunahme der digitalen Kontrolle und Messung individueller Leistungen auch den höchst informativen Artikel: Jodi Kantor, Arya Sundaram, »The Rise of the Worker Productivity Score«, in: *The New York Times* vom 14. 8. 2022, online unter ⟨https://www.nytimes.

Wechseln wir nun von der Vergangenheitsform in das Präsens, um ein wenig genauer zu betrachten, wie sich die Arbeitswelt infolge der zuvor umrissenen Entwicklungen inzwischen verändert hat. Was uns dabei begegnen wird, ist eine höchst zerklüftete Landschaft, in der sich Vormaliges und vollkommen Ungewohntes, Vertrautes und Neuartiges derart mischen, dass man einer ganzen Kaskade von Ungleichzeitigkeiten gegenüberzustehen scheint. Den Ort oder Sektor zu bestimmen, an dem mit diesem kurzen Überblick sinnvoll zu beginnen wäre, ist allerdings gar nicht so leicht, weil sich an den Formen des Arbeitens gleichzeitig so vieles in doch relativ kurzer Zeit geändert hat. Am geringsten waren die Wandlungen wohl innerhalb der Landwirtschaft, wo ein Trend bloß fortgesetzt worden ist, der sich spätestens seit dem Ende des Zweiten Weltkriegs abzuzeichnen begonnen hatte: Trotz der mittlerweile gestiegenen Hinwendung zur ökologisch behutsamen Tieraufzucht und Ackerwirtschaft ist dieser Zweig der sozialen Arbeitsteilung heute weiterhin entweder von nahezu industriell verfahrenden Großunternehmen oder von privat betriebenen, kapitalintensiven Höfen beherrscht, auf denen inzwischen bei der Fütterung, bei der Düngeplanung, beim Melken oder beim Einsatz der Landmaschinen softwaregestützte Maschinen zum Einsatz kommen. Je nach Größe und Art der Erzeugnisse werden während besonders arbeitsaufwendigen Produktionsphasen die zusätzlich erforderlichen Arbeitskräfte nach wie vor aus sogenannten Billiglohnländern rekrutiert,

com/interactive/2022/08/14/business/worker-productivity-tracking.html⟩, letzter Zugriff am 31.8.2022.

weil die Ausbildung eigener Mitarbeiter und Mitarbeiterinnen zu kostspielig wäre. Der typische Landwirt unserer Tage ist daher der Betriebsmanager, der seinen Hof weitgehend alleine betreibt, mehr Zeit am Computer als auf dem Acker oder im Viehstall verbringt und angesichts der wachsenden Produktionskosten und der niedrigen Erzeugerpreise die größte Mühe hat, die nachfolgende Generation für die Fortführung seines Hofes zu gewinnen.

> Der größte Unterschied zwischen vor etwa 100 Jahren und heutzutage ist für mich das Leben auf dem Hof selber. Damals war die ganze Familie im Haushalt. Es waren Knechte da, Mägde, da kamen Aushilfen zur Ernte und so weiter. Heute bin ich auf meinem Betrieb Alleinunterhalter. Ich lebe, wie alle anderen auch, mit meiner Familie auf einem privaten Hof und bin mehr Manager geworden. Unser Vater und die ganze Generation ist oft mit Hüfte, Rücken kaputt. Unsere Generation kriegt einen Herzinfarkt, Nervenzusammenbruch, Burnout und so weiter. Das hat sich wirklich extrem geändert. Wenn damals nachts das halbe Dorf auf der Matte stand, um beim Kuhkalben zu helfen, stehe ich heute alleine da. Ich muss mich mit technischen Hilfsmitteln oder im Notfall mit dem Tierarzt helfen, dass ich das Kalb runterkriege. Genauso ist es zur besten Heuzeit. Da traf man sich im Moor, aus jeder Ecke kam einer raus. Wenn ich im Moor 'n Problem habe, hilft nur das Handy. Ich stehe allein auf weiter Flur. Das hat sich stark geändert.[78]

78 Alwin Strothmeyer, »Bauer in der 18. Generation im Osnabrücker Land«, in: *100 Jahre Landleben – Bauer aus Leidenschaft*, NDR-Dokumentation, gesendet am 20.8.2022, verfügbar unter ⟨https://www.ndr.de/geschichte/chronologie/Landwirtschaft-

Auch die kreative Hinzunahme von Nebenerwerbszweigen wie die Direktvermarktung veredelter Produkte oder die Bereitstellung von Ferienwohnungen auf dem eigenen Gut scheint im Augenblick die Gefahr nicht bannen zu können, dass selbst bei Konzentrierung auf nur einen Betriebszweig (Ackerbau, Gemüse- oder Obstanbau, Tierhaltung) das Familieneinkommen längerfristig kaum mehr zu sichern ist.

In dem über einen langen Zeitraum hinweg vollkommen ignorierten Sektor der privaten Hausarbeit scheint sich auf den ersten Blick in den letzten Jahrzehnten ebenfalls wenig geändert zu haben. Aber dieser Anschein trügt, weil sich unter der Oberfläche doch massive Wandlungen in der Art der häuslichen Verrichtungen vollzogen haben. Aufgrund der wirtschaftlichen und soziokulturellen Entwicklungen, die wir schon kurz gestreift haben, hat sich der Anteil der Frauen an der Erwerbstätigkeit in den letzten vierzig Jahren noch einmal beträchtlich erhöht – er liegt inzwischen in Deutschland bei rund 47 Prozent, wobei allerdings davon mehr als 45 Prozent auf Teilzeitbeschäftigungen entfallen, was im europäischen Vergleich zwar hoch, aber auch nicht vollkommen ungewöhnlich ist. Der starke Anteil an solchen Nebenerwerbstätigkeiten oder Teilzeitjobs bei den weiblichen Beschäftigten gibt bereits zu erkennen, dass es zu einem durchgreifenden Wandel in dem nun schon beinah ein ganzes Jahrhundert alten, im »Industrialismus« zur vollen Blüte gelangten Modell einer Arbeitsteilung zwischen dem in Vollzeit arbeitenden Mann und der dazuverdienenden Frau trotz aller politischen

im-Wandel-Vom-Handwerk-zur-Robotertechnik,landleben.html〉, letzter Zugriff am 23.8.2022.

Bestrebungen, daran durch Appelle zur faireren Verteilung der Hausarbeit etwas zu ändern, noch nicht gekommen ist. Nach wie vor ist es die Lebenspartnerin oder die Ehefrau, die unabhängig von der Länge ihrer Arbeitszeit die Bürde des Reinigens, des Kochens oder des Kindererziehens im privaten Haushalt vorrangig zu tragen hat.[79] Allerdings war das kapitalistische Unternehmertum in den letzten Jahrzehnten kreativ genug, sich dieser Doppelbelastung gewinnorientiert anzunehmen, indem es mehr und mehr Elemente häuslicher Tätigkeiten in Dienste und Güter umzuwandeln vermocht hat, die den privaten Haushalten zu möglichst hohen Preisen über den Markt angeboten werden; so folgte der wachsenden Schwierigkeit erwerbstätiger Frauen, Beruf und Hausarbeit miteinander zu vereinbaren, die Kommodifizierung der häuslichen, bislang vorzugsweise weiblichen Verrichtungen auf dem Fuße.[80] Kaum etwas prägt heute die wirtschaftliche Seite des Privat- und Familienlebens stärker als diese Ersetzung von vormals in der eigenen Wohnung oder im Haus geleisteten Arbeiten und Tätigkeiten durch kaufbare Waren, die in Form von anzuliefernden Produkten oder zukünftig zu

79 Vgl. dazu: Andrea Bambey, Hans-Walter Gumbinger, *Neue Väter? Rollenmodelle zwischen Anspruch und Wirklichkeit*, Frankfurt/M. 2017; Trudie Knijn, Ilona Ostner, Christoph Schmitt, »Männer und (ihre) Kinder: Einstellungen zur Elternschaft im Ländervergleich«, in: Frank Lettke, Andreas Lange (Hg.), *Generationen und Familien. Analysen – Konzepte – gesellschaftliche Spannungsfelder*, Frankfurt/M. 2006, S. 189-222. Eine neuere Veröffentlichung weist in dieselbe Richtung: Katrin Menke, *Wahlfreiheit erwerbstätiger Mütter und Väter? Zur Erwerbs-und Sorgearbeit aus intersektioneller Perspektive*, Bielefeld 2019.

80 Vgl. dazu vor allem Ursula Huws, *Labour in Contemporary Capitalism. What Next?*, London 2019, Kap. 7 (S. 121-140).

leistenden Diensten auf einem florierenden Markt angeboten werden; ob nun die Essenszubereitung, das Bügeln oder Reinigen, das Hundeausführen oder die allabendliche Unterhaltung, das Blumengießen oder das Nähen und Stricken, beinahe alles, was herkömmlich im Haushalt an täglichen Aufgaben und Tätigkeiten anfiel, ist inzwischen in Gestalt von Gütern oder Diensten käuflich zu erwerben. Natürlich ist diese Tendenz zur Kommodifizierung der Hausarbeit nicht vollkommen neu, sondern setzt rudimentär wohl schon im 19. Jahrhundert ein.[81] Sie muss aber von der Beschäftigung von Dienstpersonal deutlich unterschieden werden: Das Gesinde wurde auf einem informellen, lokal eng begrenzten Markt »gehandelt«, es erhielt den persönlich vereinbarten Lohn zumeist direkt vom Haushaltsvorstand oder wurde durch Verpflegung und Wohnstätte vergütet und verrichtete seine Dienste innerhalb der privaten Wohnung; die Dienste und Güter hingegen, die heute den Haushalten angeboten werden, um deren Arbeitsaufwand zu verringern, sind in dem Sinne »Waren«, dass sie privatkapitalistisch bereitgestellt oder fabriziert und in der anonymisierten Form von Arbeitskräften oder Produkten an die jeweiligen Kund:innen geliefert werden.

Mit dieser Vermarktlichung des privaten Haushalts wandelt sich gegenwärtig aber auch der Charakter der Doppelbelastung berufstätiger Frauen: Das, was nebenher in den eigenen vier Wänden an täglicher Arbeit geleistet werden muss, verliert zunehmend die Eigenschaft eines körperlichen Tuns und nimmt stattdessen

81 Vgl. zu dieser Vorgeschichte: Susan Strasser, *Never Done. A History of American Housework*, New York 1982, v.a. Kap. 11-13.

die Form eines kalkulierenden Vorausplanens, Berechnens und Bestellens der für die Nahversorgung erforderlichen Dienste und Güter an. Nimmt man hinzu, dass inzwischen in Folge der zunehmenden Rationalisierung der weiterhin typisch »weiblichen« Arbeitstätigkeiten im Gesundheits- und Sozialwesen, in der Erziehung, im Handel und im Gastgewerbe die betrieblichen Anforderungen an die permanente Verfügbarkeit von Zeit und sachlichem Engagement stark angestiegen sind, so wird heute zur zentralen Belastung, ja zum Menetekel berufstätiger Frauen die ständige Nötigung zum flexiblen Zeitarrangement. In einer empirischen Studie hat Tanja Carstensen sehr schön gezeigt,[82] dass der Arbeitsalltag der erwerbstätigen Hausfrau vor allem in den Mittelschichten, wohl aber auch schon in den unteren Einkommensklassen zunehmend durch den Zwang bestimmt ist, digitale Praktiken des Organisierens, Verabredens und Besorgens zu benutzen, um die ihr in beiden Bereichen auferlegten Aufgaben überhaupt noch miteinander in Einklang bringen zu können; die beinah täglich erforderlichen Arrangements und Transaktionen, die getroffen und getätigt werden müssen, um neben der Erledigung der beruflichen Pflichten auch noch den eigenen Haushalt zu versorgen, lassen sich notdürftig nur noch mit dem Handy, durch E-Mails oder mit Hilfe von Messagingdiensten bewerkstelligen, so dass die elektronische Apparatur hier zum ständigen Begleiter geworden ist. Diese Überwucherung des Arbeitsalltags durchs digitale Netz hat selbst vor jenen halb- oder ganztags be-

82 Tanja Carstensen, »Effizient, optimiert, alltagstauglich. Digitale Praktiken zwischen Erwerbs- und Sorgearbeit«, in: *Mittelweg 36* 30:1 (2022), S. 40-59.

schäftigten Frauen nicht Halt gemacht, die gemeinsam mit ihrer Partnerin oder ihrem Partner, der Ehefrau oder dem Ehemann über genügend finanzielle Mittel verfügen, um sich weiterhin die Anstellung einer dauerhaften Haushaltshilfe leisten zu können; auch und gerade dort, wo mithin eine gewisse Entlastung von eigenen häuslichen Verrichtungen gegeben ist, durchdringt das Internet die Organisation der täglichen Vorsorge und Reproduktion, weil selbst die wenigen übrig gebliebenen Aufgaben wie die Essenzubereitung oder die Bedarfsdeckung über digitale Anbieter abgewickelt werden. Die Verliererin in diesem Prozess der Kommodifizierung häuslicher Tätigkeiten aber ist unzweideutig jene riesige, weiterhin wachsende Reservearmee mittelloser Frauen, die entweder im Inland oder vom Ausland aus darauf hoffen, eine Anstellung als Dienstmädchen, Altenpflegerin, Putzhilfe oder Babysitterin in einem begüterten Haushalt zu finden. Ihre Lage hat sich in den letzten Jahrzehnten aufgrund der Konkurrenz zu den aus den Boden geschossenen Internetfirmen, die Haushaltsdienste aller Art anbieten, eher noch verschlechtert; häufig aus den Armutsregionen dieser Welt stammend und ohne jede Verhandlungsmacht gegenüber ihren Arbeitgebern, leisten sie ihre Dienste meistens ohne unterhaltssichernde Verträge, werden im Haushalt von allen Seiten für grenzenlos disponibel gehalten und müssen zudem große Teile ihres geringen Lohns an die in der Heimat verbliebenen Familienmitglieder zurückführen.[83] Hierbei handelt es sich um eine Organisationsform gesellschaftlicher Arbeit, »für welche«, um es mit Max Weber zu sagen, »der Ausdruck ›Ausbeutung‹ zu milde

83 Vgl. Lutz, *Vom Weltmarkt in den Privathaushalt*, a. a. O.

wäre«:[84] Von keiner staatlichen Aufsichtsbehörde kontrolliert, müssen die zu allen erdenklichen Haushaltsdiensten herangezogenen Frauen zu einem Lohn arbeiten, der ihnen für die Befriedigung eigener kleinster Bedürfnisse keinerlei Spielraum lässt.

> Ich wohnte in einem Kämmerchen – es war wie ein Dienstmädchenzimmer vor fünfzig Jahren! Ich hatte kein Radio, keinen Fernseher, kein Internet. Keine Privatsphäre, kein freier Tag – null. In der Nacht musste ich regelmäßig fünf Mal aufstehen. Ach ja, einmal am Tag schaute die Dame eine fünfzigminutige Serie. In dieser Zeit konnte ich aus dem Haus, Einkäufe erledigen, auf die Post gehen, um Briefe in meine Heimat zu senden.[85]

Verlagert man nun den Blick von den täglichen Verrichtungen im Haushalt auf die Tätigkeiten, die zuvor als »typisch weibliche« Berufsverrichtungen bezeichnet wurden, so tritt erst vollständig zu Tage, warum erwerbstätige Frauen heute in einem besonders hohen Maße den Belastungen eines nicht enden wollenden Zwangs zum geschickten Zeitmanagement ausgesetzt sind. Im Dienstleistungsbereich insgesamt, vor allem aber dort, wo überproportional Frauen beschäftigt sind, hat in den letzten Jahrzehnten im Zusammenspiel einer Privatisierung des öffentlichen Sektors und einem rechtlich kaum

84 Weber, *Die Lage der ostelbischen Landarbeiter*, a.a.O., S. 925.

85 Edyta, Polin mit abgebrochener Ausbildung als Gärtnerin, heute tätig in der privaten Altenpflege. (Zitiert nach: Sarah Schilliger, »Ein Leben in Sorge um andere: Dauereinsatz in der 24-Stunden-Betreuung«, in: Nicole Mayer-Ahuja, Oliver Nachtwey [Hg.], *Verkannte Leistungsträger:innen. Berichte aus der Klassengesellschaft*, Berlin 2021, S. 119-137, hier: S. 129.)

mehr gedrosselten Drang nach möglichst hohen Renditen eine betriebliche Rationalisierung stattgefunden, die gewissermaßen nachholt, was sich, wie wir in Kapitel 5 gesehen haben, im Industriesektor bereits nach dem Ersten Weltkrieg unter dem Stichwort des »Taylorismus« vollzogen hat. Wie damals ist die Leitlinie dieser arbeitsorganisatorischen Veränderungen auch jetzt die Steigerung des individuellen Arbeitsertrags, nur dass dabei Methoden zur Anwendung kommen, die spezifisch auf die Tätigkeiten des Pflegens, des Reinigens, des Verwaltens und des kaufmännischen Handelns zugeschnitten sind. Lassen wir diese Veränderungen im Zuschnitt und in der Organisation der entsprechenden Verrichtungen kurz Revue passieren, so gerät damit bereits ein erheblicher Teil der Arbeitswelt in den Blick, durch den der Alltag vieler erwerbsmäßig Beschäftigter heute geprägt ist: Ob nun in den Bürobereichen der kaufmännischen und verwaltenden Tätigkeiten, im Einzelhandel, in den kundennahen Zonen des Versicherungs- und Kreditwesens oder im Gesundheitswesen und in der Altenbetreuung – überall wurden mit den Mitteln entweder der Servicereduktion, der Produktstandardisierung, der Vertiefung der Arbeitsteilung oder der kleinteiligeren Leistungsmessung der wirtschaftliche Ertrag des individuellen Arbeitsvermögens erhöht, um bei gleichbleibenden, wenn nicht gesunkenen Lohnkosten am Ende wirtschaftliche Gewinne erzielen zu können.[86] Was diese Verdichtung, Verschlankung und Intensivierung der einzelnen Dienstleistungen für die damit Befassten an Erfahrung bedeutet, weiß man aus der

86 Diese Aufzählung orientiert sich teils wörtlich an Baethge, »Die Arbeit in der Dienstleistungsgesellschaft«, a. a. O., S. 47.

neueren Arbeitssoziologie und aus literarischen Zeugnissen nur zu gut:[87] Die erwerbsmäßig zu verrichtende Arbeit droht ständig, in den Bereich des privaten Lebens hineinzuragen, man ist auch außerhalb der bezahlten Stunden häufig mit Beraten, Anfragen, Konferieren beschäftigt, die eigene Tätigkeit ist weiter um sinnhafte Bezüge auf benachbarte Verrichtungen entleert worden, die Leistungskontrolle wurde mit Hilfe elektronischer Ergebnismessungen dichter und individueller getaktet und über all den verschiedenen Verrichtungen am Schreibtisch, an der Ladentheke, am Bankschalter, beim Reinigen oder im Krankenzimmer scheint das unsichtbare Auge eines Managements zu wachen, das jede Aufgabenerledigung stumm und anteilslos auf ihren Ertrag hin misst.

> Heute sind wir also zum Bäderputzen in den Passagierkabinen eingeteilt. Mauricette drückt uns einen Plastikkorb mit zwei Sprühflaschen und zwei Dutzend Schwammtüchern in die Hand, dann gehen wir im Laufschritt durch den ersten der unendlich langen Gänge der Fähre, die so schmal sind, dass man sich an die Wand drücken muss, wenn jemand entgegenkommt. Die Kabinen liegen jeweils im Abstand von circa zwei Metern auf einer Seite des Gangs. Mauricette öffnet die Tür der ersten Kabine und eilt in den winzigen Raum, in dem es vier Schlafkojen sowie ein Minibad mit Waschbecken, Dusche und WC gibt. Sie wirft sich so jäh auf den Boden, dass ich zuerst denke, sie sei gestürzt. Ich will ihr schon aufhelfen, doch

87 Philipp Staab, *Macht und Herrschaft in der Servicewelt*, Hamburg 2014; ders., »Metamorphosen der Fabriksozialisation. Zur Produktion des Arbeiters in Vergangenheit und Gegenwart«, In: *Mittelweg 36* 23:6 (2014), S. 4-27.

> sie schüttelt mich ab, ohne sich umzuschauen, und sprüht, auf den Fliesen kniend, die ganze Nasszelle vom Boden bis zur Decke mit einem Spray ein. Immer noch in der Hocke schrubbt sie, wischt trocken, desinfiziert, poliert, wechselt das Toilettenpapier, leert die Mülleimer, ordnet in einer tadellosen Reihe kleine Seifen und Zahnputzbecher auf dem Waschtisch an und zieht den Duschvorhang gerade. Das Ganze hat nicht einmal drei Minuten gedauert – so viel Zeit steht uns für diese Arbeit zu.[88]

Besonders dramatisch angestiegen ist die Belastung der – weitgehend aus Osteuropa sowie aus Asien und Lateinamerika stammenden – weiblichen Dienstkräfte im stetig wachsenden Feld der Pflegearbeit und Altenbetreuung: Entweder ist man hier bei privaten oder öffentlichen Einrichtungen zu weiterhin skandalös niedrigen Löhnen angestellt oder man arbeitet fast immer ohne Vertrag im Privathaushalt wohlhabender Familien, deren Stimmungsschwankungen hilflos ausgesetzt. Dabei handelt es sich allerdings nur um die Bereiche der neueren Dienstleistungen, die noch vom kleinen Privileg zehren, nicht auch noch über eigene Betriebsmittel verfügen zu müssen, um bezahlte Arbeit leisten zu können. Steigen wir tiefer hinab in die Geschosse dieses noch immer wachsenden Sektors, dorthin, wo man im Auftrag von Internetfirmen scheinbar selbstständig tätig ist, so offenbart sich noch eine ganz andere, härtere und ruppigere Arbeitswelt. Hier stoßen wir teilweise auf Arbeitsverhältnisse, in denen im neuen Gewand das Verlagssystem des 19. Jahrhunderts seine Wiederauferstehung feiert.

88 Florence Aubenas, *Putze. Mein Leben im Dreck*, übers. von Gaby Wurster, München 2010, S. 83 f.

In seiner jüngsten Studie zu den sogenannten Plattformunternehmen (»gig-economy«), Firmen also, die digital vermittelte Dienstleistungen durch selbstständig für sie tätige Arbeitskräfte ausführen lassen, stellt Colin Crouch irritiert fest, dass einige dieser neuen Formen der Beschäftigung an längst vergangen geglaubte Zeiten erinnern: Wie zu Beginn der Industrialisierung vorwiegend weibliche Arbeitskräfte an Webstühlen oder anderen Gerätschaften aus vom Unternehmer gelieferten Rohmaterial Kleidungsstücke in der eigenen Wohnung fertigten, für deren Wartung sie ebenso alleine verantwortlich waren wie für ihre eigene Sicherheit und Gesundheit,[89] so arbeiten heute »selbstständige« Arbeitskräfte für Plattformunternehmen, in deren Auftrag sie auf eigenes Risiko Dienste erledigen, die sowohl im Umfang, in der Höhe der Bezahlung als auch in der Art der Durchführung ausschließlich vom Unternehmen bestimmt werden.[90] Um sich ein Bild von dieser Wiederkehr des Alten im Neuen zu machen, denke man nur an die auf Fahrrädern, Elektrorollern oder im Lieferwagen durch die Großstädte rasenden Paket- oder Essenszulieferer, die aus Gründen einer möglichst hohen Kundenzahl nur selten Pausen einlegen; ihre Produktivkräfte, die Fahrräder, Roller oder Lieferwagen, müssen die Sich-selbst-Beschäftigenden meistens aus eigenen Mitteln finanzieren, auch für ihre Krankenversicherung und den Arbeitsschutz sind sie in der Regel selbst zuständig, was insofern nicht ganz leicht ist, als sie das, was sie

89 Vgl. oben, S. 162-165.

90 Crouch, *Gig Economy*, a.a.O., S. 30f. Vgl. dazu inzwischen auch die umfassende Untersuchung von Sophie Bernard, *Le nouvel esprit du salariat*, Paris 2020.

durch ihre Transportdienste erwirtschaften, zu einem beträchtlichen Teil an das die »privaten« Dienste vermittelnde Unternehmen abführen müssen, so dass nur wenig für die eigene Subsistenz übrig bleibt.[91] Der Unterschied zum alten Verlagssystem besteht hier vor allem darin, dass heute diese Gewerbetreibenden nicht mehr durch nachbarschaftliche Beziehungen oder lokale Netzwerke miteinander verknüpft sind und zudem ihrer Auftraggeber kaum ansichtig werden, weswegen die Chancen auf eine organisierte Gegenwehr wie noch zu Zeiten der schlesischen Weberaufstände oder der Lohnstreiks der Canuts in Lyon enorm gesunken sind – so wie ja überhaupt die wachsende Isoliertheit und Kontaktlosigkeit der Arbeitenden untereinander ein sehr charakteristischer Zug der neuen Arbeitswelt zu sein scheint, bedingt zum einen durch die erforderliche Abkapselung am Computer oder am Telefon, zum anderen durch das sich rasch verbreitende Regime der individuellen Leistungsbemessung.

Die Ausrüstung – Lieferbox, Jacke, T-Shirt und Helm – hatte man ihr nach Überweisung einer Pfandgebühr per Post zugestellt. Alle zwei Wochen trug sie sich über die App für ihre nächsten Schichten ein, und jeden Montag bekam sie eine E-Mail mit ihren wöchentlichen Performancedaten. In den Kategorien *Time at Customer, Reaction Time* und *Speed* hatte Marcela es zuletzt regelmäßig unter die *Top-10-Riders of the week* geschafft, und alles in allem mochte sie ihren Job. Seit sie jeden Monat Hunderte Kilome-

91 Vgl. beispielsweise die in Form eines Erfahrungsberichts verfasste Studie von Callum Cant, *Riding for Deliveroo. Resistence in the New Economy*, Cambridge 2019.

ter auf dem Fahrrad durch die Stadt zurücklegte, hatte sie sieben Kilo abgenommen, ihre Eltern hatten ihre *Gordita* kaum wiedererkannt, und wen sie alles beliefert hatte: Politiker in deren Parteizentrale, amerikanische Touristen in der Schlange vor einem Sneakerladen und einen Kommilitonen aus Linguistics II. Mit einem echten Menschen hatte sie bei der Firma noch nie gesprochen, was sie als durchaus angenehm empfand. Aber von einer Maschine angerufen zu werden und Befehle erteilt zu bekommen, what the fuck.[92]

Während die Arbeitswelten der Gig-Economy auf dem Vormarsch sind, haben sich einige Zweige der Industriearbeit, die dieser noch vor wenigen Jahrzehnten ihr charakteristisches Gesicht verliehen haben, im Zuge der Deindustrialisierung, wie Lutz Raphael sehr schön gezeigt hat, fast vollständig aus unserer Erfahrungswelt verabschiedet; ihre baulichen Relikte, etwa die Zechentürme des Kohlebergbaus oder die Hochöfen der Montanindustrie, sind – auch wenn sie partiell anderen Zwecken zugeführt wurden – nur mehr traurige Zeugnisse aus einem vergangenen Jahrhundert, die an das Leid und den Stolz von etlichen Generationen der Industriearbeiterschaft erinnern.[93] Andere traditionelle Arbeitstätigkeiten, die nicht immer gebührend wahrgenommen werden, scheinen relativ veränderungsimmun zu sein. Das gilt zum Beispiel für die Müllleute, die regelmäßig in harter Handarbeit den »dirty job«

92 Thorsten Nagelschmidt, *Arbeit*. Roman, Frankfurt/M. 2020, S. 67f.

93 Lutz Raphael, *Jenseits von Kohle und Stahl. Eine Gesellschaftsgeschichte nach dem Boom. Frankfurter Adorno-Vorlesungen 2018*, Berlin 2019, bes. Kap. 1.

der Entsorgung unserer Abfälle erledigen, für die Friseurinnen und Friseure, die buchstäblich Hand anlegen, um die Haare der Kundinnen und Kunden in Form zu bringen, und den Schornsteinfeger, der wie schon in früheren Jahrhunderten durch die Städte und Gemeinden zieht, um seine Reinigungs- und Prüfaufgaben zu erledigen.

Auch im Baugewerbe, um den Blick nun auf das produzierende Gewerbe zu lenken, in dem freilich nur noch knapp ein Viertel aller Erwerbstätigen beschäftigt sind, scheint sich nicht allzu viel verändert zu haben. Zwar werden größere Bauteile computergestützt vorgefertigt, die Montage wird mit Hilfe elektronisch berechneter Vorlagen erleichtert, aber das Verschalen, Zusammenfügen und Einbetonieren ist weiterhin auf den physischen Einsatz menschlicher Arbeitskräfte angewiesen. Ein wenig anders verhält es sich in den Schlüsselindustrien Westeuropas, also in der Automobilbranche, in der Metallindustrie und in der chemischen Industrie. Die fordistische Fließbandproduktion war hier, wie in einer Art von Gegenbewegung zur wachsenden Taylorisierung im Dienstleistungsgewerbe, in den 1970 Jahren in eine schwere Krise geraten, weil die Gewerkschaften mit dem Ziel der »Humanisierung der Arbeitswelt« in Zeiten tiefgreifender Absatz- und Produktionskrisen der entwürdigenden, sich auf wenige Handgriffe reduzierenden Arbeit am Band ein Ende setzen wollten; im Resultat führten diese Auseinandersetzungen, zumindest in Teilen der genannten Branchen, zu einer damals von der Industriesoziologie enthusiastisch begrüßten Etablierung von betrieblichen Arbeitsgruppen, »die ihre eigenen Sprecher wählten und nach dem Vorbild des Handwerks über ihre Arbeitsabläufe und -organisation mitbestimmten«.[94] Allerdings währte die damit eingeschlagene, den Interessen der Arbeitenden sicherlich entgegenkommende Phase für die meisten der Beschäftigten nicht allzu lang; schon bald begannen die Unternehmen unter wachsendem Konkurrenz- und Kostendruck nämlich damit, Zweige ihrer Gesamtproduktion an Zulieferbetriebe und Subunternehmen auszulagern, womit sich sukzessive der Zustand herausbildete, der uns heute nur allzu vertraut ist: Die Endfertigung oder Endmontage der Produkte wird in gut organisierten Werkshallen vorgenommen, in denen überdurchschnittlich qualifizierte Arbeitskräfte bei quasipaternalistischer Einbindung in die Unternehmenskultur und unter zunehmender Verwendung von digitalen Assistenzsystemen und Robotern ihre relativ solide entlohnte Leistung erbringen, während in den mittelständischen Zuliefer- und Subunternehmen bis heute »Zeitnot, Presserei, permanenter Existenzkampf und soziale Kälte« vorherrschen,[95] – als sei an ihnen die ganze Entwicklung hin zum »Human Resource Management« und damit zur wenigstens symbolischen Aufwertung der Industriearbeit stillschweigend vorübergegangen. Hinter der Fassade des Altbekannten verbergen

94 Ebd., S. 385. Zu den Reaktionen in der Industriesoziologie vgl. Horst Kern, Michael Schumann, *Das Ende der Arbeitsteilung. Rationalisierung in der industriellen Produktion. Bestandsaufnahme, Trendbestimmung*, München 1984. Einen kurzen, aber hilfreichen Überblick über das Ausmaß dieser Veränderungen gibt auch Danièle Linhart, »À propos du post-taylorism«, in: *Sociologie du travail*, 1993, S. 63-73.

95 Herrmann Kotthoff, Josef Reindl, *Die soziale Welt kleiner Betriebe. Wirtschaften, Arbeiten und Leben im mittelständischen Industriebetrieb*«, Göttingen 1990, S. 29.

sich aber auch in diesen peripheren Zonen der Industriearbeit, vor allem im Baugewerbe, die Abgründe der neuen, prekären Beschäftigungsverhältnisse des finanzialisierten oder neoliberalen Kapitalismus: Viele der Arbeitskräfte, die dort beschäftigt sind und die altbekannten körperlichen Verrichtungen leisten, gehören zum Heer der aus dem näheren oder ferneren Ausland stammenden Wanderarbeiter, die nur für die Dauer eines Bauprojekts beschäftigt sind und daher keine Sozialversicherung erhalten, während die aus dem Inland stammenden Arbeitskräfte hier häufig auf Abruf tätig sind – als Leiharbeiter, Mini-Jobber oder »Solo-Selbstständige«.

Richtet man den Blick auf die höherqualifizierten Tätigkeitsfelder, so scheint dort trotz der wachsenden Digitalisierung einiges noch beim Alten geblieben zu sein. Zwar verfügt längst jede Arztpraxis über eine digitale Patientenkartei mit allen krankheitsrelevanten Daten, und auch die Abrechnungen mit den Krankenkassen laufen über computergestützte Systeme. Unverzichtbar ist aber immer noch das diagnostische Gespräch zwischen Ärztin und Patient, selbst wenn es in Zukunft stärker per Video durchgeführt werden sollte; und auch viele manuellen Untersuchungsmethoden haben sich trotz der enormen Fortschritte auf dem Gebiet der Medizintechnik erhalten.[96] Deutlich einschneidender, ja vielleicht sogar unter allen Branchen am größten scheinen demgegenüber die durch die Digitalisierung be-

96 Vgl. allerdings die warnenden Bemerkungen von Daniel Susskind in »Work in the Digital Economy«, in: Robert Skidelsky, Nan Craig (Hg.), *Work in The Future. The Automation Revolution*, Cham 2020, S. 125-132.

wirkten Veränderungen bei den Arbeitstätigkeiten im Bankgeschäft und im Versicherungswesen zu sein. Das persönliche Kundengespräch nimmt nur noch einen randständigen Platz ein, die individuelle Kreditwürdigkeit wird am digital stets aktualisierbaren Portfolio überprüft, der Börsenhandel und das Investmentbanking laufen ausschließlich digital und vor allem hochbeschleunigt ab, Versicherungen werden weltweit übers Internet vertrieben. Mit der Digitalisierung der Finanzpraktiken nimmt die Individualisierung des beruflichen Handelns immer stärker zu; wo noch soziale Kooperation und Absprache erforderlich sind, werden sie durch den Wettbewerb um persönliche, mit Extravergütungen versehene Erfolge hintertrieben, jede Bindung an eine dem gesellschaftlichen Wohl verpflichtete Berufsmoral geht auf diesem Weg verloren;[97] dass sich hinter den Zahlen, mit denen man mit Blick auf die Risikoanalysen, Aktienkurse und Gewinnberechnungen ununterbrochen operiert, noch reale Menschen mit finanziellen Sorgen und Nöten verbergen, muss in dem Maße dem Vergessen anheimfallen, in dem die Distanz jedenfalls von Teilen dieser Branche zum Rest der Gesellschaft wächst und nur noch notdürftig mit Hilfe von werbewirksamen Wohltätigkeitsaktionen überbrückt wird.

97 Vgl. die ausgezeichnete Studie von Claudia Czingon, *Die Berufsmoral der Banker. Potentiale und Grenzen finanzwirtschaftlicher Selbstregulierung* (= Frankfurter Beiträge zur Soziologie und Sozialphilosophie, Bd. 29), Frankfurt/M. 2019, v.a. Kap. 6.

> Da gibt's Social Day, da könnt' ich gar nicht so viel essen wie ich kotzen muss. Goldman Sachs macht das einmal im Jahr. Da kriegen alle Mitarbeiter frei und machen was Soziales, dann schlagen die alle in irgendeinem Kindergarten auf, ziehen sich 'n weißen Kittel an und fangen an, wie verrückt alles anzustreichen, was nicht bei drei auf'm Baum ist. Und dann kommt am Ende des Tages die Frankfurter Rundschau oder die Neue Presse. Die knipsen dann die Goldman-Typen, und dann können die sich das am nächsten Tag in der Zeitung angucken. Vielleicht haben sie noch so 'n großen Scheck dabei, wo 10 000 Euro draufsteht, alles supi, ne. Da werd' ich so aggressiv, Sie merken das und das sind die *einzigen Andockpunkte*, die diese Läden noch haben.[98]

Was sich im Bankensektor oder auch im Versicherungswesen exemplarisch spiegelt, also in den Bereichen, in denen eine »Dienstleistungsbourgeoisie« tätig ist, könnte als Indikator einer der wesentlichen Tendenzen im Veränderungsprozess von qualifizierten Tätigkeits- und Beschäftigungsprofilen im gesamten Dienstleistungssektor dienen: Zunehmende Vereinzelung der notwendigen Arbeitsschritte, die weitgehend einsam am Rechner getan werden müssen und gegebenenfalls im Homeoffice zu erledigen sind, damit einhergehend wachsender Kommunikationsverlust und rückläufige Kooperation, weil nur noch geringe Nötigung zu persönlicher Absprache und Koordination besteht, infolgedessen aber beschleunigte Auflösung jeder kollektiven Bindung an

98 Herr Voigt, ehemaliger Investmentbanker mit zwanzig Jahren Berufserfahrung. (Zitiert nach: Czingon, *Berufsmoral der Banker*, a.a.O., S. 127f.)

eine Berufsmoral, die in der Vergangenheit für eine individuelle Verpflichtung auf das Gemeinwohl und den gesamtgesellschaftlichen Nutzen gesorgt hatte. Je stärker zudem an die Stelle der alten Berufstugenden der Kundenorientierung und der vertrauenschaffenden Gesprächsführung der computergestützte Umgang mit Daten tritt, der ständig neue Anpassungen an den je aktuellen Stand der Softwareentwicklung verlangt, desto weniger bedarf es des zielgerichteten Erwerbs von bewährten Praktiken und etablierten Wissensbeständen, in denen sich gemeinsam geteilte Standards »guter« Ausführungen niedergeschlagen haben; vielmehr ist bei schneller Auffassungsgabe und leidlich mathematischen oder informationstechnologischen Kenntnissen der Einstieg in diese neuen Felder der Verwaltungs- und Finanzbranche jederzeit möglich, so dass eine zügige Deprofessionalisierung und Entberuflichung ganzer, einst bedeutender Berufsstände droht – mit kaum absehbaren Konsequenzen für den gesellschaftlichen Zusammenhalt, den die soziale Arbeitsteilung so lange gewährt, wie die daran beteiligten Gruppen noch wechselseitiges Verständnis für die jeweiligen Belange und Existenznöte aufbringen können.

An dieser Stelle, an der ich gewiss noch längst nicht alle Zonen der gegenwärtigen Arbeitswelt hinreichend beleuchtet habe, will ich meinen skizzenhaften Überblick abbrechen, um vorsichtig einige Rückschlüsse aus dem bislang Dargestellten zu ziehen. Es sind, wenn ich es richtig sehe, fünf allgemeine Entwicklungstendenzen, die sich im physischen Charakter, in der Organisationsweise und in der Beschäftigungsform der gesellschaftlichen Arbeit im Augenblick abzuzeichnen beginnen. Keine dieser Tendenzen ist bereits stark genug entwickelt, um verlässliche Hinweise auf langanhaltende, strukturbildende Veränderungen geben zu können, aber jede von ihnen weist auf einen Pfad hin, dem der weitere Wandel in Zukunft tatsächlich folgen könnte:

(1) Insgesamt scheint das, was heute an gesellschaftlicher Arbeit arbeitsteilig geleistet wird, unter zunehmend isolierten Bedingungen vonstattenzugehen: Die Arbeitenden müssen, um ihre Tätigkeit zu verrichten, immer weniger direkte, an physische Präsenz gebundene Kontakte mit denjenigen unterhalten, die die gleichen, ähnliche oder benachbarte Tätigkeiten vollziehen. Man ist bei der Arbeit, kurz gesagt, in wachsendem Maße auf sich allein gestellt. Diese atomisierende Tendenz der gesellschaftlichen Arbeitsteilung wird heute durch die zunehmende Digitalisierung der Arbeitsvollzüge einerseits und die gestiegene Individualisierung von Kontrolle und Leistungsbemessung andererseits stark beschleunigt;[99] aber auch das kulturelle Dominantwerden der Deutungsmuster »individuelle Verantwortung« und »Selbstoptimierung«, die den Beschäftigten ein selbstgewolltes Wachsen an immer größeren Aufgaben und mühsameren Leistungen einzureden versuchen, um sie derart zur Steigerung ihrer Produktivität zu motivieren, mag dabei eine ideologisch flankierende Rolle spielen.[100] Als folge die soziale Verortung der Arbeit dem Vorbild vieler Berufe im Dienstleistungssektor, für die einsames Tätigsein am individuellen Schreibtisch charakteristisch ist, so zeichnet sich für viele gesellschaft-

99 Zu dieser Tendenz vgl. auch die Studie von Danièle Linhart, *Travailler sans les autres*, Paris 2009.

100 Vgl. Hans J. Pongratz, G. Günter Voß, *Arbeitskraftunternehmer. Erwerbsorientierungen in entgrenzten Arbeitsformen*, Baden-Baden 2004.

lich erforderlichen Tätigkeiten eine Entwicklungslinie ab, auf der das kommunikative Beratschlagen, der personale Austausch und das kooperative Handeln in wachsendem Maße durch subjektives, alleinverantwortliches Agieren, Berechnen, Planen und Registrieren ersetzt werden. Diese Tendenz zum Solipsismus des Arbeitens steht der wachsenden intersubjektiven Ausrichtung vieler Tätigkeiten im weiterhin expandierenden Bereich der Altenpflege, der Kindererziehung und der Kundenberatung keinesfalls entgegen. Zwar ist hier mehr an sozialem Einfühlungsvermögen und kommunikativer Aufmerksamkeit verlangt, als es die lange Zeit herrschende Orientierung des Arbeitsbegriffs am Herstellen und Produzieren wahrhaben wollte, aber dieses Erfordernis des Sich-Hineinfühlens in Andere besagt nichts darüber, wie die Arbeit als solche alimentiert und institutionell eingerichtet wird, ob sie als je einzelne, nur vom individuellen Subjekt zu leistende oder als in sich auf Austausch und Kooperation angelegte Tätigkeit angesehen und dementsprechend organisiert wird. Und auch für diese »kommunikationsbezogenen« Arbeiten gilt heute, dass sie vermehrt in sozialer Isolation und Abkapselung vollzogen werden müssen.

(2) Es könnte sein, dass diese Tendenz zur sozialen Isolierung des Arbeitens heute noch gesteigert wird durch den tiefgreifenden Wandel, der sich schon seit mehreren Jahrzehnten in der Organisationsform von Unternehmen sowohl im sekundären als auch im tertiären Sektor vollzieht. Viel stärker als früher sind diese Betriebe nachgerade gezwungen, hinsichtlich Wissen, Information und Innovation auf dem allerneuesten Stand zu sein, um im kapitalistischen Konkurrenzkampf auf einem globalisierten Markt bestehen zu können. Da-

durch kommt es innerhalb der Organisationen zu einer Gewichtsverschiebung bei den einzelnen Funktionsbereichen zugunsten derjenigen Abteilungen, die reflexiv mit der ständigen Erneuerung und Verkäuflichkeit der eigenen Produkte beschäftigt sind; selbst eine mittelgroße Universität scheint inzwischen ein allen akademischen Abteilungen übergeordnetes Innovationszentrum zu benötigen, um sich im Wettstreit um Drittmittel erfolgreich behaupten zu können. Im Schlepptau dieser Diversifizierungen werden die betrieblichen Verantwortlichkeiten nicht länger wie im alten Modell des Industrialismus vertikal organisiert, sondern stattdessen zunehmend dezentral verteilt, so dass sich netzwerkartig verschachtelte Unternehmen zu entwickeln beginnen: Einzelne Glieder in der Kette der Produktions- oder Dienstleistungen werden vollständig ausgelagert, andere gegenüber dem Rest verselbstständigt, wieder andere dem Diktat der Innovationszentren unterworfen, um im Ganzen schneller, flexibler und innovationsfähiger auf das global beschleunigte Marktgeschehen reagieren zu können.[101] Von diesem tiefgreifenden Wandel im Integrationsmodus von Unternehmen bleiben die Formen des Arbeitens natürlich nicht unberührt: An die Stelle der lebenslangen, eine kontinuierliche Weiterbildung ermöglichenden Beschäftigung im ehemaligen Kernbereich des produzierenden Gewerbes oder der Dienstleistungsunternehmen tritt tendenziell eine Abfolge von kürzeren, projektförmigen Beschäftigungen in einem der vielen Unterabteilungen oder ausgelagerten Betriebseinheiten, die jeweils neue Qualifikations-

101 Vgl. zu diesen Ausführungen: Baethge, »Abschied vom Industrialismus«, a. a. O., S. 94.

anforderungen stellen, so dass ein organisches Anwachsen von erfahrungsbasiertem Wissen kaum mehr möglich ist.[102] Bei dieser schleichenden Entberuflichung des Arbeitens handelt es sich um das Gegenteil dessen, was das industrialistische Ideal der lebenslangen Beschäftigung an einem Ort und in demselben Gewerbe bei gesicherten Aufstiegschancen einst versprochen hatte: dass sich jeder beruflich Tätige über mehrere Jahre hinweg in eine Materie einarbeiten und sich auf diesem Wege in einem lebenslang andauernden Lernprozess immer weiter spezialisieren kann, um es mit der Zeit zu einer gewissen Perfektion in einem bestimmten Tätigkeitsfeld zu bringen. Was sich heute stattdessen abzuzeichnen beginnt, ist eine zunehmende Sequenzialisierung der individuellen Erwerbsbiographie: Das für einen spezifischen Projektauftrag erforderliche Wissen muss schnell angeeignet werden, verliert dann aber ebenso rasch wieder an Bedeutung, weil für den folgenden Auftrag aufgrund des drastischen Wandels bei den technologischen Herausforderungen und den Arbeitsaufgaben schon wieder ein ganz anderes, ebenso schnell anzueignendes Wissen verlangt wird. Nimmt die soziale Isolierung des Arbeitens aufgrund der zuvor genannten Tendenz in synchroner Hinsicht zu, so wächst sie in Folge dieser zweiten Tendenz in diachronischer Hinsicht: Die Zahl der Kolleg:innen, denen man zeitlebens durch die Arbeit und am Arbeitsplatz verbunden bleibt, nimmt stetig ab, weil der Beschäftigung in dem einen Projektbereich bald die nächste Anstellung in einem ganz neuen

102 Zu dieser Projektförmigkeit einiger neuer Arbeitsformen vgl. Boltanski, Chiapello, *Der neue Geist des Kapitalismus*, a. a. O., bes. Teil I, Kap. 3 (S. 129-142).

Projektzusammenhang folgt, der personell wieder vollkommen neu zusammengesetzt ist. Infolgedessen wird das gesellschaftliche Netz der Arbeitsteilung immer grobmaschiger, weil die sozialen Kontakte unter den daran Beteiligten kurzlebiger und daher potenziell oberflächlicher werden.

(3) Ein weiterer Trend, der sich aus meinem kurzen Streifzug durch die gegenwärtige Arbeitswelt herauslesen lässt, ist die zunehmende Verschiebung des Arbeitens weg von handwerklichen oder handgebundenen Verrichtungen hin zu Tätigkeiten, die ein höheres Maß an analytischer Kompetenz, formalem Wissen und mentaler Leistungsfähigkeit verlangen. In diesem Zusammenhang wird häufig auch von einer wachsenden Entstofflichung oder Entkörperlichung der gesellschaftlich notwendigen Verrichtungen gesprochen:[103] Das, was getan werden muss, um das soziale Leben in all seinen gemeinschaftlich als wertvoll erachteten Bestandteilen zu erhalten, nimmt zunehmend den Charakter von rein geistig-reflexiven Tätigkeiten an, man könnte auch von einer schleichenden Umstellung von Auge-Hand-Arbeit auf Kognition-Symbol-Arbeit sprechen.[104] Natür-

103 Diese Entkörperlichung der Arbeit darf nicht mit dem verwechselt werden, was im Umfeld des italienischen Postoperaismus als globale Durchsetzung von »immaterieller Arbeit« bezeichnet wird; darunter wird eine ganze Reihe von Veränderungen im Charakter des Arbeitens zusammengefasst (wie die Umstellung auf Kommunikation, Symbolerfassung, Beziehungsvermittlung), ohne dass so recht klar ist, worin deren gemeinsamer Nenner bestehen soll.

104 Diese Umstellung von der Hand aufs Symbol in sozialen Verrichtungen ist nach Auffassung von André Leroi-Gourhan ein weltgeschichtlicher Prozess, mit dem sich die Zunahme an gesellschaftlicher Komplexität und kultureller Vielfalt erklären lässt:

lich war alles körperliche, von der Hand vollzogene Arbeiten immer an die geistig vermittelnde Rolle des Auges gebunden, keine der unzähligen physischen Verrichtungen ließ sich je ohne die visuelle Koordinierung der Hände ausüben; heute aber scheint sich als Folge der Digitalisierung von Kommunikation und Information das Gewicht zwischen den beiden Organen dahingehend zu verschieben, dass das visuelle Erfassen von Symbolen gegenüber dem körperlichen Tun sukzessive die Oberhand gewinnt: Zwar benutzen die Arbeitenden nach wie vor ihre Hände – am Computer etwa, am Steuerpult, an der Supermarktkasse, beim Decken von Dächern, beim Zustellen von Post oder beim Maniküren von Fingernägeln. Aber bei sehr vielen Tätigkeiten in der neuen Arbeitswelt hat die Hand nur noch umsetzende, immer weniger eine aktive, herstellende, zupackende oder montierende Funktion. Es ließe sich daher vermuten, dass sich in der Zukunft mehr und mehr Verrichtungen breitmachen werden, die dominant die mentale, symbolerfassende Aktivität des Auges erfordern, welches daher die Hand als tragendes Organ bei der Arbeit ablösen wird. So ersetzen, um ein Beispiel zu nennen, bei der Endmontage im Automobilwerk wenige Augenpaare, die die computergestützte Tätigkeit der Roboter überwachen, heute viele Hände, die früher in mühsamer Arbeit die Fahrzeuge zusammengebaut haben. Mit diesem epochalen Wandel im Vollzugsmodus des Arbeitens geht natürlich eine Veränderung

André Leroi-Gourhan, *Hand und Wort. Die Evolution von Technik, Sprache und Kunst*, übers. von Michael Bischoff, Frankfurt/M. 1980; zum »Schicksal der Hand« vgl. ebd., S. 319-320. Meine These hier ist, dass diese Umstellung sich heute in der gesellschaftlichen Arbeit noch einmal beschleunigt vollzieht.

im Typus der arbeitsspezifischen Belastungen einher, weg von der »industriellen Ermüdung« (Georges Friedmann)[105] hin zur psychischen oder mentalen Auszehrung, und damit auch eine Verschiebung seitens der vorrangigen Symptomatik arbeitsverursachter Erkrankungen.[106]

(4) Als vierter Trend ist die zunehmende Kommodifizierung sowohl der sozialen als auch der häuslichen Dienste zu nennen. Zwar hat dieser Prozess in den beiden genannten Bereichen jeweils sehr spezifische Ursachen und Verlaufsmuster, führt aber zu einer ähnlich gelagerten und mehr oder weniger aufs Gleiche hinauslaufenden Rekonfiguration in der Organisation der gesellschaftlichen Arbeit. In wachsendem Maße werden heute Dienstleistungen, die zuvor entweder in öffentlichen Einrichtungen unter staatlicher Aufsicht oder in privaten Haushalten »freiwillig« erbracht wurden, in Arbeitsverrichtungen verwandelt, die von kapitalistischen Unternehmen zum Zweck der Gewinnmaximierung »eingekauft« und dementsprechend dem Diktat der Produktivitätssteigerung unterworfen werden.[107] Die Kommodifizierung der sozialen Dienste geht ursächlich auf jene staatlichen Entgrenzungen des Marktes zurück, die ich zu Beginn dieses Kapitels umrissen habe; zu den Maßnahmen, die die westlichen Einzelstaaten in den späten 1970er Jahren ergriffen haben, um die internationale Konkurrenzfähigkeit des inländischen Kapitals zu stärken und ihre eigene Schuldenlast zu verringern, gehörten breitgefächerte Initiativen zur Priva-

105 Vgl. oben, Teil I, Fn. 93.

106 Vgl. etwa für Deutschland: Nora Alsdorf u. a., *Psychische Erkrankungen in der Arbeitswelt*, Bielefeld 2017.

107 Huws, *Labour in Contemporary Capitalism*, a. a. O., Kap. 6 u. 7.

tisierung bislang staatlich geführter Sozialdienste. In der Folge wurden je nach institutioneller Architektur des betreffenden Landes gezielt bestimmte Versorgungsleistungen, die zuvor von der öffentlichen Hand erbracht wurden, privatwirtschaftlichen und häufig international aufgestellten Unternehmen überantwortet, die auf dem »freien Markt« agieren und, um sich selbst zu erhalten, primär rentabilitätsorientiert wirtschaften müssen. Dem damaligen Privatisierungsrausch schienen – nicht zuletzt aufgrund der leeren Kassen öffentlicher Haushalte – keine Grenzen gesetzt, so dass nur dort, wo das Wahlvolk aktiv aufbegehrte und mit Stimmentzug drohte, der öffentliche Nahverkehr, die Energieversorgung, der Strafvollzug, das Gesundheitswesen, die Telekommunikation und andere zuvor staatlich geführte Dienstleistungen nicht in die Hände kapitalistischer Unternehmen gelegt wurden. Die anwachsende Kommodifizierung häuslicher Dienste wiederum ist die Antwort kapitalistischer Unternehmen auf den gestiegenen Bedarf privater Haushalte, die bislang vornehmlich von Frauen unentgeltlich übernommenen Arbeiten des Kochens, Reinigens und Kindererziehens durch bezahlbare Leistungen zu ersetzen, um jenen angesichts ihrer zunehmenden Berufstätigkeit eine Entlastung anzubieten und damit wirtschaftliche Gewinne zu erzielen. Infolge dieses neuen Bedarfs sind in den letzten drei bis vier Jahrzehnten eine Vielzahl von unterschiedlichsten Unternehmen entstanden, die eine breite Palette von Waren und Dienste anbieten, welche häusliche Verrichtungen durch marktvermittelte Leistungen ersetzen sollen. Sowohl die Kommodifizierung der sozialen als auch die der haushaltsnahen Dienste – und das ist der Grund, warum sie hier in einem Atemzug genannt werden – bewirken denselben Formwandel bei Arbeiten, die zuvor unter öffentlicher oder privater Regie erbracht wurden: Was vorher bei gesicherten Berufsaussichten und stabiler Entlohnung oder bei rein selbstgesetztem Takt ohne Leistungsdruck getan wurde, wird nun mit dem Ziel höherer Produktivität in berechenbare Einheiten zerschnitten, in standardisierte Elemente zerlegt und auf individuelle Effektivität hin kontrolliert – womit zwei weitere Bereiche der gesellschaftlichen Arbeitsteilung dem scheinbar unentrinnbaren Schicksal der Vermarktlichung zugeführt werden.

(5) Schließlich ist ein deutlicher Trend zu einer wachsenden Entsicherung und Prekarisierung der gesellschaftlichen Arbeit zu beobachten. Der Zenit der sozialpolitischen Errungenschaften des kapitalistischen Industrialismus, die den Beschäftigten in ihrer übergroßen Mehrheit den sozial geschützten und rechtlich anerkannten Status eines »Lohnarbeiters« oder einer »Lohnarbeiterin« (Robert Castel) verschafft und ihnen damit den Weg zur demokratischen Teilhabe immerhin ein Stück weit geebnet hatten, scheint inzwischen überschritten; nicht nur an der Peripherie, sondern auch im Kern aller Sektoren des Beschäftigungssystems von der Landwirtschaft über die Industrie bis hin zu den Dienstleistungen franst dieses normalisierte Lohnarbeitsverhältnis heute zunehmend aus und wird durch atypische Formen wie Leih- und Zeitarbeit, befristete Beschäftigungsverhältnisse oder sogenannte alternative Selbstständigkeit ersetzt, so dass die Arbeitskräfte nicht mehr zuverlässig in den Genuss der rechtlich fixierten Ansprüche auf kollektive Lohnabsicherung, gewerkschaftliche Interessenvertretung, Kündigungsschutz, Sozialversicherungsleistungen und bezahlten Urlaub kom-

men – deren Gesamtheit zuvor den Status einer »industriellen Bürgerschaft« definiert hatte, wie Thomas H. Marshall diesen geschichtlichen Zwischenschritt im Kampf um die Demokratisierung der Arbeitsverhältnisse bezeichnet hat.[108] Was unter dem Schutzmantel eines gesicherten Lohnarbeiterstatus an gleichbleibender Substanz in der Arbeitserfahrung über beinah ein halbes Jahrhundert hinweg leidlich verborgen geblieben war – Subordination, kaum Mitbestimmung über die Arbeitsbedingungen, existentielle Abhängigkeit vom undurchsichtigen Marktgeschehen, mangelnde Wertschätzung –, tritt im Zuge dieser Prekarisierung wieder deutlicher zu Tage.[109] Es ist nicht so, dass das, was Arbeit im Kapitalismus ausmacht, nun sein »wahres« Gesicht zeigen würde, denn ein solches authentisches Gesicht gibt es nicht, weil dessen Züge jeweils viel zu sehr von wech-

108 Thomas H. Marshall, *Sociology at the Crossroads and Other Essays*, London 1963, S. 98. Der Begriff »industrielle Bürgerschaft« ist nicht nur glücklich gewählt, weil er zu exklusiv auf industrielle Tätigkeitsbereiche zugeschnitten ist. Zu den Tendenzen der Deregulierung vgl.: Karl Hinrichs, »Irreguläre Beschäftigungsverhältnisse und soziale Sicherheit. Facetten der ›Erosion‹ des Normalarbeitsverhältnisses in der Bundesrepublik«, in: *PROKLA. Zeitschrift für kritische Sozialwissenschaft* 19:77 (1989), S. 7-32. Einen guten Überblick liefert auch der folgende Sammelband: Robert Castel, Klaus Dörre (Hg.), *Prekariat, Abstieg, Ausgrenzung. Die soziale Frage am Beginn des 21. Jahrhunderts*, Frankfurt/M. 2009.

109 Vgl. die Analysen und Erfahrungsberichte in: Mayer-Ahuja, Nachtwey (Hg.), *Verkannte Leistungsträger:innen*, a. a. O.; Veronika Bohrn Mena, *Die neue ArbeiterInnenklasse. Menschen in prekären Verhältnissen*, Wien 2020; Guy Standing, *Prekariat. Die neue explosive Klasse*, übers. von Sven Wunderlich, Münster 2015; Julia Friedrich, *Working Class. Warum wir Arbeit brauchen, von der wir leben können*, Berlin, München 2021.

selnden Machtverhältnissen, politisch-institutionellen Rahmungen und wirtschaftlichen Regulationsweisen abhängig sind. Aber es wird doch wieder öffentlich sichtbarer, warum die kapitalistische Arbeitswelt bis heute im Großen und Ganzen eine Gegenwelt zur politischen Demokratie geblieben ist: Wer unter prekären Bedingungen beschäftigt ist, wird größte Schwierigkeiten haben, in den Besitz derjenigen Ressourcen und Fähigkeiten zu gelangen, die für die ungezwungene Teilnahme am demokratischen Prozess eine unerlässliche Voraussetzung bilden.[110]

Zu diesen fünf Tendenzen, die ich in der gegenwärtigen Arbeitswelt deutlich zu erkennen können glaube, treten gewiss noch weitere hinzu, die allerdings weniger markante Konturen besitzen: die vor allem technologisch bedingte schnelle Entwertung von beruflichen Qualifikationen und Wissensbeständen zum Beispiel oder die schleichende Auflösung klar definierter, voneinander abgrenzbarer Berufsfelder mitsamt den diesen inhärenten Bindungen an Standards der guten Ausführung und des gemeinnützigen Wohlverhaltens. Gemeinsam haben die meisten dieser Entwicklungstendenzen aber, dass sie in der einen oder anderen Weise den Erfordernissen, die an eine demokratieförderliche Organisation der gesellschaftlichen Arbeit gestellt werden müssen, direkt entgegenlaufen. Statt die arbeitenden Subjekte in engeren Kontakt miteinander zu bringen, um die sozialintegrative Funktion der gesellschaftlichen Arbeitsteilung zu erhöhen, werden sie zunehmend voneinander isoliert und sind bei ihren Tätigkeiten auf sich allein gestellt; statt die wirtschaftliche Unabhängigkeit

110 Dazu sehr überzeugend: Standing, *Prekariat*, a.a.O., Kap. 1.

der arbeitenden Subjekte zu verbessern, um sie von Sorgen um die eigene Subsistenz zu befreien und damit Möglichkeiten zur demokratischen Partizipation zu eröffnen, wächst mit dem Anteil atypischer Beschäftigungsformen auch das Ausmaß von gesellschaftlichen Verrichtungen, die den individuellen Lebensunterhalt kaum mehr sicherstellen können; statt das komplexe Netzwerk der gesellschaftlichen Arbeitsteilung für den Einzelnen durchsichtiger zu machen, nimmt dessen Undurchsichtigkeit derzeit eher zu, weil die Abhängigkeitsbeziehungen und Anweisungsketten aufgrund der Anonymisierung der Besitz- und Machtverhältnisse immer schwerer identifizierbar werden; und statt den Umfang derjenigen arbeitsteilig erforderlichen Tätigkeiten zu erweitern, die dem Druck des kapitalistischen Arbeitsmarktes entzogen und damit der öffentlichen oder privaten Kontrolle zugänglich bleiben, wächst die Kommodifizierung von zuvor nichtmarktvermittelten Arbeiten seit Jahrzehnten stark an. Gewiss, es gibt heute auch Tendenzen in der gesellschaftlichen Arbeitsteilung, die beschäftigungsfreundliche Effekte zeitigen und daher die Chancen zur Teilnahme an demokratischen Praktiken erhöhen; dazu gehören an erster Stelle rechtliche Maßnahmen zur Bekämpfung von Diskriminierungen auf dem Arbeitsmarkt und zur Flexibilisierung der Arbeitszeit. Beide Vorkehrungen kommen den begründeten Interessen und Belangen eines Teils der erwerbstätigen Bevölkerung stark entgegen, auch wenn die enorm verbesserten Möglichkeiten, die eigene Arbeitszeit individuell zu gestalten, nicht selten zu einer Entgrenzung zwischen Arbeitsalltag und Privatsphäre geführt haben.

Im Ganzen aber überwiegen in dem von mir gezeichneten Bild die dunkleren Töne, die eine sich vertiefende

Kluft zwischen dem Anspruch auf demokratische Beteiligung und den Chancen zu deren faktischer Ausübung signalisieren. Bevor ich mich in Teil III der Frage zuwenden kann, durch welche arbeitspolitischen Maßnahmen diese Kluft verringert werden könnte, muss ich zunächst klären, wie das Feld der gesellschaftlichen Arbeit kategorial überhaupt erschlossen werden muss, um darin Potenziale der Beförderung von demokratischer Beteiligung sichtbar werden zu lassen. Das soll in dem nun folgenden zweiten Exkurs geschehen, in dem ich den Begriff der gesellschaftlichen Arbeitsteilung erläutern werde.

Exkurs II: Zum Begriff der gesellschaftlichen Arbeitsteilung

Neben »Arbeit« gibt es einen weiteren Begriff, der eine bedeutende Rolle in meiner Argumentation spielt, aber von mir bislang nicht auch nur im Ansatz näher bestimmt worden ist: »gesellschaftliche Arbeitsteilung«. Mit der Beantwortung der Frage, was mit diesem Begriff gemeint ist, nehme ich den Faden meiner Überlegungen dort wieder auf, wo ich ihn am Ende meines Exkurses zum Begriff der Arbeit liegengelassen habe. Dort hatte ich ja gesagt, dass die vorgeschlagene Weiterung der Kategorie »Arbeit« erhebliche Konsequenzen auch für unsere Vorstellung von der sozialen Arbeitsteilung haben müsste, weil sie damit ebenfalls einer Neufassung bedarf. Wie sich gleich zeigen wird, betrifft eine solche Neufassung aber nicht nur die Vorstellung von den Tätigkeiten, die darin als einbezogen gedacht werden müssen, sondern auch das Bild, das wir uns von der Verknüpfung dieser Tätigkeiten machen sollten. Will man an der normativen Perspektive festhalten, die Chancen zur demokratischen Beteiligung durch durchlässigere und fairere Formen der sozialen Arbeitsteilung zu erhöhen, so muss auch unsere Vorstellung von der Machart des Ineinandergreifens der verschiedenen Tätigkeiten in der Arbeitsteilung auf vollkommen neue Füße gestellt werden.

Der Schlüssel zu einem politischen Verständnis der Arbeitswelt als Ort und Feld alltäglicher Kämpfe und

Auseinandersetzungen liegt also nicht oder nicht ausschließlich, so soll im Folgenden deutlich werden, in der einzelnen Verrichtung und deren individueller Organisation oder Bezahlung, sondern immer auch in der Art der Verknüpfung dieser Verrichtungen in der gesellschaftlichen Arbeitsteilung. Besteht das Ziel darin, Grundzüge einer demokratieförderlichen oder, kürzer, demokratischen Politik der Arbeit zu umreißen, darf daher der individuelle Arbeitsplatz nicht den Ausgangspunkt bilden; vielmehr muss derjenige, der eine solche normative Perspektive verfolgt, das komplizierte Netzwerk der arbeitsteilig aufeinander bezogenen und voneinander abhängigen Beiträge zur gesellschaftlichen Arbeit ins Auge fassen.[111] Seit Adam Smith, der, wie wir in Kapitel 2 gesehen haben, bereits vorsichtig die Frage aufwarf, ob nicht die wachsende Mechanisierung der Arbeit den Belangen einer Meinungsbildung des Volkes über die Staatsgeschäfte abträglich sein könnte, sind es daher nicht die einzelnen Arbeitsplätze, sondern die gesellschaftlich geregelte Verknüpfung zwischen ihnen, also das Netzwerk der Arbeitsteilung, worauf Hegel und Marx, Durkheim und Cole und all diejenigen ihren Blick richteten, die sich für eine Stärkung der politischen Einbeziehung der arbeitenden Bevölkerung durch verbesserte Arbeitsbedingungen eingesetzt haben. Die Fra-

111 So geht daher auch Friedrich Kambartel bei seinem hochinteressanten Versuch, eine normative Theorie der Arbeit zu entwickeln, die auch die unbezahlte, »informelle« Hausarbeit einbezieht, vom Begriff des gesellschaftlichen »Leistungsaustauschs« aus: Friedrich Kambartel, »Arbeit und Politik. Zu den begrifflichen und methodischen Grundlagen einer aktuellen politischen Debatte«, in: ders, *Philosophie und Politische Ökonomie*, Göttingen 1998, S. 59-84, hier: S. 66-72.

ge danach, wie die Arbeit umgestaltet werden könnte, um den Erfordernissen der demokratischen Willensbildung besser als bisher zu entsprechen, muss daher stets auch durch einen Vorschlag zur Neujustierung und Reorganisation der sozialen Arbeitsteilung beantwortet werden.

Nun ist »Arbeitsteilung« ein enorm komplexer Begriff, der verschiedene Schichten von ineinandergreifenden Aktivitäten oder Prozessen umfasst und deswegen inzwischen innerhalb der Sozialwissenschaften als kaum mehr von theoretischem Nutzen gilt; ja, nicht eine der maßgeblichen Sozialtheorien der Gegenwart knüpft noch daran an, um etwa Mechanismen der sozialen Integration oder, wie einst Durkheim, der Bildung einer gesellschaftlichen Moral zu erklären.[112] Für meine Zwecke in diesem Buch ist es absolut elementar, den Begriff nur so zu verwenden, dass er strikt auf die Ebene der Konstitution sozialer Beziehungen beschränkt bleibt und daher umfassendere Verflechtungen jenseits potenzieller Interaktionen ausblendet. Als »Arbeitsteilung« sollen daher im Folgenden nur die beiden Schichten einerseits einer Differenzierung von ganzen Branchen mitsamt den jeweils dazugehörenden Arbeitsrollen

112 Vgl. dazu die lesenswerte Einleitung von Niklas Luhmann, »Arbeitsteilung und Moral. Durkheims Theorie«, in: Emile Durkheim, *Über soziale Arbeitsteilung. Studien über die Organisation höherer Gesellschaften*, übers. von Ludwig Schmidts, durchgesehen von Michael Schmid, Frankfurt/M. 1992, S. 19-38. Eine Ausnahme von der Regel, die Arbeitsteilung nicht mehr als Bezugspunkt der soziologischen Theoriebildung zu verstehen, bildet im deutschen Sprachraum: Ulrich Beck, Michael Brater, Hansjürgen Daheim, *Soziologie der Berufe und der Arbeit. Grundlagen, Problemfelder, Forschungsergebnisse*, Reinbek bei Hamburg 1980.

und andererseits einer Zerlegung von Arbeitsprozessen innerhalb von Betriebs- oder Verwaltungseinheiten verstanden werden, die für die Mitglieder einer Gesellschaft der Möglichkeit nach erlebbar bleiben und als in ihrem notwendigen Ineinandergreifen erfahren werden können. Nicht anders hat Marx an der Arbeitsteilung zunächst einmal zwei Ebenen unterschieden: die einer gesellschaftsübergreifenden Teilung zwischen verschiedenen Tätigkeitszweigen und die einer innerbetrieblichen Teilung zwischen einzelnen Arbeitsschritten.[113] Und auch Hegel war, wenn auch bei geringerem Kenntnisstand als Marx, davon ausgegangen, dass mit der gesamtgesellschaftlichen Differenzierung unterschiedlicher Gewerbezweige und der inneren Arbeitsteilung in der »Fabrik« zwei verschiedene Weisen der Arbeitsteilung vorliegen.[114] Um den Umfang des Begriffs der »Arbeitsteilung« zu bestimmen, muss aber darüber hinaus gefragt werden, welche Arten von Verrichtungen entweder auf der übergreifenden Ebene ganzer Tätigkeitszweige oder auf der Ebene der Arbeitsstätte als in die Teilung einbezogen gedacht werden sollen. Die herkömmliche, von Durkheim allerdings nicht geteilte Antwort auf diese Frage lautet, dass zu solchen aufteilbaren Verrichtungen und Tätigkeiten nur diejenigen gezählt werden sollten, für die es eine marktvermittelte Nachfrage gibt und die deswegen im weitesten Sinn als Erwerbsarbeiten gelten können.[115] Den Nachteil, ja den Fehler einer solchen

113 Karl Marx, *Das Kapital*, Bd. 1, in: *MEW*, Bd. 23, Berlin 1971, S. 56f.
114 Hegel, *Grundlinien der Philosophie des Rechts*, §§ 191; 202-206.
115 Zur Sonderstellung Durkheims in dieser Hinsicht vgl.: Luhmann, »Arbeitsteilung und Moral«, a. a. O., S. 23. Durkheim verwendet den Begriff »Arbeit« in seinem Buch so weit, dass schließlich auch der sexuelle Verkehr zur Arbeitsteilung gehört.

begrifflichen Vorentscheidung hatte ich schon herausgearbeitet: Geht man so vor, so fallen alle Tätigkeiten, die zwar klarerweise für die soziale Reproduktion der je gegebenen Lebensform von konstitutiver Bedeutung sind, aber nicht mittels marktvermittelter Verträge entlohnt werden, aus dem Begriff heraus. Daher muss die Kategorie der Arbeitsteilung so zugeschnitten, das heißt erweitert werden, dass wirklich alle Tätigkeiten in sie einbezogen sind, die einem sozial verallgemeinerbaren Zweck dienen, unabhängig davon, ob sie alimentiert werden oder nicht – also selbstverständlich auch, um nur ein Beispiel zu nennen, die nichtbezahlte Hausarbeit. Allerdings darf diese Erweiterung auch nicht so weit gehen, dass der Begriff der Arbeit ausfranst, was bei Durkheim droht, wenn er von einer »Teilung der sexuellen Arbeit« spricht. Allein die und nur die Tätigkeiten sollten als in ihren Funktionen auf verschiedene Personengruppen verteilbar oder in ihren Elementen potenziell zerlegbar und darin als einer weiteren Spezialisierung zugänglich betrachtet werden, die im von mir entwickelten Sinn zur Aufrechterhaltung der gegebenen Lebensform einen unverzichtbaren Beitrag leisten und daher normativen Regeln zu unterstellen sind.

Mit der Kritik an der Annahme, nur die zum Gelderwerb ausgeübten Tätigkeiten unterlägen der Arbeitsteilung oder sollten als in sie einbezogen gedacht werden, tritt nun aber an den klassischen Theorien eine Reihe von weiteren Beschränkungen in den Blick, die sich mit Bezug auf mein Vorhaben als höchst hinderlich erweisen dürften. Eine untergründige Rolle spielen dabei nämlich immer wieder Vorstellungen wie die, dass eine gegebene Form der Arbeitsteilung Ausfluss von freiwilligen Entscheidungen sei oder der Grad ihrer

Differenzierung sich aus technischen Zwängen der Produktivitätssteigerung ergebe oder der einmal eingeschlagene Weg der sozialen Aufteilung etwas Alternativloses, ja Unausweichliches besitze. Wenn das richtig wäre, wenn also der gegebene Stand der Arbeitsteilung die Bedingungen der freien Berufswahl erfüllte, außerdem technologisch determiniert wäre und deshalb keine Alternativen zuließe, dann könnten Vorstellungen einer Demokratisierung der Arbeit natürlich nicht länger ihren Ausgang von der gesellschaftlichen Arbeitsteilung nehmen; weil innerhalb dieses Netzwerkes von miteinander verschachtelten Tätigkeiten dann nämlich keinerlei Spielraum für Veränderungen bestünde, wären wir auf die Ebene der einzelnen Verrichtungen zurückgeworfen, um dort nach Potenzialen demokratieförderlicher Verbesserungen Ausschau zu halten. Wenig überraschend möchte ich eine solche resignative Schlussfolgerung vermeiden und muss daher die eben genannten Prämissen prüfen und nach Möglichkeit entkräften. Mit zwei dieser Vorannahmen, die häufig vorgetragen werden, will ich mich im Folgenden besonders intensiv beschäftigen, weil sie jeweils Scharnierstellen in Hinblick auf die Frage bilden, bis zu welchem Grad die gegebenen Formen der Arbeitsteilung weiterhin als korrigierbar betrachtet werden können. Dabei wird uns gelegentlich der Umstand zu Hilfe kommen, dass sowohl die Vergangenheit als auch die Gegenwart höchst anschauliche Beispiele für geschichtlich mögliche, aber nicht immer realisierte Neuarrangements der Arbeitsteilung auf der gesamtgesellschaftlichen ebenso wie auf der innerbetrieblichen Ebene bieten.

Ich werde mit der Prämisse beginnen, der zufolge eine gegebene Form der Arbeitsteilung insofern als Ausfluss einer Summe von freien Entscheidungen aufgefasst werden darf, als das rechtlich institutionalisierte Prinzip der freien Berufswahl und der Chancengleichheit jedem Erwerbstätigen eine Tätigkeit seiner Präferenz zu wählen erlaubt. Würde dies empirisch zutreffen, so ließen sich gegen den Versuch, die gegebene Form der Arbeitsteilung angesichts ihrer demokratiefeindlichen Wirkungen einer Revision zu unterziehen, mit Verweis auf die Zwanglosigkeit ihres Zustandekommens ihrerseits demokratische Bedenken erheben. Danach werde ich mich der zweiten Prämisse zuwenden, wonach es technologische Zwänge der Produktivitätssteigerung sind, die über den Grad und die Tiefe der Arbeitsteilung jeweils entscheiden, so dass Einwände dagegen oder Vorschläge zu deren Korrektur schon aus funktionalen Gründen wenig sinnvoll sind. Meine Argumentation gegen die erste Prämisse, von mir kurz »voluntaristischer Fehlschluss« genannt (1), wird weniger Platz einnehmen als die Kritik an der zweiten, die im herrschenden Bewusstsein eine größere Rolle spielt und von mir als »deterministischer Fehlschluss« bezeichnet wird (2).

(1) In Adam Smith' berühmtem Beispiel vom Schuster, der ohne den Metzger ebenso wenig existieren könne wie dieser ohne jenen,[116] schwingt sicherlich die richtige Vorstellung mit, dass Spezialisierung hier beide Beteiligten davon entlastet, viel Aufwand für den Erwerb weiterer Fähigkeiten betreiben zu müssen, daher mehr Zeit für die Vervollkommnung der eigenen, als wertvoll erachteten Befähigungen bleibt und in Summe mithin im

116 Adam Smith, *Untersuchung über Wesen und Ursachen des Reichtums der Völker*, übers. von Monika Streissler, Tübingen 2005, S. 105.

beiderseitigen wohlverstandenen Interesse liegen muss.[117] Allerdings scheint sich Smith dieser Idee bezüglich des Vorteils der Arbeitsteilung aus der Sicht aller von ihr Betroffenen auch dann noch bedienen zu wollen, wenn er vom Beispiel der Differenzierung einzelner Berufsfelder zur innerbetrieblichen Arbeitsteilung durch die Zergliederung einzelner Tätigkeitsschritte übergeht; nicht nur unterstellt er in diesem Zusammenhang ein wenig blauäugig, dass es meistens die Arbeiter selbst gewesen seien, die aus einem Interesse an einer leichteren Ausführung ihrer Verrichtungen heraus die Erfindung von stärkere Spezialisierung verlangenden Maschinen entschieden vorangetrieben hätten;[118] vielmehr scheint er trotz seiner Bedenken gegen eine überhandnehmende Mechanisierung der Arbeit generell anzunehmen, dass jede weitere Vertiefung und Differenzierung der Arbeitsteilung aufgrund der damit einhergehenden Entlastungen und Vereinfachungen von den Betroffenen gewünscht, ja herbeigesehnt werden.

Etwas von Smiths' Optimismus spiegelt sich auch in Durkheims Analyse der sozialen Arbeitsteilung wider. Gewiss, Durkheim ist im Unterschied zu Smith fest davon überzeugt, dass nur ein hochgradig regulierter, fairer und transparenter Arbeitsmarkt Bedingungen gewährleisten kann, unter denen die Beschäftigten die Chance haben, sich frei und ungezwungen einen ihren

117 Ich lasse hier Smith' anthropologische Prämisse beiseite, nach der Menschen eine natürliche Neigung besitzen, »zueinander in Beziehung zu treten, zu handeln und zu tauschen«, was nach seiner Überzeugung auch den Genuss an der Arbeitsteilung erklärt, da sie durch den dann notwendigen Handel das In-Kontakt-Treten befördert: Ebd., S. 97.

118 Ebd., S. 94.

Fähigkeiten entsprechenden Arbeitsplatz zu suchen; aber was Durkheim dann im Einzelnen über die sozioökonomischen Voraussetzungen aussagt, die eine solche freie Berufswahl garantieren könnten, verrät doch, dass er sich über die unterschwellig wirkenden Mechanismen der Erzwingung einer Teilnahme an der Arbeitsteilung nicht genügend Rechenschaft abgelegt hat. Seltsamerweise behandelt er die Frage, inwiefern die Entscheidung einer Person zur beruflichen Spezialisierung von ihrer Herkunft beeinflusst sein könnte, zunächst nur unter dem Gesichtspunkt der genetischen Vererbung; drei ganze Kapitel seines Buches über die »soziale Arbeitsteilung« widmet er dem Nachweis, dass der biologische Erbanteil an den individuellen Fähigkeiten und Begabungen immer schwächer geworden sei, weil die Hervorbringung von neuen Kulturtechniken und Arbeitsmethoden inzwischen viel zu schnell vonstattengehe, um noch genetisch »gespeichert« werden zu können;[119] daher sei, welchen Beruf jemand wähle und auf welche Tätigkeit er sich zu spezialisieren wünsche, heute längst nicht mehr durch die genetische Vererbung von Eigenschaften vorbestimmt. Die aber doch viel wichtigere Frage, welchen einschränkenden Einfluss die soziale Schichtzugehörigkeit auf die Berufswahl ausübt, behandelt Durkheim anschließend nur höchst indirekt, nämlich in Form seiner Analyse der »anormalen« Formen der Arbeitsteilung – womit er bekanntlich all die sozioökonomischen Bedingungen meint, die verhindern, dass die moderne, organische Arbeitsteilung die fruchtbare Wirkung entfalten kann, die sie mit

119 Durkheim, *Über soziale Arbeitsteilung*, a.a.O., Zweites Buch, Kap. 3-5.

der Stiftung eines moralischen Zusammengehörigkeitsgefühls unter den Gesellschaftsmitgliedern von Haus aus eigentlich entfalten sollte. Was die Freiheit der Berufswahl anbelangt, so sieht Durkheim das diesbezüglich größte Hindernis in der Anomalie, die er »erzwungene Arbeitsteilung« nennt; gemeint sind damit stark ungleiche Einkommens- und Vermögensverhältnisse, die es den in dieser Hinsicht weniger privilegierten Erwerbstätigen unmöglich machen, zu den Bedingungen der ihnen angebotenen Arbeitsverträge ebenso frei und ungezwungen Stellung beziehen zu können wie die, die bessergestellt sind; denn, so das überzeugende Argument Durkheims, ihre Existenznot und fehlenden Vermögensrücklagen werden diese Arbeitssuchenden mangels Alternativen zwingen, in jeden Arbeitsvertrag gleich welcher Bedingungen einzuwilligen.[120] Sind solche Ungleichheiten in der Vermögensausstattung aber durch Maßnahmen der progressiven Besteuerung und durch Einschränkungen bei der Vererbung von Besitz einmal beseitigt, so scheint Durkheim gleichzeitig sagen zu wollen, steht der freien Berufswahl und damit der ungezwungen Einfügung in die weiter voranschreitende Arbeitsteilung nichts mehr im Wege: Jede Person wird, ist sie erst einmal allen anderen wirtschaftlich halbwegs gleichgestellt, dem moralischen Appell des modernen Individualismus darin folgen wollen, sich im Laufe ihrer Entwicklung auf eine einzige Tätigkeit zu spezialisieren, um darin ihr Bestes zum Wohl der Gesellschaft zu leisten. Unberücksichtigt bei diesem optimistischen Ausblick bleibt aber, dass es neben der wirtschaftlichen Abhängigkeit und Bedrängnis andere, mindestens

120 Ebd., Drittes Buch, Kap. 2 (»Die erzwungene Arbeitsteilung«).

ebenso wirksame Mechanismen geben kann, welche die Berufswahl einschränken und damit die Übernahme von spezialisierten Tätigkeiten erzwingen können.

Auf einer dieser Einflussgrößen, für die Durkheim keinerlei Gespür zu zeigen scheint, sind wir in Teil II bereits gestoßen: Frauen wurden im Laufe des 19. Jahrhunderts unter dem Einfluss einer mit männlicher Deutungshoheit durchgesetzten Ideologie der weiblichen Naturanlagen zunehmend dazu genötigt, die Bedingungen einer innerfamilialen Arbeitsteilung zu akzeptieren, die ihnen alle haushaltsnahen Verrichtungen zuwies – sofern dafür kein Dienstpersonal zur Verfügung stand.[121] Ideologien solcher Art, kraft deren kollektive Vorstellungen über angeblich natürliche Befähigungen einzelner Sozialgruppen erzeugt werden, sind aber verbreiteter, als es das Beispiel der weiblichen »Veranlagung« zur Haushaltstätigkeit vermuten lässt; auch andere soziale Schichten oder ethnische Minoritäten können zum Opfer von ideologischen Zuschreibungen werden, die sie als mit einem Bündel von natürlichen Eigenschaften ausgestattet portraitieren, durch das sie nur für eine bestimmte, meistens abschätzig betrachtete Klasse von Tätigkeiten als geeignet gelten – man denke nur an das antisemitische Vorurteil vom kaufmännisch begabten Juden oder das rassistische vom baumwollpflückenden Schwarzen. Die Wirkung derartiger Ideologien auf die Berufswahl ist zudem deswegen so fatal, weil sie mit der sanften Gewalt imaginärer Bilder vom »Naturtalent« ganzer Kollektive auch bei diesen selber die Neigung erzeugen können, sich tatsächlich nur noch auf

121 Exemplarisch: Hausen, »Die Polarisierung der ›Geschlechtscharaktere‹«, a. a. O.

die Berufe oder Tätigkeiten zu spezialisieren, die ihnen ideologisch zugedacht wurden – und wenn sie sich dem doch widersetzen, sehen sie sich schnell mit sozialen Barrieren konfrontiert, durch die das fragliche Berufsfeld zuvor gegenüber Eindringlingen von außen abgeriegelt wurde.[122]

Ebenso wie die Wirkung solcher naturalisierenden Ideologien hat Durkheim offenbar noch einen anderen Mechanismus übersehen, der die Berufsentscheidung massiv einschränken kann und damit das Einrücken in die gegebene Arbeitsteilung hinterrücks erzwingt. Im Unterschied zum ersten Fall handelt es sich dabei um eine Art von unbewusster Selbstselektion, die in der Erwartung vorgenommen wird, nur für solche Berufe die geeigneten Befähigungen zu besitzen, die im eigenen sozialen Milieu bereits mehrheitlich ausgeübt werden. Hier bedarf es erst gar nicht des Einflusses kollektiver Zuschreibungen, sondern es genügt das über Generationen hinweg tradierte Narrativ der Aussichtslosigkeit sozialen Aufstiegs, um sich durch Leistungsverweigerung und gezieltes Schulversagen schon früh darauf »vorzubereiten«, später keine Enttäuschung bei der Arbeitssuche erleben zu müssen. Es war der englische Soziologe Paul Willis, der diesen irritierenden, aber wohl sehr verbreiteten Mechanismus der freiwilligen Selbstauslese zum ersten Mal in einer in den 1970er Jahren durchgeführten Studie empirisch nachgewiesen hat: Die Arbeiterjugendlichen, die er über mehrere Jahre im Schulun-

122 Zu dieser Strategie der sozialen »Schließung« von Erwerbsfeldern gegenüber als »fremd« betrachteten Gruppen vgl. schon Max Weber, *Wirtschaft und Gesellschaft. Grundriss der verstehenden Soziologie* (1921), Tübingen 1976, S. 201-203.

terricht begleitet hatte, unternahmen alles Erdenkliche, um sich durch schlechte Noten und Fehlverhalten nur für solche Jobs und Gelegenheitsarbeiten zu empfehlen, für die sie sich aufgrund einer ererbten Skepsis gegenüber den eigenen Fähigkeiten für tatsächlich geeignet hielten.[123] Die Möglichkeit, in einer Art von Selbsterkundung die Fähigkeiten zu identifizieren, die später zum Kern der eigenen Berufstätigkeit werden sollen, wird in diesen Unterschichtsmilieus schon dadurch untergraben, dass man sich aus Gründen der Enttäuschungsvermeidung erst gar nicht zutraut, über Alternativen zum beruflichen Schicksal der Eltern und Anverwandten nachzudenken.[124]

Das sind wohlgemerkt nur zwei Beispiele unter vielen, die zeigen, dass die Gesellschaftsmitglieder auf unterschiedlichste Weise selbst unter Bedingungen der rechtlich »freien« Berufswahl dazu genötigt werden können, sich beruflichen Spezialisierungen zu verschreiben, von denen alles andere als klar ist, ob sie tatsächlich in ihrem wohlverstandenen Interesse liegen. Nimmt man zusätzlich realistischerweise an, dass die verfügbaren Stellen in bestimmten Berufsfeldern auch bei Vollbeschäftigung häufig sehr knapp sind oder bei großer Nachfrage auf-

123 Paul Willis, *Spaß am Widerstand. Gegenkultur in der Arbeiterschule*, übers. von Nils Thomas Lindquist, Frankfurt/M. 1979. Der englische Originaltitel ist allerdings um einiges sprechender: *Learning to Labour. How Working Class Kids Get Working Class Jobs*, London 1978.

124 Diese Art von Selbstselektion gehorcht der Logik der vorweggreifenden Anpassung an beschränkte Möglichkeiten, die Jon Elster unter dem Titel der »sauren Trauben« (»sour grapes«) analysiert hat: Jon Elster, *Sour Grapes. Studies in the Subversion of Rationality*, Cambridge 1983, Kap. III.

grund der geringen Bezahlung und Wertschätzung als wenig attraktiv gelten, so dass man nachträglich zu Anpassungen gezwungen ist, lässt sich daraus schließen, dass Durkheims Annahme einer weitgehend freiwilligen Verteilung der Arbeitskräfte auf die arbeitsteilig ausdifferenzierten Tätigkeitsfelder nicht sehr überzeugend ist. Davon, dass jeder schon die berufliche Tätigkeit finden wird, die seinen zuvor erkundeten Präferenzen halbwegs entspricht, dürfte selbst bei rechtlich garantierter Freiheit der Berufswahl nicht die Rede sein: Zu viele Hindernisse, aufgebaut in der schulischen Sozialisation, durch über Jahrzehnte vererbte Selbstzweifel bestimmter sozialer Milieus und die unterschwellige Wirkung von Ideologien über die »natürlichen« Befähigungen ganzer Gruppen, stehen der Auffassung einer solchen spontanen, sich zwangslos ergebenden Allokation von Arbeitskräften für die arbeitsteilig zu verrichtenden Leistungen entgegen. Es gibt also keinen Grund, die heute gegebene Arbeitsteilung als das Ergebnis einer Aufhäufung freier Entscheidung aller arbeitsfähigen Personen zur eigenen beruflichen Spezialisierung zu begreifen; und daher gibt es auch keinen Anlass, diese etablierten Formen der Arbeitsteilung nicht daraufhin zu prüfen, ob und wo sie Chancen zu Verbesserungen und Neujustierungen in Richtung einer stärkeren Befähigung zur demokratischen Partizipation bieten könnten. Allerdings trifft der Verweis auf das Vorliegen dieses voluntaristischen Fehlschlusses nur den einen Teil der Einwände gegen das Vorhaben, die existierende Form der Arbeitsteilung aus Gründen ihrer Unverträglichkeit mit demokratischen Praktiken zu hinterfragen. Dem weitaus gewichtigeren Einwand gegen mein Projekt wende ich mich nun zu.

(2) Dieser zweite Einwand besagt, wie oben bereits angedeutet, dass die Genese der Arbeitsteilung einer technologischen Entwicklungslogik folgt, die sich aus dem Ziel der Produktionssteigerung mit Notwendigkeit ergibt; daraus wird geschlossen, dass es gewissermaßen witzlos sei, den gegenwärtigen Stand der Arbeitsteilung zu kritisieren oder an ihr gar etwas verändern zu wollen. Dieser technologische Determinismus tritt in zwei verschiedenen Versionen auf: in einer höherstufigen, auf Produktionszweige im Ganzen bezogenen und in einer niedrigerstufigen, die auf die Tätigkeitsbündel einzelner Berufe abhebt. In der ersten Version wird behauptet, dass sich die Art der Arbeitsteilung zwischen ganzen Branchen und Berufsfeldern eben aus technologischen Zwängen ergeben habe, die unvermeidbar gewesen seien, weil sich anders deren Produktivität und Effektivität nicht hätte steigern lassen; die zweite, auf einer tieferen Ebene ansetzende Version geht davon aus, dass die Art der Bündelung mehrerer Verrichtungen zu einem jeweiligem Tätigkeitsprofil oder Berufsbild deswegen unvermeidlich sei, weil sich anders eine möglichst zweckrationale und effektive Durchführung bestimmter Aufgaben nicht organisieren ließe. Ich werde beide Varianten nacheinander diskutieren, da sie sich in ihren deterministischen Behauptungen auf jeweils andere Argumente stützten.

Die erste Version des technologischen Determinismus findet sich bereits, wie Michael Piore und Charles Sabel in ihrem einflussreichen Buch *Das Ende der Massenproduktion* gezeigt haben,[125] bei Adam Smith und

125 Piore, Sabel, *Das Ende der Massenproduktion*, a.a.O., S. 19 u. S. 30-35. Vgl. vertiefend: Charles Sabel, *Work and Politics. The Division of Labor in Industry*, Cambridge 1982, bes. Kap. 1.

Karl Marx. Beide sind davon überzeugt dass es eine weitere Steigerung der industriellen Produktivität nur durch einen verstärkten Einsatz von spezialisierten Maschinen zur Produktion von standardisierten Gütern sowie von schnell angelernten Arbeiter:innen geben könne; eine Alternative zu diesem Weg der mechanisierten Massenproduktion in Großfabriken unter Bedingungen einer zunehmenden Dequalifizierung der Arbeitskräfte schließen Smith und Marx mit dem Argument aus, dass jede andere, weniger arbeitsteilige Technik der Güterverfertigung den Nachteil mit sich bringen würde, das bereits bestehende Niveau der Konsumbefriedigung aufgrund der geringeren Produktivität der eingesetzten Mittel wieder zu unterschreiten. Als »deterministisch« lässt sich diese Auffassung begreifen, weil sie unterstellt, dass zur Erreichung eines vorab fixierten Ziels, in diesem Fall die Steigerung von Produktivität, nur ein einziges Mittel zu dessen Realisierung existiert, hier also die mechanisierte Großproduktion. Für ihren Versuch, diese Form des technologischen Determinismus zu widerlegen, verwenden Piore und Sabel das Bild von der »industriellen Wegscheide«, womit gemeint ist, dass es an bestimmten Punkten der geschichtlichen Entwicklung jeweils mehrere technisch-organisatorische Alternativen gibt, um einen in der Vergangenheit bereits betretenen Pfad der industriellen Produktion erfolgreich fortzusetzen. Nach ihrer Überzeugung hängt aber die Frage, welche dieser Alternativen in derartigen Situationen am Ende den Sieg davonträgt, nicht von der »intrinsischen Überlegenheit« der einen oder anderen ab, sondern von den ökonomischen und politischen Ressourcen, die ihren jeweiligen Verfechtern unter den gegebenen Umständen zur Verfügung stehen, um ihre Vorstelllungen durchzusetzen.

Die beiden Autoren präsentieren in ihrer Studie zwei Beispiele für solche Entscheidungspunkte, um ihre These von der industriellen Wegscheide und deren politisch umkämpften Ausgang zu belegen: zum einen die zweite Hälfte des 19. Jahrhunderts, als sich in einigen Regionen Westeuropas eine handwerklich-kleingewerbliche Alternative zur Massenproduktion auftat, die bei flexibler Organisation der Arbeitsabläufe auf die Produktion einer breiten Palette von speziellen Gütern abzielte und aufgrund ihrer engen Einbindung in die lokalen Märkte und Verwaltungen durchaus Aussicht auf ökonomischen Erfolg besaß;[126] und zum anderen die späten 1970er Jahre, wo sie eine der ersten vergleichbare Weggabelung zwischen zwei industriellen Produktionsweisen erkennen und damit aus ihrer Sicht erneut die Chance einer Rückkehr zur flexiblen Spezialisierung in handwerklichen Kleinbetrieben besteht.[127] Ich will im Folgenden den ersten Fall ganz kurz schildern, um anschließend die Frage zu stellen, welche Rückschlüsse sich daraus mit Blick auf die erste Variante des technologischen Determinismus ziehen lassen, der unsere Vorstellungen über die soziale Arbeitsteilung bis heute stark beherrscht.

Michael Piore und Charles Sabel glauben zeigen zu können, dass in der zweiten Hälfte des 19. Jahrhunderts in einigen Gebieten Westeuropas – ausdrücklich genannt werden die Region um Lyon, das Siegerland und die

126 Piore, Sabel, *Das Ende der Massenproduktion*, a. a. O., Kap. 2.

127 Ebd., Kap. 8 u. 9. Das 1984 im amerikanischen Original erschienene Buch von Piore und Sabel hat durchaus auch einen interventionistischen Charakter, weil sie die Chance sehen, in die sich seit den späten 1970er Jahren anbahnenden Veränderungen noch eingreifen zu können.

Gegend um Sheffield im Westen Englands – eine wirtschaftlich aussichtsreiche Alternative zur industriellen Massenproduktion existierte; sie bestand in Kleinbetrieben mit handwerklichen Traditionen, in denen bei hochflexiblen Arbeitsabläufen und nur geringer Ausdifferenzierung der einzelnen Verrichtungen eine ganze Palette von speziellen Gütern für lokale Märkte produziert wurde. Das Erfolgsrezept dieses Gegenmodells zu der damals expandierenden Großproduktion beruhte den beiden Autoren zufolge darauf, dass dank der Absprachen mit benachbarten Unternehmen der Konkurrenzdruck stark abgemildert werden konnte, die Werktätigen aufgrund der flexiblen Arbeitsgestaltung hoch motiviert waren, die Nachfrage nach den gewünschten Erzeugnissen aufgrund der lokalen Einbindung leicht überblickbar blieb und die Betriebsanlagen häufig im Besitz von Genossenschaften waren, was den Arbeitseifer der Beschäftigten noch zusätzlich antrieb. Bei absehbarem Bedarf konnten solche Kleinbetriebe zudem auch spezielle Güter für ferner gelegene Märkte produzieren, so dass man sich über Absatzkrisen oder einen Rückgang der Nachfrage keine größeren Sorgen machen musste.[128] Die Frage, die sich Piore und Sabel nun naheliegender Weise stellen, ist die, warum ein so »erstaunlich lebensfähiges« Produktionssystem alsbald der mechanisierten Massenfertigung weichen musste und damit in die Rolle einer bloßen Zulieferungsindustrie gedrängt wurde. Sie sind – wie gesagt – davon überzeugt, dass dies nicht mit einer »intrinsischen« Überlegenheit der Siegertechnologie in Hinblick auf Produktivität und wirtschaftlichen Ertrag erklärt werden könne;

128 Ebd., S. 38-43.

denn gemessen an diesem Standard lagen beide organisatorischen Alternativen gleichauf: beide waren innovationsfreudig, beide waren wirtschaftlich erfolgreich und beide befriedigten eine wachsende Nachfrage. Und doch wurde die handwerkliche Produktionsweise dann eben doch schnell zur Seite gedrängt und nahm alsbald eine nur noch periphere Stellung im industriellen Sektor ein. Wie ist es zu diesem raschen Umschlag gekommen? Die Antwort, die Piore und Sabel auf diese Frage geben, ist äußerst komplex und kann doch auf nur eine einzige, entscheidende These reduziert werden: Nach ihrer Auffassung wählten diejenigen involvierten Parteien, »die die Kontrolle über die Produktionsmittel und die Gewinne aus Investitionen« ausübten, mit Hilfe der Unterstützung durch staatliche Agenturen »unter den verfügbaren Technologien diejenige aus, die *ihren* Interessen am weitesten« entgegenkamen.[129] Mit dieser Erklärung wird die Frage danach, welche industrielle Technologie geschichtlich jeweils die Vorherrschaft übernimmt, von den üblichen Referenzgrößen der Produktivität und Effizienz auf die Dimension sozialer Kämpfe und politischer Konflikte verlagert. Anders gesagt: Nicht die wirtschaftliche Überlegenheit der einen Produktionsmethode über die andere, sondern politisch geführte Auseinandersetzungen unter den Vertretern beider Modelle entscheiden je nach Umfang der zur Verfügung stehenden Ressourcen und Einflussmöglichkeiten am Ende darüber, welche von ihnen sich in der weiteren historischen Entwicklung durchsetzen wird. Zurückbezogen auf den Fall der Konkurrenz zwischen handwerklicher Kleinproduktion und mechanisierter Fab-

129 Ebd., S. 49.

rikproduktion in der zweiten Hälfte des 19. Jahrhunderts folgt aus der damit umrissenen These, dass die Massenproduktion standardisierter Güter deswegen den Sieg davontragen und rasch zum »technologischen Paradigma« der folgenden Jahrzehnte avancieren konnte, weil es ihren Verfechtern unter Aufbietung ihrer größeren Machtmittel und mit Unterstützung von staatlicher Seite gelang, den Gegner durch Entzug von Subventionen und Krediten wirtschaftlich auszutrocknen und damit in die Knie zu zwingen.[130]

Welche Konsequenzen lassen sich daraus mit Bezug auf die erste Variante des technologischen Determinismus ziehen? Zunächst muss, folgt man Piore und Sabel, die Vorstellung korrigiert werden, nach der es aufgrund innerer Gesetzmäßigkeiten im Grunde immer nur eine organisatorische Möglichkeit der Arbeitsteilung in ganzen Branchen gibt, um das jeweils erreichte Niveau der wirtschaftlichen Entwicklung aufrechtzuerhalten. Vielmehr ergeben sich im historischen Prozess immer wieder technologische Weggabelungen, an denen arbeitsorganisatorische Alternativen zur Verfügung stehen, die den einmal eingeschlagenen Weg ebenso effizient, aber eben mit einer anders gelagerten Gestaltung des Zusammenwirkens von Maschinen und Arbeitskräften fortsetzen könnten. Im Normalfall entscheidet über den Ausgang der damit gegebenen Konkurrenz eine Auseinandersetzung zwischen den Interessenvertretern der konkurrierenden Modelle, in der diejenigen den Sieg davontragen, die mittels ihrer größeren Machtmittel die staatlichen Entscheidungsträger auf ihre Seite ziehen können. Ist die von ihnen verfochtene Technologie dann

130 Ebd., S. 48-51.

einmal etabliert und damit zum Schlüsselverfahren der herrschenden Produktionsweise geworden, so wird sie im Rückblick bei Verdrängung der kurz zuvor noch vorhandenen Alternativen mit dem Nimbus der einzig produktiven und effizienten Arbeitsorganisation versehen. Insofern verdankt sich der technologische Determinismus in seiner ersten Variante dem retrospektiven Fehlschluss, es habe dort, wo doch eigentlich einmal mehrere gleichermaßen aussichtsreiche Alternativen zur Entscheidung standen, nur eine einzige Möglichkeit der technologisch erfolgreichen Fortsetzung des industriellen Wachstums gegeben. Für die jeweils etablierte Form der Arbeitsteilung folgt daraus, dass sie als weniger zementiert und unveränderbar aufgefasst werden muss, als es der mit schöner Regelmäßigkeit wiederkehrende Verweis auf die technologische Alternativlosigkeit nahelegt. Jede wirtschaftliche Entwicklung, gleichgültig, welchen technologischen Pfad sie eingeschlagen hat, enthält ständig Fingerzeige auf andere Möglichkeiten, Maschinen und Arbeitsvermögen, technische Prozesse und menschliche Verrichtungen miteinander zu kombinieren. Daher präsentiert der technologische Determinismus in seiner ersten Variante keinen triftigen Grund, nicht über neue, demokratieförderlichere Formen der Arbeitsteilung zwischen ganzen Beschäftigungsfeldern nachzudenken.

Ähnlich verhält es sich, wie wir gleich sehen werden, mit der zweiten Version des technologischen Determinismus. Diese behauptet, dass es auf der Ebene der Bündelung einzelner Verrichtungen zu Tätigkeitsprofilen oder Berufsbildern keine Alternative zu den bereits existierenden Verknüpfungen geben könne, weil nur sie den technischen Anforderungen genügen würden, welche die jeweiligen Aufgaben von sich aus stellen. Hier wird also über die arbeitsteilig aufeinander bezogenen Verrichtungen dasselbe ausgesagt, was die erste Form des Determinismus mit Bezug auf die Form der Arbeitsteilung in ganzen Beschäftigungszweigen vorträgt: dass es zu der vorliegenden Organisationsweise keine Alternative geben könne, weil nur diese den technologischen Erfordernissen entspricht, die mit dem Ziel einer möglichst effektiven, produktivitätssteigernden Form des Wirtschaftens verknüpft seien. Allerdings ist der Gegenbeweis in diesem Fall leichter zu führen als bei der ersten Version, weil die Geschichte des Kapitalismus genügend Anschauungsmaterial für immer neue, ständig im Fluss befindliche und mithin deren Willkür verratende Grenzziehungen zwischen sich berührenden Tätigkeitsfeldern bietet.

Um das Thema angemessen zu behandeln, muss freilich zunächst geklärt werden, was überhaupt solche von mir als eine Bündelung verschiedener Verrichtungen begriffenen »Berufe« sind. Nun, »Beruf« ist zunächst nichts anderes als eine Bezeichnung für den mehr oder weniger kleinen Ausschnitt, der mit dem Ziel der arbeitsteiligen Spezialisierung aus all den in einem Sektor anfallenden Arbeiten herausgenommen wurde, um ihn als eine zweckdienliche Einheit gegenüber eng benachbarten Verrichtungen abzugrenzen und ihn durch die administrative Festlegung von Qualifikationserfordernissen dauerhaft zu institutionalisieren. Um ein einfaches Beispiel aus einem Standardwerk zur Berufssoziologie zu verwenden: Beim Beladen eines Heuwagens können aus Gründen der Arbeitsvereinfachung das Aufgabeln des Heus und das Verstauen des Heus jeweils anderen Mitwirkenden zugewiesen werden, die sich dann auf die dabei jeweils verlangten Fähigkeiten spezialisieren müssen.[131] In Bezug auf derartig bestimmte Berufe als den institutionalisierten Bündeln von Fähigkeiten, die für die Ausübung von arbeitsteilig ausdifferenzierten Tätigkeiten als erforderlich betrachtet werden, ergibt sich nun dieselbe Frage, die sich bereits mit Blick auf die Organisationsform ganzer Beschäftigungsfelder gestellt hat: Sind Berufe der Ausfluss von technisch-funktionalen Notwendigkeiten oder doch eher das stets revidierbare Ergebnis des Ausgangs von sozialen Auseinandersetzungen und politischen Festlegungen, so dass im letzteren Fall ein kritischer Blick auf den gegebenen Zuschnitt der beruflichen Tätigkeitsfelder im Interesse einer Demokratisierung der Arbeitswelt möglich, ja sogar geboten wäre?

Ein Weg, sich der Beantwortung dieser Frage zu nähern, besteht zunächst wieder nur darin, die beiden Erklärungen an historischen Beispielen zu testen. Als ein solches Beispiel bietet sich die Institutionalisierung der Facharbeiterberufe zu Beginn des 20. Jahrhunderts an, die von Ulrich Beck, Michael Brater und Hansjürgen Daheim gut untersucht worden ist. Die historische Ausgangslage war die, dass das alte, von den Industrieunternehmen verwendete System der Rekrutierung qualifizierter Arbeitskräfte aus dem traditionellen Milieu des gelernten Handwerks inzwischen an seine Grenzen gestoßen war, weil mit der Weiterentwicklung der maschinellen Produktion vollkommen neue, dort gar nicht vermittelbare Fähigkeiten nachgefragt wurden;[132] zwar

131 Beck, Brater, Daheim, *Soziologie der Berufe und der Arbeit*, a.a.O., S. 24.

132 Vgl. zum Folgenden ebd., S. 67-70.

besaßen die in die Fabriken tätigen Handwerker einschlägige Spezialisierungen, aber weil diese stark mit den manuellen Fertigungsprozessen verhaftet waren, fehlten jenen gerade die Kompetenzen, die nun für die Bedienung der komplizierter gewordenen Technologie erforderlich waren. Auf diesen Engpass reagierten die industriellen Unternehmen damals zunächst mit dem Versuch, sich ihre je eigenen, innerbetrieblichen Ausbildungseinrichtungen zu schaffen, in denen die mittlerweile verlangten Qualifikationen in möglichst kurzer Zeit erworben werden sollten, damit der Verlust an produktiv genutzter Zeit nicht zu groß ausfiel. Das aber erzeugte schon bald neue Probleme, weil die Ausbildungsgänge so stark auf die Interessen des jeweiligen Einzelbetriebs zugeschnitten waren, dass die erworbenen Kenntnisse oft nicht in anderen Unternehmen zum Einsatz gebracht werden konnten, womit weder der Industrie noch der Arbeiterschaft gedient war. Ein Ausweg aus dieser Sackgasse, welche die Funktionsfähigkeit des Arbeitsmarktes erheblich einzuschränken drohte, schien daher nach dem Ersten Weltkrieg nur darin zu bestehen, im gemeinsamen Interesse an einer »Verbesserung, Ordnung und überbetrieblichen Standardisierung der Ausbildung«[133] den Staat dafür zu gewinnen, berufsbildende Schulen einzurichten, in denen fortan die jeweils erforderlichen Qualifikationen auf eine gesetzlich geregelte Weise zu erwerben waren. Als solche Schulen dann in den 1920er Jahren tatsächlich mit Zustimmung aller beteiligten Parteien etabliert wurden, schlug die Stunde der Institutionalisierung der Facharbeiterberufe – die uns hier besonders interessiert, weil sich an der damals eingeleiteten

133 Ebd., S. 68.

Neugestaltung der industriellen Berufe die Frage entscheiden lässt, ob dabei eher technisch-funktionale Gesichtspunkte oder doch vielmehr politisch-soziale Absichten den Ausschlag gaben.

Was damals unter dem Druck der Vereinheitlichung der Berufsausbildung an Veränderungen in Hinblick auf die Qualifikationsprofile und Tätigkeitsfelder von Facharbeitern geschah, haben Ulrich Beck, Michael Brater und Hansjürgen Daheim prägnant beschrieben: Die staatliche Aufgabe bestand darin, Ausbildungsgänge für die berufsbildenden Schulen einzurichten, die einerseits die handwerklichen Tugenden des technischen Sachverstands und der Präzisionsarbeit, anderseits aber auch neue, abstraktere Fähigkeiten des Umgangs mit einer fortentwickelten Maschinerie und avancierten Werkstoffen vermitteln sollten. Beides zu kombinieren war bei beibehaltener Ausbildungszeit aber nur möglich, wenn am alten Berufsbild des Handwerkers Abstriche dahingehend vorgenommen wurden, dass man auf einige Elemente des bisherigen Qualifikationsprofils im Lehrplan verzichtete. Was diesen Streichungen zum Opfer fiel und fortan daher kein Element der Facharbeiterausbildung mehr bildete, waren nun aber gerade alle Fähigkeiten zur eigenverantwortlichen, leitenden Steuerung der Fertigungsprozesse. Solche Dispositionen der ganzheitlichen Kontrolle und Aufsicht, einst der Grund allen handwerklichen Berufsstolzes, wurden vielmehr jetzt zunehmend verwissenschaftlicht und damit den Berufsbildern höherer, akademisch erzogener Schichten zugeschlagen.[134] Nun war diese Abspaltung geistig-kontrollierender Bestandteile vom Tätigkeitsbündel des

134 Ebd., S. 69.

zukünftigen Facharbeiters aber keinesfalls eine Sache bloß technisch-funktionaler Notwendigkeiten, denn jene Bestandteile hätten durchaus bei den den qualifizierten Arbeitskräften aufgetragenen Verrichtungen verbleiben können, wenn man bereit gewesen wäre, die Ausbildungsdauer entsprechend zu verlängern. Die Entscheidung, dies nicht zu tun, war Ausdruck eines politisch-strategischen Kalküls, wie Beck, Brater und Daheim deutlich festhalten; sie ging nämlich auf die Absicht zurück, in den jeweiligen Berufsbildern nach Möglichkeit nur solche Fähigkeiten zum Tragen kommen zu lassen, die »nach Ausbildungsmitteln, Lernmotivation und Basisqualifikationen in *einem* Herkunftsmilieu entwickelt werden« konnten.[135] Das gänzlich undeterministische, politisch berechnende Element an dieser Fixierung auf das Herkunftsmilieu bestand darin, dass bei der Ausbildung zu den jeweiligen Berufen umso mehr Kosten und Zeit eingespart werden konnten, je stärker die kulturellen, motivationalen und kognitiven Voraussetzungen dafür bereits während der Sozialisation im Elternhaus gelegt worden waren; daher knüpfte der Zuschnitt der Berufe, deren Festlegung auf ein bestimmtes Bündel von Fähigkeiten und Fertigkeiten, häufig eng an das an, was nach aktuellem Kenntnisstand bereits vorgängig in den jeweiligen Herkunftsmilieus auf dem Weg von informellen Lernprozessen an Wissen, Einstellungen und Bereitschaften erworben worden war. So kommt es im Laufe der 1920er Jahre nicht aufgrund von technologischen Zwängen, sondern von rein wirtschaftspolitischen Erwägungen zu einer »neuen schroffen Trennung der Berufe nach ihrem Ausbildungsaufwand und zu einer dies-

135 Ebd. (meine Hervorh., A.H.); zusätzlich S. 210f.

bezüglichen Homogenisierung, aber auch Vereinseitigung der im jeweiligen Berufsbild zusammengefaßten Fähigkeitselemente«.[136]

An dieser sozialen Konstruktion der Berufsfelder aus dem wirtschaftspolitischen Kalkül heraus, die für den Erwerb der erforderlichen Fähigkeiten notwendige Ausbildungszeit möglichst kurz zu halten, indem die jeweiligen Grundqualifikationen mit Blick auf das in den sozialen Milieus bereits erworbene Vorwissen definiert wurden, hat sich bis heute wenig geändert; noch immer verlaufen die Grenzen zwischen den Berufsschichtungen grob entlang von jeweils zu Bündeln zusammengefassten Fähigkeiten, in Hinblick auf die angenommen werden kann, dass sie in elementarer Form bereits durch das Aufwachsen in einer bestimmten Herkunftskultur zu erwerben sind. Allerdings darf aus der erstaunlichen Stabilität dieser hierarchischen Untergliederung der Berufe in ungelernte, angelernte, gelernte und akademische Tätigkeiten nicht abgeleitet werden, innerhalb der jeweiligen Sektoren sei der Zuschnitt und die Spezialisierung der Aufgaben nun relativ beständig und keinen großen Wandlungen unterworfen; so konstant die grobe Trennung der Berufe nach Ausbildungsaufwand und Grundqualifikationen sein mag, so fließend und umstritten sind die Abgrenzungen der Tätigkeitsbündel jeweils im Inneren jener breitflächigen Berufsfelder. Es gibt kaum ein privates Unternehmen, kaum eine öffentliche Einrichtung, in dem die Grenzziehungen zwischen den einzelnen Tätigkeitsbereichen nicht Gegenstand ständiger, aber kaum wahrnehmbarer Auseinandersetzungen unter den Beschäftigten und dem Management wären. Ob

136 Ebd.

zum Tätigkeitsbündel des Fahrdienstleiters bei der Bundesbahn auch das Servieren von Speisen und Getränken gehören sollte, ob Krankenschwestern auch die Befugnis zum eigenverantwortlichen Ausstellen von Rezepten haben sollten, ob kaufmännische Angestellte ihren Vorgesetzten den morgendlichen Kaffee auf den Schreibtisch stellen müssen, ob Lehrerinnen selber für die Wartung ihres im Unterricht verwendeten Computers aufkommen sollten oder dies von einem von der Schule beauftragten Technikers zu erledigen wäre – all dies sind typische Beispiele aus den letzten Jahren für solche Grenzziehungsfragen, und die Liste ließe sich noch mühelos verlängern. Sie hat aber hier nur die Funktion, auf einen elementaren Sachverhalt aller Formen der innerbetrieblichen Arbeitsteilung aufmerksam zu machen: dass sich die Schneidung zwischen den einzelnen Tätigkeitsbündeln auch hier nicht aus der »Sache« selbst ergibt oder aus den inneren Erfordernissen des jeweiligen Aufgabenbereichs, sondern das Ergebnis von stets wieder revidierbaren Aushandlungen unter den Beteiligten ist, so dass von einer ehernen Gesetzmäßigkeit in der Differenzierung von spezialisierten Verrichtungen nicht die Rede sein kann. Die treibenden Motive auf den verschiedenen Seiten solcher Auseinandersetzungen sind vielgestaltig und lassen sich gleichwohl doch auf einige, durchaus nachvollziehbare Triebfedern reduzieren: Dort der Wunsch, das eigene Arbeitsfeld um benachbarte Tätigkeitssegmente zu erweitern, damit anregungsreicher, weniger eintönig zu gestalten und finanziell zugleich auch aufzuwerten; hier das Interesse, den eigenen Aufgabenbereich nicht durch ihm äußerlich scheinende, erniedrigende Dienste abgewertet zu sehen und damit einem Qualifikationsverlust anheimzugeben; und an noch anderer Stelle die Absicht, so viel Verrichtungen wie nur möglich in der eigenen Befugnis zu belassen, um der Gefahr von Einkommens- und Ansehensverlusten entgegenzuwirken. Diese alltäglichen Konflikte unter den Beschäftigten, bezogen auf den Umfang ihrer Tätigkeitsfelder, werden aber noch einmal überwölbt durch das Interesse des Managements von Betrieben oder Verwaltungen, die einzelnen Verrichtungen zum Zwecke wirtschaftlicher Kosteneinsparungen und individueller Kontrollierbarkeit mit Hilfe computergestützter Steuerungen immer kleinteiliger zu gestalten; inzwischen ist nicht mehr nur die Arbeit in Fabrikhallen, sondern auch in Verwaltungsbehörden und Dienstleistungsbetrieben einem ständigen Druck der jeweiligen Leitungsgremien ausgesetzt, die einzelnen Tätigkeitsanteile stets minimaler werden zu lassen, um deren Ertrag leichter messen und deren Durchführung besser kontrollieren zu können.[137] Was sich in der gegebenen Konfiguration eines beruflichen Tätigkeitsfeldes dann aber jeweils spiegelt, ist nur der institutionell geronnene Kompromiss, der für eine begrenzte Zeit zur Schlichtung dieser unterschiedlichen Interessen am Umfang einer bestimmten Aufgabe gefunden worden ist. Ändert sich das Macht-

137 Das ist das Ergebnis zweier Studien von Barbara Garson, in denen sie auf der Basis längerer Interviews mit Beschäftigten und Managementvertretern die These belegen möchte, dass heute die nochmalige Intensivierung der Arbeitsteilung primär dem Misstrauen der Unternehmensleitungen in die Zuverlässigkeit und Folgebereitschaft der jeweiligen Belegschaften geschuldet ist. Siehe Barbara Garson, *All the Livelong Day. The Meaning and Demeaning of Routine Work*, New York 1994 (Neuauflage); dies., *Electronic Sweatshop. How Computers Are Transforming the Office of the Future into the Factory of the Past*, New York 1988.

verhältnis unter den beteiligten Gruppen, so wird auch der aktuell geltende Kompromiss nicht länger Bestand haben, womit dann auch der Zuschnitt der beruflichen Tätigkeitsfelder untereinander erneut in Fluss geraten kann. Wenn allerdings das, was ein Beruf oder ein spezielles Tätigkeitsfeld an einzelnen Verrichtungen enthält, ständig revidierbar bleibt und daher nur von beschränkter Dauer ist, so darf geschlossen werden, dass die Arbeitsteilung auch auf der niedrigstufigen Ebene der beruflichen Spezialisierung stets Möglichkeiten zur gezielten Korrektur und Verbesserung bietet; nichts daran ist von solch technisch-funktionaler Notwendigkeit, dass sich politische Eingriffe schon deswegen verbieten würden, weil damit ein wirtschaftlich alternativloses System von arbeitsteilig aufeinander abgestimmten Verrichtungen in seinen Grundfesten erschüttert werden könnte.

Mit diesen Hinweisen auf die Fluidität der Abgrenzungen zwischen spezialisierten Tätigkeitsbündeln ist auch der zweiten Version des technologischen Determinismus die Grundlage entzogen; der Gedanke, dass sich in der Differenzierung der Berufsfelder Erfordernisse spiegeln, die aus der Sache selbst stammen, sich nämlich aus den technischen Anforderungen der jeweils zu lösenden Aufgaben ergeben, hat sich als falsch – als deterministischer Fehlschluss – erwiesen, weil jede dieser Aufgaben auch durch eine andere Verteilung der für ihre Bewältigung notwendigen Handhabungen lösbar wäre.

Damit bin ich an das Ende meiner Klärung des Begriffs der gesellschaftlichen Arbeitsteilung gelangt und fasse das Erreichte noch einmal kurz zusammen. Im ersten Schritt meiner Argumentation hatte sich gezeigt, dass mit Blick auf die Zergliederung von Arbeitsprozessen in immer kleinere Einheiten kaum eine generalisierbare Zustimmung von Seiten der Betroffenen vorausgesetzt werden darf; von einer solchen Bereitwilligkeit, sich dem angeblichen Zwang der fortschreitenden Spezialisierung von Arbeitstätigkeiten gewissermaßen automatisch zu fügen, ja diese Spezialisierung gutzuheißen, könnte nur dann gesprochen werden, wenn man tatsächlich Bedingungen einer freien Berufswahl unterstellen könnte; solange das aber nicht der Fall ist, wofür ich einige Indikatoren gesammelt habe, wäre es ein voluntaristischer Fehlschluss, aus dem Fehlen jeder expliziten Kritik an der gegebenen Arbeitsteilung zu folgern, sie würde freiwillig und explizit von den Betroffenen begrüßt. Zu einem ähnlichen Ergebnis bin ich in meinem zweiten Schritt gelangt, in dem es darum ging, die Stichhaltigkeit der verschiedenen Versionen des technologischen Determinismus zu überprüfen. Dieser behauptet mit Bezug auf die arbeitsteilige Verfasstheit entweder ganzer Tätigkeitssektoren oder einzelner Berufsfelder, dass es zu den heute existierenden Verhältnissen keine Alternative gebe, weil sie durch technisch-funktionale Notwendigkeiten bedingt seien. Gegen diese weitverbreitete These habe ich mit Verweis auf einige historische und aktuelle Beispiele gezeigt, dass die gegebenen Bedingungen der Arbeitsteilung in beiden Bereichen das Resultat von politisch-sozialen Entscheidungen sind, weswegen es falsch ist beziehungsweise ein deterministischer Fehlschluss, hier von einem Zwang durch technisch-funktionale Erfordernisse zu sprechen. Daraus ergibt sich, dass weder der Voluntarismus noch der Determinismus zugkräftige Argumente gegen das Ansinnen liefern können, die gegebene Arbeitsteilung daraufhin zu prüfen, an welchen Stellen sie durch politische

Eingriffe zugunsten einer größeren Durchlässigkeit, einer geringeren Eintönigkeit und einer stärkeren Kooperation, kurz: einer gezielten Demokratisierung geändert werden könnte. Mit welchen Mitteln ein solcher Kampf für eine Demokratisierung der Arbeit heute zu führen wäre, ist das Thema des nun folgenden letzten Teils meines Buches.

III.
POLITISCHER AUSBLICK: DER KAMPF UM DIE GESELLSCHAFTLICHE ARBEIT

In diesem abschließenden Teil des Buches will ich nun wieder Anschluss an meine normative Ausgangsperspektive gewinnen. In Teil I war ich in meiner Auseinandersetzung mit drei Idealen einer fair und angemessen organisierten Arbeit zu dem Schluss gekommen, dass das Projekt einer Verbesserung der gesellschaftlichen Arbeitsverhältnisse gut beraten wäre, sich an das dritte, von mir »demokratisch« genannte Ideal zu halten. Dieses Ideal begründet die moralische Notwendigkeit solcher Verbesserungen damit, dass demokratische Gesellschaften um ihrer eigenen Prinzipien und Bestandsvoraussetzungen willen normativ dazu angehalten sind, Arbeitsbedingungen zu schaffen, die allen – bezahlt oder unbezahlt – Beschäftigten die aktive Mitwirkung an der öffentlichen Willensbildung ermöglichen. Im Zusammenhang meines Versuchs, die damit umrissene Perspektive zu begründen, habe ich zudem fünf Dimensionen benannt, in denen die jeweilige Position in der sozialen Arbeitsteilung die normativ geforderte Beteiligung an den Praktiken der demokratischen Deliberation beeinträchtigen oder sogar verhindern kann. Der in Teil II präsentierte, nur schlaglichtartige Rückblick auf die Arbeitswelt der vergangenen zwei Jahrhunderte hat dann zeigen sollen, wie weit die gesellschaftliche Realität trotz aller zwischenzeitlichen Verbesserungen bis heute von dem zuvor skizzierten Ideal entfernt ist: Auch wenn die Erwerbsarbeit sukzessive in ein, inzwischen allerdings wieder grobmaschiger gewordenes Netz sozialpolitischer Sicherungen eingebunden wurde, hat sich an ihrer erlebnismäßigen Substanz nur wenig verändert. Weiterhin stellt sie in den meisten ihrer Formen eine Erfahrung von erniedrigender Abhängigkeit, fehlender Mitgestaltung und mangelnder Anerkennung dar, womit sie eine krasse Gegenwelt zum Erfahrungsraum der demokratischen Öffentlichkeit bildet. Daran etwas zu ändern und also den Abstand zwischen der Sphäre der Arbeit und der Sphäre der demokratischen Praxis zu verringern, ja nach Möglichkeit sogar zu tilgen, ist Aufgabe einer demokratischen Politik der Arbeit. Sie muss sich zum Ziel setzen, die gegebene Arbeitsteilung so weit zu reorganisieren, dass zukünftig von allen ihren Positionen aus eine aktive, von externen Zwängen und inneren Ängsten befreite Mitwirkung an der politischen Willensbildung möglich ist.

Nun steht allerdings einer solchen Politik heute eine Reihe von gravierenden Hindernissen entgegen, die teils ihrerseits politischer, teils aber auch konzeptueller Natur sind. Was die politischen Hindernisse anbelangt, so wird man bei nüchterner Betrachtung wohl feststellen müssen, dass die allgemeine Bewusstseinslage in den letzten einhundert Jahren dem Vorhaben einer Verbesserung der Arbeitsverhältnisse nur selten so schlecht gewogen war wie in der Gegenwart. Die Aufmerksamkeit der politischen Öffentlichkeit hat sich schon seit längerem deutlich von der Sphäre der Arbeit abgewandt und auf die Ebene soziokultureller Missstände und Konflikte verlagert; von Seiten der Medien und politisch engagierter Kreise wird dem Aufbegehren sozialer Minderheiten, die sich in ihren Belangen und Verletzlichkeiten nicht angemessen wahrgenommen und anerkannt finden, ein wesentlich stärkeres Interesse entgegengebracht als den da oder dort einmal aufflammenden Arbeitskonflikten. Für sich genommen stellt diese Verschiebung der öffentlichen Wahrnehmung gewiss keine problematische Entwicklung dar, spiegelt sich darin doch nur die Tatsache, dass inzwischen infolge der stark gewachsenen Heterogenität moderner Gesellschaften Fragen der Anerkennung von bislang unterrepräsentierten, ja diskriminierten Gruppen mit ihren Identitätsvorstellungen und Lebenszielen eine politisch erhöhte Dringlichkeit besitzen. Allerdings haben sich solche häufig als »identitätspolitisch« charakterisierten Auseinandersetzungen mittlerweile dermaßen in den Vordergrund des gesellschaftlichen Aufmerksamkeitsfeldes geschoben, dass dahinter die durch die kapitalistische Arbeitswelt verursachten Missstände, Benachteiligungen und Nöte gänzlich zu verschwinden drohen.[1] Verstärkt wird diese Tendenz der rückläufigen Bedeutung arbeitsbezogener Themen aktuell freilich noch dadurch, dass ein Krisenherd alle anderen an existentiellem Gewicht und sozialer Reichweite überschattet: Die drohende Klimakatastrophe, die mittlerweile zum Greifen nah ist, nimmt mit Recht das öffentliche Bewusstsein dermaßen gefangen, dass Mängel und Übel in den gesellschaftlichen Arbeitsverhältnissen kaum mehr von Relevanz scheinen. Jedem Versuch einer nachhaltigen Verbesserung der Arbeitsbedingungen dürfte heute sofort

1 Vor dieser Entwicklung hat schon früh Richard Rorty die amerikanische Linke gewarnt: Richard Rorty, *Stolz auf unser Land. Die amerikanische Linke und der Patriotismus*, übers. von Hermann Vetter, Frankfurt/M. 1999, S. 73-103.

die Frage entgegengehalten werden, ob denn die vorgesehene Maßnahme mit den ungleich wichtigeren Erfordernissen des Klimaschutzes in Konflikt geraten könnte. Welche Schritte daher auch immer vorgeschlagen werden könnten, um die gesellschaftliche Arbeit demokratiefähiger zu machen: Sie dürfen auf keinen Fall das Ziel durchkreuzen, das bedrohte Ökosystem der Erde durch Reduzierung von schädlichen Emissionen zu schützen.

Zu der Schwierigkeit, aus den genannten Gründen überhaupt noch Interesse an Arbeitsreformen zu wecken, kommt hinzu, dass man sich im Kreis derjenigen, die tatsächlich an diesem Thema noch oder nach wie vor interessiert sind, vollkommen uneinig ist über die Richtung der zu ergreifenden Reformen. Eine offenbar immer größer werdende Fraktion ist mittlerweile der Überzeugung, es lohne heute nicht mehr, sich für Verbesserungen der gegebenen Arbeitsbedingungen zu engagieren, da diese viel zu abhängig von den unkontrollierbaren Tücken des internationalen Arbeitsmarkts seien und überdies aufgrund ihrer fortgeschrittenen Zerstückelung kaum mehr Raum für ein solidarisches Handeln böten. Als ein Gegenmittel zum politischen Bedeutungsverlust der Arbeitswelt wird daher von dieser Seite vorgeschlagen, den Zwang zur Erwerbstätigkeit durch die staatliche Garantie eines bedingungslosen Grundeinkommens so weit zu minimieren, dass dadurch für die Beschäftigten ganz neue Spiel- und Freiräume für demokratische Aktivitäten entstehen. Diese Perspektive steht, wie unschwer zu sehen ist, dem Programm einer Demokratisierung der existierenden Arbeitsbedingungen, wie ich es hier zu entwickeln versuche, nahezu diametral gegenüber. Denn die normative Absicht, die Chancen zur demokratischen Partizipation breitenwirksam zu erhöhen, kann entweder auf dem Weg einer gezielten Verbesserung der gegebenen Arbeitsverhältnisse verfolgt werden oder aber auf dem genau entgegengesetzten Weg, nämlich indem man deren Stellenwert für die politische Teilhabe durch ein garantiertes Grundeinkommen so weit wie nur eben möglich verringert. Ein Drittes, also ein mittlerer Weg zwischen beiden Positionen scheint mir nicht möglich, weil man sich entweder für eine politische Hinwendung zu den Bedingungen der gegenwärtigen Arbeitswelt oder für eine politische Abkehr von ihr entscheiden muss. Die Idee eines bedingungsglosen Grundeinkommens bildet daher eine grundsätzliche Alternative zu den von mir in diesem Buch verfolgten Absichten, weshalb ich meine Darlegung einer neuen Politik der Arbeit mit einer Kritik an ihr beginnen werde. In diesem Zusammenhang sollen dann auch die Schwierigkeiten zu Wort kommen, die ich zuvor als »konzeptuell« bezeichnet habe und womit das eben auch begriffliche Problem gemeint ist, ob sich heute überhaupt noch irgendwelche Formen des Widerstands innerhalb der Arbeitswelt auffinden lassen, auf die sich eine Politik der Arbeit mit der Absicht einer gesellschaftlichen Verankerung ihrer Zielsetzungen stützen kann.

7. Politiken der Arbeit

> Sollen wir die Arbeit heute nicht mehr zur vordersten Front der Kämpfe für eine bessere Zukunft machen? Es gibt ein schlagendes Argument dafür, dass es ein politischer Fehler wäre, wenn wir darauf verzichten wollten, die Arbeit zu einer strategischen Frage zu machen: die *heutige und zukünftige* Präsenz des Marktes und des grundsätzlichen Problems, das seine Herrschaft für den gesellschaftlichen Zusammenhalt aufwirft.
>
> – *Robert Castel*[2]

Es war André Gorz, der vor rund vierzig Jahren mit seinem Buch *Abschied vom Proletariat* die ersten Fundamente für das Projekt eines bedingungslosen Grundeinkommens gelegt hat. Damals plädierte er dafür, von der marxistischen Vorstellung einer sich durch die Erfahrungen im Arbeitsprozess automatisch revolutionierenden Arbeiterklasse endgültig Abschied zu nehmen und stattdessen nach Möglichkeiten einer Revitalisierung demokratischen Engagements jenseits der Erwerbstätigkeit zu suchen. Das Mittel, das ihm dafür geeignet

2 Robert Castel, »Worin liegt die Bedeutung der Arbeit«, in: ders., *Die Krise der Arbeit. Neue Unsicherheiten und die Zukunft des Individuums*, übers. von Thomas Laugstien, Hamburg 2011, S. 76-97, hier: S. 87.

schien, war das der Auszahlung eines regelmäßigen, an keinerlei Bedingungen geknüpften Mindesteinkommens an alle erwachsenen Gesellschaftsmitglieder, das hoch genug sein sollte, um frei von ökonomischen Sorgen nach je eigenem Gutdünken im öffentlichen Raum aktiv zu werden.[3] Zehn Jahre später hat er diese Vorstellung in einer umfassenden Gesellschaftstheorie noch einmal radikalisiert, indem er zu zeigen versuchte, dass die alte marxistische Parole einer »Befreiung in der Arbeit« aufgrund der technologischen Verselbstständigung des industriellen Systems inzwischen jeglichen Sinn verloren habe und daher durch den Plan ersetzt werden müsse, die Erwerbstätigen mithilfe eines Bürgereinkommens »von der Arbeit« selbst zu befreien; erst dadurch würden sie wahrlich, so lautet nun Gorz' Leitgedanke, zu einem kommunalen Leben in demokratischer Freiheit befähigt.[4] Als Philippe Van Parijs dann wenige Jahre später diese Programmatik aufgreift, entkleidet er sie resolut aller deutlich sichtbaren Spuren des Werkes von Hannah Arendt, um aus den weniger spekulativen Resten dann die Grundannahmen einer sozioökonomischen Theorie des »bedingungslosen Grundeinkommens« zu gewinnen.[5] In der Form eines solchen schlan-

3 André Gorz, *Abschied vom Proletariat*, übers. von Heinz Abosch, Frankfurt/M. 1980.

4 André Gorz, *Kritik der ökonomischen Vernunft*, übers. von Otto Kallscheuer, Berlin 1989.

5 Vgl. exemplarisch: Yannick Vanderborght, Philippe Van Parijs, *Ein Grundeinkommen für alle? Geschichte und Zukunft eines radikalen Vorschlags*, übers. von Michael Tillmann, Frankfurt/M., New York 2005. Dass das Programm eines bedingungslosen Grundeinkommens inzwischen auch von neorepublikanischer Seite Unterstützung erhält, zeigt etwa: Philip Pettit, »A Republi-

keren, aber ethisch gut begründeten Ansatzes sind Van Parijs' Schriften schließlich zu Gründungsdokumenten eines weltweiten Netzwerks geworden, das bis heute die Plattform aller Aktivist:innen bildet, die für eine politische Demokratie ohne Bindung an die Sphäre der gesellschaftlichen Arbeit streiten. Bei den Bedenken, die ich im Folgenden gegen dieses politische Programm vorbringen werde, konzentriere ich mich ausschließlich auf dessen sozialtheoretischen Kern und werde dementsprechend die Seite der wirtschaftstheoretischen Überlegungen zur Quelle und zur Höhe des Mindesteinkommens außer Acht lassen; daher werde ich mich hier auch nicht weiter mit der häufig diskutierten Frage beschäftigen, ob der realistischerweise zu erwartende Umfang des monatlichen oder jährlichen Mindesteinkommens am Ende tatsächlich ausreichen würde, um wirksame Anreize zur aktiven Teilnahme am demokratischen Austausch in der Öffentlichkeit zu schaffen. Die Zweifel, die ich gegenüber dem Vorschlag eines bedingungslosen Grundeinkommens anmelden werde, sind unabhängig von der Frage nach der finanziellen Summe, die man je nach Standpunkt und Berechnungsgrundlage für die staatlichen Zuzahlungen zu veranschlagen bereit ist.[6]

Streift man vom Programm eines bedingungslosen Grundeinkommens die Schicht der wirtschaftstheoretischen Kalkulationen ab, wie die zusätzlichen Kosten finanziert werden können und auf welche Summe sich

can Right to Basic Income?«, in: *Basic Income Studies* 2:2 (2007), S. 1-8.

6 Vgl. dazu vor allem die kritischen Beiträge in: Christoph Butterwegge, Kuno Rinke (Hg.), *Grundeinkommen kontrovers. Plädoyers für und gegen ein neues Sozialmodell*, Weinheim 2018.

die individuelle Zuwendung am Ende belaufen soll,[7] so bleibt als sozialtheoretischer Kern die Vorstellung übrig, dass Menschen ohne den Zwang zur fremdbestimmten Arbeit, aber bei ausreichendem Einkommen ein vitales Interesse daran entwickeln würden, sich in den demokratischen Austausch über öffentlich relevante Belange einzumischen. Zwei Prämissen sind es, die in diese These einfließen, ohne dass sie immer ausdrücklich benannt oder hinreichend voneinander unterschieden werden. Erstens wird angenommen, dass die Erwerbssphäre unabhängig von der Beschaffenheit des Arbeitsplatzes und der Art der Tätigkeit von der Masse der Bevölkerung nicht mehr als ein Ort erfahren wird, an den man sich innerlich gebunden fühlt und der daher als ein organisierender Mittelpunkt des eigenen Lebens gelten kann. Bei André Gorz wird diese Annahme mit dem bereits erwähnten Verweis darauf begründet, dass die Erwerbsarbeit inzwischen infolge ihrer zunehmenden Technisierung jeden einheitlichen, sinnstiftenden Charakter verloren habe; Claus Offe führt unter anderem an, dass die Arbeit heute aufgrund ihrer wachsenden »Entberuflichung« von den Beschäftigten kaum mehr als moralisch verpflichtend wahrgenommen würde.[8] Bei beiden Autoren soll diese erste Annahme die Entscheidung begrün-

7 Zu den wirtschaftstheoretischen Bedenken gegen ein bedingungsloses Grundeinkommen vgl. Heinz-Josef Bontrup, »Das bedingungslose Grundeinkommen – eine ökonomisch skurrile Forderung«, in: Butterwegge, Rinke (Hg.), *Grundeinkommen kontrovers*, a.a.O., S. 114-130.

8 Gorz, *Kritik der ökonomischen Vernunft*, a.a.O., Erster Teil; Claus Offe, »Arbeit als soziologische Schlüsselkategorie«, in: ders. (Hg.), *»Arbeitsgesellschaft«. Strukturprobleme und Zukunftsperspektiven*, Frankfurt/M., New York 1984, S. 13-43, bes. S. 28-36.

den können, nach den Antrieben für eine politische Emanzipation oder für ein demokratisches Engagement nicht länger im Binnenraum der Arbeitssphäre selbst zu suchen; denn da deren normativ bindende Kräfte erloschen seien, weil sie von Seiten der Erwerbstätigen nur noch als ein Ort des äußerlichen Zwangs und der instrumentellen Anpassung erlebt werde, bestehe auch kein Grund mehr, sie als einen Erfahrungsraum zu betrachten, in dem die für ein bürgerschaftliches Handeln erforderlichen Verhaltensweisen entstehen und gedeihen könnten. Der Schluss, der aus dieser Feststellung gezogen wird, führt zur zweiten in die programmatische Vorstellung eines bedingungslosen Grundeinkommens eingeflossenen Prämisse; ihr zufolge soll die Freistellung vom Zwang zur Erwerbsarbeit, die ein solches staatliches Einkommen prinzipiell ermöglicht, bei den Gesellschaftsmitgliedern genau das demokratische Engagement wecken können, das heute die Einbindung in die gesellschaftliche Arbeit aus den genannten Gründen nicht mehr von sich aus erzeugen kann. So gesehen, ist das Grundeinkommen hier als ein Surrogat für die Anreize gedacht, die einstmals die Arbeitssphäre selbst schuf, indem sie dank ihres gemeinschaftsbildenden und politisierenden Charakters dazu anhielt, sich aktiv in die öffentlichen Debatten einzumischen. Dabei hat man allerdings, wie ich gleich zeigen möchte, die Rechnung ohne den Wirt gemacht.

Dieser Wirt, um kurz im Bild zu bleiben, ist die Funktion der sozialen Arbeitsteilung, unter den Gesellschaftsmitgliedern ein Bewusstsein gemeinschaftlicher Verantwortung zu wecken, ohne das ein Sinn für die Aufgaben der demokratischen Willensbildung erst gar nicht entstehen könnte; solange man nicht weiß, dass die Lasten und Bürden der wirtschaftlichen Aufrechterhaltung des politischen Gemeinwesens von allen Bürgerinnen und Bürgern gemeinsam getragen werden, wird man auch keine guten Gründe haben, die einem sagen, warum man sich um die Belange aller anderen Gesellschaftsmitglieder im politischen Meinungsaustausch überhaupt kümmern sollte. Daher ist die soziale Arbeitsteilung selbst bei all den gravierenden Mängeln, die hier dargelegt werden sollen, weiterhin eine der ganz wenigen Quellen, aus der sich heute noch ein Sinn fürs gesellschaftlich Allgemeine speist; wenn sie versiegt oder stillgelegt wird, erlischt auch der letzte Funken des Bestrebens, sich um die Nöte und Sorgen aller anderen zu kümmern, weil keinerlei notwendige Verbindungen mehr zu ihnen bestehen. Eine demokratische Willensbildung ohne den Unterbau eines Systems geregelter Arbeitsteilung wäre wie eine private Veranstaltung, an der teilzunehmen ins Belieben des Einzelnen fiele; jeder und jedem wäre es freigestellt, ausschließlich die eigenen Interessen zu verfolgen, weil es keinen objektiven Zwang mehr gäbe, diese untereinander zu koordinieren und aufeinander abzustimmen; und jede Person, die es mit Hilfe eines bedingungslosen Grundeinkommens zukünftig vorziehen würde, nicht mehr zu arbeiten, würde »parasitär« von den Steuerzahlungen derer leben, die weiterhin zur Erwerbsarbeit bereit wären.[9]

9 Zum Argument der Förderung »parasitären« Verhaltens vgl. im Anschluss an Rawls: Russell Muirhead, *Just Work*, Cambridge (Mass.) 2004, Kap. 1. Dass daraus nicht unvermittelt auf eine bürgerschaftliche »Pflicht« zur Arbeit geschlossen werden darf, macht Muirhead im Anschluss an die Argumente von Amy Gutmann und Dennis Thompson (in *Democracy and Disagreement*, Cambridge [Mass.] 1996) deutlich, siehe ebd., S. 18f.

Nur die Einbeziehung in die soziale Arbeitsteilung lässt ein Gefühl dafür entstehen, auf die anderen Gesellschaftsmitglieder angewiesen zu sein, weil man deren arbeitsteilig miteinander verzahnten Leistungen die Sicherung der eigenen Existenzgrundlagen verdankt. Neben der Schule, soweit sie in öffentlicher Hand ist, gibt es in unseren Gesellschaften daher keinen weiteren Ort als den der Arbeit, der nahezu alle Gesellschaftsmitglieder nötigt, Kontakte jenseits ihres Herkunftsmilieus zu unterhalten und selbst bei stärksten Meinungsverschiedenheiten gemeinsam nach Lösungen zu suchen.[10] Die erfahrungsprägende Kraft, die die Arbeitsbeziehungen trotz ständiger Anfechtungen weiterhin besitzen, resultiert aus dem Umstand, dass nur sie ein Heraustreten aus den engen Zirkeln von Verwandtschaft, Nachbarschaft und freiwilligen Vereinigungen erzwingen und daher Begegnungen mit Personenkreisen fördern, deren Einstellungen und Interessen einem ansonsten fremd und verschlossen blieben. In dieser Eigenschaft der gesellschaftlichen Arbeit, wie ein Schmelztiegel kulturell entgegengesetzte Gruppierungen zusammenzubringen und damit hinterrücks Reste von Gemeinsinn zu stiften, liegt nach wie vor ihre unersetzbare Funktion: Sie schafft soziale »Ligaturen« (Ralf Dahrendorf) selbst dort, wo starke kulturelle Gegensätze bestehen, weckt Inter-

10 Im Englischen hat John Dewey dafür den Begriff *social centre* (»soziales Zentrum«) geprägt, im Französischen spricht man vom *grand intégrateur* (»großen Integrator«). Zum Begriff und zur Funktion des »sozialen Zentrums« am Beispiel der Schule vgl.: John Dewey, »The School as Social Centre«, in: ders, *The Middle Works, 1899-1924*, Bd. 2, Carbondale 2008, S. 80-93, hier: S. 91 f. Zum »großen Integrator«: Yves Barel, »Le grand intégrateur«, in: *Connexions* 56 (1990), S. 85-100.

essen an gesellschaftlichen Zusammenhängen, die anderenfalls erlöschen würden, und trägt somit insgesamt zu einer Kommunikation bei, in die alle Gesellschaftsmitglieder weitmaschig einbezogen sind. Auch bei miserabelsten Arbeitsverhältnissen hat die sozial geregelte Beschäftigung der Arbeitslosigkeit immerhin noch voraus, wie empirische Untersuchungen seit der Marienthal-Studie immer wieder zeigen,[11] dass sie ein Gefühl der sozialen Einbeziehung vermittelt und damit dem individuellen Leben einen gesellschaftlichen Halt verleiht; und die jüngsten Studien, die während der Corona-Pandemie zu den psychischen Folgen erzwungener Heimarbeit unternommen wurden, scheinen ebenfalls zu belegen, dass unter solchen Bedingungen die Furcht wächst, irgendwie nicht mehr dazuzugehören, weil der soziale Kontakt zu Kolleginnen, Klienten oder Auftraggebern fehlt.[12] Das Zusammenwirken in der demokratischen Öffentlichkeit setzt daher ein funktionierendes System der sozialen Kooperation voraus;[13] nur wer darin einbezogen ist, wird, wie gesagt, auch das Bewusstsein einer gemeinschaftlichen Verantwortlichkeit entwickeln kön-

11 Marie Jahoda, Paul E. Lazarsfeld, Hans Zeisel, *Die Arbeitslosen von Marienthal. Ein soziographischer Versuch* (1933), Frankfurt/M. 1975. Vgl. auch: Marie Jahoda, *Employment and Unemployment*, Cambridge 1982.

12 Anne Helen Petersen, Charlie Warzel, »Remote, Invisible and Failing at Work«, in: *The New York Times* vom 28.11.2021, S. 3.

13 Das ist nach meinem Dafürhalten auch der Grund dafür, dass John Rawls die Grundsätze der politischen Gerechtigkeit an die Voraussetzung eines Systems der fairen Kooperation bindet. Vgl. zu diesem ganzen Komplex bei Rawls meine Bemerkungen oben, Kap. 3, Fn. 87, und die sehr erhellende Analyse von Jochen Ostheimer, *Liberalismus und soziale Gerechtigkeit. Zur politischen Philosophie von Rawls, Nozick und Hayek*, Paderborn 2019, Kap. 2.4.

nen, welches zur Teilnahme an der öffentlichen Willensbildung motiviert. Denjenigen hingegen, die sich als vollkommen überflüssig empfinden müssen, weil sie ohne sozial anerkannte Beschäftigung sind, wird es an jedem Impuls fehlen, an diesen Beratungen mitzuwirken, da sie kein Sensorium für die Mitgliedschaft in einem Gemeinwesen entwickeln können.

An der Leugnung dieser Bindung zivilen Engagements an die vorgängige Einbeziehung in die soziale Kooperation scheitert die politische Idee eines garantierten Grundeinkommens. Man glaubt, durch die Entlastung von der Erwerbsarbeit die Bereitschaft zum demokratischen Handeln verstärken zu können, sieht dabei aber nicht, dass ein solches Handeln ein Gefühl gemeinsam geteilter Verantwortungen und Lasten voraussetzt, für das es heute neben der stets gefährlichen Saat des Nationalismus keine andere Quelle gibt als die Einbeziehung in die gesellschaftliche Arbeitsteilung.[14] Die Auszah-

14 So betont Richard David Precht mit Recht, dass »ohne einen Wertewandel [...] das Grundeinkommen wenig wert« wäre – woher dieser Wertewandel aber stammen und in welche Richtung er verlaufen sollte, darüber schweigt Precht sich aus (Richard David Precht, »Frei leben! Digitalisierung, Grundeinkommen und Menschenbild«, in: Butterwegge, Rinke [Hg.], *Grundeinkommen kontrovers*, a.a.O., S. 32-49, hier: S. 32.) Noch sichtbarer wird diese Erklärungslücke in dem Beitrag von Sascha Liebermann in demselben Band (»Bedingungsloses Grundeinkommen. Fortentwicklung des Sozialstaats aus dem Geist der Demokratie«, ebd., S. 64-82). Er behauptet, dass es sich nur in der »familialen Triade« und »im Herrschaftsverband der politischen Vergemeinschaftung« um »diffuse Sozialbeziehungen« handeln würde, in die die Person »bedingungslos« einbezogen sei, während sie in wirtschaftlichen Unternehmen und Organisationen nur als Mittel zu einem ihr fremdem Zweck integriert sein würde. Natürlich ist es richtig, dass in »modernen republikanischen Demokratien« allein

lung eines bedingungslosen Grundeinkommens, gleichgültig in welcher Höhe, könnte diese vorpolitische Schule der Herausbildung von Gemeinsinn nicht ersetzen. Denn wie soll ein beliebig hoher Geldbetrag an individuelle Empfänger irgendeinen sozialen Austausch unter diesen initiieren können, wenn es dadurch doch in ihr Belieben gestellt wäre, ob sie sich an den sozialintegrativen Prozessen der gesellschaftlichen Arbeitsteilung beteiligen oder eben nicht? Werden durch die Vermittlung der gesellschaftlichen Arbeit die vielzähligen individuellen Interessen, die die verstreuten Einzelnen von Haus aus mitbringen, allmählich unter dem Druck geteilter Verantwortlichkeiten und verschränkter Aufgaben zur sozialen Gemeinschaft hin geöffnet, so bleiben sie im Falle des Bezugs eines Grundeinkommens unverändert, richten sich weiterhin nur auf die jeweiligen subjektiven Präferenzen, ohne eine soziale Richtung annehmen zu

die Anerkennung der Mitgliedschaft als Ausweis der Zugehörigkeit zum politischen Gemeinwesen zu gelten hat; wie aber bei den vereinzelten Mitgliedern ein Bewusstsein gemeinsamer Zugehörigkeit entstehen soll, welches Voraussetzung dafür wäre, sich als ein »Wir« der demokratischen Willensbildung zu verstehen, ist damit noch längst nicht beantwortet – und wird von Liebermann auch an keiner Stelle beantwortet. In einem kritischen Beitrag zum Programm des bedingungslosen Grundeinkommens hat Ulrich Steinvorth diesen Einwand sehr gut auf den Punkt gebracht: »Unter gewöhnlichen Lebensbedingungen weckt heute erst die Erfahrung, die man an einer konkreten Stelle im System der gesellschaftlichen Arbeit macht, ein politisches Interesse; ein Interesse, heißt das, nicht daran, ein möglichst großes Stück aus dem gesellschaftlich produzierten Kuchen herausgeschnitten zu bekommen, sondern daran mitzubestimmen, was und wofür und in welcher Verteilungsweise produziert wird.« (Ulrich Steinvorth, »Kann das Grundeinkommen die Arbeitslosigkeit abbauen?«, in: *Analyse & Kritik* 22 [2000], S. 257-268, hier: S. 258.)

müssen. Kurz gesagt: Ein System des bedingungslosen Grundeinkommens würde private Konsumenten, nicht aber dialogwillige und kompromissbereite Staatsbürger:innen großziehen. Daher ist es vollkommen rätselhaft, woraus die Verfechter eines solchen Programms die Hoffnung schöpfen, die Empfänger eines Grundeinkommens würden gleichsam autochthon ein Interesse am Engagement in der zivilen Öffentlichkeit entwickeln. Entweder stützt sich diese Zuversicht, ohne es sich einzugestehen, auf den Optimismus einer Hannah Arendt, die mit Aristoteles annahm, der Mensch sei von Natur aus ein politisches Wesen, oder sie kommt vollkommen begründungslos daher und ist daher nur Produkt einer blühenden Phantasie. Auf jeden Fall bleiben die Befürworter eines bedingungslosen Grundeinkommens eine Antwort auf die Frage schuldig, welches funktionale Äquivalent in Zukunft die Arbeitssphäre bezüglich der Aufgabe ersetzen soll, die sozialen Ligaturen zu schaffen, die für eine Beteiligung am demokratischen Verständigungsprozess eine notwendige Voraussetzung bilden. Gewiss, man wird einwenden können, dass sich solche Gemeinsamkeiten auch auf anderen Wegen als den der Einbeziehung in die gesellschaftliche Arbeitsteilung bilden können; aber solange es sich dabei um private Vereine, kirchliche Gemeinden oder Sportverbände handelt, werden diese eher die je schon bestehenden Privatinteressen und individuellen Vorlieben verstärken als den Boden für politische Aktivitäten im öffentlichen Raum bereiten.[15] Die Idee, in Zukunft die Gesellschafts-

15 Damit widerspreche ich teilweise der prominent von Robert D. Putnam vertretenen These, der Nährboden für demokratisches Engagement bestehe vor allem in einem breiten Netzwerk von zi-

mitglieder durch den Bezug eines Grundeinkommens vom Zwang zur Erwerbsarbeit zu befreien, würde nicht nur eine der wenigen vorpolitischen Stützen der Formierung von politischen Interessen und Bereitschaften zerstören, ohne etwas an deren Stelle setzen zu können, sondern der Prozess der sozialen Vereinzelung und Isolierung dürfte dadurch noch weiter beschleunigt werden, so dass die wenigen Quellen zivilen Engagements und politischer Beteiligung über kurz oder lang endgültig versiegen würden.

In einem etwas anderen Licht erscheint das Programm eines bedingungslosen Grundeinkommens, wenn es aus Einsicht in seine potenziell desintegrativen Folgen auf das eine Ziel hin abgespeckt wird, durch finanzielle Zuwendungen die individuelle Verhandlungsmacht der Arbeitnehmer:innen auf dem Arbeitsmarkt zu stärken.[16] Die Hoffnung, die Auszahlung eines Grundeinkommens könne irgendwelche demokratisierenden Effekte besitzen, ist dann fallengelassen worden, und man beschränkt sich darauf, es ausschließlich als ein wirtschaftspolitisches Instrument zu begreifen, mittels

vilen Vereinigungen wie Gesangs- oder Sportvereinen (Robert D. Putnam, *Bowling Alone. The Collapse and Revival of American Community*, New York 2000). Ich würde dem entgegenhalten, dass die in solchen Vereinigungen entstehenden Normen reziproker Verpflichtung und gemeinsamer Verantwortung erst dann zur Bildung eines Gemeinsinns beitragen, wenn sie im Bewusstsein einer übergreifenden Kooperation generalisiert und auf die Gesamtgesellschaft übertragen worden sind.

16 Gelegentlich werden beide Ziele, Revitalisierung demokratischen Engagements und Stärkung individueller Verhandlungsmacht, in einem Atemzug genannt, als bestünden dazwischen nicht massive Unterschiede im Umfang der politischen Zielsetzungen. Vgl. etwa Andrea Veltman, *Meaningful Work*, Oxford 2016, S. 92-104.

dessen die »Exit«-Optionen des einzelnen Beschäftigten erweitert werden könnten. Die einzige mit dieser individuellen Maßnahme noch verknüpfte größere politische Erwartung ist dann die, längerfristig Druck auf die Unternehmen auszuüben, die Arbeitsbedingungen zu verbessern, weil ansonsten nicht genügend Arbeitskräfte zu rekrutieren wären.[17] Diese erheblich reduzierte Version des ursprünglichen Programms muss sich allerdings die Frage gefallen lassen, ob sie nicht die ungewollte Konsequenz haben könnte, durch eine Stärkung der individuellen Verhandlungsmacht die kollektive Macht der Gewerkschaften oder ähnlicher Interessenvertretungen bei der Aushandlung von Arbeitsverträgen über kurz oder lang zu untergraben; die Auszahlung eines Grundeinkommens würde zwar den einzelnen Beschäftigten gelegentlich in die Lage versetzen, unvorteilhafte Arbeitsangebote ablehnen zu können, aber sie würde in ihm gleichzeitig die Überzeugung wachsen lassen, auf eine kollektive Interessenvertretung nicht mehr angewiesen zu sein. Insgesamt könnte dieser Zusammenhang einen Teufelskreis erzeugen, welcher der Masse der Beschäftigten am Ende mehr schaden als nutzen würde: Was der Einzelne an individueller Verhandlungsmacht gewinnen würde, ginge zunehmend zu Lasten der kollektiven Fähigkeit der Beschäftigten, mit Hilfe ihrer Organisationen auf eine flächendeckende Verbesserung der Arbeitsbedingungen und der Löhne hinzuwirken. Daher sehe ich weiterhin für jegliche Bemühung, den Beschäftigten den Zugang zur demokratischen Willensbildung zu erleichtern, keine andere Alternative als die, eine neue Politik der Arbeit ins Auge zu fassen, die

17 So Claus Offe in einem persönlichen Gespräch.

sich eine Demokratisierung der gegebenen Arbeitsverhältnisse selbst zum Ziel setzt.[18]

Allerdings stellt sich dann die Frage, wie die gegebenen Formen dieser Arbeitsteilung so verändert und reorganisiert werden können, dass sie tatsächlich insgesamt wesentlich stärker dazu beitragen, die Beschäftigten in die demokratische Willensbildung einzubeziehen. Die Antwort darauf müsste eine demokratische Politik der Arbeit liefern, die mit soziologischer Phantasie und ohne Furcht vor unkonventionellen Lösungen die Richtung anzeigt, die eine solche Reorganisation der Arbeitsbedingungen unter den gegebenen Bedingungen nehmen könnte. An dieser Stelle tut sich jedoch ein weiteres Problem auf, das daraus resultiert, dass sich der Grad der Realisierbarkeit eines derartigen Programms stets auch daran bemisst, wie stark es von Seiten der Betroffenen auf Unterstützung rechnen kann; und wäre der im Augenblick öffentlich vorherrschende Eindruck richtig, innerhalb der Arbeitswelt rege sich kaum Widerstand gegen die existierenden, zuvor beschriebenen Beschäftigungsverhältnisse, stünde eine demokratische Politik der Arbeit damit vor dem Problem, auf keinerlei Rückhalt in der sozialen Wirklichkeit vertrauen zu können: Das Unterfangen, die gesellschaftliche Arbeit so weit wie eben möglich demokratisieren zu wollen, bliebe ein chancenloses, ja eitles Unterfangen, weil die Beschäftigten nicht selber zu erkennen gäben, sie verlangten danach oder hofften darauf, bessere,

18 Aus republikanischer Sicht hat Alex Gourevitch ähnliche Argumente gegen das Programm eines bedingungslosen Grundeinkommens vorgebracht, siehe »Labor Republicanism and the Transformation of Work«, in: *Political Theory* 41:4 (2013), S. 591-617.

demokratieverträglichere Arbeitsbedingungen vorzufinden.[19]

Nun ist aber die Frage, ob und in welchem Maße die Arbeitenden die gesellschaftlichen Bedingungen ihrer Tätigkeit gutheißen oder ablehnen, nicht einfach bloß durch empirische Beobachtung zu beantworten; vielmehr wird, bevor es ans Beobachten geht, zunächst durch die von uns verwendeten Begriffe der »Akzeptanz« und der »Ablehnung« festgelegt, welches Verhalten in der sozialen Arbeitswelt als empirischer Indikator für das eine oder das andere, das heißt als Zustimmung oder als Widerstand, gelten kann. Um die inzwischen weitverbreitete Überzeugung zu entkräften, es gäbe heute kaum eine gesellschaftliche Basis für radikalere Arbeitsreformen, weil die Beschäftigten doch insgesamt eher zum Stillhalten neigten und öffentlich kein massenhaftes Unbehagen signalisierten, will ich hier kurz die Frage streifen, was innerhalb der Arbeitswelt als Zeichen von Akzeptanz beziehungsweise von Ablehnung gedeutet werden sollte. Damit möchte ich auch dazu anregen, unsere Vorstellung über die Erscheinungsformen von Widerstand, Ablehnung und Konflikten in Beschäftigungs- und Arbeitsverhältnissen zu erweitern.[20]

19 Vgl. etwa die kurze, zwar auf Frankreich zugeschnittene, aber durchaus verallgemeinerbare Analyse von Luc Boltanski und Ève Chiapello in *Der neue Geist des Kapitalismus*, übers. von Michael Tillmann, Konstanz 2003, S. 312-376.

20 Vgl. dazu meinen Beitrag »Die unsichtbare Rebellion. Versteckter Widerstand in der neuen Arbeitswelt«, in: Ferdinand Sutterlüty, Almut Poppinga (Hg.), *Verdeckter Widerstand in demokratischen Gesellschaften*, Frankfurt/M. 2022, S. 189-211. Bei einigen Formulierungen auf den kommenden Seiten stütze ich mich auf diesen Beitrag.

Nach herkömmlichen Auffassungen ist ein Anzeichen von Widerstand innerhalb der Arbeitswelt erst dann gegeben, wenn die Beschäftigten in größeren Gruppen entweder öffentlich normative Beschwerden gegen die herrschenden Bedingungen vorbringen oder aber ihre Unzufriedenheit darüber durch eine Aufkündigung ihrer Leistungen kundtun – *exit* oder *voice*, »Abwanderung« oder »Widerspruch«, so lautete das berühmte Begriffspaar, mit dem Albert O. Hirschman vor einem halben Jahrhundert die beiden Alternativen beschreiben wollte, die Arbeitnehmer:innen im Falle einer Ablehnung der existierenden Beschäftigungsverhältnisse gewöhnlich zur Verfügung stehen.[21] Die Vorstellung, es gäbe nur diese zwei Reaktionsformen, um Missfallen zu äußern, hat sich inzwischen so stark in das Bewusstsein sowohl der Öffentlichkeit als auch der herrschenden Sozialwissenschaften eingegraben, dass man das Ausbleiben eines der beiden Verhaltensmuster als Indiz einer stillschweigenden Akzeptanz der gegebenen Bedingungen zu deuten gewohnt ist: Wird nicht öffentlich Protest angemeldet oder werden nicht massenhaft die bestehenden Arbeitsverhältnisse aufgekündigt, so lasse dies darauf schließen, es bestehe weitgehend Einverständnis mit den herrschenden Regularien und Regimen der gesellschaftlichen Arbeit. Man kann die Bedingungen für das, was als »Protest« oder »Einspruch« gelten darf, sogar noch ein wenig höherschrauben, indem man behauptet, ein solcher liege erst dann vor, wenn er eine

21 Albert O. Hirschman, *Abwanderung oder Widerspruch. Reaktionen auf Leistungsabfall bei Unternehmungen, Organisationen und Staaten*, übers. von Leonhard Walentik, Tübingen 1974.

»prinzipialisierte« Form annimmt und sich also auf irgendwelche normativen Prinzipien berufen kann.[22] Dann ließe sich auf eine Einwilligung in die gegebenen Arbeitsbedingungen schon schließen, wenn keine Anzeichen einer sich auf normative Prinzipien berufenden Kritik an oder einer massenhaften »Abwanderung« aus den gegebenen Arbeitsverhältnissen von Seiten einer größeren Menge Beschäftigter erkennbar sind.

Diese begrifflichen Vorentscheidungen spielen nach meinem Eindruck eine tragende Rolle bei der gegenwärtig weitverbreiteten Vorstellung, innerhalb der Arbeitswelt mache sich Unbehagen nur noch so vereinzelt bemerkbar, dass im Ganzen eher auf eine stillschweigende Akzeptanz der existierenden Bedingungen zu schließen sei. Gewiss, es wird eingeräumt, dass eine solche Akzeptanz auch Ausdruck eines Gefühls von Alternativlosigkeit oder politischer Machtlosigkeit sein könnte, aber das ändert wenig an dem generellen Befund, wonach im Binnenraum der gesellschaftlichen Arbeit die herrschenden Verhältnisse eher hingenommen als angezweifelt oder kritisiert werden. Es gibt sicherlich durchaus gute Gründe, derart vorsichtig zu verfahren und nicht jede kleine Arbeitsniederlegung oder jeden betriebsinternen

22 Vgl. dazu Jill W. Graham, »Principled Organizational Dissent«, in: *Research in Organizational Behaviour* 8 (1986), S. 1-52. Gegen die Vorstellung, der Widerstand von Arbeiterinnen und Arbeitern müsste erst eine solche moralisch »prinzipialisierte« Form annehmen, bevor er als Einspruch gegen herrschende Verhältnisse gelten darf, habe ich schon vor rund vierzig Jahren Einwände erhoben. Siehe Axel Honneth, »Moralbewußtsein und soziale Klassenherrschaft«, in: *Leviathan* 9:3/4 (1981), S. 556-570 (wiederabgedruckt in: ders., *Das Andere der Gerechtigkeit. Aufsätze zur praktischen Philosophie*, Frankfurt/M. 2000, S. 110-129).

Konflikt um Sondervergütungen sofort als Indiz einer größeren Krise oder einer kollektiven Infragestellung der herrschenden Arbeitsbedingungen zu deuten; und richtig ist ganz offensichtlich auch, dass es, verglichen etwa mit den massenhaften Protesten, die in vielen Ländern seit geraumer Zeit der staatlichen Klimapolitik oder der Behandlung von sexuellen Minderheiten entgegenschlagen, heute tatsächlich kein größeres Aufbegehren gegen die herrschende Organisationsweise der gesellschaftlichen Arbeit gibt. Trotzdem besteht hier die Gefahr, die Fassade mit der Realität zu verwechseln, indem man vom Ausbleiben sichtbaren Widerstands gegen diese unversehens auf deren stumme Duldung, ja Akzeptanz schließt.[23] Denn aufgrund der wachsenden Desorganisation, Informalisierung und Vereinzelung der Arbeit hat das Sich-Aufbäumen gegen die herrschenden Verhältnisse eine neue Gestalt angenommen, die sich der Beobachtung von außen leicht entziehen kann und daher kaum öffentliche Aufmerksamkeit findet. Im Rekurs auf die soziologische Forschungsliteratur, die sich nicht mit Oberflächenerscheinungen zufriedengibt, sondern einen Blick hinter die Kulissen der heutigen Ar-

23 Zu einer ähnlichen Auffassung gelangt auch Vivek Chibber in seiner Studie *The Class Matrix. Social Theory after the Cultural Turn*, Cambridge (Mass.) 2022. Nach seinem gut begründeten Befund lässt die gegenwärtige Situation eines Stillhaltens der Arbeiter- und Angestelltenschaft eher auf Resignation gegenüber denn auf Einverständnis mit den herrschenden Arbeitsbedingungen schließen, siehe ebd., Kap. 3. Vgl. zu diesem ganzen Problemkomplex auch die äußerst lesenswerte empirische Studie von Linda Beck und Linus Westhäuser, »Verletzte Ansprüche. Zur Grammatik des politischen Widerstands von ArbeiterInnen«, in: *Berliner Journal für Soziologie* 32 (2022), S. 279-316.

beitswelt wirft, will ich diese veränderte Gestalt des Arbeitskampfes kurz darstellen.[24]

Der auffälligste Zug, der Bekundungen des Missfallens und der Ablehnung in der heutigen Arbeitswelt anhaftet, ist ihr individualisierter, häufig defätistischer und meistens nur negativer Charakter; und man liegt wohl nicht falsch, wenn man dies auf die Ausfransungen und Zersplitterungen zurückführt, denen Arbeitskämpfe unterliegen, sobald ihre Anlässe und Motive nicht mehr durch eine politisch übergreifende Organisation in ein moralisches Vokabular gemeinsam geteilter Erfahrungen übersetzt werden.[25] Auffällig ist jedenfalls, dass die

24 Die folgenden Überlegungen können auch als dem Nachweis dienend verstanden werden, dass die Präferenzen und Einstellungen bezüglich der Arbeit unter den Beschäftigten nicht ganz so stark variieren, wie es Richard Arneson in seinem eindrucksvollen Aufsatz »Meaningful Work and Market Socialism« (in: *Ethics* 97:3 [1987], S. 517-545) behauptet; viele der im Folgenden referierten Untersuchungen sprechen dafür, dass die meisten »Werktätigen« trotz ihres scheinbaren Stillhaltens und Aussitzens weiterhin den starken Wunsch haben, über mehr Mitsprache und Gestaltungsspielraum bei ihrer Arbeit zu verfügen.

25 Einen ersten Eindruck von dieser privatisierten und häufig defätistischen Form der Ablehnung der gegebenen Arbeitsverhältnisse vermittelt der auf persönliche Gespräche fußende Bericht von Julia Friedrich: dies., *Working Class. Warum wir Arbeit brauchen, von der wir leben können*, Berlin, München 2021. Für die USA vgl. die großartige Studie von Jefferson R. Cowie, *Stayin' Alive. The 1970s and the last Days of the Working Class*, Teil II, New York 2012. Für Frankreich vgl. die Studie von Jean-Pierre Terrail, *Destin ouvriers. La fin d'une classe*, Paris 1990. Allerdings konzentrieren sich die beiden zuletzt genannten Untersuchungen allein auf die Individualisierung und Dissoziierung der Industriearbeiterschaft. Daten zur psychischen, durch massiv schwindende Lebenschancen verursachten Verelendung des »weißen« Proletariats in den USA liefert: Anne Case, Angus Deaton, *Tod aus Verzweif-*

Widerstandspraktiken heute stärker als noch vor zwei, drei Jahrzehnten Ausdruck eher in kleinen, sporadischen Akten des gezielten Ungehorsams, der aufmüpfigen Sabotage, der Verspottung von Anweisungen und des Zeitschindens finden.[26] Würde man all diese isolierten Bekundungen des Missfallens und des Nichteinverständnisses aufaddieren und in der Summe als Ausdruck eines kollektiven Willens begreifen, was sie nicht sind, so wären doch größte Zweifel angebracht, ob die gegebenen Arbeitsverhältnisse tatsächlich den Grad von Zustimmung erhalten, der ihnen heute gern nachgesagt wird. Aber natürlich gilt auch hier, solche individualisierten Bekundungen der Arbeitsunzufriedenheit nicht vorschnell als eine Form echter Kritik zu begreifen. Der offenkundigen Zunahme mikropolitischer Widerstandspraktiken – dem Ridikülisieren von unfähigen Vorgesetz-

lung. Der Untergang der amerikanischen Arbeiterklasse und das Ende des amerikanischen Traums, übers. von Petra Pyka, Kulmbach 2022. Was die Individualisierung des Widerstands in den expandierenden Bereichen der »einfachen« Dienstleistungen anbelangt, so ist der bereits zitierte Aufsatz von Philipp Staab sehr aufschlussreich: »Metamorphosen der Fabriksozialisation. Zur Produktion des Arbeiters in Vergangenheit und Gegenwart«, In: *Mittelweg 36* 23:6 (2014), S. 4-27, bes. S. 23-26.

26 Vgl. etwa die folgenden Studien: Roland Paulsen, *Empty Labor. Idleness and Workplace Resistance*, Cambridge 2014; Adam Reich, Peter Bearman, *Working for Respect. Community and Conflict at Walmart*, New York 2018; Callum Cant, *Riding for Deliveroo. Resistance in the New Economy*, Cambridge 2019. Zur Frage, inwiefern Akte der Sabotage heute Formen des verdeckten Widerstands darstellen, vgl. den vorzüglichen Aufsatz von Friederike Bahl: dies., »Funktionale Informalität und verdeckter Widerstand – über zwei Seiten der Sabotage«, in: Sutterlüty, Poppinga (Hg.), *Verdeckter Widerstand in demokratischen Gesellschaften*, a.a.O., S. 213-238.

ten, dem Bloßstellen von absurden Anordnungen, der Sabotage von Arbeitsabläufen, dem regelmäßige Entwenden von Gütern oder Arbeitsmitteln, dem verabredeten Schinden von Arbeitszeit –[27] können die verschiedensten Motive zugrunde liegen: der Wunsch nach gelegentlicher Entlastung vom Arbeitsalltag, das bittere Gefühl, zu kurz zu kommen oder nicht hinreichend gewürdigt zu werden, oder das Bedürfnis, dem Ärger über die zu große Arbeitslast oder die zu geringen Löhne subjektiv Ausdruck zu verleihen. Nichts davon hat bereits die Schwelle zu einer Form der Ablehnung genommen, die sich mit Fug und Recht als eine moralisch grundierte Kritik bezeichnen ließe; es fehlt hier, weil irgendeine Öffentlichkeit erst gar nicht adressiert wird, jeglicher Zwang, sich über die eigenen Beweggründe Rechenschaft abzulegen und daher auf die normativen Gründe für das eigene Verhalten zu reflektieren. Gemeinsam scheint den meisten Praktiken dieser Art jedoch ein Zug zu sein, der sich vielleicht mit aller Vorsicht als protomoralisch verstehen ließe: das je nach Fall trotzige, aufmüpfige oder verzweifelte Begehren, sich die Arbeitsverhältnisse, in die man hineinversetzt wurde, wenigstens ein Stück weit selber anzueignen und sie damit nicht ausschließlich durch die Vorgesetzten bestimmt sein zu lassen. Egal, wie man solche hilflosen Versuche der Selbstermächtigung weiter deutet, ob tatsächlich als Widerstand gegen die Verhältnisse oder eher als Ausdruck der individuellen Sinngebung von etwas bloß

27 Paul Edwards, David Collinson und Giuseppe Della Rocca, »Workplace Resistance in Western Europe: A Preliminary Research Agenda«, in: *European Journal of Industrial Relations* 1:3 (1995), S. 283-316.

Aufgezwungenem, in beiden Fällen verraten sie einen Grad der Abgeneigtheit und des Widerwillens, der Beleg genug sein sollte, um die Vermutung einer breiten Akzeptanz der heutigen Arbeitsbedingungen zurückweisen zu können. Arbeitskämpfe finden heute kaum mehr auf der großen Bühne der öffentlich wahrnehmbaren Politik statt; sie spielen sich vielmehr vornehmlich, wie häufig die Kämpfe um die Geltung normativer Regelungen, in den Hinterzimmern des sozialen Lebens ab, dort, wo das wachende Auge der Öffentlichkeit nicht hinfällt, weil die Anlässe zu unbedeutend, die Zahl der Beteiligten zu gering oder das Ergebnis zu nichtig scheint. Es ist dieser moralische Unruheherd in der gegenwärtigen Arbeitswelt, der »Maulwurf«, der in ihrem »Inneren fortwühlt«,[28] wie Hegel so schön gesagt hat, auf den sich eine demokratische Politik der Arbeit berufen kann, um ihren Forderungen politisches Gewicht und gesellschaftliche Erdung zu geben. Mit anderen Worten: Ganz so sozial entwurzelt, wie die Skeptiker behaupten, steht eine solche Politik heute nicht da, denn sie kann auf die vielen Beschäftigten verweisen, die durch ihre kleinen, lautlosen und unsichtbaren Kämpfe zu erkennen geben, dass sie mehr und anderes von der Arbeit wollen, als ihnen unter den gegenwärtigen Bedingungen gewährt wird.

Was dieses »Mehr« und »Andere« sein soll, lässt sich diesen stark individualisierten Arbeitskämpfen trotz der zuvor genannten untergründigen Gemeinsamkeit allerdings nicht entnehmen. Anders als zu den Zeiten einer starken Arbeiterbewegung, als die gemeinsam ge-

28 G.W.F. Hegel, *Vorlesungen über die Geschichte der Philosophie III* (= Theorie-Werkausgabe, Bd. 20), Frankfurt/M. 1971, S. 462.

teilte Sprache den diffusen Unrechtserfahrungen eine einheitliche moralische und produktive Stoßrichtung geben konnte, erscheinen die aktuellen Kämpfe überwiegend reaktiv und negativistisch: Man ahnt oder weiß, was man nicht will, aber nicht, was man an dessen Stelle möchte. Ich will im Folgenden die Grundzüge einer demokratischen Politik der Arbeit entwickeln, die dazu beitragen soll, dieses interpretative Vakuum zu schließen. Dazu ist es zunächst nötig, die weitgehend vereinzelt unternommenen und daher mikropolitischen Widerstandsakte auf einen gemeinsamen Nenner zu bringen, um sie derart als Ausdruck eines noch unbestimmten Ziels zu deuten – eines Ziels, dessen genauere Bestimmung sich erst im Versuch der praktischen Umsetzung erweisen wird. Jede Politik der Arbeit, die mehr sein soll als bloße Artikulation und politische Vertretung von bereits deutlich formulierten Interessen, muss daher den Anspruch auf eine Art von transformativer Performativität erheben: Indem sie mit ihrem Deutungsvorschlag die bestehenden, aber verstreuten und lautlosen Widerstandsakte über ihre noch unartikulierten Zielsetzungen aufzuklären versucht, muss sie darauf vertrauen, damit einen Bewusstseinsbildungsprozess in Gang setzen zu können, an dessen Ende die geteilte Akzeptanz des von ihr vorgeschlagenen Interpretationsrahmens steht.

Eine solche ihre eigenen Anwendungs- und Erfolgsbedingungen erst performativ selbst erzeugende Politik kann jedoch nur gelingen, wenn sie zwei Fehler vermeidet: Zum einen darf sie nicht – im idealistischen oder normativen Überschwang – mit Deutungen aufwarten, die an die mikropolitischen Widerstandsakte nicht hinreichend rückkoppelbar sind, denn ansonsten besteht die Gefahr, dass diese Deutungen von den Betroffenen nicht als produktive Auslegungen ihrer eigenen Anliegen begriffen werden können; und zum anderen muss sie darauf achten, das in diesen Widerstandspraktiken artikulierte Verlangen nicht einfach eins zu eins in den Rang generalisierter Zielsetzungen zu heben, weil sie sich dann um die Chance gebracht hätte, diesen Akten eine neue, gemeinsamkeitsstiftende und transformierende Deutung erst zu geben. Während der erste Fehler also die Gefahr birgt, über die Köpfe der Betroffenen hinweg normative Forderungen zu erheben, die von diesen unverstanden bleiben müssen, besteht der zweite Fehler darin, gar nicht erst zu versuchen, im subjektiv Gemeinten das überschießende und verallgemeinerbare Moment deutend aufzuschließen.

Es muss also darum gehen, einen Weg der Mitte zu finden: einerseits so weit wie möglich an das in den subversiven Widerstandsakten zum Vorschein kommende Bestreben der Beschäftigten anzuschließen, mehr Kontrolle über den eigenen Arbeitsplatz zu gewinnen und ihn stärker zu einem Ort selbstbestimmten Tuns werden zu lassen; und anderseits dieses subjektive Anliegen dadurch moralisch zu verallgemeinern, dass es in einen gemeinsamkeitsstiftenden und normativ rechtfertigungsfähigen Interpretationsrahmen integriert wird, innerhalb dessen es als Forderung nach einer Umgestaltung der Arbeitsverhältnisse verständlich wird, die in Richtung einer Ermöglichung demokratischer Teilnahme geht.[29] Ob eine solche transformative Uminterpretation

29 Dabei ist es nicht so, dass die Mitglieder der Arbeiterschaft und des Dienstleistungsproletariats heute kein Gespür dafür hätten, aufgrund ihrer Lebens- und Arbeitsbedingungen vom Prozess

gerechtfertigt ist, ob sich also tatsächlich behaupten lässt, das Ansinnen all jener versteckten Akte des Aufbegehrens ziele bei wohlwollender, auf die Stiftung von Gemeinsamkeiten gerichteter Deutung letztlich auf eine Überbrückung des Abstands zwischen politischer Demokratie und Arbeitswelt, muss hier natürlich offen bleiben; sie würde sich, wie bereits gesagt, nur dadurch in der Zukunft als richtig erweisen können, dass die Betroffenen selbst sie sich produktiv zu eigen machen, darin eine Gemeinsamkeit ihrer zuvor nur individuellen Anliegen entdecken und sie damit retrospektiv als angemessene Interpretation ihrer bislang nur vage bewussten Bestrebungen verstehen lernen. Wenn ich im Folgenden von »Politik der Arbeit« rede, ist also eine Form der vorausgreifenden Praxis gemeint, die das politische Element einer verändernden Gestaltungsmacht erst in dem Maße zu gewinnen vermag, in dem sie für ihre leitenden Ideen die kollektive Zustimmung derer gewinnt, in deren Namen sie angetreten ist; und »demokratisch« soll eine solche Politik hier heißen, weil sie sich von der nor-

der demokratischen Willensbildung ausgeschlossen zu sein. Wie Linda Beck und Linus Westhäuser in ihrer empirischen Studie sehr schön zeigen, bleibt das Bewusstsein politischen Ausschlusses weiterhin ein fester Bestandteil der Unrechtserfahrungen dieser Schichten: Beck, Linus Westhäuser, »Verletzte Ansprüche«, a. a. O., S. 302-307. Es bedarf wohl kaum der weiteren Erläuterung, dass dieses Bewusstsein je nach kulturellem Klima und politischer Repräsentanz sowohl nationalistisch-populistische als auch demokratisch-fortschrittliche Züge annehmen kann. Vgl. zur Veranschaulichung nur kurz: Didier Eribon, *Rückkehr nach Reims*, übers. von Tobias Haberkorn, Berlin 2016, sowie meinen Rezensionsartikel: Axel Honneth, »Workingman's Blues #2. Ein Literaturessay zu Didier Eribon und Arlie Hochschild«, in: *WestEnd. Neue Zeitschrift für Sozialforschung* 14:1 (2017), S. 169-185.

mativen Perspektive leiten lässt, diejenigen, für die sie spricht, durch gezielte Verbesserungen der gegebenen Arbeitsverhältnisse in die Lage zu versetzen, ohne vermeidbare Beeinträchtigungen und damit aktiver und selbstbewusster an der demokratischen Willensbildung mitzuwirken.

Eine solche, ihre eigenen Voraussetzungen erst praktisch erzeugende Politik darf aus leicht erkennbaren Gründen nicht mit der Parole ans Werk gehen, dass zunächst der Kapitalismus vollkommen abzuschaffen sei, weil erst danach die Arbeitsverhältnisse wirklich befreit oder demokratisiert werden könnten.[30] Ist diese Zauberformel schon in der Theorie äußerst fragwürdig – denn auf die Frage, wie eine zukünftige Wirtschaftsordnung ohne jeglichen Arbeitsmarkt bei gleichzeitiger Bewahrung elementarer Grundfreiheiten beschaffen sein könnte, gibt es derzeit, soweit ich sehe, keinerlei überzeugende Antwort –, so ist sie noch viel fragwürdiger in den Zusammenhängen einer auf moralische Motivierung und Zustimmung zielenden Politik – denn diejenigen, die für die Mitwirkung an dem gesellschaftsverändernden Projekt gewonnen werden sollen, werden das eigene Unbehagen an den gegebenen Arbeitsverhältnissen heute wohl kaum in Begriffen einer revolutionären Abschaffung aller Lohnarbeit deuten wollen. Auch wenn sie leicht und flüssig von der Hand gehen mögen, schießen solche Parolen weit über den Vorstellungshorizont der Beschäftigten hinaus und sind daher nicht in der

30 Ein solches vielleicht abstrakt gar nicht zu bestreitendes, in politisch-praktischer Hinsicht aber untaugliches Argument liefert etwa Nicholas Vrousalis, »Workplace Democracy Implies Economic Democracy«, in: *Journal of Social Philosophy* 50:3 (2019), S. 259-279.

Lage, deren stillen Hoffnungen und stummen Bestrebungen transformativ zu erschließen. Eine neue demokratische Politik der Arbeit muss vielmehr bei dem ansetzen, was ist, und nüchtern die schon jetzt erkennbaren Chancen zu Verbesserungen und Umgestaltung der Arbeitsverhältnisse in den Blick nehmen. Deshalb darf sie nur Mittel ins Auge fassen, die bereits unter den aktuell herrschenden Gegebenheiten erste Schritte in die gewünschte Richtung einer Demokratisierung der Arbeitsverhältnisse bewirken können. Recht betrachtet, gibt es davon dann aber nur zwei, die einer demokratischen Arbeitspolitik heute zur Verfügung stehen. Das erste Mittel besteht darin, nach institutionellen Alternativen zum Allokationsprinzip des Arbeitsmarktes Ausschau zu halten, die geeignet sind, die Beschäftigten besser und effektiver in die Praktiken der demokratischen Willensbildung einzubeziehen. Die Bandbreite derartiger Alternativen, Menschen auch ohne finanzielle Anreize zur Übernahme gesellschaftlich erforderlicher Arbeiten zu gewinnen, ist größer, als man vielleicht zunächst denken mag, und umfasst selbstverwaltete Kooperativen und freiwillige Sozialdienste ebenso wie etwa die staatliche Dienstverpflichtung, wobei natürlich nur diejenigen Einrichtungen hier in Frage kommen können, die tatsächlich den zusätzlichen Zweck erfüllen, die jeweils geleistete Arbeit enger und stabiler mit der demokratischen Praxis öffentlicher Deliberationen zu verzahnen. Es ist zwingend, sich mit solchen institutionellen Alternativen zum Arbeitsmarkt zu beschäftigen, will man nicht den kapitalen Fehler Durkheims wiederholen, der sich bei seinen Überlegungen zu einer faireren, demokratieverträglicheren Form der Arbeitsteilung ausschließlich auf die Frage konzentriert hat, wie sich die sozialen Bedingungen für die über den Arbeitsmarkt rekrutierten Arbeitskräfte nachhaltig verbessern lassen.[31]

Damit sind wir beim zweiten Mittel angelangt, dessen sich eine demokratische Politik der Arbeit gegenwärtig realistischerweise bedienen kann, um ihre Ziele zu erreichen. Viel stärker, gezielter und vielleicht auch kreativer, als dies in der jüngeren Geschichte von Seiten der Gewerkschaften geschehen ist, gilt es, nach Wegen und Maßnahmen zu suchen, die dazu führen, die Arbeitsbedingungen in der herkömmlichen Lohnarbeit so zu verbessern, dass deren Abstand zur Welt demokratischen Handelns erheblich verringert wird. Erneut ist die Bandbreite potenzieller Neuregelungen hier größer, als man vermuten würde, wenn man nur die Faktoren Zeit und Geld vor Augen hat. Gerade in Hinblick auf Reformen des Arbeitsmarktes, die sich nicht auf die Länge der Arbeitszeit und die Höhe der Entlohnung beschränken, lässt sich auch heute noch, wie ich noch zeigen werde, viel von Durkheim lernen; nur muss man sich deutlicher als dieser darüber im Klaren sein, dass solche nichtkonventionellen Reformen erhebliche Einschnitte in die Dispositionsfreiheiten privater Unternehmen erforderlich machen, die ohne die erfolgreiche Mobilisierung politischer Macht nicht zu haben sein dürften. Der Unterschied zwischen den beiden Mitteln beziehungsweise der ersten und der zweiten Strategie, die ich in den beiden letzten Kapiteln dieses Buches als mögliche Bestandteile einer neuen Arbeitspolitik genauer untersuchen werde,

31 Vgl. dazu Axel Honneth, »Demokratie und soziale Arbeitsteilung. Noch ein vernachlässigtes Kapitel der politischen Philosophie«, in: ders., *Die Armut unserer Freiheit. Aufsätze 2012-2019*, Berlin 2020, S. 208-233.

lässt sich auch wir folgt beschreiben: Die erste Strategie besteht darin, neben der marktvermittelten Lohnarbeit alternative Formen der Organisation von gesellschaftlicher Arbeit zu etablieren, um dadurch die Bedingungen der Teilnahme an der demokratischen Willensbildung zu verbessern (Kapitel 8). Dasselbe Ziel hat auch die zweite Strategie vor Augen, setzt aber bei den Verhältnissen der Lohnarbeit selbst an mit dem Bestreben, sie unter Bedingungen eines Arbeitsmarktes so weit wie möglich zu demokratisieren (Kapitel 9). Es dürfte klar sein, dass die Erfolgsaussichten einer demokratischen Politik der Arbeit deutlich ansteigen würden, wenn es gelänge, beide Strategien parallel zu verfolgen, ja sie sogar miteinander zu verkoppeln, und ihre jeweilige Wirkung dadurch zu verstärken.

8. Alternativen jenseits des Arbeitsmarktes

In der Geschichte des Kapitalismus hat es immer schon andere Mittel der Allokation von Arbeit gegeben als die der Anwerbung und des Einkaufs von Arbeitskraft auf dem »freien« Arbeitsmarkt. Solche Alternativen existierten, ja, sie existieren weiterhin in verschiedenen Formen. Zu nennen sind hier etwa die Sklaverei, die unternehmerische Selbstständigkeit (wie bei eigentätigen Handwerkern oder niedergelassenen Ärzten), die direkte Zwangsarbeit (beispielsweise bei Fällen erzwungener Prostitution), die Genossenschaften oder Kooperativen (wie während der Glanzzeiten der Arbeiterbewegung) oder die staatlichen Dienstverpflichtungen (wie beim Militärdienst). Einen Sonderfall stellt die Hausarbeit dar, die dort, wo sie nicht durchs »ganze Haus« erbracht wurde, in einer Mischung von naturalistischer Ideologie und männlicher Herrschaftsausübung den Frauen überantwortet wurde, die sich widerwillig, aufmüpfig oder ergeben in die ihnen zugewiesene Rolle fügten und die ihnen auferlegten Pflichten »freiwillig« erbrachten.[32] Im Falle der Sklaverei wird die Erledigung einer als gesellschaftlich notwendig erachteten Arbeit der im individuellen Besitz eines Sklavenhalters befindlichen Arbeitskraft zugewiesen,[33] im Fall der Selbstständigkeit wird

32 Siehe dazu oben, Kap. 5.

33 Allerdings ist der Begriff der Sklaverei unscharf, weil er noch an-

sie in Eigenregie durchgeführt und durch ein selbsterwirtschaftetes Residualeinkommen vergütet, im Fall der Zwangsarbeit wird sie durch die Androhung des Einsatzes von physischer Gewalt brutal erzwungen, im Fall selbstverwalteter Betriebe wird sie von einem Kreis moralisch hochmotivierter Arbeitswilligen übernommen, die im eigenen Risiko und auf kooperativer Basis operieren, im Fall der Dienstverpflichtung schließlich wird sie vom Staat einer dafür als geeignet angesehenen Gruppe hoheitlich zugewiesen, weil dies als fair, opportun oder alternativlos gilt.[34] Für den Zweck, die Sphäre der gesellschaftlichen Arbeit insgesamt demokratieförderlicher zu gestalten, eignen sich von diesen fünf Alternativen gewiss am ehesten, wenn auch aus sehr unterschiedlichen Gründen, die beiden letztgenannten, wobei die Hausarbeit nicht gänzlich aus dem Blick geraten sollte. Warum die drei anderen Varianten dafür nicht in Frage kommen, bedarf kaum der weiteren Begründung: Die Sklaverei verletzt ebenso wie die Zwangsarbeit auf brutalste Weise das formale Recht der freien Arbeitswahl, das eine notwendige Voraussetzung für die unbeschränkte Teilnahme an den demokratischen Prozeduren der

dere Formen der erzwungenen Knechtschaft, wie die Leibeigenschaft, die Indentur oder die Zwangsarbeit im Strafvollzug, enthalten kann. Vgl. dazu: Osterhammel, *Die Verwandlung der Welt. Eine Geschichte des 19. Jahrhunderts*, München 2009, S. 993.

34 Das alte Verlagssystem, von dem wir in Kap. 6 gesehen haben, dass es heute in den Bereichen der internetbasierten Dienstleistungsunternehmen in veränderter Gestalt wiedergekehrt ist, stellt eine Mischform zwischen der unternehmerischen Selbstständigkeit und der Lohnarbeit dar, weil es zwar den eigenen Besitz an den erforderlichen Produktionsmitteln voraussetzt, ansonsten aber in der Organisation und Behandlung der geleisteten Arbeit vollständig vom Diktat privatkapitalistischer Auftraggeber abhängig bleibt.

öffentlichen Willensbildung bildet; im Fall der unternehmerischen Selbstständigkeit hängt die Frage der Demokratieverträglichkeit weitgehend von den politischen Einstellungen des jeweiligen Berufstätigen ab, also des Arztes, des Handwerkers oder der Rechtsanwältin, auch wenn deren Einbindung in das demokratische Gemeinwesen durch gemeinwohlverpflichtende Normen entsprechender Berufsverbände sicherlich Vorschub geleistet werden könnte. Im Folgenden will ich mich aber in dieser Reihenfolge auf die Dienstverpflichtung und das Genossenschaftswesens konzentrieren, um zu zeigen, inwiefern sie unter bestimmten Zusatzbedingungen dem Ziel entgegenkommen können, den arbeitenden Teil der Bevölkerung stärker als bisher in den demokratischen Prozess einzubeziehen.

Während es relativ leicht sein wird, die Gründe zu benennen, die für das Genossenschaftswesen als ein geeignetes Mittel für die demokratische Ermächtigung der Beschäftigten sprechen, sind die entsprechenden Gründe für die staatliche Dienstverpflichtung oder einen öffentlich finanzierten Sozialdienst wesentlich schwerer nachzuvollziehen. Zu erkennen, warum solche autoritär anmutenden Methoden der Arbeitsbeschaffung irgendwelche Fortschritte bei der demokratischen Beteiligung des arbeitenden Souveräns bewirken sollten, setzt nämlich zunächst voraus, den Gedanken einer zeitlich befristeten Einschränkung unserer liberalen Freiheiten zuzulassen. Um dafür eine Lanze brechen zu können, muss ich allerdings vorweg zwei Instrumente einer nichtmarktvermittelten Zuweisung sozialer Aufgaben deutlicher unterscheiden, die ich bislang so gut wie immer in einem Atemzug genannt habe: Unter einer staatlichen Dienstverpflichtung möchte ich die rechtlich verpflichtende und zeitlich eng begrenzte Heranziehung einer bestimmen Alterskohorte zur Erledigung von Arbeiten verstanden wissen, die dem Gemeinwohl dienen und noch näher zu bestimmenden Kriterien genügen müssen; als staatlich unterstützten Sozialdienst will ich hingegen das Angebot an unfreiwillig Arbeitslose verstehen, gegen eine nichtmarktabhängige Vergütung Arbeitsaufgaben zu übernehmen, deren Durchführung der Sicherung und Pflege öffentlicher Güter zugutekommen. Beide Instrumente einer marktunabhängigen Rekrutierung von Arbeit halte ich aus allerdings unterschiedlichen Gründen für geeignet, Alternativen zum Arbeitsmarkt bereitzustellen, die der Einbeziehung der arbeitsfähigen Bevölkerung in den demokratischen Prozess förderlich sind.

Das Verfahren, näher zu bestimmende Personengruppen durch eine staatliche Dienstverordnung zur Erledigung von gesellschaftlich als wichtig angesehenen Aufgaben heranzuziehen, ist vor allem über die Zwangsverpflichtung zum Militärdienst bekannt; in diesem Zusammenhang erfüllt die staatliche Dienstverpflichtung im Allgemeinen den moralischen Zweck, wie Michael Walzer ausgeführt hat, die Risiken des Kriegseinsatzes »innerhalb einer bestimmten Generation von jungen Männern [und inzwischen auch Frauen, A.H.] zu universalisieren und zu randomisieren«.[35] Allerdings ist die soldatische Tätigkeit inzwischen nahezu weltweit dermaßen stark in moralischen Misskredit geraten, dass seit längerem dazu übergegangen worden ist, die für den

35 Michael Walzer, *Sphären der Gerechtigkeit. Ein Plädoyer für Pluralität und Gleichheit*, übers. von Hanne Herkommer, Frankfurt/M., New York 1992, S. 250.

militärischen Dienst erforderlichen Arbeitskräfte mit Hilfe gezielter Anreize auf dem Arbeitsmarkt einzuwerben und also (wieder) Berufs- oder Söldnerheere zu schaffen. Diese Entwicklung sollte aber nicht davon abhalten, ernsthaft die Frage zu prüfen, ob nicht für gewisse andere Arten von gesellschaftlich notwendigen Tätigkeiten die staatliche Dienstverpflichtung eine Lösung darstellen könnte, die anderen Alternativen aus Gründen der Förderung demokratischer Partizipation vorzuziehen wäre. Die Arbeitsaufgaben, die dafür in Frage kommen, müssen einen klaren Beitrag zum Gemeinwohl erbringen können, dürfen keine allzu zeitaufwendige Ausbildung verlangen und sollten darüber hinaus Kenntnisse über die ganz unterschiedlichen sozialen Lebenslagen verschiedenster gesellschaftlicher Gruppen vermitteln können. Unter diesen Voraussetzungen können zwei Argumente geltend gemacht werden, die dafür sprechen, zur Unterstützung solcher Arbeiten wie die Kindererziehung, die Alten- und Krankenpflege oder auch vielleicht sogar die Müllentsorgung das Allokationsmittel der staatlichen Dienstverpflichtung statt des marktvermittelten Ankaufs in Betracht zu ziehen.[36]

Erstens ist zu erwägen, ob es nicht aufgrund der wachsenden Disparität sozialer Lebenslagen und der zunehmenden Dissoziation der kulturellen Gruppen angeraten wäre, jedem arbeitsfähigem Gesellschaftsmitglied für eine nur kurze Phase seines Lebens – ich denke hier an ein oder zwei Jahre – die Aufgabe zuzumuten,

36 Vgl. zum Folgenden: Ebd., S. 251-253. Schlagkräftig sind auch die von Debra Satz vorgetragenen Argumente: dies., »In Defense of a Mandatory Public Service Requirement, in: Julian Baggini (Hg.), *A Philosopher's Manifesto. Ideas and Arguments to Change the World*, Cambridge 2022, S. 259-269.

für andere Personenkreise als die seines engsten Umfelds kurativ tätig zu werden, um auf diese Weise die demokratische Grundtugend des Hineinversetzens in unvertraute Existenzformen und Lebensschicksale zu erlernen. Fehlt es an solchen Erfahrungen, bleiben einem die Nöte und Sorgen anderer Gruppierungen lebenslang fremd und verschlossen, so wird man kaum die Bereitschaft entwickeln können, auf deren Belange im demokratischen Prozess des Aushandelns von Mehrheitsmeinungen Rücksicht zu nehmen. Mit Debra Satz ließe sich daher sagen, dass eine der positiven Wirkungen der staatlichen Dienstverpflichtung darin besteht, mit sanftem Druck zur Einübung gesellschaftlicher Solidarität zu nötigen:[37] Wird eine Altersgruppe darauf verpflichtet, über einen bestimmten Zeitraum hinweg soziale Dienste in unterschiedlichen Milieus zu verrichten, lernt sie gewissermaßen notgedrungen, den Kreis derjenigen Personengruppen zu erweitern, an deren Lebensnöte sie fortan Anteil nimmt. Lässt sich eine staatliche Dienstverpflichtung mithin einerseits damit begründen, dass sie einer Stärkung demokratischen Zusammenhalts dient, so kann andererseits geltend gemacht werden, dass sie zugleich auch dem Gebot einer Förderung und Erleichterung der demokratischen Beteiligung entgegenkommt; und erst mit diesem zweiten Schritt ist das normative Anliegen berührt, um das es in diesem Buch geht. Mit einer Dienstverpflichtung im eben beschriebenen Sinne geht eine Umverteilung gesellschaftlicher Arbeitslasten einher, welche denen zugutekommt, die mit diesen Aufgaben bislang ausschließlich beschäftigt waren, den Altenpflegerinnen, dem Kran-

37 Ebd., S. 264.

kenhauspersonal oder den Sozialarbeiter:innen. Deren Tätigkeit, zumeist schlecht bezahlt, physisch und mental zermürbend und sozial geringgeschätzt, wird durch die Zuarbeit der Dienstverpflichteten nämlich nicht nur erleichtert und indirekt aufgewertet, weil sie mitsamt der für sie typischen Belastungen und Anstrengungen von einem größerer Teil der Bevölkerung nun zur Kenntnis genommen werden muss; vielmehr fällt diesen Arbeitskräften jetzt auch die pädagogische Aufgabe zu, die ungelernten und zum Dienst herangezogenen Gruppen kurzfristig in das neues Arbeitsgebiet einzuweisen, so dass ihr eigenes Berufsfeld um einige wesentliche Verrichtungen bereichert wird. Insgesamt geht mit dieser Umschichtung gesellschaftlicher Arbeiten daher auch eine Förderung der demokratischen Beteiligung einher: Beschäftigungsgruppen im Gesundheits- und Sozialwesen, die besonders stark unter Überbelastung, Unterbezahlung und geringem Ansehen zu leiden haben, werden durch die staatliche Dienstverpflichtung in ihren Chancen gestärkt, sich am demokratischen Prozess zu beteiligen, weil ihre Tätigkeit im Umfang erweitert, in der Reputation aufgewertet und um Sozialbeziehungen bereichert wird.

Gewiss, die rechtsstaatlichen Bedenken gegen das Mittel einer staatlichen Dienstverpflichtung wiegen schwer, wird dadurch doch ersichtlich das formale Recht der freien Arbeitswahl für einen, wenn auch sehr überschaubaren Zeitraum außer Kraft gesetzt. Mit dem Verweis auf die Effekte wirtschaftlicher Einsparungen oder Opportunitäten sind solche massiven Einschränkungen der individuellen Freiheit sicherlich nicht zu begründen. Berücksichtigt man aber die Summe der positiven Wirkungen, die mit dem verpflichtenden Sozialdienst für das demokratische Zusammenleben verknüpft wären, so spricht nach meiner Überzeugung vieles dafür, dass die Vorzüge am Ende den Preis des zeitlich eng begrenzten Freiheitsentzugs aufwiegen würden. Welche demokratieförderlichen Effekte mit einer solchen temporären Dienstverpflichtung einhergehen, lässt sich gut am Beispiel jener Gemeinden an der Ostküste der Vereinigten Staaten veranschaulichen, in denen schon seit mehreren Generationen die Regel gilt, dass jedes erwachsene Mitglied je nach Befähigung in einem festgelegten Rhythmus zur Mitarbeit an unerlässlichen kommunalen Diensten verpflichtet ist; nach allen Berichten, die von dieser Praxis der kollektiven Selbstverpflichtung vorliegen, stärkt diese nicht nur den Gemeinsinn und schafft wechselseitiges Vertrauen in die Kooperationsbereitschaft aller anderen Gemeinschaftsmitglieder, sondern lässt auch diejenigen, die erwerbsmäßig für den Rest der anfallenden Dienste zuständig sind, stärker und selbstbewusster in das Gemeinwesen eingebunden sein. Versuchen wir nun, das kommunale Verfahren einer derartigen Dienstverpflichtung auf populationsmäßig größere Gemeinwesen zu übertragen, so wird sofort klar, dass dort jene Solidarleistungen aufgrund des Mangels an persönlichen Kontakten und wechselseitiger Vertrautheit sicher nicht mehr einfach freiwillig erbracht werden; für das, was sich in der überschaubaren, zahlenmäßig begrenzten Gemeinde der spontanen Einsicht in gemeinsame Verantwortlichkeiten verdankt, muss hier der demokratisch legitimierte Gesetzgeber durch rechtlichen Zwang sorgen, um zu gewährleisten, dass der schwindende Gemeinsinn durch die kurzzeitige Verpflichtung zu sozial nützlichen Arbeiten erhalten bleibt. In diesem Sinn würde die rechtliche Dienstverpflichtung in demokratischen Staaten das funktionale Äquivalent zu den kollektiven Selbstverpflichtungen bilden, mit deren Hilfe kleinere Gemeinwesen häufig die gemeinsame Verantwortung aller ihrer Mitglieder für die Aufrechterhaltung ihrer kommunalen Errungenschaften sicherzustellen versuchen.

Ein staatlich unterstützter Sozialdienst unterscheidet sich in Absicht und Zweck von der staatlichen Dienstverpflichtung so erheblich, dass dementsprechend auch seine förderlichen Wirkungen auf die Einbeziehung in die demokratische Willensbildung von ganz anderer Art sind.[38] Zwar stellt er ebenfalls eine Alternative zum Arbeitsmarkt dar, aber wie dieser beruht er auf dem rechtlichen Grundsatz der Freiwilligkeit. Mit der staatlichen Dienstverpflichtung hingegen teilt er die Eigenschaft, nur Leistungen für solche Aufgaben generieren zu dürfen, die einen eindeutigen Zusammenhang mit gemeinwohlförderlichen Zwecken aufweisen – also Arbeiten, die in Bereichen wie dem der Gesundheitsvorsorge, der Erziehung, des öffentlichen Verkehrs oder der Stadtpflege anfallen. Das Angebot, solche Arbeiten gegen eine geringe, aber marktunabhängige Entlohnung für die Allgemeinheit zu verrichten, wendet sich vor allem an arbeitsfähige Personen, die unter längerer Arbeitslosigkeit leiden und den deutlich artikulierten Wunsch besitzen, sich nicht als gesellschaftlich überflüssig erleben zu müssen. Für diese Gruppierungen bietet die Einrichtung eines Sozialdienstes, der nach Möglichkeit von öffentlichen Körperschaften wie den Sozialverbänden, den

38 Für das Folgende orientiere ich mich an Überlegungen von Ulrich Steinvorth in »Kann das Grundeinkommen die Arbeitslosigkeit ersetzen?«, a.a.O., bes. S. 260f.

Kirchen und den Gewerkschaften getragen und organisiert werden sollte, die Chance, Selbstbewusstsein und sozialen Rückhalt zurückzugewinnen, weil man wieder in das System der gesellschaftlichen Kooperation einbezogen ist. Jede Assoziation mit Arbeitsdiensten gleich welcher politischen Prägung ist hier im Übrigen fehl am Platze, da die angebotenen Dienste freiwillige Teilnahme voraussetzen und daher die ausdrückliche Zustimmung des Betroffenen erfordern; zudem müssten sie natürlich, um die erwünschte Wirkung erzielen zu können, so ausgestattet sein, dass ihr sozialer Nutzen gut erkennbar ist und sie daher aufgrund der öffentlichen Wertschätzung begründeten Anlass zu einem Gefühl des Vertrauens in den Wert der eigenen Fähigkeiten geben.

Allerdings bilden die beiden Instrumente der staatlichen Dienstverpflichtung und des freiwilligen Sozialdienstes im strikten Sinn gar keine Alternativen zum Arbeitsmarkt; sie ergänzen diesen vielmehr, um entweder zur Verbreitung demokratischer Einstellungen und zur Erleichterung mühsamer Sozialtätigkeiten beizutragen oder Arbeitslosen die Chance zur Wiedererlangung eines Gefühls der sozialen Zugehörigkeit zu bieten. Der obligatorische Sozialdienst für einen Zeitraum von ein oder zwei Jahren sollte jedoch eine dauerhafte Ergänzung zum Arbeitsmarkt darstellen, weil er dazu beiträgt, ein strukturelles Defizit moderner Demokratien zu beseitigen; der freiwillige Sozialdienst hingegen ist nur für historische Perioden empfehlenswert, in denen größere Arbeitslosigkeit vorherrscht – und auch in solchen Phasen ist wohl ein staatlich gut ausgestattetes Programm zur Weiterbildung oder Requalifizierung das bessere Mittel, um Langzeitarbeitslosen den Wiedereinstieg in die soziale Kooperation zu ermöglichen.

Von diesen beiden Instrumenten unterscheidet sich das Projekt selbstverwalteter Betriebe und Unternehmen nun schon dadurch, dass es eine wirkliche Alternative zum kapitalistischen Arbeitsmarkt auch dann eröffnet, wenn es an die Bedingungen der Konkurrenz um ökonomische Gewinne gebunden bleibt. Aus meiner Sicht besteht kein Zweifel daran, dass die schrittweise Umwandlung von privaten und staatlichen Unternehmen in autonom geführte Produktionsgenossenschaften ein ideales Mittel zur Verwirklichung einer demokratieverträglichen Arbeitswelt bilden würde. Es ist der Königsweg zum hier umrissenen Ziel, der aber wohl auf absehbare Zeit mit enorm vielen Hindernissen gepflastert sein wird.

Von Produktionsgenossenschaften – im Unterschied zu Konsumgenossenschaften – sprechen wir im eigentlichen Sinn erst dann, wenn die Arbeiter:innen eines Betriebes oder Unternehmens deswegen die Kontrolle über alle anstehenden Entscheidungen einschließlich der Wahl des Managements ausüben können, weil sie über das Eigentum an den Produktionsmitteln und an den Kapitaleinlagen verfügen. Aber natürlich gibt es viele Zwischenformen derartiger Kooperativen, die sich aus jeweils unterschiedlichen Kombinationen von speziellen Eigentümerrechten (Gewinnbeteiligung, Aktienbesitz) und Entscheidungsbefugnissen (Unternehmensziele, Gewinnverteilung, Zusammensetzung des Management usw.) ergeben.[39] Die Überzeugung, dass Produktions-

39 Vgl. dazu Marcel van der Linden, *Workers of the World. Eine Globalgeschichte der Arbeit*, übers. von Bettina Hoyer, Tim Jack und Sebastian Landsberger, Frankfurt/M. 2017, Teil II, Kap. 8 (S. 177-197).

genossenschaften gleich welchen Typs der politischen Emanzipation der arbeitenden Klassen dienen, weil deren Selbstwertgefühl, sozialer Zusammenhalt und politische Handlungsfähigkeit durch das Mehr an Mitspracherechten erheblich zunehmen, reicht weit ins 19. Jahrhundert zurück; sie wurde nicht nur von vielen Repräsentanten der Arbeiterbewegung vertreten,[40] sondern auch von einigen philanthropischen Unternehmern und liberalen Theoretikern, die dementsprechend entweder durch wirtschaftspolitische Initiativen oder öffentliche Fürsprache eine Lanze für das Genossenschaftswesen zu brechen versuchten. Zu der zweiten Gruppe von Befürwortern gehört an vorderster Stelle John Stuart Mill, der in *Grundsätze der politischen Ökonomie* ausführlich dargelegt hat, warum er Produktionsgenossenschaften für ein geeignetes Instrument hält, um den abhängig Beschäftigten eine aktivere Ausübung ihrer politischen Rechte zu ermöglichen; nach seiner Überzeugung würde die Mitarbeit in solchen selbstverwalteten Betrieben förderlich sein für »ein neues Gefühl von

40 Eine entschiedene Gegnerin des Genossenschaftswesens war hingegen Rosa Luxemburg, die darin ein »Zwitterding« zwischen Kapitalismus und Sozialismus erblickte, das den Zielen der Revolution eher im Weg stehe als sie unterstütze: »In der Produktivgenossenschaft ergibt sich daraus die widerspruchsvolle Notwendigkeit für die Arbeiter, sich selbst mit dem ganzen erforderlichen Absolutismus zu regieren, sich selbst gegenüber die Rolle des kapitalistischen Unternehmers zu spielen. An diesem Widerspruche geht die Produktivgenossenschaft auch zugrunde, indem sie entweder zur kapitalistischen Unternehmung sich rückentwickelt oder, falls die Interessen der Arbeiter stärker sind, sich auflöst.« (Rosa Luxemburg, *Sozialreform oder Revolution*, in: dies., *Gesammelte Werke*, Bd. 1. Erster Halbband, Berlin 1972, S. 367-466, hier: S. 417f. Den Hinweis auf diese Stelle verdanke ich Ada Reichhart.

Sicherheit und Unabhängigkeit bei den arbeitenden Klassen und eine Umwandlung der täglichen Beschäftigung eines jeden in eine Schulung gesellschaftlicher und praktischer Einsicht«.[41]

In diesem Argument sind Mill später eine Vielzahl von Autorinnen und Autoren gefolgt, auch wenn die politischen Absichten, die sie damit verknüpften, sehr unterschiedlich gewesen sein mögen. Eine Gruppe, die sich als »marktsozialistisch« bezeichnen ließe, sieht in der staatlichen Förderung von Produktionsgenossenschaften einen Weg, um bereits unter kapitalistischen Bedingungen erste Voraussetzungen für eine Transformation des Wirtschaftssystems in Richtung eines marktvermittelten Wettbewerbs unter ausschließlich selbstverwalteten Betrieben zu schaffen;[42] eine andere, eher liberal orientierte Gruppe erblickt in Produktionsgenossenschaften eine fruchtbare Ergänzung zu privatkapitalistischen Unternehmen, weil jene aufgrund der größeren Arbeitszufriedenheit ihrer Beschäftigten auch deren Leistungsbereitschaft erhöhen würden und damit einen ökonomischen Anreiz schaffen könnten, ihnen auch in kapitalistischen Unternehmen mehr Mitsprache bei unternehmerischen Entscheidungen einzuräumen. Aber neben solchen sozialreformerischen Plädoyers zugunsten von Produktionsgenossenschaften gab es in der

41 John Stuart Mill, *Grundsätze der politischen Ökonomie*, übers. von Walter Gehrig, Jena 1921, Bd. 2, S. 447 (IV. Buch, Kap. 7, § 6).

42 Vgl. repräsentativ: Erik Olin Wright, *Reale Utopien. Wege aus dem Kapitalismus*, übers. von Max Henninger, Berlin 2017, S. 331-366. Wright zählt in seinem Kapitel über die wirtschaftlichen Alternativen zum kapitalistischen Arbeitsmarkt (ebd., S. 275-331) noch weitere Produktionsmodelle auf (»Sozialwirtschaft«, »sozialer Kapitalismus«), die ich hier nicht im Einzelnen behandeln werde.

kapitalistischen Vergangenheit auch immer wieder ganz handfeste, wirtschaftspolitische Bemühungen, privat geführte Unternehmen trotz der absehbaren Schwierigkeiten aufgrund des starken Konkurrenzdrucks in selbstverwaltete Betriebe umzuwandeln. Solche Gründungen von Kooperativen gingen zumeist entweder auf den Entschluss von philanthropisch orientierten Unternehmern zurück, der eigenen Arbeiterschaft schrittweise eine größere Beteiligung an den Unternehmensgewinnen und Unternehmensentscheidungen zuzubilligen, oder sie verdankten sich dem Willen einer Belegschaft, einen von Insolvenz bedrohten Betrieb in Eigenregie fortzuführen und dadurch vor dem endgültigen Konkurs zu retten. Besondere Erwähnung verdient in diesem Zusammenhang ein 2014 beschlossenes und bis heute bestehendes Gesetz der damaligen sozialistischen Regierung Frankreichs, durch massive Steuervorteile die Gründung von selbstverwalteten Betrieben zu erleichtern; die Maßnahme, die mit der Stärkung von solidarischen Netzwerken innerhalb der Wirtschaft begründet wurde, hat seither tatsächlich zur Entstehung einer Vielzahl von Produktionsgenossenschaften beigetragen.

Allerdings haben diese Betriebe fast durchweg, soweit sie kollektiv vom Gedanken einer demokratischen Selbstverwaltung beseelt sind, mit all den Problemen zu kämpfen, die sich typischerweise aus der Spannung zwischen sozialmoralischen Absichten und den Zwängen kapitalistischer Profitabilität ergeben.[43] Sie betreffen insbesondere die Notwendigkeit der Allokation von geeigneten Fachkräften, den Bedarf an einem stabilen, hoch-

43 Für Gespräche über diese Spannungen bin ich Ada Reichhart zu großem Dank verpflichtet.

spezialisierten Management und die Vermeidung von Mitnahmeeffekten.[44] Der häufig in Produktionsgenossenschaften entwickelte Vorsatz, die Löhne von ungelernten und gelernten Arbeitskräften einander anzugleichen, um egalitäre Einstellungen und solidarische Beziehungen zu fördern, stößt regelmäßig auf das Problem, dass dringend benötigte Fachkräfte mit dem Versprechen eines höheren Einkommens von privatkapitalistisch geführten Unternehmen abgeworben werden. Der demokratische Wille, über die Besetzung aller betrieblichen Positionen in gemeinsamen Versammlungen nach Mehrheitsprinzip zu entscheiden, scheitert oftmals daran, dass für zentrale Entscheidungen bezüglich geeigneter Absatzmärkte, günstiger Materialeinkäufe und einer klugen Risikostreuung ein erfahrenes Management erforderlich wäre, dessen Zusammensetzung nicht willkürlichen Abstimmungen überlassen werden darf. Und die gemeinsame Absicht, durch individuellen Arbeitseinsatz und kooperatives Zusammenwirken zum wirtschaftlichen Erfolg des eigenen Betriebes beizutragen, ist der ständigen Gefahr des Trittbrettfahrens ausgesetzt, das in der individuellen Mitnahme aller Vorteile bei Vorenthaltung eines eigenen Beitrags besteht.

Zu diesen strukturellen Problemen, mit denen Produktionsgenossenschaften schon immer unter kapitalis-

44 Vgl. zu diesen strukturellen Problemen die in einer metallverarbeitenden Produktionsgenossenschaft im Osten Frankreichs durchgeführte Studie von Ada Reichhart, »Demokratie am Arbeitsplatz. Eine Produktionsgenossenschaft im Kapitalismus«, in: *Westend. Neue Zeitschrift für Sozialforschung* 1 (2023) (i. E.). Einige dieser Schwierigkeiten finden sich mit Verweis auf historische Beispiele auch aufgelistet in: van der Linden, *Workers of the World*, a. a. O., S. 180-197.

tischen Rahmenbedingungen zu kämpfen haben, treten heute zusätzlich die verschärften Wettbewerbsbedingungen auf einem globalisierten Arbeits- und Gütermarkt. Während privatkapitalistische Unternehmen ab einer gewissen Größe keine Schwierigkeiten haben, Teile ihrer Dienstleistungen oder Fertigungsprozesse in Länder zu verlegen, in denen die Arbeitslöhne wesentlich niedriger sind, tun sich selbstverwaltete Betriebe damit sowohl aus logistischen als auch aus moralischen Gründen ungleich schwerer; weder verfügen sie gewöhnlich über die internationalen Kontakte und das Knowhow, um solche Verlagerungen überhaupt in Angriff nehmen zu können, noch erlaubt ihnen ihr selbstauferlegtes Ethos, von Arbeitskräften aus Billiglohnländern zum Zweck der Kosteneinsparung Gebrauch zu machen.[45] So überzeugend und so zahlreich daher insgesamt die empirischen Belege dafür sind, dass mit dem Grad der demokratischen Kontrolle eines Betriebes durch die Beschäftigten zugleich auch deren politische Handlungsfähigkeit und ihr kollektives Selbstbewusstsein wächst,[46]

45 Eine Ausnahme bildet die Mondragón Corporación Cooperativa, die ihren Sitz im baskischen Mondragón hat; ihr ist es trotz großer Hürden gelungen, ein global tätiges Unternehmen auf kooperativer Basis zu werden. Siehe dazu Astrid Hafner, »Genossenschaftliche Realität im baskischen Mondragón«, in: Markus Auinger (Hg.), *Solidarische Ökonomie zwischen Markt und Staat: Gesellschaftsveränderung oder Selbsthilfe?*, Wien 2009, S. 43-64. Dieser Artikel berichtet auch über die wachsenden Schwierigkeiten, mit denen diese Produktionsgenossenschaft heute konfrontiert ist, weil die Distanz zwischen Management und Arbeitnehmerschaft inzwischen zugenommen hat. Zu Mondragón vgl. auch: Wright, *Reale Utopien*, a. a. O., S. 336-345.

46 Vgl. zusammenfassend: Carole Pateman, *Participation and Democratic Theory*, Cambridge 2014.

so gering sind doch die wirtschaftlichen Erfolgsaussichten von solchen kooperativen Unternehmungen innerhalb der gegenwärtigen Wirtschaftsordnung. Das typische Schicksal, das Produktionsgenossenschaften im Kapitalismus leider meistens ereilt, ist entweder das des ökonomischen Ruins oder das der zunehmenden Verwässerung der ursprünglichen Zielsetzungen. Dem entgegenwirken könnte hier nur der Entschluss eines demokratischen Staates, Unternehmungen dieses Typs durch massive Subventionen und die Abordnung eines dafür geeigneten, auch moralisch motivierten Managements so lange zu fördern, bis sie sich erfolgreich genug auf dem Markt etabliert haben, um als dauerhafte Erprobungsstätten eines alternativen Arbeitsregimes zu fungieren. Die Länge des Zeitraums, über den sie sich dann über Wasser halten können, ohne Abstriche an den Zielen einer demokratischen Selbstkontrolle zu machen, wäre ein Indikator für die Erfolgsaussichten, die Produktionsgenossenschaften als Alternativen zum herkömmlichen Arbeitsmarkt in Zukunft besäßen. Als Rechtfertigung für solche experimentellen Maßnahmen, die fraglos eine beträchtliche Steuersumme verschlingen würden, müsste das Argument gelten, dass sie wie kaum eine andere staatliche Subvention der Erfüllung des verfassungsgemäßen Auftrags dienen würden, der hart arbeitende Bevölkerung den Weg zur Teilnahme am demokratischen Prozess entscheidend zu ebnen – wozu, wie wir gesehen haben, die kooperative Selbstkontrolle der Arbeitsvollzüge und der Unternehmensziele ein höchst geeignetes Mittel böten, weil durch sie die oben genannten Voraussetzungen für die Mitwirkung an der politischen Willensbildung mindestens in psychologischer und sozialer Hinsicht gravierend verbessert würden.

In diesem Zusammenhang verdient Erwähnung, dass es in der Vergangenheit Vorstöße zu genossenschaftlichen Arbeitsformen auch im Zusammenhang der traditionell als solitär verstandenen Arbeit der Frau im privaten Haushalt gegeben hat. Die Schwierigkeiten, welche die entweder ausschließlich oder neben ihrer Erwerbstätigkeit zur Hausarbeit genötigten Frauen besaßen, überhaupt einen Zugang zu den Arenen demokratischer Politik zu finden, sind hier schon mehrfach Thema gewesen. Zu den physischen Belastungen, die das tägliche Reinemachen, Kochen und Kinderbetreuen zumal vor der Technisierung des Haushalts und nach Wegfall jedes Dienstpersonals mit sich brachten, kam bei derartigen Tätigkeiten hinzu, dass sie in vollkommener Isolation und daher fernab von irgendwelchen öffentlichen Kommunikationsnetzwerken vollzogen werden mussten.[47] Um dieser Not der Vereinzelung und Absonderung entgegenzuwirken, haben sich Feministinnen verschiedenster politischer Orientierungen immer wieder mit der Frage beschäftigt, wie die Hausarbeit nicht nur fairer zwischen Frau und Mann zu verteilen ist, sondern wie ihr insgesamt ein stärker gesellschaftlicher Halt und Charakter gegeben werden kann. Am weitesten in der Verwirklichung entsprechender Ideen sind dabei vermutlich einige Aktivistinnen im »Roten Wien« der Jahre 1919 bis 1934 gelangt,[48] die sich in Zusammenarbeit mit der sozialistischen Stadtregierung dar-

47 Nur zur Erinnerung sei hier noch einmal verwiesen auf: Bärbel Kuhn, *Haus, Frauen, Arbeit 1915-1965. Erinnerungen aus fünfzig Jahren Haushaltsgeschichte*, St. Ingbert 1994; Robert W. Smuts, *Women and Work in America*, New York 1971

48 Zum »Roten Wien« vgl. meine kurze Vergegenwärtigung in: Axel Honneth, »Das ›Rote Wien‹. Vom Geist des sozialistischen Expe-

um bemühten, in den neuen, der Arbeiterklasse vorbehaltenen Gemeindebauten Räume für die gemeinschaftliche Erledigung der Hausarbeit einzurichten. Das sah dann so aus, dass die zentralen Aufgaben des Kochens und Waschens zwar nicht in allen, aber doch in einer beträchtlichen Anzahl dieser Wohnanlagen aus dem Einzelhaushalt ausgelagert und in für die Bewohnerinnen leicht zugängliche Großküchen und Waschhäuser umgesiedelt wurden, um sie dort nicht länger in Isolation, sondern in Kooperation erledigen zu können; und auch das Reinigen der Wohnungen, das trotz feministischer Initiativen, daran etwas zu ändern, nach wie vor primär den Frauen oblag, sollte nicht mehr eine vereinzelte Tätigkeit bleiben und wurde daher gelegentlich einem genossenschaftlich organisiertem Reinigungsdienst übertragen.[49] Dieses geschichtliche Beispiel dafür, wie auch die Hausarbeit stärker vergemeinschaftet und damit den Weg zur Mitwirkung an demokratischen Prozeduren einebnen könnte, hat allerdings keine größeren Nachwirkungen gehabt. Es wurde – und mit ihm das »Rote Wien« als Ganzes – 1934 beendet, als die Vaterländische Front in der Stadt an die Macht kam, und hat seither, soweit ich sehe, nicht mehr als Vorbild für ähnliche Bestrebungen gewirkt. Heute zeichnet sich mit der Kommerzialisierung der häuslichen Verrichtungen sogar die

rimentalismus«, in: ders., *Die Idee des Sozialismus*, Berlin 2017 (erweiterte Ausgabe), S. 169-180.

49 Vgl. hierzu den sehr lesenswerten Aufsatz von Veronika Duma, »Rotes Wien. Eine Inspiration für feministische Utopien«, in: Kitchen Politics (Hg.), *Die Neuordnung der Küchen. Materialistisch-feministische Entwürfe eines besseren Zusammenlebens*, Münster 2023 (i. E.) (Den Hinweis auf diesen Beitrag verdanke ich Sarah Speck.)

geradezu gegenläufige Tendenz ab, wie wir in Kapitel 6 gesehen haben: auch die Essenszubereitung, das Reinigen und das Wäschewaschen sind inzwischen zu marktgängigen, profitablen Gütern geworden und damit zu Gegenständen eines rein privaten Konsums, dessen Qualität von der Höhe des Familieneinkommens abhängig ist.[50]

Überhaupt genießt das Genossenschaftswesen, ob nun in Form von Produktionsgenossenschaften oder in der soeben erwähnten Gestalt einer Vergemeinschaftung von Haushaltstätigkeiten, gegenwärtig kein allzu großes Ansehen im öffentlichen Bewusstsein; zu tief scheint seit einigen Jahrzehnten im kulturellen Selbstverständnis der kapitalistischen Gesellschaften des Westens die Vorstellung verankert zu sein, Arbeiten sei etwas, was jeder für sich zur Sicherung des je eigenen Lebensunterhalts tut, als dass Initiativen zum kooperativen Gemeinschaftshandeln ein stärkeres Interesse wecken könnten. Will man von solchen Ideen aber doch nicht abrücken, weil man – wie ich – davon überzeugt ist, dass sie den direkten Weg zu einer Verzahnung von politischer Demokratie und sozialer Arbeitsteilung weisen, so muss nach realistischen Ansätzen für selbstverwaltete Betriebe im Augenblick wohl eher an der lokalen Peripherie des wirtschaftlichen Lebens gesucht werden. Dazu passt die vor bereits vierzig Jahren von Johannes Berger und Claus Offe vorgetragene These, dass die Schattenwirtschaft der alternativen, auf Selbstorganisation fußenden Kleinbetriebe den Keim für eine neue Generation von Genossenschaften enthalten könn-

50 Auch hier wieder zur Erinnerung: Ursula Huws, *Labour in Contemporary Capitalism. What Next?*, London 2019, bes. S. 121-140.

te.[51] Solche Initiativen, deren Zahl in den westlichen Metropolen in der Zwischenzeit eher noch zugenommen haben dürfte, bieten nachbarschaftsnahe Dienste an, zum Beispiel die Reparatur von Fahrrädern, die Betreuung von Schülerinnen und Schülern, den Verkauf von ökologischen Lebensmitteln oder von Büchern. Da man sich in diesen kommunalen Kleinbetrieben frei weiß von dem Druck, hohe Renditen erzielen zu müssen, können ihre Betreiber:innen die erforderlichen Arbeitsabläufe relativ autonom gestalten und zugleich auf leistungsabhängige Formen der Entlohnung weitgehend verzichten. Es herrscht im Allgemeinen ein Geist des Füreinander-Einstehens vor, der es leicht macht, eventuelle Gewinne unter allen Beteiligten egalitär zu verteilen. Zudem sind die Beziehungen zu den Kunden und Kundinnen aufgrund der lokalen Verankerung engmaschig geknüpft; man kennt sich häufig persönlich und weiß um die jeweiligen Präferenzen, was beispielsweise den Wareneinkauf deutlich besser planbar macht als in anonymen Kontexten. Es hat also den Anschein, als seien derartige Alternativbetriebe heute tatsächlich bereits Produktionsgenossenschaften im Kleinformat: Die Beschäftigten verfügen hier – gelegentlich treuhänderisch, häufig vollumfänglich – über das Eigentum am Betrieb und können daher über die Arbeitsorganisation und die Auslegung des Unternehmenszwecks autonom bestimmen. Allerdings sprechen zwei Gründe dagegen, dass solche kommunalen Alternativbetriebe in Zukunft

51 Vgl. Johannes Berger, Claus Offe, »Die Zukunft des Arbeitsmarktes. Zur Ergänzungsbedürftigkeit eines versagenden Allokationsprinzips«, in: Claus Offe (Hg.), *»Arbeitsgesellschaft«. Strukturprobleme und Zukunftsperspektiven*, Frankfurt/M., New York 1984, S. 107-114.

einem neuen, gleichsam verjüngten Genossenschaftswesen den Weg bereiten könnten: Einerseits ist ihr ökonomischer Erfolg an die Voraussetzung eines lokal eng begrenzten Kreises von Konsumenten gebunden, deren Bedürfnisse in einem Maße vorhersehbar sein müssen, das es erlaubt, die Planung der anfallenden Arbeiten und Aufgaben früh genug darauf abzustellen. Eine solche Bindung an ein überschaubares Klientel verstärkt andererseits die Tendenz solcher Betriebe, sich so stark an ein bestimmtes Sozialmilieu zu ketten, dass Verknüpfungen mit dem Rest des dieselben Dienste anbietenden Sektors erst gar nicht angestrebt werden. Insgesamt führt diese Kombination von wirtschaftlichen Erfordernissen und freiwilliger Selbstbegrenzung dazu, dass die alternative Schattenwirtschaft den Schatten nicht mehr loszuwerden vermag, in dessen Schutz sie ursprünglich einmal groß geworden ist; man will sich nicht in das Netz der gesellschaftlichen Arbeitsteilung einbezogen wissen und neigt daher im Gegenteil zur sozialen Selbsteinkapselung. Aus diesen beiden Wesenszügen autonomer Kleinbetriebe ergibt sich aber, dass sie einer demokratischen Arbeitspolitik letztlich nur bedingt als soziale Stütze dienlich sein können. Der kulturelle und mentale Abstand zur Masse der Beschäftigten bleibt nämlich einfach zu groß, als dass sie von deren Seite als Keimzellen oder Leitbilder einer Transformation der gesamten Arbeitswelt verstanden werden könnten.[52] Solange es nicht gelingt, die Alternativwirtschaft durch

52 In seinem Überblick über Experimente mit sozialistischen Alternativen in der Gegenwart hat Erik Olin Wright diese Tendenz der Alternativökonomie als das Problem von »glaubensbasierten« (»faith-based«) Initiativen bezeichnet: Wright, *Reale Utopien*, a.a.O., S. 300-303.

stärkere Förderung oder politische Überzeugungsarbeit aus ihrem Nischendasein zu befreien und in Initiativen zur demokratischen Arbeitsreform einzubeziehen, wird sie daher weiterhin wie eine kleine Insel geglückter Kooperation und Selbstbestimmung neben der prekären Welt der Erwerbsarbeit bestehen bleiben. Kein Pfad führt von hier nach dort, ein sozialer Austausch findet nicht statt, so dass man sich auch nicht wechselseitig beim Kampf gegen den Druck kapitalistischer Verwertungszwänge unterstützen kann. Es bedürfte einer Selbsteingliederung kommunaler Kleinbetriebe in das rudimentär bereits bestehende Netzwerk genossenschaftlicher Unternehmungen, um die Kluft zum Sektor der Erwerbstätigkeit zu überbrücken. Solange das nicht geschieht, bleibt mit Blick auf kooperative Alternativen zur Lohnarbeit nur die Hoffnung, dass jene verstreuten Initiativen der Erprobung von genossenschaftlichen Unternehmensformen breitere Nachahmung finden werden, die Erik Olin Wright in seinem Überblick über gegenwärtige Modelle sozialistischer Praktiken als Beispiele für »selbstverwaltete Kooperativen« aufgeführt hat.[53] Der Weg dahin lässt sich nur durch kollektiven Druck auf sozialdemokratisch gesinnte Regierungen ebnen, die Gründung von Produktionsgenossenschaften dadurch zu unterstützen, dass ihnen großzügige Steuererleichterungen gewährt und Hilfen bei der Rekrutierung von geeignetem Managementpersonal angeboten werden.

53 Ebd., S. 331-366.

9.
Perspektiven innerhalb des Arbeitsmarktes

Neben der Förderung von organisatorischen Alternativen zum Arbeitsmarkt verfügt eine demokratische Politik der Arbeit, so hatte ich gesagt, noch über eine zweite Strategie, um ihrem Ziel näherzukommen. Sie besteht darin, die Bedingungen der Lohnarbeit selbst nach Möglichkeit so weit zu verbessern, dass die Beschäftigten schon am Arbeitsplatz beginnen können, sich als vollwertige Mitglieder eines demokratischen Gemeinwesens zu empfinden. Erinnert man sich allerdings an das, was ich in Kapitel 6 über die tatsächlichen Arbeitsverhältnisse im gegenwärtigen Kapitalismus ausgeführt habe, so wird man die Vorstellung einer weitreichenden Transformation der Lohnarbeit für das Phantasieprodukt eines wirklichkeitsvergessenen Idealisten halten; und kaum etwas ist in der Gesellschaftstheorie ja fataler, wie Johannes Berger und Claus Offe uns Philosophen schon vor langem gewarnt haben, als aus der Gewissheit über irgendwelche normative Prinzipien heraus bestimmte soziale Entwicklungsverläufe in die Zukunft zu projizieren.[54] Daher ist es wichtig, sich zuvor über die logische Sequenz der einzelnen Schritte zur Verbesserung der heute herrschenden Lohnarbeitsverhältnisse Rechenschaft abzulegen, weil nur so vermieden werden kann,

54 Vgl. etwa Berger, Offe, »Die Zukunft des Arbeitsmarktes«, a. a. O., S. 115.

dass man gedanklich vom Hier und Jetzt in eine in schönsten Farben ausgemalte Zukunft springt, ohne sich dabei der vorgängig notwendigen Reformmaßnahmen und Anpassungsleistungen hinreichend versichert zu haben.[55]

Um also mit dem Selbstverständlichen zu beginnen, muss zunächst festgehalten werden, dass ohne eine Neu- oder Wiedereingliederung der Lohnarbeit in ein »Normalarbeitsverhältnis« mit entsprechenden rechtlichen Sicherungen jeder weitere Schritt hin zu einer demokratischen Reform des Arbeitsmarktes unmöglich wäre. Daraus folgt, dass weitergehende Maßnahmen zur Anreicherung, Umschichtung und kooperativen Verzahnung der individuellen Arbeitsaufgaben nicht einmal ins Auge gefasst werden können, bevor nicht für alle über den Arbeitsmarkt rekrutierten Arbeitskräfte eine »Konstitutionalisierung« (Berger/Offe) ihrer Beschäftigungsverhältnisse erkämpft ist, die staatlich fixierte Verhandlungsrechte und wirtschaftsbürgerliche Grund- und Statusrechte beinhaltet. Das Nahziel, das *end in view*, von dem John Dewey im Zusammenhang seiner Überlegungen zu den Möglichkeiten fortschrittsorientierten Handelns häufig gesprochen hat,[56] besteht daher zunächst einmal in der Austrocknung des Niedriglohnsektors und in der Institutionalisierung von lohnabhängigen Bürgerrechten, die den Beschäftigten ihre zuvor in

55 Das unterlassen nach meinem Eindruck diejenigen, die die schöne Vision eines demokratischen Arbeitsregimes oder einer demokratischen Wirtschaft entwerfen, ohne sich zu fragen, wie man von den gegenwärtigen Verhältnissen aus dorthin gelangen könnte; vgl. etwa den bereits erwähnten Aufsatz von Vrousalis, »Workplace Democracy Implies Economic Democracy«, a. a. O.

56 Vgl. oben, S. 59f.

vielen Wohlfahrtsstaaten bereits erkämpften Sicherheiten und Anspruchsberechtigungen zurückerstatten würden. Erst wenn diese Rückeroberung stattgefunden hat – ein Schritt zurück, dessen Ergebnis von heute aus gesehen schon beinah wie ein allzu kühner Vorgriff anmutet –, können Gedanken darauf verwendet werden, welche weiteren Maßnahmen erforderlich wären, um die Welt der marktvermittelten Arbeit über die dann verbürgten Verhandlungs-, Grund- und Statusrechte hinaus zu demokratisieren.

An dieser Stelle ist es erforderlich, zunächst einen Blick zurück auf die fünf Dimensionen zu werfen, die ich in Kapitel 3 umrissen habe, um die Hinsichten zu charakterisieren, in denen die Platzierung in der gegebenen Form der sozialen Arbeitsteilung und damit der Charakter einer Arbeitstätigkeit die Chancen zur Mitwirkung an der demokratischen Partizipation in starkem Maße beeinflussen können. Dort hatte ich ausgeführt, dass es ökonomische, zeitliche, psychische, soziale und mentale Aspekte sind, in denen ein Arbeitsplatz die Fähigkeit zur effektiven Ausübung der demokratischen Rechte nachhaltig beeinträchtigen kann. Eine ökonomische Beeinträchtigung ist dann gegeben, wenn der Arbeitsplatz nicht die wirtschaftliche Unabhängigkeit gewährleistet, die erforderlich ist, um sich, unbekümmert um die Erwartungshaltungen Dritter, eine politische Meinung bilden zu können; eine zeitliche Beeinträchtigung liegt vor, wenn die Arbeit und die mit ihr verknüpften Belastungen nicht genügend Zeit zur politischen Informierung und Betätigung lassen; eine psychische Beeinträchtigung ist dann gegeben, wenn die am Arbeitsplatz erbrachte Leistung nicht genügend soziale Anerkennung und Wertschätzung findet, um ein Vertrauen in den öffentlichen Wert der eigenen politischen Überzeugungen entwickeln zu können; von einer soziale Beeinträchtigung können wir sprechen, wenn der Arbeitsplatz zu wenig Möglichkeiten zur Einübung demokratischer Praktiken bietet, um sich »vorpolitisch« mit den Verfahren der kooperativen Willensbildung in der politischen Öffentlichkeit hinlänglich vertraut machen zu können; und eine mentale, sich aus der Art der Tätigkeit ergebende Beeinträchtigung ist schließlich dann gegeben, wenn die am Arbeitsplatz zu leistenden Verrichtungen zu anregungsarm, zu gleichförmig und zu monoton sind, um die Art von Gespür für die eigene Gestaltungskraft und Selbstwirksamkeit entwickeln zu können, das für eine beherzte, nicht bloß defätistische Teilnahme an der öffentlichen Willensbildung erforderlich ist.

In Hinblick auf diese fünf Dimensionen beziehungsweise Einflussgrößen hatte ich, wie man erinnern wird, diese These vertreten: Je geringer die Befähigungen und Ressourcen sind, die ein Arbeitsplatz in einer oder mehreren dieser Dimensionen ermöglicht oder bereitstellt, desto schwerer dürfte es der oder dem an ihm Beschäftigten fallen, sich in der Weise an den öffentlichen Deliberationen zu beteiligen, wie es von dem normativen Versprechen der demokratischen Beteiligung in Aussicht gestellt wird. Eine Politik der Arbeit, die sich zum Ziel setzt, die Bedingungen auf dem Arbeitsmarkt demokratieverträglicher zu gestalten, wird daher alle diese Parameter als Stellschrauben begreifen müssen, an denen sich durch die richtige Neujustierung Verbesserungen in die gewünschte Richtung erzielen lassen. Ich werde also die genannten Einflussgrößen daraufhin durchmustern, welche Reformen oder Veränderungen jeweils erforderlich wären, um deren nachteiligen Effekte auf die

Befähigung zur demokratischen Partizipation zu verringern oder sogar gänzlich zu beseitigen. Schnell wird sich dabei allerdings zeigen, dass derartige Eingriffe in den Arbeitsmarkt massive Begrenzungen der unternehmerischen Freiheit verlangen würden, sowie, dass einige der Einflussgrößen in einem Verhältnis wechselseitiger Abhängigkeit stehen. Zudem sollte hier daran erinnert werden, dass es bei der folgenden Liste von aus meiner Sicht geeigneten Maßnahmen nur darum gehen kann, die prozeduralen Gesichtspunkte darzulegen, unter denen an den fünf Stellschrauben jeweils Verbesserungen ins Auge gefasst werden könnten. Es kann also lediglich um eine grobe Markierung normativer Fluchtlinien gehen, denn mehr zu wollen hieße, sich nicht darüber im Klaren zu sein, dass weitere Festlegungen nur mit Blick auf konkrete historische Umstände vorgenommen werden können.

Die genannten Schwierigkeiten beginnen sich schon abzuzeichnen, sobald man die erste Einflussgröße in näheren Augenschein nimmt. Dass wirtschaftliche Unabhängigkeit gegeben sein muss, um sich frei und ungezwungen an der demokratischen Willensbildung beteiligen zu können, habe ich bereits ausgeführt und steht außer Frage. Was dies aber im Kontext eines Arbeitsmarktes im Einzelnen implizieren würde, welche Eigenschaften ein Arbeitsplatz besitzen müsste, damit eine derartige Unabhängigkeit tatsächlich gewährleistet wäre, lässt sich nur schwer in Form einer Summe von zugleich notwendigen und hinreichenden Bedingungen angeben.[57] Zwei Bedingungen kommen einem sofort als

57 Die Schwierigkeit besteht hier darin, Bedingungen wirtschaftlicher Unabhängigkeit zu formulieren, die mit den Verhältnissen

intuitiv einleuchtend in den Sinn, auch wenn sie gewiss nicht hinreichend sind: Erstens muss der Lohn, mit dem eine erwerbsmäßig ausgeübte Arbeit vergütet wird, mindestens so hoch sein, dass er ausreicht, um den eigenen Lebensunterhalt und den der Angehörigen, die von einem abhängig, aber selbst nicht erwerbstätig sind, sichern zu können; natürlich müssen bei der Berechnung dieses erforderlichen Einkommens kulturelle Standards ebenso einbezogen werden wie die Anzahl der Personen in der eigenen Lebensgemeinschaft, für deren Auskommen man zu sorgen hat, weil sie selber dazu aus welchen Gründen auch immer nicht in der Lage sind. Selbstverständlich ist zweitens auch, dass man als Lohnabhängiger nicht von den Vorgesetzten oder Arbeitgebern unter Androhung von Sanktionen (Kündigung, Lohnkürzung) dazu gezwungen werden darf, ihnen willkommene Gesinnungen politischen oder privaten Inhalts zu vertreten. Wirtschaftliche Unabhängigkeit bedeutet nämlich unter Bedingungen der Lohnarbeit zunächst und vor allem auch, trotz der Abhängigkeit von einem Arbeitgeber frei darin zu sein, sich eine Meinung nach selbstgesetzten und für richtig befundenen Grundsätzen bilden zu können.[58] Aber diese beiden Erfordernisse, ein verbürgtes Recht auf ein Mindesteinkommen und entsprechende Ausgleichszahlungen im Krankheitsfall sowie ein verbürgtes Recht auf freie Meinungsäußerung am Arbeitsplatz, sind ersichtlich längst nicht alles, was

der Lohnarbeit und insofern mit einer grundsätzlichen Abhängigkeit von »privaten« Unternehmern vereinbar ist.

58 Dazu: Elizabeth Anderson, *Private Regierung. Wie Arbeitgeber über unser Leben herrschen (und warum wir nicht darüber reden)*, übers. von Karin Wördemann, Berlin 2019, bes. S. 94-112.

die wirtschaftliche Unabhängigkeit eines lohnabhängigen Beschäftigten sicherstellen könnte. Um tatsächlich frei darin zu sein, sich einen eigenen Willen ohne ökonomische Beeinträchtigungen bilden zu können, darf man ferner nicht auf Dauer zu einer Arbeit gezwungen werden, die einem widerstrebt oder für die man nach eigener Einschätzung nicht die erforderlichen Talente besitzt; eine solche (»Selbst«-)Verpflichtung, wie sie heute von einigen Sozialsystemen als Bedingung für den Erhalt eines staatlichen Arbeitslosengeldes verlangt wird, widerspricht nicht nur dem formalen Rechtsprinzip der freien Berufswahl, sondern erzwingt hinterrücks auch ein Verhalten des Sich-Fügens und Anpassens, das mit der demokratischen Erwartung einer mündigen Bürger:in nicht zu vereinbaren ist. Schließlich dürfte zur wirtschaftlichen Unabhängigkeit der abhängig Beschäftigten auch das verbürgte Recht gehören, eine Mitsprache in Hinblick auf die Bedingungen des eigenen Arbeitsvertrages ausüben zu können; ist dies nicht der Fall und man daher hilflos der Vertragsmacht eines Arbeitgebers ausgesetzt, so wird man für gewöhnlich nicht das für die aktive Wahrnehmung demokratischer Rechte erforderliche Selbstbild entwickeln können, im Besitz einer gewissen Kontrolle über die eigenen Lebens- und Arbeitsbedingungen zu sein. Alle diese Komponenten, die zusammengenommen definieren, was wirtschaftliche Unabhängigkeit unter Verhältnissen der Lohnarbeit heißt, laufen auf das hinaus, was Robert Castel unter dem Begriff eines »normalisierten Lohnarbeitsverhältnisses« als das Ergebnis eines mindestens einhundert Jahre währenden Kampfes der Arbeiterbewegung um Verbesserung der Arbeitsbedingungen dargestellt hat. Damit wird zugleich klar, dass es sich hierbei nicht um neue, sondern um die Rückeroberung alter Errungenschaften handeln würde.[59]

Etwas anders stellt sich die Lage bei der zweiten Einflussgröße dar, die innerhalb der Arbeitsverhältnisse die Chancen zur demokratischen Partizipation im starken Maße beeinflusst. In den mehr als einhundertfünfzig Jahren, die seit den Tagen vergangen sind, als Marx sein berühmtes Kapitel »Kampf über den Normalarbeitstag« geschrieben hat,[60] ist deutlich geworden, dass die Länge der Arbeitszeit nicht der einzig ausschlaggebende Faktor für wirtschaftliches Wachstum und sozialen Wohlstand ist; technologische Innovationen, arbeitsorganisatorische Neugestaltungen und die koloniale Ausplünderung von Land und Arbeitskräften im globalen Süden haben dabei eine ebenso große Rolle gespielt.[61] So hat sich infolge einer Kombination aller dieser Faktoren seit der Mitte des 19. Jahrhunderts bis zum Höhepunkt des Industriekapitalismus um 1965 in allen westlichen Ländern die Arbeitszeit nahezu halbiert, während die wirtschaftliche Produktivität auf Kosten der globalen Armutsregionen im gleichen Zeitraum enorm angestiegen ist. Dieser allgemeine Trend einer kontinuierlichen Reduktion der Arbeitszeit, der die europäischen Gewerkschaften noch vor vier Jahrzehnten für weitere Arbeitszeitverkürzungen zugunsten der Vollbeschäftigung hat kämpfen lassen, scheint sich inzwischen erstaunlicherweise aber wie-

59 Robert Castel, *Die Metamorphosen der sozialen Frage. Eine Chronik der Lohnarbeit*, übers. von Andreas Pfeuffer, Konstanz 2000.

60 Karl Marx, *Das Kapital*, Bd. 1, in: *MEW*, Bd. 23, Berlin 1971, S. 294-315.

61 Vgl. Immanuel Wallerstein, *Der Siegeszug des Liberalismus (1798-1914). Das moderne Weltsystem IV*, übers. von Gregor Kneussel, Wien 2012.

der umgekehrt zu haben. Teils, weil aufgrund der Prekarisierung und Unterbezahlung der Arbeit auch im Westen eine Schicht von »Erwerbsarmen« (»working poor«) entstanden ist, die sich aus Subsistenzgründen nicht anders zu helfen weiß, als mehreren ungesicherten Tätigkeiten gleichzeitig nachzugehen,[62] und teils, weil sich infolge der Digitalisierung vor allem von Dienstleistungen die Grenzen zwischen Arbeitszeit und Freizeit zu verflüssigen begonnen haben,[63] wird heute in vielen Beschäftigungsbereichen wieder länger gearbeitet als noch in den 1980er Jahren.[64] Für die betroffenen Erwerbstätigen bedeutet dies natürlich, dass weniger Zeit als früher für arbeitsexterne Aktivitäten zur Verfügung steht, sei es im privaten, sozialen oder politischen Bereich. Es ist aber nicht nur die rein quantitative Verkürzung der arbeitsfreien Zeit, sondern vor allem die Intensivierung der mentalen Belastungen bei der Verkopplung mehre-

62 Vgl. für Deutschland: Wolfgang Strengmann-Kuhn, *Armut trotz Erwerbstätigkeit. Analysen und sozialpolitische Konsequenzen*, Frankfurt/M., New York 2003; für die USA: Barbara Ehrenreich, *Arbeit Poor. Unterwegs in der Dienstleistungsgesellschaft*, übers. von Niels Kadritzke, München 2001. Zum spezifischen »Zeitdruck« des Prekariats vgl. Guy Standing, *Prekariat. Die neue explosive Klasse*, übers. von Sven Wunderlich, Münster 2015, Kap. 5.

63 Vgl. dazu: Karin Gottschall, G. Günter Voß (Hg.), *Entgrenzung von Arbeit und Leben. Zum Wandel der Beziehung von Erwerbstätigkeit und Privatsphäre im Alltag*, München 2005.

64 Vgl. zu dieser rückläufigen Entwicklung insgesamt am Beispiel der USA: Judith B. Schor, *The Overworked American. The Unexpected Decline of Leisure*, New York 1993. Eine mit diesen Beobachtungen korrespondierende Diagnose ist die einer Zunahme von Symptomen der »Erschöpfung« und des »Burnout« aufgrund von nicht physisch, sondern mental überfordernden Arbeitsbelastungen: Sighart Neckel, Greta Wagner (Hg.), *Leistung und Erschöpfung. Burnout in der Wettbewerbsgesellschaft*, Berlin 2013.

rer Arbeitstätigkeiten oder der Entgrenzung der Arbeitsverrichtungen, die hier negativ ins Gewicht fällt und den für die politische Beteiligung erforderlichen Zeitraum immer geringer werden lässt. In Kapitel 6 habe ich in diesem Zusammenhang von »mentaler Auszehrung« gesprochen und damit das neue Syndrom der arbeitsverursachten Erkrankungen bezeichnen wollen. Rufen wir uns hier die Grundformel noch einmal in Erinnerung, mit der ich behelfsmäßig die qualitative Seite der Arbeitszeit zu umreißen versucht habe, als ich deren Umfang als eine zentrale Einflussgröße in Hinblick auf die Chancen zur politischen Beteiligung identifiziert habe: Je intensiver die geistige oder körperliche Belastung während der Arbeit ist, so habe ich dort gesagt, als desto länger und ermüdender muss die darauf verwendete Zeit »subjektiv« empfunden werden, so dass ein Mehr an arbeitsfreier Zeit notwendig ist, um das erforderliche Arbeitsvermögen wiederherzustellen.[65] Machen wir uns diese Formel zu eigen, so muss sich eine demokratische Politik der Arbeit heute das schwierige Ziel setzen, einerseits die Arbeitszeit in solchen Bereichen erheblich zu senken, in denen die mentalen oder manuellen Tätigkeiten besonders eng getaktet und die Ermüdungseffekte während der Arbeit daher besonders hoch sind, ohne solche Verkürzungen andererseits durch eine verstärkte Ausbeutung billiger Arbeitskräfte aus den globalen Armutsregionen zu erkaufen. Auf jeden Fall hat sich die herkömmliche Vorstellung, nach der alle gesellschaftlichen Tätigkeiten durchschnittlich in etwa dieselbe Anzahl von Stunden pro Tag umfassen sollten, als falsch erwiesen, weil sie nicht in Rechnung stellt, dass das reine Zeit-

65 Vgl. oben S. 95-97.

quantum nichts über die Belastung einer Arbeitstätigkeit und damit über die erforderliche Erholungszeit besagt. Wenn es nicht gelingt, solche Differenzen im Kampf für kürzere Arbeitszeiten zu berücksichtigen, dürfte die Gefahr groß sein, dass ganze Gruppen von Beschäftigten wie die Erwerbsarmen, die Arbeitsmigrant:innen und die sogenannten Arbeitskraftunternehmer:innen auf Dauer kaum realistische Aussichten besitzen, sich in der normativ gewünschten Weise an der demokratischen Willensbildung zu beteiligen; ihnen fehlt es aufgrund der verdichteten Anstrengungen, die ihnen ihr Arbeitsleben heute abverlangt, schlicht an der Zeit, um sich mit politischen Fragen in dem Maße zu beschäftigen, in dem dies für eine wohlinformierte Teilnahme an den demokratischen Praktiken des Beratschlagens, Meinungsaustauschs und Stellungbeziehens erforderlich ist.

Inzwischen könnte der Eindruck entstanden sein, dass alle von einer demokratischen Politik der Arbeit geforderten Reformen auf nichts anderes hinausliefen als eine »Restauration der Lohnarbeitsgesellschaft« im Stil der 1960er Jahre;[66] und tatsächlich ist es so, dass die Behebung sowohl der wirtschaftlichen als auch der zeitlichen Beeinträchtigungen, die aus der ungesicherten Beschäftigung am Arbeitsmarkt und der Intensivierung der täglich zu erbringenden Leistungen resultieren, nur mit Hilfe von Maßnahmen möglich ist, die eher einer Rückeroberung von schon einmal gewonnenem Terrain als einer Erschließung von neuen Formen der gesellschaftlichen Arbeitsteilung gleichen. Dieser Eindruck verfliegt aber rasch, wenn wir nun auf die arbeitsorganisatorischen Veränderungen zu sprechen kommen, die

66 Castel, *Die Metamorphosen der sozialen Frage*, a. a. O., S. 393.

vonnöten wären, um die weiteren aus der Art und Weise der Arbeitsbeschäftigung stammenden Beeinträchtigungen demokratischer Partizipation zu beseitigen. Stärker als bei den zuvor behandelten Einflussgrößen wird sich hier zudem zeigen, dass Eingriffe an der einen Stellschraube zugleich auch verbessernde Maßnahmen an einer anderen verlangen würden.

Besonders deutlich tritt diese wechselseitige Abhängigkeit bereits an der dritten Dimension zu Tage, in der ich einen Arbeitsplatz als anfällig für Beeinträchtigungen der Chancen demokratischer Partizipation geschildert habe: Jede Person, so habe ich behauptet, deren gesellschaftliches Tätigkeitsfeld innerhalb des politischen Gemeinwesens nur gering geschätzt oder sogar verunglimpft wird, hat Schwierigkeiten, die Art von Vertrauen in den Wert der eigenen Überzeugungen zu entwickeln, die für eine selbstbewusste Teilnahme an der öffentlichen Willensbildung erforderlich ist. Nun könnte darauf verwiesen werden, dass in den letzten Jahrzehnten vieles in kapitalistischen Betrieben und öffentlichen Verwaltungen von Seiten des Managements unternommen worden ist, um mit Hilfe von wortreichen Bekundungen der Anerkennung die Beschäftigten zu Loyalität und Leistung anzuspornen. Das mag so sein, aber die Wertschätzung, die ich meine, ist nicht eine Sache bloß symbolischer Bekundungen und formelhafter Belobigungen. Solche Rituale der Anerkennung verändern »materiell« gar nichts, besitzen daher nur ideologischen Charakter und werden von den Adressaten auch meistens schnell als Manöver der Leistungssteigerung und der Einschwörung auf die Unternehmensziele durchschaut, wenn sie nicht mit signifikanten finanziellen Vergünstigungen oder handfesten arbeitsorganisatorischen

Verbesserungen einhergehen.[67] Das soll selbstverständlich nicht bedeuten, dass ein gutes Betriebsklima, eine Atmosphäre des Unterstützens und der Bekräftigung, nicht von Vorteil für die individuelle Arbeitszufriedenheit sein können; aber diese Oberflächenerscheinungen berühren nicht den Kern des Problems, das gemeint ist, wenn von mangelnder Anerkennung gesellschaftlich erbrachter Leistungen die Rede ist.

Dessen angemessene Behandlung verlangt zunächst, zwischen der Wertschätzung individueller Arbeitsbeiträge und derjenigen ganzer Berufs- und Tätigkeitszweige zu unterscheiden. Die erste Art von Anerkennung gilt der arbeitsteiligen Leistung einer einzelnen Person, die die ihr zugewiesenen Aufgaben besser oder schlechter erfüllen kann. Diejenigen, die die Qualität dieser individuellen Verrichtungen beurteilen können, sind im Allgemeinen die Kunden und Kundinnen, die Kolleginnen und Kollegen sowie die Vorgesetzten, die sich dabei auf verallgemeinerbare Kriterien stützen sollten, deren jeweilige Geltung aber von außen schwer einzuschätzen ist, weil sie Kontextwissen und Vertrautheit mit der Arbeitsmaterie voraussetzen. Die zweite Art von Anerkennung bezieht sich demgegenüber auf eine ganze Klas-

67 Vgl. Axel Honneth, »Anerkennung als Ideologie. Zum Zusammenhang von Moral und Macht«, in: ders., *Das Ich im Wir. Studien zur Anerkennungstheorie*, Berlin 2010, S. 78-102; ders., »Organisierte Selbstverwirklichung. Paradoxien der Individualisierung«, in: ebd., S. 202-221. Darüber, wie »Auszeichnungen« von der Unternehmensseite in der Arbeitswelt als »intrinsische Anreize« zur individuellen Leistungssteigerung genutzt werden können, berichtet erstaunlich freimütig Bruno S. Frey, »Geld oder Anerkennung. Zur Ökonomik der Auszeichnung«, in: *Perspektiven der Wirtschaftspolitik* 11:1 (2010), S. 1-15.

se von arbeitsteiligen Leistungen, die von jeweils gesonderten Beschäftigungsgruppen erbracht werden. Die Verantwortung für diese Form der Anerkennung trägt ein politisches Gemeinwesen in seiner Gesamtheit, das stets stillschweigend oder ausdrücklich darüber befinden muss, was ihm bestimmte Zweige der für die Aufrechterhaltung seiner Lebensform erbrachten Verrichtungen wert sind. Nur diese zweite Art von Anerkennung ist für die uns hier interessierende Frage von Gewicht. Denn es ist im Regelfall die soziale Geringschätzung eines kompletten Berufs- oder Tätigkeitsfeldes, die bei denen, die die entsprechenden Arbeiten verrichten, Zweifel aufkommen lässt, ob sie für die öffentliche Mitwirkung an den demokratischen Praktiken tatsächlich die erforderlichen Eigenschaften besitzen. Die soziale Anerkennung, die einem ganzen Tätigkeitszweig von Seiten eines politischen Gemeinwesens zuteilwird, ist freilich nicht leicht zu messen, handelt es sich dabei doch um eine Größe, die in einer eigentümlichen Schwebe zwischen kulturellem Wissen, symbolischen Gesten und institutionellen Verbindlichkeiten verbleibt. Die Höhe des Gehalts mag ein erster Indikator sein,[68] der aber nur schwache Aussagekraft besitzt, weil er von der Stärke der wirtschaftlichen Nachfrage abhängig ist, die wiederum nur selten mit dem Maß der allgemeinen Wertschätzung korreliert. Häufig gibt es hier frappierende Diskrepanzen, die verraten, dass eine finanziell üppig dotierte Tätigkeit den-

68 Zu den psychischen Motiven, ererbten Reichtum und finanzielles Vermögen mit Verdienst gleichzusetzen und daher als einen Anlass für soziale Wertschätzung zu nehmen, vgl. bereits Adam Smith, *Theorie der ethischen Gefühle*, hg. und übers. von Walter Eckstein, Hamburg 2004, S. 86-94.

noch im gesellschaftlich geteilten Wertsystem nur geringes Ansehen genießt und dementsprechend mit einer gewissen Geringschätzung gestraft wird – denken wir nur an die Manager vieler einflussreicher Banken, deren soziale Reputation nach der Finanzkrise 2008 trotz weiterhin höchster Einkommen mit einem Mal drastisch sank.[69] Als ein besserer Indikator mag daher das Ausmaß der sozialpolitischen Sorge gelten, die einem gesellschaftlichen Tätigkeitsfeld in einer Mischung aus generalisierter Würdigung, hoher Aufmerksamkeit und materiellen Privilegien entgegengebracht wird; und nicht selten markiert ein positiver Umschwung in allen drei Hinsichten eine Tendenz in der »moralischen Ökonomie« eines politischen Gemeinwesens, bislang geringgeschätzte Tätigkeitsfelder fortan höher zu bewerten und ihnen dementsprechend größere Sichtbarkeit und fürsorglicheren Umgang angedeihen zu lassen – so geschehen bei der lange Zeit fast ausschließlich von Frauen geleisteten Hausarbeit, die erst von der feministischen Bewegung aus ihrem Nischendasein befreit werden musste, bevor sie im gesellschaftlichen Wertsystem größere Anerkennung erhielt.

Das Beispiel der Hausarbeit gibt überdies deutlich zu erkennen, dass zwischen der sozialen Wertschätzung eines Tätigkeitsfeldes und seinem »Gebrauchswert«, also dem Nutzen, den es einer Gesellschaft in der Arbeitsteilung direkt erbringt, keine positive Korrelation bestehen muss. Die hauswirtschaftlichen Dienste des Kochens, Reinigens und Kindererziehens besaßen in der Ge-

69 Vgl. dazu Claudia Honegger, Sighard Neckel, Chantal Magnin (Hg.), *Strukturierte Verantwortungslosigkeit. Berichte aus der Bankenwelt*, Berlin 2010.

schichte des modernen Kapitalismus schon immer einen unverzichtbaren Stellenwert für die soziale Reproduktion und wurden nichtsdestotrotz über einen langen Zeitraum hinweg aus »ideologischen« Gründen mit öffentlicher Geringschätzung und Missachtung bedacht.[70] Überhaupt ist es gar nicht so leicht, die Gründe zu identifizieren, aus denen heraus in einer Gesellschaft bestimmte Tätigkeits- und Berufszweige hohe Wertschätzung genießen, andere dagegen mit teils leichter, teils starker Geringschätzung gestraft werden.[71] Eine be-

70 Zur Geschichte dieser »Entwertung« vgl. Evke Rulffes, *Die Erfindung der Hausfrau. Geschichte einer Entwertung*, Hamburg 2021. Dass auch die »Ästhetisierung« weiblicher Arbeitsfelder eine andere, subtile Form ihrer Herabwürdigung darstellt, haben in einem sehr lesenswerten Aufsatz Johanna Hofbauer und Ulli Pastner deutlich gemacht: »Der diskrete Charme der Diskriminierung. Ästhetisierung von Frauenarbeit als unscheinbare Form der Missachtung«, in: Ursula Holtgrewe, Stephan Voswinkel, Gabriele Wagner (Hg.), *Anerkennung und Arbeit*, Konstanz 2000, S. 219-246.

71 Wertvolle Überlegungen zu den Grundlagen dieses Systems der sozialen Wertschätzung von Tätigkeitsbereichen finden sich in: Hans Speier, *Die Angestellten vor dem Nationalsozialismus*, Göttingen 1977, Kap. VII (»Die Grundlagen der sozialen Geltung«). Eine auf die gegenwärtige Bedeutung der Abwertung von einfacher und manueller Arbeit gerichtete Analyse liefert Imogen Tyler, »Classificatory Struggles: Class, Culture, and Inequality in Neoliberal Times«, in: *The Sociological Review* 63:2 (2015), S. 493-511. Weitere Anregungen zur Rolle »negativer Klassifikation« in sozialen Auseinandersetzungen enthalten die Überlegungen, die Ferdinand Sutterlüty in seinem Buch *In Sippenhaft. Negative Klassifikationen in ethnischen Konflikten* (Frankfurt/M. 2010) vorgelegt hat, v. a. in Kap. 1 und 3. Zur Rolle und Funktion sozialer Wertschätzung in modernen Gesellschaften vgl. zusätzlich: Ludgera Vogt, *Zur Logik der Ehre in der Gegenwartsgesellschaft*, Frankfurt/M. 1997, v. a. Kap. B; Iris Marion Young, *Justice and the Politics of Difference*, Princeton 2011, Kap. 7.

trächtliche Rolle spielt dabei offensichtlich der Maßstab der erforderlichen Qualifikationen und damit die gemutmaßte Höhe der zum Einsatz kommenden intellektuellen Vermögen, während die Schwere der Aufgaben und deren Bedeutung für die materiellen Grundlagen unserer kulturellen Lebensform nur von minimaler Bedeutung sind; nur so lässt sich jedenfalls erklären, warum noch heute die Tätigkeiten von Kranken- und Altenpflegerinnen, Feuerwehrleuten, Müllwerkern, Bus- und U-Bahn-Fahrerinnen oder Kassiererinnen im Supermarkt für gewöhnlich keine sonderlich große Wertschätzung erfahren, obwohl sie für unsere Gesundheit und unser Wohlbefinden doch von enormer Relevanz sind und durchaus eine große Menge von handwerklichen, intellektuellen und/oder kommunikativen Befähigungen erfordern.[72]

Am Fall der Hausarbeit lassen sich schließlich auch gut die psychischen Wirkungen demonstrieren, die mit der mangelnden Anerkennung eines gesellschaftlichen Tätigkeits- oder Berufszweiges für diejenigen verknüpft sind, die mit dessen Aufgaben primär beauftragt sind. Weil die täglichen Verrichtungen der »Hausfrauen« über einen langen Zeitraum hinweg kaum gesellschaftliche Würdigung fanden und den Frauen daher nach allgemein geteilten Überzeugungen keine sozial zuträglichen, wertvollen Fähigkeiten zuerkannt wurden, musste es ihnen an dem Selbstvertrauen fehlen, das erforderlich gewesen wäre, um sich aktiv in politische Auseinandersetzungen einmischen zu können. Verallgemeinern wir

72 Vgl. dazu die äußerst lesenswerten Beiträge in: Nicole Mayer-Ahuja, Oliver Nachtwey (Hg.), *Verkannte Leistungsträger:innen. Berichte aus der Klassengesellschaft*, Berlin 2021.

dieses Beispiel, so wird der soziale Mechanismus deutlich, der von der fehlenden Anerkennung und stummen Missachtung einer ganzen Klasse von arbeitenden Tätigkeiten zu epistemischen Selbstzweifeln derer führen, die sie auszuführen haben: Wird einem Tätigkeitsbereich öffentlich nur geringe intellektuelle Befähigung zugeschrieben und den darin Beschäftigten damit zugleich nur mangelndes politisches Beurteilungsvermögen attestiert, so müssen diese über kurz oder lang Zweifel entwickeln, ob sie in den Augen aller anderen geeignet sind, ihre Stimme in den demokratischen Auseinandersetzungen zu erheben. Dieser enge Zusammenhang zwischen sozialer Geringschätzung und epistemischen Selbstzweifeln kann gewiss durchbrochen werden, etwa durch »Gegenkulturen des Respekts«[73] oder durch die Mitgliedschaft in Interessenorganisationen. Ist das aber nicht der Fall, werden die beeinträchtigenden Wirkungen wohl kaum lange ausbleiben: Die Beschäftigten in Tätigkeitsbereichen, die gesellschaftlich in Hinblick auf intellektuelle Fähigkeiten und kognitives Urteilsvermögen nur sehr geringe Wertschätzung genießen, werden mit großen psychischen Hemmnissen zu kämpfen haben, sich wie alle anderen an der demokratischen Willensbildung zu beteiligen. Eine demokratische Politik der Arbeit muss daher bestrebt sein, an diesem Zustand, für den es keinerlei Rechtfertigung gibt, etwas zu ändern – indem sie nach Wegen und Möglichkeiten sucht, das gesellschaftliche Wertsystem dahingehend zu beeinflussen, dass diejenigen, die schwere, unverzichtbare und

73 Dieses wichtige Konzept stammt von Richard Sennett und Jonathan Cobb, siehe dies., *The Hidden Injuries of Class*, Cambridge 1972, S. 83.

aufopferungsvolle Leistungen für das Gemeinwesen erbringen, die ihnen gebührende Wertschätzung erhalten.[74]

Nun lässt sich eine solche »Umwertung« der herrschenden Wertordnung aber nicht einfach von staatlicher Seite dekretieren. Kulturelle Wertsysteme sind historisch gewachsene Gewebe von weitgehend geteilten Überzeugungen, die nicht ohne Weiteres durch das öffentliche Vortragen von Gründen korrigierbar sind: Sie entziehen sich dem unmittelbaren Druck argumentativer Beweisführungen, weil sie als verinnerlichte Reaktionsmuster zur zweiten Natur eines Gemeinwesens geworden sind und daher nur durch langdauernde Lernprozesse aufgebrochen werden können. Im Falle der kulturellen Wertungen, die den sozialen Stellenwert und die qualitativen Befähigungen ganzer Tätigkeitsbereiche betreffen, liegt das Problem aber sogar noch tiefer, denn hier würde es nicht ausreichen, die existierende Rangordnung einfach zugunsten der für unser Wohlergehen elementar wichtigen Verrichtungen zu verschieben, weil die damit Beschäftigten erst selber davon überzeugt sein müssten, dass sie die ihnen dann zukommende Wertschätzung der Sache nach auch tatsächlich verdienen. Schon Adam Smith wusste, dass man sich normalerweise nicht damit zufriedengibt, Lob und Anerkennung zu

74 Dass vor allem Beschäftigte in den unteren Produktions- und Dienstleistungsbereichen heute über eine mangelnde Anerkennung ihre Arbeit klagen und darunter leiden, ist in der empirischen Literatur gut belegt. Ich verweise summarisch nur auf: Mayer-Ahuja, Nachtwey (Hg.), *Verkannte Leistungsträger:innen*, a. a. O.; François Dubet, *Injustices. L'expérience des inégalités au travail*, Paris 2006, v. a. Kap. 4, Abschn. III; Beck, Westhäuser, »Verletzte Ansprüche«, a. a. O., S. 297-302.

erhalten, vielmehr muss, bevor daraus wirklich Selbstachtung erwächst, zusätzlich stets das Gefühl hinzutreten, des empfangenen Lobs auch würdig zu sein und also etwas »objektiv« Verdienstvolles geleistet zu haben.[75] Wenden wir diesen richtigen Gedanken auf den Fall der weitverbreiteten Geringschätzung von »systemrelevanten« Berufen an, so wäre es damit, mittels längerer Überzeugungsarbeit deren öffentliches Ansehen ein wenig zu heben, nicht wirklich getan; denn es bliebe ja weiterhin bei Arbeitsverhältnissen, die den Beschäftigten nicht den Eindruck vermitteln könnten, dafür tatsächlich höhere Anerkennung – und zwar völlig zu Recht – zu verdienen. Der Schritt von der sozialen Geringschätzung eines Tätigkeitszweiges zur Hebung seines Wertes im gesellschaftlichen Bewusstsein ist nur dann wirksam, wenn gleichzeitig auch die Bedingungen, unter denen in diesem Zweig gearbeitet wird, und seine Organisationsformen nachhaltig verbessert werden.

Es ist genau dieser Punkt, an dem die von mir »psychisch« genannten, aus der mangelnden Anerkennung einer Arbeitsbeschäftigung stammenden Beeinträchtigungen der Fähigkeit zur demokratischen Beteiligung und die als »mental« bezeichneten Beeinträchtigungen (also die dritte und die fünfte Einflussgröße aus meiner Liste) sich aufs Engste berühren. Von »mentalen« Beeinträchtigungen will ich sprechen, wenn eine zu leistende Arbeit in ihrem Vollzug zu repetitiv, zu anregungsarm und kognitiv zu anspruchslos ist, um ein Gespür für das eigene Gestaltungsvermögen und intellektuelle Anregungspotenzial ausbilden zu können; und eine Erschwernis hinsichtlich der Fähigkeit zur demokratischen

75 Smith, *Theorie der ethischen Gefühle*, a. a. O., S. 194f.

Mitgestaltung bringen derartig beschaffene Arbeitsplätze deswegen mit sich, weil sie den Beschäftigten das Gefühl vermitteln müssen, aus eigener Initiative keine Veränderung an den gegebenen Verhältnissen bewirken zu können. Der Zusammenhang zwischen dieser Art von Benachteiligung und dem zuvor genannten Makel der öffentlichen Geringschätzung eines Tätigkeitszweiges besteht mithin darin, dass sich das eine nicht ohne das andere wird verändern lassen: Bleiben die Arbeitsverrichtungen so monoton, geistig unterfordernd und stupide, wie sie an vielen Orten vor allem des unteren Sockels des Dienstleistungssektors und der Industriearbeit heute sind, so werden die dort Beschäftigten auch dann keine größere Selbstachtung aus ihren Tätigkeiten beziehen können, wenn diese nur symbolisch mit größerer Wertschätzung von Seiten der Gesellschaft bedacht werden und sich ansonsten nichts ändert. Denn die Art ihres arbeitenden Tuns und Wirkens selber – das ewige, streng überwachte Stapeln von Paketen, das ununterbrochene, auf Zuruf hin erfolgende Ausliefern von Essensbestellungen, das unter enormen Zeitdruck stehende, kaum Raum für Empathie lassende Betreuen schwerkranker Patienten in auf Kostensenkung getrimmten Krankenhäusern – macht es nicht gerade einfach, daraus irgendeinen Arbeitsstolz sowie ein Gefühl verdienter Anerkennung zu ziehen. Insofern muss die soziale Aufwertung jener Tätigkeitszweige, die bislang den Ruf des Ungebildeten und Simplen genießen, aber viel Aufopferung, Engagement und Feingefühl verlangen und von unschätzbarem Wert für unser aller Wohlergehen sind, mit einer Anreicherung und Umorganisation dieser Berufszweige Hand in Hand gehen.

Das zuvor Gesagte bringt uns direkt zu derjenigen

Einflussgröße, die sich im politischen Kampf für demokratieverträglichere Arbeitsverhältnisse als besonders bedeutsam erweisen dürfte und aus der die Aufgabe erwächst, die herrschende Arbeitsteilung in der Weise neu zu konfigurieren, dass von allen ihren verschiedenen Positionen aus eine Mitwirkung am demokratischen Austausch jederzeit möglich ist. Um sich den Stellenwert dieser Stellschraube klarzumachen, ist es hilfreich sich vorzustellen, die zuvor genannten Stellschrauben seien bereits allesamt in die richtige Richtung gedreht worden, das heißt: die wirtschaftliche Unabhängigkeit aller Lohnabhängigen ist durch sozialpolitische Maßnahmen und rechtliche Reformen sichergestellt worden, deren Arbeitszeit ist durch Umverteilungen auf ein Maß reduziert worden, das ihnen genügend Spielraum gibt für die politische Informationsbeschaffung und Informationsverarbeitung, die öffentliche Geringschätzung lebensnotwendiger Dienstleistungen und Arbeitsverrichtungen ist mittels der wiederholten Veranschaulichung ihrer wahren Verdienste einer unterstützenden Anerkennung gewichen und es gibt tatsächlich durch die Verpflichtung zu einem zeitlich begrenzten Sozialdienst eine stärkere Anteilnahme an den Lebensnöten anderer Sozialgruppen als der eigenen. Selbst dann aber, wenn all dies tatsächlich erreicht wäre, gäbe es immer noch zahlreiche Arbeitstätigkeiten, die es allein aufgrund ihrer intellektuell auslaugenden Monotonie, Initiativlosigkeit und Vereinzelung den damit Beschäftigten schwermachen, sich in der normativ geforderten Weise an der demokratischen Willensbildung zu beteiligen. Um dieser Benachteiligung entgegenzuwirken, müssten arbeitsorganisatorische Maßnahmen eingeleitet werden, die tiefer als all die zuvor aufgeführten Verbesserungen in die gegebene

Struktur der Arbeitsteilung selbst einzugreifen hätten. Es wäre nämlich erforderlich, das Verhältnis der gesellschaftlichen Tätigkeiten untereinander und deren Abgrenzung voneinander so zu verändern, dass keine von ihnen weiterhin intellektuell so einseitig, auszehrend und anregungsarm bleibt, wie es unter den gegenwärtig herrschenden Arbeitsbedingungen in vielen Dienstleistungs- und Produktionsbereichen der Fall ist. Eine derartige, ja radikale Reorganisation der Arbeitsteilung auch nur zu denken, ist – wie sich unschwer sehen lässt – alles andere als leicht. Aber glücklicherweise hat sich Emile Durkheim schon vor einhundertdreißig Jahren mit ähnlichen Problemen beschäftigt – und obwohl er seine Studie zur gesellschaftlichen Arbeitsteilung in einer Zeit verfasste, die verglichen mit der unseren in ihren Arbeits- und Unternehmensformen noch geradezu idyllisch, übersichtlich und kleinteilig anmutet, sind ihr doch einige Hinweise auf die prozeduralen Leitlinien einer solchen Abflachung der Arbeitsteilung zu entnehmen, die nichts von ihrem Wert verloren haben.

Dass es der französische Soziologe überhaupt für notwendig erachtet hat, nicht nur die Rechtsbefugnisse, sondern auch die Berufsfelder der Lohnabhängigen daraufhin zu prüfen, ob sie mit dem Ziel eines fairen und demokratieverträglichen Systems der sozialen Kooperation in Übereinstimmung stehen, ergab sich aus einem eigentlich sehr simplen Grundgedanken, den ich schon mehrfach referiert habe: Nur wer eine hinreichend komplexe und anregungsreiche Arbeitstätigkeit ausübt, wird auch über die Selbstachtung, die intellektuelle Initiativkraft und die sozialen Kompetenzen verfügen können, die erforderlich sind, um sich als vollwertiges Mitglied einer arbeitsteilig organisierten Gesellschaft von freien und gleichen Bürger:innen verstehen zu können. Daher reicht es für Durkheim nicht aus, die Lohnarbeiter:innen nur mit einem möglichst üppigen Strauß von subjektiven und kollektiven Rechten auszustatten, denn davon bliebe ja unberührt, welche Qualität und welches Anspruchsniveau die dem Einzelnen zugewiesene Arbeit zukünftig einmal besitzen würde. Im Ausgang von dieser Prämisse hat Durkheim eine Reihe von Überlegungen darüber angestellt, was am existierenden Zuschnitt der arbeitsteilig verwobenen Tätigkeitsfelder verändert werden müsste, um jeden einzelnen Beschäftigten in den Genuss jener für die demokratische Teilhabe nötigen Befähigungen gelangen zu lassen.[76] Zwei Bündel von Maßnahmen sind es im Besonderen, die aus der Masse seiner diesbezüglichen Vorschläge herausragen, weil sie sich trotz ihrer Bindung an den alten Industrialismus eine irritierende Aktualität bewahrt haben. Erstens hält Durkheim es für ratsam, jede individuelle Arbeitsaufgabe mit so viel weiteren Verrichtungen zu versehen, wie notwendig ist, um die eigene Rolle im Verbund der gemeinhin undurchsichtig vernetzten Tätigkeiten durchschauen zu können; eine solche Maßnahme, also die Neukonfiguration der Berufe zugunsten der Beschäftigten, denen bislang nur kleinste, repetitive Handhabungen oblagen, ist nach seiner Überzeugung geboten, weil nur dann jeder Lohnabhängige den Wert zu erfassen lernt, den sei-

76 Dies hat Durkheim in der negativen Form einer Analyse der »Anomien« der organischen Arbeitsteilung unternommen, welche die Bedingungen auflistet, die erfüllt sein mussten, damit jene ihre »normale«, moralisch integrative Funktion erfüllen kann: Emile Durkheim, *Über soziale Arbeitsteilung. Studien über die Organisation höherer Gesellschaften*, übers. von Ludwig Schmidts, durchgesehen von Michael Schmid, Frankfurt/M. 1992, Drittes Buch.

ne eigenen Anstrengungen für die gesamte Gesellschaft besitzen.[77] Um den Zusammenhang besser verstehen zu können, den Durkheim damit behauptet, ließe sich auch sagen, dass nur derjenige seine eigene Arbeitstätigkeit als wertvoll und anerkennungswürdig empfinden kann, der vom eigenen Arbeitsplatz aus zu überblicken vermag, welchen Beitrag die eigenen Leistungen zur arbeitsteiligen Reproduktion der Gesellschaft im Ganzen liefert; und das wiederum ist nur möglich, so lautet der springende Gedanke, wenn die zu erledigende Aufgabe umfangreich genug ist, um überhaupt als ein gesonderter, in sich halbwegs vollständiger Beitrag zur gemeinsamen Kooperation begriffen werden zu können. Dass diese Überlegungen Durkheims zur Notwendigkeit einer Neukonfiguration der Berufe und Tätigkeitsfelder nicht einfach aus der Luft gegriffen sind und nicht etwas vollkommen Unrealisierbares in Aussicht stellen, haben wir im Kontext der Beschäftigung mit dem Begriff der Arbeitsteilung (Exkurs II) bereits gesehen; dort hat sich gezeigt, dass Berufe nichts anderes sind als die Resultate einer willkürlichen, machtgestützten Bündelung einzelner Tätigkeiten zu angeblich funktional sinnvollen Einheiten, so dass deren Neuzusammensetzung, Rekomposition oder Umschichtung ohne den Verstoß gegen technische Gesetzmäßigkeiten im Prinzip möglich wäre. Ob Durkheim sich über diese Fluidität der Abgrenzungen zwischen den einzelnen Tätigkeitsfeldern schon vollständig im Klaren war, ist nicht mit Sicherheit festzustellen; auf jeden Fall aber scheint er keine strukturellen Hindernisse gesehen zu haben, die dem Vorhaben im Weg stehen könnten, die Schnürung der jewei-

77 Ebd., S. 442.

ligen Aufgabenbündel mit dem Ziel einer größeren Durchsichtigkeit der arbeitsteiligen Kooperation zu lockern und zu erweitern. Allerdings muss hier der Vorbehalt im Auge behalten werden, dass derartige Erweiterungen der jeweiligen Tätigkeitsfelder nicht insgeheim allein der Leistungssteigerung dienen dürfen; schon Georges Friedmann hat in seiner bahnbrechenden Studie zur mechanisierten Produktion darauf aufmerksam gemacht, dass es jedes Mal genauester Überprüfung bedarf, ob eine derartige Abflachung der Arbeitsteilung tatsächlich dem Abbau von Monotonie und sinnentstellender Zerstückelung zugutekommt oder einfach nur um der Steigerung des individuellen Leistungsertrags willen realisiert wird.[78]

Die zweite Maßnahme, die Durkheim ins Auge fasst, um die Bedingungen der Lohnarbeit im Sinne seiner normativen Grundprinzipien zu verbessern, gleicht der ersten rein inhaltlich beinah aufs Haar, nur dass sie jetzt einem anderen, von ihm für ebenso wichtig gehaltenen Ziel dienlich sein soll. Wie Adam Smith und Hegel vor ihm und viele andere Autor:innen nach ihm,[79] ist Durkheim fest davon überzeugt, dass eine zu starke Monotonisierung und mentale Vereinseitigung der dem Lohnabhängigen auferlegten Tätigkeiten dessen Vermögen empfindlich schmälern, selbstbewusst und mit der notwendigen Initiativkraft an den gesellschaftlichen Prozessen der Aushandlung von sozialen Regeln teilzunehmen. Das Argument, mit dem er diese Annahme begründet,

78 Friedmann, *Der Mensch in der mechanisierten Produktion*, übers. von Burkart Lutz, Köln 1952, S. 137-140.

79 Harry Braverman, *Die Arbeit im modernen Produktionsprozess*, übers. von Karin de Sousa Ferreira, Frankfurt/M., New York 1977, Teil II.

ist nun nicht mehr neu, so dass ich es hier nur ganz kurz wiedergeben werde: Wer über Wochen, Monate und Jahre hinweg immer dieselben, intellektuell anspruchslosen, sich unentwegt wiederholenden Verrichtungen auszuüben hat, der steht nach Durkheim in Gefahr, das geistige Handwerkszeug zu verlieren, das für die Partizipation am demokratischen Willensbildungsprozess erforderlich ist. Um der Gefahr einer solchen mentalen Beeinträchtigung entgegenzuwirken, schlägt er wieder vor, nur diesmal aus einem anderen Grund, das funktionale Bündel der besonders ausgedünnten Tätigkeitsbereiche durch die Hinzunahme von Anteilen benachbarter Berufsfelder zu bereichern – also, um Beispiele aus der Gegenwart heranzuziehen, die Kassiererin zusätzlich mit der Überprüfung und der Nachbestellung des Warensortiments zu beauftragen, der Reinigungskraft auch die Aufgabe der fälligen, ohne größere Kenntnisse zu erledigenden Reparaturleistungen oder Gartenarbeiten zuzuweisen oder dem Fließbandarbeiter in der fleischverarbeitenden Industrie ergänzend die Kontrolle der Warenqualität aufzuerlegen. Der Zweck solcher Anreicherungen einzelner Berufe mit weiteren, eng angrenzenden Tätigkeiten ist für Durkheim im Rahmen dieses zweiten Gedankenganges immer der gleiche: Die individuelle Arbeitsaufgabe nicht so weit intellektuell verkümmern und anspruchslos werden zu lassen, dass die Beschäftigten die Fähigkeit, den Mut und das Selbstvertrauen verlieren, als Gleiche unter Gleichen in der gesellschaftlichen Willensbildung auftreten zu können.

Führt man sich die beiden Maßnahmen vor Augen, mittels deren Durkheim die Lohnarbeit den normativen Bedingungen einer demokratischen Willensbildung anzunähern hoffte, so fällt allerdings auf, dass ein gerade heute mindestens ebenso wichtiges Instrumentarium fehlt. Im Zuge meines überblicksartigen Durchgangs durch die gegenwärtigen Tendenzen der sozialen Organisation von Arbeit in Kapitel 6 ist ja markant hervorgetreten, dass diese durch eine wachsende Isolation und Abkapselung der einzelnen Tätigkeiten geprägt scheint; zunehmend werden Arbeiten, die zuvor noch im kommunikativen Miteinander und im intellektuellen Austausch durchgeführt wurden, heute offensichtlich zum Zweck ihrer effektiveren Kontrollierbarkeit und mit Hilfe ihrer leichteren Abtrennbarkeit als nur noch in die Verantwortung einer einzelnen Person fallend begriffen, so dass jeder aus der Arbeit selbst entspringende Ansporn zur Kooperation insgesamt nachzulassen droht. Damit aber wird der Abstand zwischen den sozialen Rollen- und Verhaltenserwartungen in der Arbeitswelt und denen in der demokratischen Öffentlichkeit immer größer; was auf der Arbeit an Einstellungen der Eigenverantwortung und des konkurrenzhaften Individualismus erlernt werden muss, um bestehen zu können, muss in der Öffentlichkeit wieder schnellstens abgelegt werden, weil ansonsten die politischen Bürgerinnen und Bürger nicht die für Demokratien erforderlichen Gemeinwohlorientierungen an den Tag legen würden. Um diesen Widerspruch zu verringern, ja nach Möglichkeit zu beseitigen, wäre es daher nötig, die starke Individualisierung der Arbeit wieder rückgängig zu machen und durch organisatorische Alternativen der stärkeren Kooperation und eines engeren Miteinanders zu ersetzen; und als ein erster Schritt dahin, als eine Vorschule demokratischer Gesinnungen, hat lange Zeit in der Industriesoziologie und in der Gewerkschaftsbewegung die Gruppen- und Teamarbeit gegolten. Von diesem Mittel aber ist bei Durkheim bei all seinem Syndikalismus und seiner Aufmerksamkeit für die integrative Rolle der Gruppe so gut wie keine Rede.

Zwar ist Durkheim als der große Fürsprecher von »Berufsgruppen« in die Geschichte der Soziologie eingegangen, aber in seinen organisatorischen Vorschlägen zur Einebnung und Demokratisierung der Arbeitsteilung spielt der Gedanke der Gruppen- oder Teamarbeit keine nennenswerte Rolle. Sein Augenmerk ist nahezu ausschließlich auf die Aufgabe der Gruppe gerichtet, die Interessen einer einzelnen Berufssparte in Verhandlungen mit den jeweils anderen Interessengruppen jeweils insoweit zu generalisieren, dass eine Übereinkunft in Hinblick auf das für alle zuträgliche Gemeinwohl zustande kommt;[80] davon aber, dass es sinnvoll sein könnte, auch die Arbeitsverrichtungen vor Ort stärker einer kooperierenden Gruppe anstatt dem einzelnen Beschäftigten zu überantworten, ist in der Studie von Durkheim nichts zu lesen. In seinem Programm zur Reform der Arbeitsteilung steht die Idee einer sachlichen Anreicherung der individuellen Tätigkeiten so sehr im Mittelpunkt, dass er gar nicht erst zu erwägen beginnt, ob nicht auch die Verschachtelung einzelner Teilverrichtungen zu einer nur durch die Gruppe im Ganzen zu lösende Aufgabe eine mindestens ebenso gute Handhabe sein könnte, kooperative und demokratische Verhaltensweisen einzuüben. Solche Konzepte der Gruppenarbeit haben in der Geschichte der Industriearbeit im 20. Jahrhundert gelegentlich die Rolle eines vielversprechenden Gegenmodells zur repetitiven und vereinzelnden Fließband-

80 Jens Beckert, *Grenzen des Marktes. Die sozialen Grundlagen wirtschaftlicher Effizienz*, Frankfurt/M., New York 1997, Kap. 2.5.

arbeit im tayloristisch organisierten Großbetrieb gespielt;[81] vor allem in den 1970er und 1980er Jahren, als in einigen Zweigen der Automobilindustrie dazu übergegangen worden war, neben den Montagebändern sogenannte Arbeitsinseln zu schaffen, an denen die Beschäftigten den Arbeitsablauf und die Arbeitsgeschwindigkeit gruppenintern regeln konnten, galt die Gruppenarbeit für einen kurzen Zeitraum als aussichtsreichster Weg der Überwindung von entfremdenden Arbeitsbedingungen unter kapitalistischen Bedingungen.[82] Seither aber ist es um diese Idee wieder um einiges stiller geworden, offenbar ist kaum jemand noch davon überzeugt, dass auch die Verteilung verschiedener Verrichtungen auf eine autonom deren Durchführung organisierende Gruppe ein geeigneter Weg sein könnte, in der gesellschaftlichen Arbeit die Voraussetzungen zur Mitwirkung an den demokratischen Praktiken zu verbessern. Aber gibt es einen besseren Weg, um bereits am Arbeitsplatz zu erlernen, was es heißt, sich in die Perspektive Anderer hineinzuversetzen und deren Auffassungen bei der eigenen Urteilsfindung zu berücksichtigen als das kooperative Zusammenwirken in der mit einer gemeinsamen Aufgabe befassten Gruppe? Und selbst wenn der Spielraum für eigene Entscheidungen betreffend den Ablauf und die Taktung der Verrichtungen in solchen Gruppierungen eng begrenzt sein sollte, weil ein Management sich das letzte Wort darüber vorbehält: Eine derart eingeschränkte Kooperation wäre

81 Siehe dazu den ergiebigen Überblick von Timo Luks, »Gruppe und Betrieb. Sozialwissenschaftliche Zugriffe auf industrielle Produktionsweisen«, in: *Mittelweg 36* 28/29:1 (2020), S. 44-67.

82 Horst Kern, Michael Schumann, *Das Ende der Arbeitsteilung? Rationalisierung in der industriellen Produktion*, München 1984.

immer noch demokratieförderlicher als die vollkommen isolierte, elektronisch überwachte Arbeit am Fließband, am Schaltpult oder im Reinigungsdienst. Alle organisatorischen Maßnahmen, die dazu führen könnten, Verrichtungen dort stärker unter den Mitgliedern einer Gruppe zu verteilen, wo dies die jeweilige Aufgabe erlaubt und die Betroffenen der Vernetzung ihrer Tätigkeiten zustimmen, gehören daher ebenso zum Rüstzeug einer demokratischen Politik der Arbeit wie die von Durkheim ins Auge gefassten Mittel der Abflachung von Arbeitsteilung. Herrscht heute in den unteren Dienstleistungssektoren ganz im Gegenteil die Tendenz vor, Tätigkeitsbereiche nach Gesichtspunkten einer Reduzierung auf möglichst wenige Handgriffe zu standardisieren, um sie bei geringsten Löhnen individuellen Reinigungskräften, isolierten Paketzustellern oder auf sich allein gestellten Kassiererinnen zuzuweisen,[83] so gälte es, gegen diese kosteneinsparenden Rationalisierungen anzukämpfen und die Gruppe erneut als das originäre Subjekt allen Arbeitens zu etablieren.

Erneut muss dabei im Auge behalten werden, dass solche die Vergemeinschaftung der Arbeit fördernden Maßnahmen von Unternehmensseite aus leicht zweckentfremdet werden können, nämlich um den Arbeitseifer und damit den Ertrag der individuellen Leistung zu steigern. Wie viele der von mir empfohlenen Veränderungen tragen auch Initiativen zur Gruppenarbeit stets ein Doppelgesicht, weil sie bei mangelnder öffentlicher Kontrolle und Aufsicht dazu benutzt, ja missbraucht werden können, die einzelnen Gruppenmitglieder mittels wechselseitiger Kontrolle und Aktivierung zu größerer

83 Staab, »Metamorphosen der Fabriksozialisation«, a. a. O., S. 16 f.

Produktivität anzuspornen. Die Chancen eines solchen Missbrauchs der motivierenden Erfahrung von Kooperation und Zusammenwirken sind freilich umso geringer, je stärker die Gruppe kraft einer entsprechenden Betriebsverfassung dazu ermächtigt wird, sowohl den eigenen Arbeitsrhythmus als auch die jeweilige Verteilung der anfallenden Aufgaben selbst zu bestimmen; entscheidet die kooperierende Gruppe nämlich nach eigenen Kenntnissen und Erfahrungen, wie sie am besten einen Arbeitsauftrag fristgerecht erledigen sollte, so liegt es im Ermessen der untereinander beratenden Mitglieder, das Arbeitstempo und die Verteilung der verschiedenen Tätigkeiten aufeinander abzustimmen.

Wir sind damit unversehens bei der in meiner Aufzählung vierten Stellschraube angelangt, an der sich durch organisatorische Neuerungen die Chancen des arbeitenden Souveräns verbessern lassen, die ihm verbürgten demokratischen Rechte wahrzunehmen. Beeinträchtigungen in Hinblick darauf, mit dem nötigen Selbstbewusstsein an den Praktiken der öffentlichen Willensbildung mitzuwirken, erwachsen vielen Beschäftigten auch daraus, so habe ich gesagt, dass sie in ihrem Arbeitsleben habituell dazu erzogen werden, nur Anweisungen zu empfangen und über keinerlei Mitspracherecht zu verfügen. Diese Form der Beeinträchtigung habe ich »sozial« genannt, weil sie das Bewusstsein erschüttert und untergräbt, auch außerhalb der politischen Arena als Mitglied eines demokratischen Gemeinwesens zu gelten. Man kann es auch so formulieren: Wer bei der Arbeit und am Arbeitsplatz nur als jemand behandelt wird, der Anordnungen des Managements oder Arbeitgebers stumm und widerspruchslos auszuführen hat, wird bei Betreten der öffentlichen Bühne demokratischer Aushandlungen nicht schlagartig das eigene Selbstverständnis dahingehend ändern können, ab sofort nun ein mündiger Bürger, eine mündige Bürgerin zu sein. Maßnahmen, die geeignet wären, diesen Zwiespalt zu überwinden, müssten daher ein zentrales Anliegen einer demokratischen Politik der Arbeit bilden; und die prozedurale Grundregel dafür hätte zu lauten, dass die Kluft zwischen den Verhaltensanforderungen beider Sphären sich in dem Maße verkleinern würde, in dem die Beschäftigten das Recht besäßen, über möglichst viele der sie am Arbeitsplatz betreffenden Angelegenheiten selbst zu entscheiden. Nun sind aber dieser Grundregel in dem aktuellen sozioökonomischen Kontext, in dem sie zur Anwendung gelangen soll, ersichtlich engste Grenzen gezogen. Denn es geht ja um die Möglichkeit von arbeitsorganisatorischen Verbesserungen und Reformen, die nicht jenseits, sondern innerhalb des Arbeitsmarktes und daher unter Fortbestand der privaten Verfügung über die Produktionsmittel zum Tragen kommen sollen. Die Formel für derartige Verbesserungen kann daher nur Mitbestimmung, nicht aber Selbstbestimmung sein; solange es keine realistischen Aussichten gibt, ein funktionsfähiges Wirtschaftssystem zu schaffen, das mehrheitlich auf Produktions- oder Dienstleistungsgenossenschaften beruht, muss sich eine demokratische Arbeitspolitik darauf beschränken, für mehr Mitbestimmung der Beschäftigten zu kämpfen.

Nun ist Mitbestimmung aber ein weiter und unscharfer Begriff, der sich auf die unterschiedlichsten Entscheidungsebenen in einem Betrieb, einer Behörde oder einem Dienstleistungsunternehmen beziehen kann. Das Spektrum der Materien, über die die Beschäftigten im Prinzip mitentscheiden könnten, reicht von der obersten Stufe der organisatorischen Zielsetzungen über die Stufe der Festlegung finanzieller Entlohnungen bis hinunter zur Stufe der alltäglichen Regelung der Arbeitsabläufe. Ebenso offen wie die Ebene der Entscheidungen, an denen die Beschäftigten grundsätzlich beteiligt sein könnten, ist auch der Modus, in dem sie diese Mitbestimmung auszuüben in der Lage wären. Hier erstrecken sich die Alternativen von Modellen direkter, individueller Mitsprache bis hin zu solchen der repräsentativen Interessenvertretung, in denen die eigene Stimme einer kollektiven Organisation übertragen worden ist. Die Mitbestimmungsregelungen, die in einigen europäischen Ländern in unterschiedlicher Ausprägung bereits existieren, beziehen sich im Wesentlichen auf die höheren Stufen unternehmerischer Entscheidungen und bevorzugen eine indirekte Beteiligung der Beschäftigten durch ihre jeweiligen gewerkschaftlichen Interessenvertretungen.[84] Für die Aushandlung von Tariflöhnen, Arbeitszeiten oder Unternehmenszielen mag ein solches repräsentatives System der Beteiligung von Gewerkschaftsvertreter:innen an den Aufsichtsräten tatsächlich von strategischem Vorteil sein, weil es konzentriertes Fachwissen verlangt, häufig schnelle Entscheidungen erforderlich macht und zudem zu Kompromissen führen soll, die branchenweite Bindungskraft besitzen. Aber ganz abgesehen davon, dass gerade in den Niedriglohnsektoren die Verhandlungsmacht der Gewerkschaften aufgrund von mangelnder Mitgliedschaft und massivem

84 Vgl. Felix Hörisch, *Unternehmensmitbestimmung im nationalen und internationalen Vergleich. Entstehung und ökonomische Auswirkungen*, Münster 2009;

Widerstand von Unternehmensseite äußerst gering ist,[85] bringt dieses Modell der indirekten Mitbestimmung unter Gesichtspunkten einer demokratischen Arbeitspolitik doch auch einige erhebliche Nachteile mit sich. Je häufiger nämlich die Verhandlungsprozesse mit den Arbeitgebern von einem akademisch geschulten Fachpersonal geführt werden und je stärker sich dieses Fachpersonal im Auftritt und im Habitus von den repräsentierten Beschäftigten zu entfremden beginnt, desto weniger kann diese Art der Mitbestimmung die spezifische Funktion erfüllen, um die es hier doch eigentlich gehen soll: die Lohnabhängigen selbst zur Ausübung demokratischer Praktiken zu befähigen und zu ermutigen. Die unaufhaltsame Bürokratisierung der Gewerkschaften, die der Preis ist, den sie für ihre staatlich verankerte Verhandlungsmacht zahlen müssen, ist zugleich das Einfallstor für die Verkümmerung ihrer sozialmoralischen Rolle, denn mit der Akkreditierung durch den Staat geht die Nötigung einher, sich dem Organisationsmodell öffentlicher Verwaltungen anzuähneln und deren anstaltsförmiges System einer von oben nach unten verlaufenden Entscheidungskette zu übernehmen.[86] Die-

85 Vgl. exemplarisch: Bernhard Ebbinghaus, Claudia Göbel, »Mitgliederrückgang und Organisationsstrategien deutscher Gewerkschaften«, in: Wolfgang Schroeder (Hg.), *Handbuch Gewerkschaften in Deutschland*, Wiesbaden 2014, S. 207-237; Christopher Kollmeyer, John Peters, »Financialization and the Decline of Organized Labor: A Study of 18 Advanced Capitalist Countries, 1970-2012«, in: *Social Forces* 98:1 (2019), S. 1-30.

86 Auf diese Gefahr hat schon früh, allerdings unter dem leicht anderen Gesichtspunkt einer problematischen Tendenz zur »Verrechtlichung«, Spiros Simitis hingewiesen in: »Wiederentdeckung des Individuums und arbeitsrechtliche Normen«, in: *Sinzheimer Cahiers* 2 (1991), S. 7-42.

jenigen, die repräsentiert werden sollen, die Masse der höchst unterschiedlich platzierten Lohnabhängigen, müssen daher als beliebige Verbandsmitglieder mit einer ihnen generell zurechenbaren Folgebereitschaft behandelt werden; es darf rein aus Gründen einer möglichst effizienten Programmgestaltung und Verhandlungsführung gar nicht mehr darauf ankommen, was da oder dort von einer Gruppe unzufriedener Arbeiterinnen oder aufmüpfiger Angestellter gefordert wird, weil das der Formulierung übergreifender Zielsetzungen und darauf abgestimmter Strategien im Weg stehen würde. Die Konsequenz aus diesem unvermeidlichen Zwang zur programmatischen Generalisierung ist nahezu paradox: Nicht der individuelle Lohnabhängige, sondern der »Apparat« gewinnt immer mehr Vertrauen darauf, dass er praktische Selbstwirksamkeit und gesellschaftsverändernde Macht besitzt. Die Kluft zwischen der verordneten Unmündigkeit am Arbeitsplatz und der normativ geforderten Mündigkeit im politischen Raum wird durch die auf Geld und Zeit spezialisierte Politik der Gewerkschaften daher nicht maßgeblich verringert, sondern eher unmerklich eingefroren und verstetigt. Soweit die Beschäftigten überhaupt gewerkschaftlich organisiert sind, bleiben sie in dieser Mitgliedschaftsrolle nahezu ebenso passiv den Entscheidungen höherer Funktionsträger ausgeliefert wie in der Rolle des Lohnabhängigen den Direktiven des Managements, des Vorgesetzten oder der Unternehmensleitung – allerdings mit dem großen Unterschied, dass jene gewerkschaftlichen Funktionsträger in einem den Lohnabhängigen nach bestem Wissen zugerechneten Interesse handeln.

Nichts liegt mir ferner, als die gesellschaftspolitische Bedeutung der Gewerkschaften als Interessenorgane der abhängig Beschäftigten zu schmälern; im Kampf gegen die wirtschaftlichen und zeitlichen Beeinträchtigungen, denen Lohnabhängige heute wieder verstärkt unterliegen und auf die ich zuvor verwiesen habe, bleiben sie auf absehbare Zeit unverzichtbar und erfüllen eine kaum zu überschätzende Aufgabe. Auch darf auf keinen Fall vergessen werden, dass die Gewerkschaften inzwischen nahezu die letzten zivilgesellschaftlichen Organisationen bilden, denen es – allerdings mit abnehmendem Erfolg – gelingt, so etwas wie ein solidarisches Bewusstsein unter großen Teilen der Lohnabhängigen wachzuhalten.[87] Von einer Obsoleszenz der Gewerkschaften kann also gar nicht die Rede sein. Aber ihre sozialmoralische Funktion, die Beschäftigten durch Einbeziehung in die Mitbestimmung in demokratische Praktiken einzuüben, erfüllen sie, wenn überhaupt, nur in einem sehr unzureichenden Maße; dazu bedürfte es wesentlich größerer Anstrengungen, um vor allem die Richtung der Entscheidungsbildung zu ändern und statt von oben nach unten stärker von unten nach oben verlaufen zu lassen. Dies gelingt aber nur, wenn sie dafür eintreten, dass Bedingungen geschaffen werden, unter denen die Arbeitenden bereits an ihrem Arbeitsplatz lernen, was es heißt, Mitbestimmung auszuüben und über eine entscheidungsrelevante Stimme zu verfügen. Hier, das heißt an der materiellen Basis der Produktions- und Dienstleistungsverhältnisse, wo es um die Regelung der tagtäglichen Arbeitsabläufe geht, müsste der Prozess einsetzen, der den Beschäftigten die Möglichkeit gibt, sich als selbstwirksam und kooperationsfähig zu begreifen. Es versteht sich fast von selbst, dass eine solche Pra-

87 Oskar Negt, *Wozu noch Gewerkschaften?*, Göttingen 2004

xis der direkten Mitbestimmung »vor Ort« auf dem Boden einer privatkapitalistischen Wirtschaft nur geringe Spielräume hätte: Weder könnte sie sich hier schon auf die Leistungsvorgaben noch auf das Entlohnungssystem oder die Länge der Arbeitszeit beziehen, deren Festlegung systembedingt weiterhin einem nach Möglichkeit gewerkschaftlich kontrollierten Aufsichtsrat, dem Management oder dem persönlichen Arbeitgeber zufiele. Aber was innerhalb des damit gesetzten Rahmens an Entscheidungen offenbliebe und die konkrete Gestaltung der Arbeitsabläufe, Aufgabenverteilungen und Ruhepausen beträfe, wäre bei den unmittelbar Beschäftigten aufgrund ihres sachnahen Wissens und ihrer handwerklichen Kenntnisse nicht nur besser aufgehoben; vielmehr würden diese sich selber im Zuge der Erfahrung, eine ihnen gestellte Aufgabe vom Anfang bis zum Ende weitgehend autonom steuern zu können, als Personen kennen und achten lernen, die über Initiativkraft, kognitive Verlässlichkeit und soziale Kompetenzen verfügen. Je größer der Spielraum wäre, innerhalb dessen die Beschäftigten über die Organisation und die Gestaltung der ihnen zugewiesenen Verrichtungen selber entscheiden könnten, so ließe sich sagen, desto stärker wäre zugleich ihr Vertrauen darauf, dass ihre eigenen Überzeugungen und Absichten auch im Prozess der öffentlichen Willensbildung zählen und Berücksichtigung finden werden. Bleibt eine solche Mitbestimmung aber schon auf der untersten Stufe ihrer Arbeitsverhältnisse aus, so fehlt es an jedem spürbaren, erfahrungsnahen Anstoß, überhaupt ein Vertrauen in demokratische Praktiken der Meinungsfindung auszubilden.

Daher stellt nicht schon das kooperierende Team, wie es vorher geheißen hatte, sondern erst die sich selbst organisierende, teilautonome Arbeitsgruppe den empirischen Bezugs- und normativen Fluchtpunkt einer demokratischen Arbeitspolitik dar.[88] Alle ihre Bemühungen, die Verhältnisse abhängiger, marktvermittelter Arbeit zu verbessern, nehmen von diesem einen Punkt des Kampfes für mehr Mitbestimmung in Hinblick auf die Organisation und den Ablauf der Arbeit ihren Ausgang. Dabei kann sich diese Politik auf das empirisch gut belegte Bedürfnis der Beschäftigten stützen, die jeweils übernommenen Arbeitsvollzüge stärker mitgestalten und organisieren zu wollen,[89] und muss gleichzeitig das Ziel im Auge behalten, auf dem Weg einer solchen an der Basis ansetzenden Mitbestimmung die Arbeitsverhältnisse im Ganzen mit den Prinzipien demokratischen Handelns zu versöhnen. Es bedürfte institutionell gar keiner großen Schritte, um die Bedingungen für diese Art von direkter Mitbestimmung zu schaffen, weil die Voraussetzungen dafür in den gegenwärtigen Praktiken des Arbeitens schon weitgehend vorhanden sind: Bereits eine Reinigungskolonne, ein Team von Paketzustellern oder eine Filialbelegschaft wäre heute mühelos dazu in der Lage, wie Philipp Staab gesagt hat, die Erledigung der

88 Allerdings muss auch hier erneut darauf geachtet werden, dass solche teilautonomen Gruppen ebenfalls zum Zweck höherer Produktivität eingesetzt werden können. Vgl. dazu den nach wie vor lesenswerten Artikel von Helmut Hoyer und Matthias Knuth, »Die teilautonome Gruppe. Strategie des Kapitals oder Chance für die Arbeiter«, in: *Kursbuch* 43 (1976), S. 118-132. Zur Geschichte und Funktion der Selbstorganisation in Betrieben vgl. die insgesamt wohl zu optimistische Studie von Günter Hillmann, *Die Befreiung der Arbeit. Die Entwicklung kooperativer Selbstorganisation und die Auflösung bürokratisch-hierarchischer Herrschaft*, Reinbek bei Hamburg 1970, Kap. I.

89 Vgl. oben, Kap. 7.

ihnen auferlegten Aufgaben in arbeitsteiliger Kooperation selbstständig zu regeln;[90] was dieser Alternative in der Arbeitsorganisation vor allem im Weg steht, ist eine auf die Spitze getriebene Politik der individuellen Leistungssteigerung, die darauf abzielt, die erforderlichen Verrichtungen in individualisierbare Teile zu zerstückeln und diese Minimalverrichtungen einzelnen Beschäftigten zuzuweisen, damit sie in ihrem je individuellen Ertrag quantitativ erfasst und kontrolliert werden können. Der Kampf gegen diese Form der kapitalistischen Rationalisierung, die auf eine immer kostengünstigere und ertragsreichere Nutzung der individuellen Arbeitskraft hinausläuft, stellt daher weiterhin den übergreifenden Bezugspunkt aller arbeitspolitischen Bemühungen dar, den Arbeitsmarkt von innen heraus für den demokratischen Prozess zu öffnen.

Unter den gegebenen Sozialverhältnissen stehen einer demokratische Politik der Arbeit somit zwei Strategien offen, um ihrem weitgesteckten Ziel ein Stück weit näher zu kommen: Entweder fasst sie arbeitspolitische Initiativen ins Auge, die demokratische Alternativen zum kapitalistischen Arbeitsmarkt etablieren sollen, oder sie versucht, den Arbeitsmarkt selbst durch rechtliche Einschränkungen, sozialpolitische Eingriffe und Neujustierungen der gesellschaftlichen Arbeitsteilung derart zu verbessern, dass er den Bedingungen der demokratischen Beteiligung weitaus stärker genügt, als es aktuell der Fall ist. Beiläufig habe ich zudem erwähnt, dass es von großem Vorteil für eine solche Politik wäre, wenn sie die Strategien nicht isoliert zur Anwendung bringen würde,

90 Staab, »Metamorphosen der Fabriksozialisation«, a. a. O., S. 16f.

sondern in Kombination. Könnten die Absicht einer Aushebelung des Arbeitsmarkts und die Bestrebungen zur Reform des Lohnarbeitsverhältnisses so miteinander verschränkt werden, dass sie in ein Verhältnis wechselseitiger Ergänzung treten und die Grundlinien eines einzigen Projekts zu erkennen geben würden? Eine solche Verschränkung würde sich auch insofern anbieten, als beide Strategien ihre jeweiligen Schwächen haben. Eine Konzentration allein auf die erste Strategie läuft nämlich Gefahr, die historischen Machbarkeiten aus den Augen zu verlieren und am Ende kaum etwas zu bewirken, wohingegen ein ausschließliches Abheben auf die zweite Strategie dazu führen könnte, zu gegenwartsbezogen zu agieren und Möglichkeiten eines radikalen Wandels gar nicht mehr in Betracht zu ziehen. Fehlt es im ersten Fall an Augenmaß und Realismus, so im zweiten Fall an Richtungssinn und Einbildungskraft. Zur Vermeidung dieser Schwächen bedarf es mithin einer leichten Korrektur auf beiden Seiten, so dass die Wirkung der Maßnahmen der einen Strategie die der anderen nicht beschneiden, sondern ergänzen und verstärken würde. Um es anders zu formulieren: Die Bestrebungen, demokratische Alternativen zum Arbeitsmarkt zu schaffen, müssten sich ein Quäntchen jener realistischen Ernüchterung zu eigen machen, die ihnen nicht selten vollkommen abgeht, und die Bemühungen um Reformen innerhalb des Arbeitsmarktes bräuchten ein wenig von jenem utopischen Überschwang, an dem es wiederum ihnen viel zu häufig mangelt.

Käme man sich derart in der Mitte entgegen, das heißt dort, wo Reformen nicht Anpassungen an das Bestehende bedeuten, sondern experimentelle Schritte zur Erkundung des zukünftig Möglichen, so würde sich auch das Selbstverständnis beider Strategien wandeln. Produktionsgenossenschaften und selbstverwaltete Betriebe müssten nicht länger als Alternative zu Reformen des Arbeitsmarktes verstanden werden, sondern als deren andere, sie ergänzende und antreibende Seite. Man würde sich nicht länger misstrauisch beäugen müssen, sondern könnte sich wechselseitig unter die Arme greifen – indem die Vertreter:innen der ersten Strategie durch ihre Visionen einer vollständigen Demokratisierung der Arbeitssphäre denen der zweiten vor Augen führen, was trotz aller Widrigkeiten vielleicht doch möglich wäre, und indem die Vetreter:innen der zweiten Strategie denen der ersten vor Augen führen, wie wenig Spielraum für solche weitreichenden Veränderungen es mitunter tatsächlich gibt.

Selbstverständlich kann niemand kategorisch ausschließen, dass wir eines fernen Tages in der Lage sein werden, Arbeitsverhältnisse zu schaffen, die den Namen einer Wirtschaftsdemokratie tatsächlich verdienen und sämtliche der in diesem Buch dargelegten Widersprüche zwischen dem Versprechen der demokratischen Beteiligung und den Realitäten der sozialen Arbeitsteilung zum Verschwinden bringen werden. Darauf dürfen wir zwar hoffen, aber das entbindet uns aus meiner Sicht nicht von der Aufgabe, uns jetzt für unsere Gegenwart sowie für die absehbare Zukunft auf das Ziel zu konzentrieren, den Abstand zwischen politischer Demokratie und sozialer Arbeitsteilung so klein wie möglich werden zu lassen. Daher ist der oben skizzierte Weg der Mitte aus meiner Sicht nicht nur der einzig mögliche, sondern auch das Gebot der Stunde.

Schon ihn zu beschreiten, ist allerdings angesichts der aktuellen sozialen Verhältnisse alles andere als leicht. Wie bereits betont, haben sich die politischen Aufmerksamkeiten schon seit längerem von Problemen der Arbeitswelt abgewandt und auf ganz andere Themen verlagert. Ein signifikantes Interesse für eine demokratische Arbeitspolitik ist von Seiten der Öffentlichkeit gegenwärtig nicht zu erwarten. Dasselbe gilt auch von einem kollektiven Aufbegehren der Lohnabhängigen gegen die prekären Beschäftigungsverhältnisse. Über die gesamte Arbeitswelt scheint sich im Gegenteil eine Atmosphäre des ängstlichen Durchhaltens und stillschweigenden Hinnehmens wie Mehltau gelegt zu haben – als könne es nur noch schlimmer werden, wenn sich Empörung und Einspruch breitmachen würden. In Kapitel 7 habe ich deutlich zu machen versucht, dass man sich von diesem Oberflächeneindruck nicht täuschen lassen darf, und habe auf die kleinen Szenen des lautlosen Widerstands hingewiesen, die sich Tag für Tag abspielen, getragen und orchestriert von betriebsinternen Gegenkulturen, die das kollektive Bemühen verraten, sich den Schneid nicht abkaufen zu lassen und die eigene Würde zu verteidigen.[91] Aber es stimmt schon: Ein Aufschrei der Empörung über die gegenwärtigen Arbeitsverhältnisse, auf den eine demokratische Politik der Arbeit mit dem Zweck der Selbstlegitimierung verweisen könnte, geht derzeit nicht um in Europa. Blicken wir auf die jüngere Vergangenheit zurück, so ist das eher ungewöhnlich, ja, in keiner Phase seit Ende des Zweiten Weltkrieges wurden die Arbeitsbedingungen derart ohne jede öffentlich sichtbare Gegenwehr hingenommen wie heute – obwohl es gegenwärtig deutlich schlechter um sie bestellt ist als noch

91 Vgl. Roland Paulsen, *Empty Labor. Idleness and Workplace Resistance*, Cambridge 2014.

vor fünfzig, sechzig Jahren, als kollektiver Protest und Widerstand an der Tagesordnung waren.

In solchen Zeiten, energielos, abwartend und ohne ermutigende Zukunftsvisionen, stehen der hier angemahnten Politik lautstarke Selbstgewissheit und auftrumpfende Revolutionshoffnungen schlecht zu Gesicht. Sie muss wieder ganz unten anfangen, muss bedächtig dort ansetzen, wo der leise Widerstand des arbeitenden Souveräns sich regt, und diesen mit moralischen Argumenten derart stützen, dass daraus vielleicht einmal wieder eine öffentlich sichtbare Gegenbewegung erwachsen kann. Nicht, dass Politik immer dann, wenn sie nicht von revolutionären Massen getragen wird, nur die Aufgabe hätte, »harte Bretter« »stark und langsam zu bohren«, wie Max Weber meinte.[92] Aber einer Politik, die um der großen Errungenschaft der demokratischen Souveränität des Volkes willen davon überzeugt ist, an den gegenwärtigen Arbeitsverhältnissen müsse sich schnellstens etwas zum Besseren wenden, würde eine Prise seines Realismus sicher nicht schaden.

92 Max Weber, »Politik als Beruf«, in: ders., *Wissenschaft als Beruf 1917/1919. Politik als Beruf 1919* (= Studienausgabe der Max Weber-Gesamtausgabe, Bd. I/17, hg. von Wolfgang J. Mommsen u. a.), Tübingen 1994, S. 88.

Namenregister

Abendroth, Wolfgang 179
Alsdorf, Nora 247
Anderson, Elizabeth 9, 38-40, 52, 64, 351
Applebaum, Herbert 22
Arato, Andrew 85
Arendt, Hannah 22, 128, 295, 304
Árnason, Jóhann P. 138
Arneson, Richard J. 30, 54, 100, 312
Aßländer, Michael S. 22, 122
Aubenas, Florence 231
Auinger, Markus 338

Baethge, Martin 137, 184, 208, 229, 243
Baggini, Julian 327
Bahl, Friederike 313
Bambey, Andrea 224
Bandura, Albert 94
Bearman, Peter 313
Beck, Linda 311, 318, 364
Beck, Ulrich 134, 138, 256, 276, 278f.
Beckert, Jens 69, 374
Beckert, Sven 120
Beck-Gernsheim, Elisabeth 136, 189
Behrendt, Hauke 56, 91
Bell, Daniel 184
Berg, Maxine 176
Berger, Johannes 83, 342f., 346f.
Bettger, Roland 163
Bhambra, Gurminder K. 114
Bhattacharya, Tithi 140
Biesecker, Adelheid 134
Blanc, Louis 25
Blanqui, Auguste 25
Boas, Taylor C. 216
Böckenförde, Ernst-Wolfgang 10
Bohrn, Veronika 250
Boldyrev, Ivan 66
Boltanski, Luc 219, 244, 308
Bontrup, Heinz-Josef 297
Brater, Michael 256, 276, 278f.
Braverman, Harry 371
Brudney, Daniel 27, 50, 119
Brunner, Otto 22
Budd, John W. 109, 139
Butterwegge, Christoph 296f., 302

Calhoun, Craig 172
Campbell, Joan 75
Cant, Callum 233, 313

Carpenter, Luther Pieri 70
Carstensen, Tanja 226
Case, Anne 312
Castel, Robert 180f., 185f., 249f., 294, 352f., 356
Celikates, Robin 11f., 15, 42
Chaplin, Charlie 205
Chevalier, Louis 180
Chiapello, Ève 219, 244, 308
Chibber, Vivek 311
Cobb, Jonathan 363
Cohen, Gerald A. 27
Cole, G. D. H. 44, 62,70-72, 255
Collinson, David 314
Conze, Werner 22, 187
Cowen, Tyler 52
Craig, Nan 172, 237
Crouch, Colin 217, 219f., 232
Cukier, Alexis 136
Czingon, Claudia 238f.

Daheim, Hansjürgen 256, 276, 278f.
Dannemann, Rüdiger 12
Deaton, Angus 312
Delamotte, Yves 75
Della Rocca, Giuseppe 314
Devon, Pierre 170
Dewey, John 12, 37, 59f., 73f., 79, 300, 347
Dickens, Charles 174
Ditt, Karl 163, 172
Doppelt, Gerald 82, 100
Dörre, Klaus 250
Drulovic, Milojko 75
Du Bois, W. E. B. 74, 198
Dubet, François 364
Duby, Georges 100, 164, 188
Dülmen, Richard van 22
Duma, Veronika 341
Durkheim, Emile 44, 68-72, 74f., 79, 105f., 110, 255-258, 261-265, 267, 320f., 368-374, 376

Ebbinghaus, Bernhard 380
Edwards, Paul 314
Ehrenreich, Barbara 354
Eiden-Offe, Patrick 121, 175
Ellmers, Sven 66
Elster, Jon 266
Engels, Friedrich 9, 18, 158, 165
Eribon, Didier 318
Erikson, Erik H. 105
Evers, Adalbert 137, 184

Fichte, Lothar 7
Finley, Moses I. 21f.
Fontane, Theodor 168
Forbath, William E. 84
Forst, Rainer 141
Fourastié, Jean 184
Fourier, Charles 25
Frankfurt, Harry 87
Frey, Bruno S. 358
Fricker, Miranda 99, 120
Friedmann, Georges 73, 97, 106, 204, 207, 247, 371
Friedrich, Julia 250
Fromm, Erich 28

Gago, Verónica 140

Gans-Morse, Jordan 216
Gardey, Delphine 158
Garson, Barbara 282
Gaskell, Elizabeth 174
Genel, Katia 137
Geuss, Raymond 27, 30, 147
Gheaus, Anca 31
Göbel, Claudia 380
Goethe, Johann Wolfgang von 164
González-Ricoy, Iñigo 82
Gorz, André 294f., 297
Gottschall, Karin 354
Gourevitch, Alex 34f., 38f., 307
Graeber, David 147
Graf, Oskar Maria 170
Graham, Jill W. 310
Greven-Aschoff, Barbara 131
Groh, Dieter 124f.
Gülich, Christian 44, 69
Gumbinger, Hans-Walter 224
Günther, Klaus 141
Gürtler, Sabine 136
Gutmann, Amy 299

Habermas, Jürgen 81-85, 88-90, 147, 217
Hafner, Astrid 338
Hamilton, Joseph 29, 111
Hardy, Thomas 160
Hasan, Rafeeq 82
Hasenfratz, Martina 112
Hauptmann, Gerhart 164
Hausen, Karin 187
Hegel, G.W.F. 9, 17f., 22, 25, 28, 31, 43f., 65, 66-69, 71f., 75, 79, 99, 105f., 117-119, 128, 132, 142, 144, 153, 157f., 160, 181, 205, 255, 257, 315, 371
Heine, Heinrich 164
Heinze, Rolf G. 137f., 184
Heisenberg, Thimo 65
Herrmann, Steffen 66
Herrmann-Pillath, Carsten 66
Herzog, Lisa 31, 65, 84
Hesse, Jan-Otmar 203
Hillmann, Günter 384
Hinrichs, Karl 96
Hirschman, Albert O. 309
Hofbauer, Johanna 361
Holmwood, John 114
Holtgrewe, Ursula 99, 361
Honegger, Claudia 360
Höppner, Martin 219
Hörisch, Felix 379
Hormel, Ulrike 87
Hoyer, Helmut 384
Hugo, Victor 181
Huws, Ursula 224, 247, 342

Jaeggi, Rahel 11f.
Jaeggi, Urs 11
Jahoda, Marie 301
Jouan, Marlène 136
Jütten, Timo 12, 84

Kambartel, Friedrich 80, 255
Kandiyali, Jan 27
Kant, Immanuel 47, 67, 108, 156f.
Kantor, Jodi 220

Kaesler, Dirk 131
Keller, Frank 131
Kern, Horst 236
King Jr., Martin Luther 111
Kittner, Michael 164, 180, 213
Kleinöder, Nina 75
Kluge, Ulrich 190
Knibiehler, Yvonne 188
Knijn, Trudie 224
Knuth, Matthias 384
Kocka, Jürgen 22, 154, 166
Kohn, Melvin 105
Kollmeyer, Christopher 380
Komlosy, Andrea 12, 134, 154
Kornhauser, Arthur 105
Koselleck, Reinhart 22
Kotthoff, Herrmann 236
Kracauer, Siegfried 199f., 202
Krais, Beate 158
Krebs, Angelika 87
Kriedte, Peter 165
Kuhn, Bärbel 188, 340
Kymlicka, Will 27

Ladwig, Bernd 12, 83, 143
Laitinen, Arto 100
Lange, Andreas 224
Lange, Ernst Michael 26, 31, 46
Lazarsfeld, Paul E. 301
Lenz, Sarah 113
Leonhard, Jörn 22, 139, 309
Leroi-Gourhan, André 245f.
Lettke, Frank 224
Liebermann, Sascha 302f.
Linden, Marcel van der 154, 176, 333, 337
Linhart, Danièle 236, 241
Locke, John 15, 26f., 113-117, 120, 128, 156
Lohmann, Georg 7
Loick, Daniel 32
Lucassen, Jan 154
Luhmann, Niklas 256f.
Luks, Timo 375
Lutz, Helma 197, 227
Luxemburg, Rosa 334

Macpherson, C.B. 157
Magnin, Chantal 360
Marshall, Thomas H. 182
Maruani, Margaret 158
Marx, Karl 9, 18, 23, 25-32, 35, 41, 46-48, 50, 65, 74, 110, 113, 117-120, 128, 157f., 172, 175f., 255, 257, 269, 294f., 353
Mason-Deese, Liz 140
Mayer-Ahuja, Nicole 228, 250, 362, 364
Medick, Hans 165
Menke, Christoph 12
Menke, Katrin 224
Meyer, Ahlrich 176
Mill, John Stuart 73, 82, 121f., 135, 157, 334f.
Mills, C. Wright 125
Mock, Wolfgang 182
Mommsen, Wolfgang J. 182, 389
Moriarty, Jeffrey 100
Morris, William 27, 70
Mühlbach, Lydia 217
Muirhead, Russell 17, 299

Müller, Heidi 126, 131, 166f., 169, 198
Müller, Rainer A. 163
Müller, Stefan 75

Nachtwey, Oliver 228, 250, 362, 364
Nagelschmidt, Thorsten 234
Neckel, Sighard 99, 354, 360
Negt, Oskar 382
Neuhouser, Fred 12, 99

Offe, Claus 22, 83f., 96, 297, 306, 342f., 346
Offermann, Toni 172
Ogilvie, Sheilagh C. 170
Olk, Thomas 137, 184
Osterhammel, Jürgen 18, 34, 117, 130, 154, 166, 177, 184f., 324
Ostheimer, Jochen 91, 301
Ostner, Ilona 136, 224

Pahl, Raymond Edward 176
Palla, Rudi 213
Passos, John Dos 205f.
Pastner, Ulli 361
Pateman, Carole 70, 73, 95, 338
Paulsen, Roland 313, 388
Perrot, Michelle 101, 164, 188
Peters, John 380
Petersen, Anne Helen 301
Pettit, Philip 295
Piore, Michael J. 54, 268-273
Plumpe, Werner 203, 213
Pollard, Sidney 163
Pongratz, Hans J. 241
Poppinga, Almut 308
Priore, Michael J. 171
Putnam, Robert D. 304f.

Queralt, Jahel 82

Raphael, Lutz 147, 234
Rawls, John 16f., 67, 77, 81-85, 88-91, 99f., 217, 299, 301
Reavely, Constance 73
Reich, Adam 313
Reichhart, Ada 334, 336f.
Reindl, Josef 236
Renault, Emmanuel 12, 73
Renner, Andreas 216
Riehl, Wilhelm Heinrich 162
Rinke, Kuno 296f., 302
Roemer, John 84
Rolo, Duarte 137
Rorty, Richard 291
Rose, Mike 102, 123
Rosenfeld, Michael 85
Rousseau, Jean-Jacques 99
Rössler, Beate 31f., 47, 55
Rothmann, Ralf 191
Rulffes, Evke 361
Ruskin, John 27

Sabel, Charles F. 54, 171, 268-273
Satz, Debra 327f.
Schäfer, Wolf 172
Scherr, Albert 88
Schlumbohm, Jürgen 165
Schmidt am Busch, Hans-Christoph 31

Schmitt, Christoph 224
Schooler, Carmi 105
Schor, Judith B. 354
Schumann, Michael 236, 375
Schwartz, Adina 55
Scott, Joan 101, 127, 164, 169, 187
Sennett, Richard 363
Simitis, Spiros 82, 380
Simmel, Georg 23
Skidelsky, Robert 237
Smelser, Neil J. 105
Smith, Adam 43, 62-65, 105 f., 110, 115-117, 119, 128, 205, 255, 260 f., 268 f., 359, 364 f., 371
Smuts, Robert W. 340
Sombart, Werner 34
Speck, Sarah 341
Speier, Hans 124, 199, 361
Spencer, David A. 28, 83
Staab, Philipp 218, 220, 230, 313, 376, 384 f.
Standing, Guy 250 f., 354
Steinfeld, Robert J. 17, 23, 34
Steinmetz, Willibald 22, 139
Steinvorth, Ulrich 303, 331
Stillich, Oskar 127
Strasser, Susan 225
Strengmann-Kuhn, Wolfgang 354
Strothmeyer, Alwin 222
Strünck, Christoph 138
Sundaram, Arya 220
Supiot, Alain 217
Susskind, Daniel 237
Sutterlüty, Ferdinand 308, 313, 361

Taylor, Frederick Winslow 201, 204-207, 216, 229, 235 f., 375
Terrail, Jean-Pierre 312
Thompson, Dennis 17, 299
Thompson, E. P. 174
Tönnies, Ferdinand 181
Tufts, James H. 73, 79
Tully, James 15, 63

Uhl, Karsten 75, 203

Vahrenkamp, Richard 207
Van Parijs, Philippe 295
Vanderborght, Yannick 295
Veltman, Andrea 30, 305
Vester, Michael 25
Vogel, Diether 216
Vogt, Ludgera 361
Volpert, Walter 207
Voß, G. Günter 241, 354
Voswinkel, Stephan 99, 361
Vrousalis, Nicholas 319, 347

Wagner, Bernd 22
Wagner, Gabriele 98, 361
Wagner, Greta 354
Walker, Kenneth F. 75
Wallerstein, Immanuel 353
Walzer, Michael 96, 326
Warzel, Charlie 301
Weber, Marianne 131
Weber, Max 34, 124, 131, 193 f., 227 f., 265, 389

Weber-Kellermann, Ingeborg 161, 192, 389
Wehler, Hans-Ulrich 159, 161, 172, 179, 181
Weil, Simone 205 f.
Weischedel, Wilhelm 157
Weitling, Wilhelm 172
Westbrook, Robert B. 73
Westhäuser, Linus 311, 318, 364
Wierling, Dorothee 168
Wiesenthal, Helmut 96
Willis, Paul 265
Wimbauer, Christine 12
Winch, Donald 64
Winnington, John 73
Winterfeld, Uta von 134
Wirz, Albert 176
Wood, Allen 30
Wright, Erik Olin 335, 338, 344 f.

Yeoman, Ruth 12, 33, 49

Zeisel, Hans 301
Zola, Émile 122, 169 f.